军事情报案例研究
丛书

JUNSHI QINGBAO
ANLI
YANJIU
CONGSHU

情报分析
案例精选

王　亮 | 主编
彭亚平　李景龙 | 副主编

金城出版社
GOLD WALL PRESS
·北京·

Copyright © 2022 GOLD WALL PRESS CO., LTD., CHINA
本作品一切权利归金城出版社有限公司所有，未经合法许可，严禁以任何方式使用。

图书在版编目（CIP）数据

情报分析案例精选 / 王亮主编；彭亚平，李景龙副主编 . —北京：金城出版社有限公司，2022.12（2023.12 重印）
ISBN 978-7-5155-2304-0

Ⅰ.①情… Ⅱ.①王… ②彭… ③李… Ⅲ.①情报分析－案例 Ⅳ.① G252.8

中国版本图书馆 CIP 数据核字（2021）第 259012 号

情报分析案例精选

主　　编	王　亮
副 主 编	彭亚平　李景龙
责任编辑	蔡传聪
责任校对	盛菊艳
责任印制	李仕杰
开　　本	710 毫米 × 1000 毫米　1/16
印　　张	25.5
字　　数	360 千字
版　　次	2022 年 12 月第 1 版
印　　次	2023 年 12 月第 2 次印刷
印　　刷	小森印刷（北京）有限公司
书　　号	ISBN 978-7-5155-2304-0
定　　价	78.00 元
出版发行	金城出版社有限公司　北京市朝阳区利泽东二路 3 号邮编：100102
发 行 部	（010）84254364
编 辑 部	（010）64222699
总 编 室	（010）64228516
网　　址	http://www.baomi.org.cn
电子邮箱	jinchengchuban@163.com
法律顾问	北京植德律师事务所　（电话）18911105819

总　序
敬畏情报活动的特殊性与多样性

莫斯科时间2022年2月24日凌晨，普京授权俄军对乌克兰展开"特别军事行动"，俄乌冲突爆发。这是人类历史上第一次被自媒体全天候直播的战争，各种信息纷至沓来。自爆发的那一刻开始，战争将如何展开成为最受关注的问题。诸多人士纷纷解读俄军的战略战术。"俄军将首先对乌克兰重要战略目标发动大规模轰炸""俄军地面部队将在空天军的配合下快速推进""俄军将迅速拿下乌克兰首都基辅""俄军将对乌克兰总统泽连斯基进行斩首"……这些假设最终只是假设。信息化战争理论中的诸多铁律接连被打破。这场"近乎透明"的战争却成了一场"令人费解"的战争。

信息化战争理论失效了吗？

能够在俄乌冲突爆发初期提出上述假设的研究者应都是信息化战争理论的拥趸。人类社会正在经历工业化时代向信息化时代的转型蜕变。阿尔文·托夫勒说，人们用什么样的方式进行生产，就用什么样的方式进行战争。领土的占领、机械化部队的快速突击、部队按照线性方式由外及内不断推进等铁律，构成了机械化战争的模样。从机械化战争到信息化战争，人类战争形态实现了根本转变。信息化的本质为战争带来了一套全新的思考方式、理论架构和制胜机理。"把敌人当作一个系统来看待""熵增熵减效应""系统的失序""系统的瘫痪""系统的失能"成为战争理论的核心命题。前述假设中，对重要目标的系统性打击是致敌战争系统瘫痪的第一步，通过大规模快速地面作战巩固并拓展系统瘫痪的初步成果，最终通过对敌国首都的占领甚至对敌国元首的斩首行动彻底瓦解敌国的战争系统，是美国主导的人类历史上最初几场信息化战争所遵循的基本逻辑。未能实现从机械化战争向信息化战争理论认识转变的思考者，很难提出上述假设，因为新的战争范式需要全新的知识体系来支撑理解力的构建。这就是理论的价值。它帮助我们在大变局的时代里从根本上理解事物的本质。所以，从这个意义上说，在对俄乌冲突的解读中，理论没有失效，而是发挥了它应有的作用。

那么为何人们在战争初期的分析普遍遭遇了滑铁卢？

孙子兵法有言："声不过五，五声之变，不可胜听也；色不过五，五色之变，不可胜观也；味不过五，五味之变，不可胜尝也；战势不过奇正，奇正之变，不可胜穷也。奇正相生，如循环之无端，孰能穷之哉！"事实上，从海湾战争开始，即便同为美国主导的信息化战争，具体打法也各不相同。海湾战争第一次初步展示了新战争形态的样貌，让号称拥有世界第四强大实力的伊拉克彻底体会到战争的"代际差"；科索沃战争创造性地以全程非线性、非接触的打法推进了信息化战争的发展；阿富汗反恐战争则让美军在尝到信息化战争的短暂胜利后立刻深陷民族、宗教、复杂地理条件等所形成的泥淖难以自拔；伊拉克战争中美国陆军一日突进160公里，也曾经让全世界的军事专家们颇为担心美军的后勤保障。

一个时代的战争有一个时代的总体形态，每一场战争中不同战争主体在具体战争环境中经历的却都是独一无二的特殊战争。机械化战争时代，当德国人在第二次世界大战创造性地选择阿登高原作为突破口展开对法国的进攻时，法国将领曾经慨叹："这哪是1918年式的正统战争啊！"抗日战争全面爆发后，毛泽东主席在《论持久战》中首先让国人明白，"中日战争不是任何别的战争，乃是半殖民地半封建的中国和帝国主义的日本之间在二十世纪三十年代进行的一个决死的战争"[1]，这句话中蕴含着抗日战争全部的共性与特性。

依据毛主席的分析方法，可以将2022年的俄乌冲突定义为"安全空间被频繁压缩、几乎濒临安全绝境的俄罗斯与已经深度北约化的原兄

---

[1] 《毛泽东选集》（第二卷），人民出版社1991年版。

弟国乌克兰之间在21世纪20年代进行的一场安全争夺战"。这是一场发生在21世纪20年代的战争，战争的根本性质是信息化战争，这是这场战争与这个时代战争的共性。但是，决定这场战争底层逻辑的还有诸多要素。第一，俄罗斯极其清晰的战略目标。对于俄罗斯来说，这是一场安全之战，战略目标就是实现乌克兰的无核化、非军事化、非纳粹化、非北约化，无关占领，甚至无关政权的更迭。第二，俄罗斯特殊的战略对手。对于俄罗斯来说，乌克兰不是与它相距几千公里的遥远国度，而是曾经与俄罗斯长期共处一个国家之内，更是俄罗斯的发源地，普京将乌克兰最新定位为"完完全全是被俄罗斯创造出来的"国家[1]，两国民众之间有着千丝万缕的联系，长期的共同经历使得彼此的情感深沉而复杂。为了"更好的战后和平"，俄罗斯不会如同美国一样轻率且不计后果地实施大规模轰炸，毫不顾忌民众的伤亡和感受。与此同时，乌克兰又是一个深度北约化了的国家，虽无其名却颇具其实，尤其是在军事上。普京在开战之时的电视讲话为此提供了充分的证据："自2014年以来，仅美国就拨款数十亿美元，供应武器、装备和培训专业人士。""乌克兰武装部队和情报机构正在由外国顾问领导"，"乌克兰军队的指挥和控制系统已经与北约的系统融合在一起"，"在美国人的帮助下，他们实现了机场网络的现代化"，"乌克兰领空对监视俄罗斯领土的美国战略侦察机和无人飞行器开放"。[2] 第三，俄罗斯拥有的优势战争力量。俄罗斯素以军事能力见长，拥有斗争意志坚定、战争艺术高超、实现了信息化战争转型且战争经验丰富的军队。同时也要看到，俄罗斯经济结构相对单一，长期受到西方经济制裁，军队的信息化率普遍不超过70%，东部军区则只有50%多。[3] 把握俄乌冲突的这些具体情

---

[1] Заявление Владимира Путина о начале спецоперации в Донбассе ; полное видио. http://www.tvc.ru [2022-2-24].

[2] Заявление Владимира Путина о начале спецоперации в Донбассе ; полное видио. http://www.tvc.ru [2022-2-24].

[3] Подведены итоги модернизации вооружений в войсках ВВО, ЗВО и ЮВО в 2021 году. http://www.oborona.ru[2021-12-23].

况，将信息化战争理论与这些具体情况相结合，更能够准确理解俄军战争初期的战略方针、推进节奏、覆盖范围、力量使用方式、作战目标选择等具体问题。可以说，正是这些具体情况塑造了这场信息化战争初期的"面貌"。

这类案例激发了策划者编撰本丛书的初心。

歌德说："理论是灰色的，生命之树常青。"随着时间的流逝，一棵棵曾经鲜活青翠的生命之树沉淀为一段段驻留人间的历史。所以，理论与现实、理论与历史总是相伴而生，尤其是在社会科学和人文科学中，它们是人们接近或抵达真理的最重要路径。美国当代国际政治学者小约瑟夫·奈清晰地表达了理论与历史在理解国际冲突中的辩证作用："单靠理论或者历史是不足以解释问题的。那些主张通过叙述事实来理解问题的历史学家，没有告诉我们他们在选择事实的时候所遵循和隐藏着的原则。政治学家也犯了同样的错误，他们孤立和沉迷于抽象概念的迷津之中，把自己头脑中的构想当作现实。我们只有往返于历史和理论之间才能够避免这样的错误。"[1]

历史或者曾经是一棵棵鲜活的生命之树沉淀之后至少能发挥什么作用？希罗多德之前，"历史"一词本意为"探索"，希罗多德为"历史"赋予了新的含义：对于事件的探索，及时记录探索结果，从而实现了历史从单纯记录"已知的事实"到仔细考察经验的转折。[2] 除记录事实和考察经验外，传统哲学影响下的历史研究，往往还追寻历史演进的规律。在不确定的人文世界里，人们同样渴望确定的规律。但是，后现代哲学影响下的历史学家们，不再认同历史有所谓规律的存在。没有规律，历史至少还有事实的存在，还有事实背后经验的存在。或者说，即便在传统哲学指引下，历史中的规律一如自然规律一样往往"隐藏在茫茫黑夜之中"，并非轻而易得，而从一棵棵曾经"青翠的生命之树"的具象中获得经验的启迪，则是可以抵达彼岸的通途。马汉就把历史看成为例证的记载，他

---

[1] 〔美〕小约瑟夫·奈：《理解国际冲突：理论与历史》（张小明译），上海人民出版社2002年版。
[2] 〔古希腊〕希罗多德：《希波战争史》（吴玉芬、易洪波编译），重庆出版社2007年版。

援引拿破仑的话说,"在战场上,绝妙的灵感……往往不外是回忆而已"。马汉据此分析道:"这就证实了历史例证,即单纯记载的经验所具有的重要性。"当然,在马汉看来,例证的作用不止于此。"过去为我们创造了丰富的例证。我们所说的历史已经将例证记载下来,并从那些例证中形成了原理,以备我们使用。""我们观察的例证的数量愈多,我们的诊断(指军事科学研究工作得出的结论)就愈加可靠。"[1] 马汉最终提出了海权论,走上了理论的高地,但正是这些历史例证所承载的经验直接滋养了以拿破仑为代表的诸多战争领导者。所以,也有人说,"一页历史可以抵得上一本逻辑书"[2]。

战争作为情报活动的领域和情报活动服务的对象,它的理论统一性和现实多样性,同样反映在情报活动之中。情报活动应该遵循哪些基本的规则,尤其是在新的时代背景下,新的情报理论范式又当如何?这些规则在不同的时空环境下各有什么样的表现形式?我们通过所策划的"军事情报前沿理论探索丛书"不断探究情报活动的"道"与"理",而通过这套"军事情报案例研究丛书"展现情报活动"道""理"之上具体情报活动的特殊性和多样性,以及其间的情报工作经验。当情报人员长期习惯于把情报活动理解为一门经验性"技艺"之时,我们强烈呼唤情报人员通过建立情报理论思维,提升情报工作的科学意识。当情报人员开始建立理论意识后,我们更加理解、认同甚至敬畏具体情报活动的特殊性与多样性,体会情报技艺游刃于其间的过程同样重要。

本丛书旨在为情报人员和情报研究者提供更为丰富的情报活动例证。情报人员和情报研究者可以通过一个个鲜活的情报活动例证,建立起对情报活动丰富的经验性认识;进而在与理论的往返之间,获得有关情报活动的真知灼见。而在品味了情报活动例证的特殊性和多样性过程中,也许会自然生发出一种敬畏之心——对每一段新的例证、每一棵"青翠的生命之树"的敬畏之心,形成"临事而惧"的做事习惯。对俄乌冲突的分析预判

---

[1] 〔美〕艾·塞·马汉:《海军战略》(蔡鸿幹、田常吉译),商务印书馆1996年版。
[2] Dupuy, T. N., *Understanding War: History and Theory of Combat* (New York: Paragon House, 1987), p.1.

需要这样的心态，对待每一件新发事件皆当如此。

本丛书具体可以分为两个小系列，一是战争中的情报战例，二是情报分析案例。

是为序。

王亮　彭亚平
2022 年 7 月 5 日

前　言
努力还原情报分析的"现场"

多年前，在一次教学方法培训中，多位案例教学的"大腕儿"分别以自己团队撰写的案例为蓝本集中传授案例教学之法。老师们教学风格或幽默风趣，或激情澎湃，或娓娓道来，但皆问题牵引，步步为营，层层推进，条分缕析，思路清明，点燃了一众人等对案例教学之法的热爱。课间休息之时，老师们往往被围得"几近窒息"，同学们除了就课堂所学继续请教之外，更希望老师们能够为自己领域中的案例建设与教学活动提供锦囊妙计。我也每每效仿同学。可是一旦言及建设情报分析案例，老师们往往停顿数秒，而后唏嘘几声，慨叹这类案例的艰难与不可行性。

情报分析案例建设的艰难缘于情报分析活动的本质。说到底，情报分析是情报分析者的思维活动。情报分析活动的现场是在某一特定时刻分析者的大脑内。在捍卫国家安全的分分秒秒间，面对或纷至沓来或寥寥无几的情报信息，形势越是危急，威胁越是严峻，成熟的情报分析人员越是沉静如水，不动如山。因为"静则明"。纷繁复杂的事态在思想中逐渐走向澄明的过程里，情报分析人员表面波澜不惊，头脑中却可能是一场又一场的风暴。它们可能是对情报信息的缜密辨析，可能是对历史经验的大量调动，可能是对分析方法策略的选择与运用，可能是对自我思考过程的批判与重构，更可能是诸多方面的网络化飞速运转。但是，头脑中的阵阵风暴却鲜少有人"与外人道"，甚至也难以"与外人道"，因为风暴中裹挟的各种要素和思考过程可剥离清晰者十之一二而已。

由此，案例建设中的基本要求——故事性、戏剧性、典型性、真实性，对于情报分析案例来说都似难以企及。这种难题困扰团队多时。但是，对于情报分析这样的应用型专业来说，案例教学的魅力让人无法轻言放弃。慢慢地，我们在矛盾中前行。小型的、要素不甚齐全的"案例"开始出现，逐渐积累下来，使建设情报分析案例成为可能。

需要反复琢磨与探索的仍然是，情报分析案例到底要如何建设。在这一过程中，国内外的情报分析研究同行开始将案例建设成果出版面世。经过对比发现，大家对于什么是案例、案例与理论之间的关系、案例的核心构成要素、案例的写作体例等等问题皆各有洞见，所撰写的案例表现形式自然各异。"情报分析案例到底要如何建设"，似更难回答。

拨云见日，曲径通幽，皆在反复琢磨后的某一瞬间。情报分析现场的逻辑重构就是我们寻觅到的情报分析案例建设方法。

作为一种思维活动，情报分析过程极其复杂。以当前人类对大脑神经系统作用方式的理解程度，无论如何我们都没有能力完整描摹哪怕一次简单的情报分析过程。更何况，根据维尔纳·海森堡的"测不准原理"，人们再难"从一个至高无上的视点观察整个事实"。所以，我们选择在每一个案例中只理解与剖析分析者的主要逻辑推理过程，然后将它重构出来，其实质是对情报分析者在具体情报分析困境中主要逻辑思维过程的批判性重现。

在情报分析过程中，情报分析人员的顿悟思维等创造性思维十分重要，但不可再现，也无从追踪。如同多少战略家试图复制毛泽东主席"上可九天揽月，下可五洋捉鳖"的万丈豪情和宏大操作，却不可得。人们能够规范、能够传承的情报分析思维过程主要是逻辑思维过程。美国正在进行的情报分析转型中，极力倡导批判性思维，制定"情报分析标准"，强化结构化分析方法，皆是对情报分析人员逻辑思维过程的规范。

在案例建设中，我们还坚持：

第一，问题设置的理论映照性。本书是我们情报案例研究丛书的第一本，具有一定的基础性，编撰本书的目的是帮助初学者深入理解情报分析的本质。所以，本书在选择案例时遵循的内在逻辑链条是渐次回答情报分析的概念、情报分析的专业化进程、情报分析的影响因素、情报分析过程中的方法选择与运用、情报分析人员能力的生成机制等基本问题。同时，我们也认为，虽然案例教学较之理论教学更注重发现和解决现实问题，但是，所有现实问题的深入剖析和根本解决都需要借助理论的引领与支持，因为正如克劳塞维茨所言："理论越是使人们深入地了解事物，就越能把客观的知识变成主观的能力，就越能在一切依靠才能来解决问题的场合发挥作用。"[1]

第二，矛盾冲突的现实典型性。我们坚持依据情报分析活动所面临的主要矛盾进行案例选择。这些矛盾关系在各种情报分析活动中具有普遍性，在不同时空条件下反复发生，关涉情报分析活动的主要问题。同一矛盾冲突可能有多个案例皆可反映，此时我们选择矛盾冲突直接、原始资料丰富且权威、逻辑更加清晰的案例进行编撰，意在凸显矛盾冲突本身。

第三，逻辑重现过程的可读性。较之于理论教学，案例教学的最大魅力在于能够引导阅读者置身于一个颇具戏剧冲突性的情境中，发现问题，解决问题。所以，编撰案例时，在注重把握问题线索的内在逻辑推进链条的同时，必须兼顾情境描述的故事性，从而形成较强的可读性。因为情报分析活动的特点，在本书的案例编撰过程中，我们采取虚实结合的方式，也就是在不影响逻辑重构的前提下，对情境的描述允许有一些艺术加工，以此保障案例的耐读耐看。

本书的最终目的是以案例形式还原情报分析的逻辑发生现场，阐释情报分析的本质特性与规律，提供情报分析活动的方法运用与路径选择样本，帮助每一位阅读者在一个又一个鲜活的情境中加深对情报分析的理解。这是我们在情报分析案例建设过程中的一次试验。我们已然受益，希望能为更多的情报分析者提供有趣的阅读体验和有益的思想启发。

王亮　彭亚平
2022 年 7 月

---

[1]　〔德〕克劳塞维茨：《战争论》（第一卷），商务印书馆 1997 年版，第 123 页。

本书思路结构图

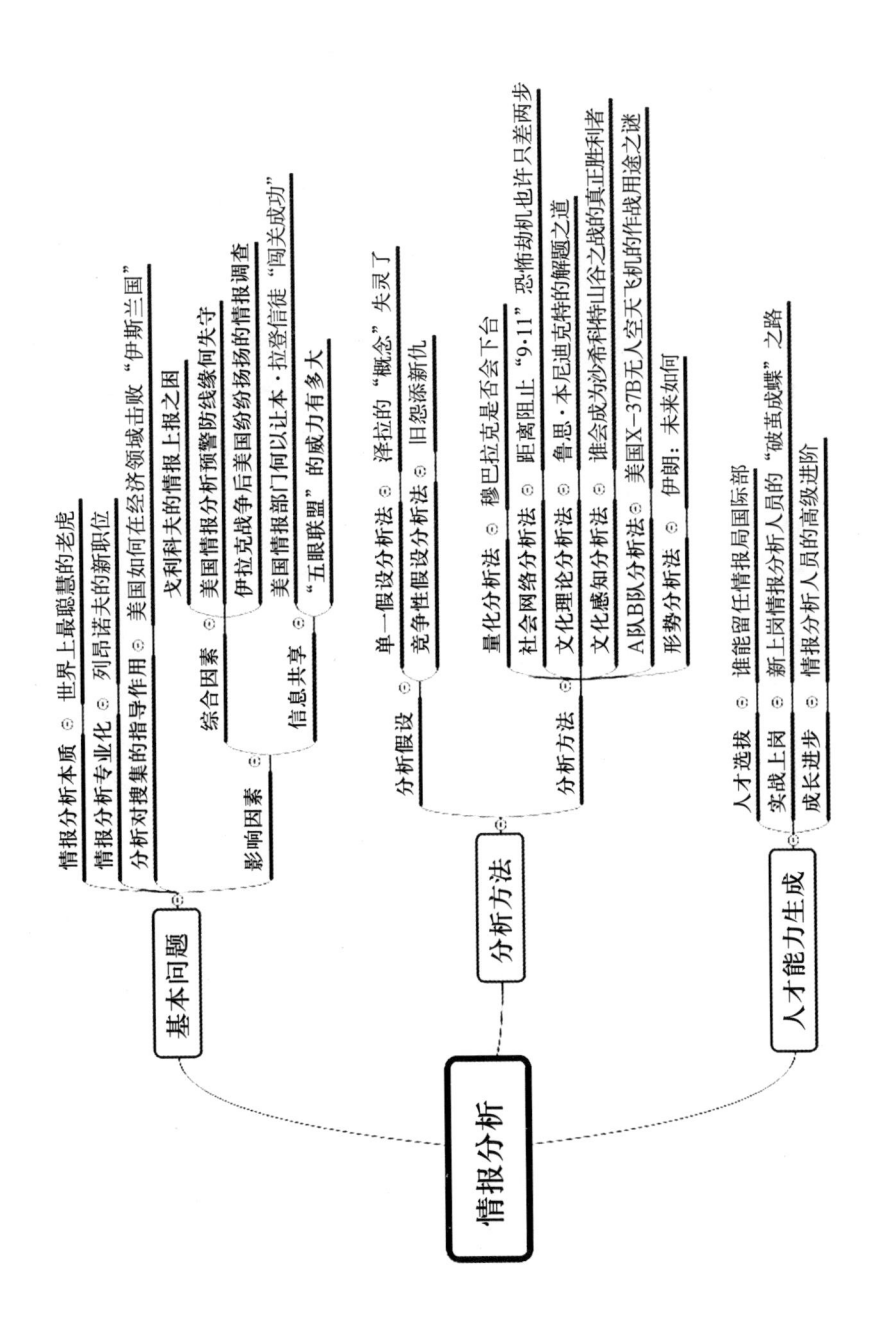

情报分析

基本问题

情报分析本质
- 世界上最聪明的老店
- 列昂诺夫的新职位
- 美国如何在经济领域击败"伊斯兰国"

情报分析专业化

分析对搜集的指导作用

综合因素
- 支利科夫的情报分析预警边缘失守
- 美国情报分析战争后美国纷纷扬扬的情报调查
- 伊拉克战争后美国情报部门何以让本·拉登信徒"两度成功"

影响因素

信息共享
- "五眼联盟"的威力有多大

分析方法

分析假设
- 单一假设分析法
- 竞争性假设分析法 —— 泽拉的"概念"失灵了

分析方法
- 量化分析法 —— 穆巴拉克是否会下台
- 社会网络分析法 —— 距离阻止"9·11"恐怖劫机也许只差两步
- 文化理论分析法 —— 鲁思·本尼迪克特的解题之道
- 文化感知分析法 —— 谁会成为沙特阿拉伯山谷之战的真正胜利者
- A队B队分析法 —— 美国X-37B无人空天飞机的作战用途之谜
- 形势分析法 —— 伊朗：未来如何

人才能力生成

人才选拔 —— 谁能留任情报局国际部

实战上岗 —— 新上岗情报分析人员的"破茧成蝶"之路

成长进阶 —— 情报分析人员的高级进阶

目 录

第 1 章　世界上最聪慧的老虎
　　　　——从《黔之驴》中虎的作为看情报分析的作用　　001

第 2 章　列昂诺夫的新职位
　　　　——苏联克格勃第一总局情报分析专业化建设的开启　　016

第 3 章　美国如何在经济领域击败"伊斯兰国"　　038

第 4 章　戈利科夫的情报上报之困
　　　　——苏德战争爆发前夕总参情报总局局长的情报决策　　059

第 5 章　美国情报分析预警防线缘何失守　　075

第 6 章　伊拉克战争后美国纷纷扬扬的情报调查　　097

第 7 章　美国情报部门何以让本·拉登信徒"闯关成功"　　117

第8章	"五眼联盟"的威力有多大	
	——新西兰枪击案的回答	129
第9章	泽拉的"概念"失灵了	146
第10章	旧怨添新仇	
	——土耳其击落Su-24飞机后俄罗斯会如何反应	162
第11章	穆巴拉克是否会下台	
	——使用贝叶斯分析方法的预测	176
第12章	距离阻止"9·11"恐怖劫机也许只差两步	196
第13章	鲁思·本尼迪克特的解题之道	
	——确定美国结束对日战争方式的情报分析方法	211
第14章	谁会成为沙希科特山谷之战的真正胜利者	234
第15章	美国X-37B无人空天飞机的作战用途之谜	271
第16章	伊朗：未来如何	
	——普里马科夫主持的一次形势分析	292

第17章	谁能留任情报局国际部	319
第18章	新上岗情报分析人员的"破茧成蝶"之路	336
第19章	情报分析人员的高级进阶	361

专有名词对照表　　　　　　　　　　　　　　385

[第1章]

世界上最聪慧的老虎

——从《黔之驴》中虎的作为看情报分析的作用

一、编写说明

（一）编写目的

本案例以唐代著名散文家柳宗元撰写的寓言故事《黔之驴》为基础，从情报学的视角对虎从侦察、分析到对驴实施打击的全过程进行重新阐释，目的是在生动、形象、具体、完整、逻辑严密而又短小精悍的故事中体会"侦察—分析—打击"三者之间的关系，理解情报分析的作用与价值。

（二）使用方式

本案例用于情报分析课程相关内容的教学。使用时，无须学员预习。在授课中论及情报分析作用问题时，直接给出原文，说明阐释视角，鼓励学员现场进行阐释，往往会收到最佳效果。主要原因在于，多数学员已经在中学时代的语文课中学习过这篇散文，所以从柳宗元写作本意上理解《黔之驴》的内容与主题，基本不存在困难；且该案例内容短小精悍，内在逻辑严密而清晰，现场从情报学的角度理解，为其赋予新的内涵，所需时间不多。而学员现场综合运用情报学相关知识，重新理解这篇熟悉的文章所形成的"熟悉的陌生感"，更有助于充分调动学员主动思考的积极性，从而收到较好的教学效果。

二、内容摘要

在漫长的情报史中，情报活动往往等同于情报侦察活动。情报分析活动从情报侦察活动中分离出来，成为情报活动链条中独立的一环，已经是20世纪初期的事情了。但在过去的一百年中，即便在成为情报活动的一项专门的分工后，情报分析的作用也往往被忽视或者轻视。今天，情报侦察技术迅猛发展，情报侦察手段已经成为一个复杂的立体配系。此时，情报分析又有了新的被忽视的形式——资源被大量地投入有形的侦察配系而较少地投入无形的分析活动，各国情报侦察与情报分析经费比例和人员比例都证明了这一点。可是，存在就是合理的吗？尤其是在今天这样的时代，我们需要重新思考，情报分析在情报活动中到底发挥什么作用？对于这个情报学基本问题的回答仁者见仁，智者见智。大量科学性的回答往往建构在复杂的国家安全或战争情报保障战例之上。重新品读柳宗元这篇《黔之驴》，笔者发现，虽然柳宗元写作本意是政治讽喻，却不经意间勾勒出了虎对驴"侦察—分析—打击"的全过程，尤其是层次清晰地展现了分析的重要作用。仅仅159个字，却构建起了一个非常完整的论证过程，生动、简洁而充分地证明了情报分析的价值。

三、关键问题

（一）虎的侦察对象是谁？

（二）虎对侦察对象的熟悉程度如何？

（三）虎对侦察对象的第一印象如何？

（四）虎从几个视角观察侦察对象？

（五）虎的侦察方式还有什么？

（六）虎在侦察过程中对侦察对象实力先后建立了几个假设？分别是什么？前后为什么发生了变化？

（七）虎如何形成了对侦察对象实力的最终判定？结论是什么？

（八）虎对侦察对象实力的判定结果对虎的打击活动有何作用？

四、案例正文

(一)《黔之驴》原文选段[1]

黔无驴,有好事者船载以入。至则无可用,放之山下。虎见之,庞然大物也,以为神,蔽林间窥之。稍出近之,慭慭然,莫相知。

他日,驴一鸣,虎大骇,远遁;以为且噬己也,甚恐。然往来视之,觉无异能者;益习其声,又近出前后,终不敢搏。稍近,益狎,荡倚冲冒。驴不胜怒,蹄之。虎因喜,计之曰:"技止此耳!"因跳踉大㘎,断其喉,尽其肉,乃去。

噫!形之庞也类有德,声之宏也类有能。向不出其技,虎虽猛,疑畏,卒不敢取。今若是焉,悲夫!

(二)《黔之驴》原文选段改写

黔地自古没有驴。有好事的人用船运来一头。运到之后发现派不上什么用场,于是就把它放养在山脚下。山上有一只老虎。头一次见到驴时,它不禁心生感慨:"哇,这家伙身形这么大,好像一座神,真是吓人啊!"赶快躲到树林中去,偷偷盯着驴。看到驴没什么动静儿,又小心翼翼地从林中出来,悄悄地靠近它,但仍是一头雾水,不知道它到底是什么怪物,实力又如何。

某日,驴突然大叫一声。虎被吓了一大跳,立刻逃得远远的,以为驴要吃自己,吓得瑟瑟发抖。但是,老虎对驴还是特别好奇,所以就来来回回地观察它。一番观察下来,感觉驴好像也没有什么特殊本领。日子长了,老虎已经渐渐熟悉了驴的叫声,于是鼓起勇气围着驴打转儿,终究不敢对驴下手。又过几日,老虎的胆子更大了,慢慢向驴靠拢,想方设法地逗弄驴,一会儿摇摇它,一会儿靠靠它,一会儿撞它一下,一会儿甚至扒一下它的脊背……驴终于怒不可遏,使尽浑身之力踢了老虎几下。看到这种情形,老虎大喜,心里笃定:"它也就这点儿本事了!"于是,老虎大吼一声,纵身一跃,咬断了驴的喉咙,大快朵颐,把肉吃尽,方才心满意足地离开了。

---

[1] 选自(唐)柳宗元:《柳河东集》,上海人民出版社1974年版,第343页。

五、分析思路

此处从情报学的角度来理解本文。老虎乃百兽之王，能力超群。而柳宗元如椽巨笔下的这只虎更堪称"世界上最聪慧的虎"。它在面对从未见过的敌人——驴时，并没有惊慌失措，一走了之；也没有莽撞行事，在不了解驴的实力的情况下，直接拼个你死我活，而是进行了充分的侦察与分析，判断清楚驴的实力后，才采取最有力的措施。它的"侦察—分析—打击"过程层次清晰，步步推进。具体分为以下几步。

第一步，虎的地盘上突然出现了一个庞然大物，虎注意到它，却不认识它，因其体形庞大，所以虎假设它非常厉害——"类有能"，遂"以为神"。这是虎对突然出现之敌的初次观察与判断，对驴的实力形成了第一个假设。

第二步，面对神一样的敌人，虎选择隐蔽自我，悄悄窥探驴，虎有意识地开始了自己的侦察活动。观察一段时间后，甚至采取了抵近侦察（稍出近之）的方式，但终未能轻易辨明驴的实力。

第三步，被动侦察到驴鸣叫，虎根据驴"声之宏"，又回到了对驴实力的最初假设，认为驴强大，可能要吃掉自己，遂心生恐惧。

第四步，在恐惧中反复侦察（往来视之）后，虎改变了最初的假设，建立起新的假设——驴乃"无异能者"。

第五步，频繁侦察，进而采取孙子"角之""策之"等主动侦察之法——"稍近，益狎，荡倚冲冒"，诱驴出招，进一步求证驴的实力。驴最终在愤怒中使出了大杀技，却不过是"蹄之"，彻底暴露了自己的实力。由此，虎最终证实了自己的新假设——驴的确是"无异能者"。

分析判断清楚驴的实力后，虎果断采取制敌行动——"跳踉大㘚，断其喉，尽其肉，乃去"，可谓干净利落，快意恩仇！

159个字，柳宗元将虎对驴"侦察—分析—打击"的全过程表现得细致而缜密。在侦察环节，虎采取了被动侦察与主动侦察两种策略；在分析环节，虎经历了建立假设—证伪假设—修正假设—证实假设的曲折过程；打击环节则因两者实力悬殊，虎的行动快、准、狠。三个环节中，侦察是起点。多种侦察方式运用后，虎获得了一些可用于判断驴实力的信息。但是这些信息片断而零散，并且只提供表象——从虎外形的"庞然大物"到"声之宏"，无法直接回答驴的实力到底如何，虎也就一直不敢贸然行动。透过表象对驴的实力真相进行判断是分析的职责与任务。一方面是"形大""声宏"这些"类有能"的表征，另一方面是"蹄之"这样"类无能"的表征，在强烈的冲突与撞击中，必须进行深入分析，才能判定驴到底是"类有能"还是"类无能"。虎反复斟酌，不断地自我否定、自我解惑，方才形成判断，探明驴的实力。在虎与驴二者实力相差巨大的情况下，对于虎来说，打击没有障碍，判明敌手实力是关键。即便虎遇到的并非驴这样实力悬殊的对手，甚至是比自己实力更强的对手，虎的分析仍是关键。虎将需要更加细致地侦察和分析对手的实力，权衡双方的力量差距，判断清晰后才能做出合理有效的打击行动。所以，从柳宗元的这段描述中可以看出，分析居于三个环节的中间位置，也是核心位置。最终的打击环节，无论选择打与不打，或者选择什么时间打、以什么方式打等，都需要建立在对敌手实力的分析判断基础之上。

为什么需要情报分析？这则寓言给出了简洁而精确的答案。当然，柳宗元写作此文的本意距我们今天的解读差之千里，却意外而又言简意赅地刻画出了"侦察—分析—打击"三者之间的关系。概而言之，侦察是基础，没有侦察，分析是无源之水，敌情也就无从获知，这样条件下的打击必然是鲁莽之举；只有侦察，没有分析判断，无法理解侦察中所获得的相互矛盾的信息，辨识不出真相，也就无从权衡彼此的诸种条件，打击同样是盲目的。打击是制敌的最终手段，合理的打击必须以侦察与分析为依托。所以，侦察与打击皆重要，但是分析才是三者关系链条中的枢纽与灵魂。

六、附录

（一）俄罗斯视野下的"情报整编""情报分析"与"情报分析工作"[1]

1. 情报整编

在俄罗斯军事情报理论中，"情报整编"一直被定义为"情报整编参谋

---

[1] 彭亚平：《俄罗斯对外情报分析力量发展研究》，军事科学出版社2014年版，第6—10页。

的创造性活动。""在此过程中，情报整编参谋将情报资料系统化，确定其可信度和价值，并进行分析和综合，最后做出有关敌编成、态势和战斗力的敌情判断。""侦察资料的收集和整理，就是通过对零散的个别事实的收集、分析和比较，并与指挥员和司令部原来掌握的情况相对照，得出理由充足的结论，揭示局势的真实情况或敌人采取的某项措施的内容。换句话说，收集和整理侦察资料的工作可以归结为，将侦察组织获得的'原料'变为备用'成品'，对指挥员所需要的或感兴趣的问题作出回答，以便使指挥员作出恰当的决定，有效地使用自己的斗争武器。"[1] 今天，《俄联邦军事百科全书》把"情报整编"定义为，为把军事情报加工成部队和武器装备指挥中能够有效使用的形式而进行的所有活动。包括内容整编和形式整编。在部队（力量）管理体系中，对从战役（战斗）组织、动员组织、行政组织以及常规系统、自动化系统和通信手段等各种不同来源获取的文件中提取出的信息进行内容整编。形式整编是对为其设定代码、确定搜索线索、将其整理成可呈送给领导人的或直接输入计算机的形式。在现代武器管理系统中，对打击客体（目标）和手段的整编是以自动化或半自动化方法进行的。

虽然上述两个定义主要是从军事视角对"情报整编"进行定义，但是，可以看出俄罗斯视角下"情报整编"的总体特征：第一，情报整编的主体是情报整编参谋（在特殊情境下以自动化或半自动化系统代之）；第二，情报整编的功能是将各种来源的情报信息加工成方便决策使用的情报；第三，情报整编的性质在于，它不是情报参谋的一般活动，而是一种创造性活动；第四，情报整编的具体过程包括一系列活动，"情报整编可分为初步研判、情报登记、情报分析和情报综合等步骤"，其中"初步研判"和"情报登记"是指情报参谋首先初步了解情报资料的内容，确定其重要级别，然后按照规定程序将情报资料系统化，以各种方式将其保存，之后就进入对情报资料的情报分析与情报综合阶段；第五，情报整编的内容包括内容整编和形式整编两个部分。

---

[1] *Симонян Р. Г.，Гришин С. В.* Разведка в бою. М.: Воениздат, 1980, 3-я глава. 转引自〔苏〕Р. Г. 西莫尼扬和 С. В. 格里申：《战斗中的侦察》，战士出版社1982年版，第191页。

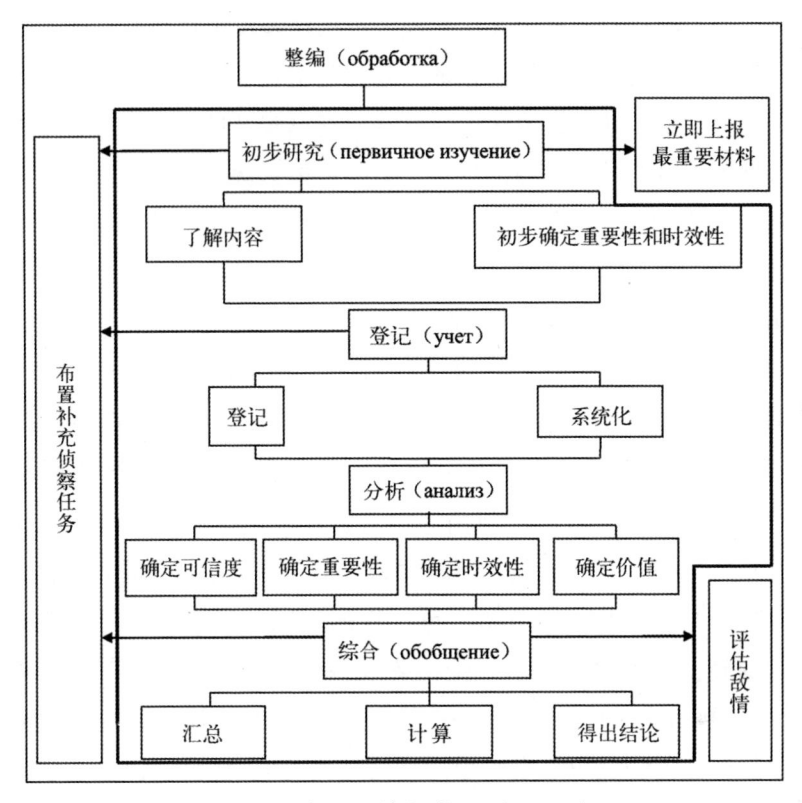

图1.1 俄罗斯情报整编过程示意

资料来源：Симонян Р.Г., Гришин С.В. Разведка в бою. М.: Воениздат, 1980, 3-я Глава。

2. 情报分析

从俄罗斯传统情报理论中"情报整编"的定义可以看出，情报分析仅仅是情报整编活动的一个环节，它的逻辑对应环节是情报综合。情报分析是一个复杂的创造性过程，其目的是通过对所获情报资料的客观分析做出有关敌行动企图和能力的正确结论。对于情报分析的作用，俄罗斯传统情报理论认为，一般情况下，情报分析只能揭示某一事实的真正面貌，只有在特殊情况下才能揭示与该事实有关的其他事实的真正面貌。换言之，在情报分析过程中，通常只能弄清个别问题，而不会对敌整体编成、态势和行动性质产生完整而清晰的印象。全面掌握敌情，只有在情报处理的最后阶段，即对情报进行综合时才能实现。虽然情报综合可以帮助了解情报的全貌，但是，对情报的分析是处理搜集到的情报工作中最重要的阶段。这一点无疑在从俄罗斯情报整编工作一开始就已经有所体认，并且越来越清晰，沙皇俄国时期的情报理论与实践家巴秋申强调情报机关的领导人应该具备分析素质，即可证明。

3. 情报分析工作

20世纪50年代开始，苏联政治情报机关中的"情报处"改称为"情报分析处"，情报整编工作中情报分析的作用得以凸显，但情报整编工作的术语并没有变化。俄联邦建立后，伴随着新的情报理论研究成果打破坚冰不断面世，"情报分析工作"取代"情报整编"，成为情报分析理论中一个基础性概念，被广泛使用。很多重量级情报分析理论研究成果均以该概念为标题。"情报分析工作"概念的广泛应用，证明了新的历史时期俄罗斯对情报工作中"分析"重要性的认知。俄罗斯学者这样阐释两个概念的转换逻辑过程：第一步，情报整编工作（非侦察工作）的原有内涵是，"权力机关中的情报职业——这是一个旨在满足系统对各种方向和类型的情报活动进行需求综合的社会结构、假设模型"，情报职业所从事的情报工作就是对各种情报进行综合，以满足系统需要。第二步，逐渐出现了一种新的需求，即必须预测作战环境发展趋势，并为一些经常遇到的问题设计模型。也就是说，单纯的综合满足不了需求，为完成任务，现在需要预测，并且不仅是预测，还要总结出常见问题的规律性的东西，建立起相应的模型，以提高工作效率。第三步，分析的地位得到认可，分析成为满足上述需求的路径。因为，分析是对情报进行有效的加工，是完善已有知识，创造新的知识。分析的这种本质决定了要完成上述任务，必须依赖分析思维。第四步，情报整编工作范畴转化成为情报分析工作范畴。情报分析工作的本质就是，对有可能成为社会亟待解决的问题的情报进行分析。这类情报的关键特性就是其预测性。当代俄罗斯对"情报分析工作"概念的广泛应用，以及其对"情报分析工作"概念转换的理性思考，都反映出当代俄罗斯对于情报工作中分析活动重要性越来越深刻的认知，由此形成了对情报活动本质问题从思维到表达的全面转换。

综合上述三个概念，在俄罗斯情报实践和情报话语体系中，情报整编是情报活动的重要组成部分，它是对情报资料的内容和形式进行整理，包括初步研判、情报登记、情报分析和情报综合等步骤，其中"对情报的分析是对所搜集到的情报进行处理的情报工作中最重要的阶段"。随着情报工作的日益复杂，情报整编工作中情报分析环节的作用更加重要，逐渐上升为情报整编活动的核心本质，"情报整编"的概念也就逐渐被"情报分析工作"这一概念所替代。

（二）美国视野下的"情报分析"[1]

情报分析这一术语在美国情报界有着相当宽泛的定义，官方和民间的研究者从多重角度对情报分析的内涵和外延进行了描述。[2] 限于本书的研究主题，此处不是要汇集古今中外所有情报分析的概念进行比较和界定，而是专门从美国情报分析理论研究成果中选取最具代表性的观点进行归纳与辨析，以厘清美国情报分析理论研究者对核心概念的认识。

1. 官方定义

从"情报流程"的角度区分（如图 1.2 所示），[3] 可以将情报分析工作分为"处理与加工"和"分析与生产"两个紧密联系的环节（如图 1.3 所示）。[4]

---

[1] 李景龙：《美国情报分析理论发展研究》，军事科学出版社 2014 年版，第 22—29 页。
[2] 美国情报分析理论研究群体既包括在官方研究机构专门从事研究的人员，也包括大学、非官方研究机构的学者，二者当中有很多人拥有情报分析工作经历。因此，本书所指的"研究者"，既包括情报界的专职研究人员，也包括美国社会所有从事情报分析理论研究的人员，在此统一做出说明。
[3] "情报流程"是把信息生产成为情报并提供给用户的过程，包括6个相互关联的情报活动，分别是：计划与指导、搜集、处理与加工、分析与生产、分发与整合、评估与反馈。U.S. Joint Chiefs of Staff, Joint Publication 2-01, *Joint and National Intelligence Support to Military Operations*. Washington, D.C.: GPO, October 2004, p. III-1。
[4] U.S. Joint Chiefs of Staff, Joint Publication 1-02, *Department of Defense Dictionary of Military and Associated Terms*. Washington, D.C.: GPO, November 8, 2010 (As Amended through January 31 2011), p. 182.

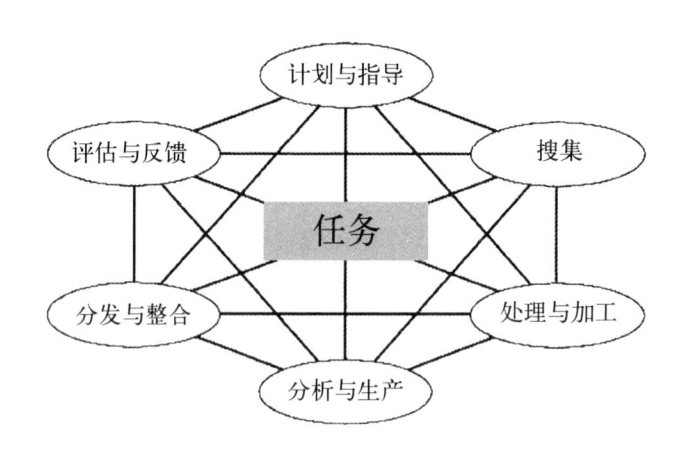

图1.2 "情报流程"示意

说明："情报流程"模型是一种网状的拓扑结构，强调不同情报行动之间的相互关联，各种情报活动之间没有固定的界限，也没有固定的顺序。这种模型认为情报工作各个环节的衔接不是一种单向的线性循环，而可以是同时发生。"情报流程"能更加合理地描述情报工作的复杂性和多样性。在"情报流程"中，情报分析居于关键地位，这一观点也得到了美国情报分析理论研究者的普遍认同。

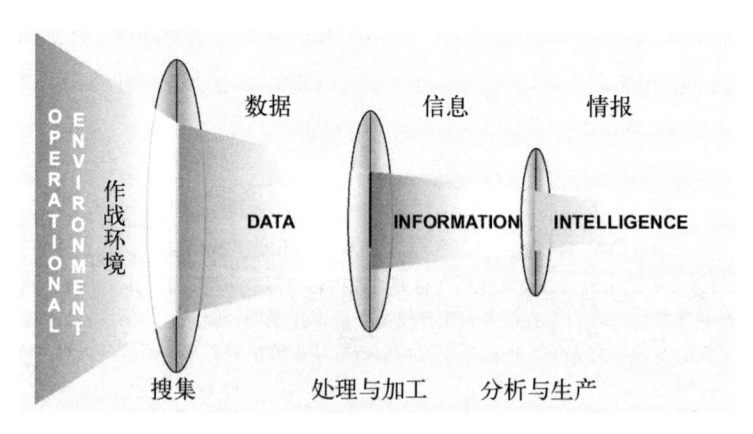

图1.3 情报分析实现从数据到情报的转变

资料来源：U.S. Joint Chiefs of Staff, Joint Publication 2-0, *Joint Intelligence*. Washington, D.C.: GPO, June 22, 2007, p. I-2。

"处理与加工"是指"将搜集到的原始信息转化为情报生产适用的形式，主要工作包括对各种品类的情报信息进行解读，如文档翻译、解密破译、图像判读、信号分析、信息关联和融合等"[1]。这个环节的分析工作需要特定领域的专家使用专门的技术和手段将从特定来源获取的专业化数据转变成为分析人员可以利用的素材，实现从数据到信息的转变。

"分析与生产"是指"综合、分析、评估和解读各种来源的数据，将处理过的信息转化为情报并根据已知或预期的用户需求准备情报产品"[2]。这个环节的分析工作需要专门的分析人员依据处理过的"全源"情报素材进行研究，对研究对象的能力、意图、行为和趋势进行分析和判断，根据用户的需求生产各类情报产品，实现从信息到情报的转变。

对比以上两者的特点，可以认为，广义的情报分析应该是两者的综合，而狭义的情报分析，实际上与"分析与生产"相对应。因为"分析与生产"的表述不仅被以中央情报局为代表的情报机构所采用，也被情报分析理论研究者在各类著述中广为引用。于是，这种收录于美国国防部《军事和相关术语词典》当中的定义方式，成为美国情报界普遍认同的一种官方定义。因此，"分析与生产"实际上是情报分析的后端工作，也是情报工作的全部价值得以最终实现的关键所在。本书所研究的美国情报分析理论及其发展状况，实际上聚焦于"分析与生产"这一环节的情报活动，这既是绝大部分美国情报分析理论研究成果中所指的"分析"，也符合情报分析学术研究领域在一般意义上对分析概念的界定。

2. 学者的定义

美国情报分析理论研究者尝试从各种角度对情报分析进行描述，每种定义方式都反映了情报分析某一方面的特定属性，多种定义也印证了"分析"这一术语所具有的丰富内涵。

首先，情报分析以提供特定分析产品的形式服务于用户，也是帮助用

---

[1] U.S. Joint Chiefs of Staff, Joint Publication 2-0, *Joint Intelligence* (Washington, D.C.: GPO, June 22, 2007), p. 294.

[2] U.S. Joint Chiefs of Staff, Joint Publication 2-0, *Joint Intelligence* (Washington, D.C.: GPO, June 22, 2007), p. 22.

户保护和拓展国家利益的最主要方式。比如,"情报分析是将原始数据评估和转换成为用户所需的描述、解释和结论的过程"[1];"情报分析是生产书面和口头评估报告的过程,这些评估协助政策官员更好地理解、处理现实和未来的国家安全问题,包括涉及影响美国利益的机会和威胁,以此来改进决策过程"[2]。客观地说,美国情报机构具备超强的情报资料获取手段和能力,但是情报素材本身不能直接被用户使用。如果没有训练有素的分析专家对相关信息进行整合并做出评估,那么耗费巨大资源获取的海量情报素材就无法被有效利用。情报用户既没有时间,也缺乏必要的知识和经验储备来一一辨明这些原始资料。因此,分析人员必须依循严格的标准和科学的程序将大量原始情报素材生产为对用户可用的情报产品,以满足用户在政策制定与实施方面的迫切需求。

其次,情报分析绝不仅是对情报资料的整理和编辑,还要对可能发生的情况做出评估。"情报分析的关键在于使信息结合来自专业知识的洞察力,能够辅助决策和行动达成积极的转变,及时的情报能够对迫近的危机发出预警,识别威胁,监控快速变化的形势,解释问题并且察觉趋势。"[3] 换句话说,分析人员通过严谨的思考和分析,必须做出超越现有素材的判断,并将其附加于最终的情报产品,这才能真正体现情报分析的存在价值。"情报分析这种跨越——从既有信息到充满意义的分析产品——始终要承担从已知向未知的风险。……分析人员的日常工作就是与不完整、模棱两可和经常出现矛盾的数据打交道,他们必须依靠专业知识和判断来超越这种局限性。"[4]

再次,情报分析既是一种依循科学规律的研究活动,也是一种高度个

---

[1] Bruce D. Berkowitz, Allan E. Goodman, *Strategic Intelligence for American National Security* (NJ: Princeton University Press, 1989), p. 85.

[2] Directorate of Intelligence, *A Compendium of Analytic Tradecraft Notes*, Volume I (Washington, D.C.: The Central Intelligence Agency, Reprinted with a new Foreword by the Deputy Director for Intelligence, February 1997), p. 9.

[3] John Hollister Hedley, *The Challenges of Intelligence Analysis*, in Loch Johnson, ed., *Strategic Intelligence*, Vol.1: *Understanding the Hidden Side of Government* (London: Praeger Security International, 2007), p. 124.

[4] John Hollister Hedley, *The Challenges of Intelligence Analysis*, in Loch Johnson, ed., *Strategic Intelligence*, Vol.1: *Understanding the Hidden Side of Government* (London: Praeger Security International, 2007), p. 127.

性化的思维过程。在分析之前，首先要能够发现和提出问题，并形成合理的假设，即"情报分析需要把大的问题分解为一系列小的问题，然后通过思考来得出结论或概括的过程"[1]，这个过程必然需要对各种类型的证据进行比对和评估，包括"仔细检查它们相互印证、补充或者排斥的程度"[2]。然后，分析人员还要借助各种推理方法检验证据与假设的相关性[3]，从而证实或者证伪假设，而这个过程"完全建立在分析人员的经验、专业知识、想象力和推理能力的基础之上"[4]。因此，"情报分析和评估是一个非常个性化的过程，没有公认的分析模式，而且分析人员必须主要依靠他自身的观念系统来提出假设和解读信息"[5]。

最后，就从事情报分析的个体来说，"情报分析活动更多是依靠人脑内在观念主导而不是依靠外在信息驱动"[6]。分析人员的思维模式和既有经验，会对他所选择的证据资料、采用的逻辑方法以及应用的推理工具产生不易察觉的影响。所以，"情报分析是整合推理和证据的认知与经验活动，通过生产判断、提供有洞察力的观点和做出预测帮助国家安全政策制定者增进

---

[1] Robert Mathams, The Intelligence Analyst's Notebook, in D. Dearth and R. Goodden, eds., *Strategic Intelligence: Theory and Application*, 2nd Edition (Washington, D.C.: Joint Military Intelligence College, 1995), p. 88.

[2] Robert Mathams, The Intelligence Analyst's Notebook, in D. Dearth and R. Goodden, eds., *Strategic Intelligence: Theory and Application*, 2nd Edition (Washington, D.C.: Joint Military Intelligence College, 1995), p. 88.

[3] 对于证据的相关性的一般解释是：如果一份证据资料包含的信息可以增加或减小一个或多个假设的可能性，那么这份证据就与假设存在相关性。证据与假设的相关性会有所不同，证据之间可能相互支持也可能相互冲突，评估和整合相关的证据将直接影响到假设的修正和取舍。根据相关的程度不同，曾在中央情报局分析部门任职，后来在乔治·梅森（George Mason）大学专门研究证据和推理问题的研究者戴维·舒姆把能够证实假设的证据称为"肯定性证据"（Positive Evidence），能够证伪假设的证据称为"否定性证据"（Negative Evidence），此外还有与假设相关但表达信息不明的"模棱两可性证据"（Equivocation Evidence）和未能获取的"缺失性证据"（Missing Evidence）。详细解释参见 David A. Schum, *Evidence and Inference for the Intelligence Analyst*, Vol.1 (Lanham, MD: University Press of America, 1987), pp. 114-120.

[4] David A. Schum, *Evidence and Inference for the Intelligence Analyst*, Vol.1(Lanham, MD: University Press of America, 1987), p. 64.

[5] Ephraim Kam, *Surprise Attack: The Victim's Perspective* (Cambridge, MA: Harvard University Press, 1988), p. 120.

[6] J. R.Thompson, R. Hopf-Weichel, & R.Geiselman, *The Cognitive Bases of Intelligence Analysis* (Alexandria, VA: Army Research Institute, Research Report 1362, 1984), p. 132.

理解和减少不确定性"[1]。因为分析人员的认知能力存在与生俱来的局限性，所以情报分析只能依循思维方式所能适应的机制去简化认知过程。于是，"情报分析是利用多种方法将秘密领域中的特定复杂问题简化为一系列相对容易问题的社会认知过程"[2]。

综合以上学者的论述，情报分析可以理解为，由分析人员的思维模式主导的，从大量的素材信息中收集和评估证据，据此产生并验证假设，并根据用户的需求生产分析产品的循环认知过程（如图 1.4 所示）。

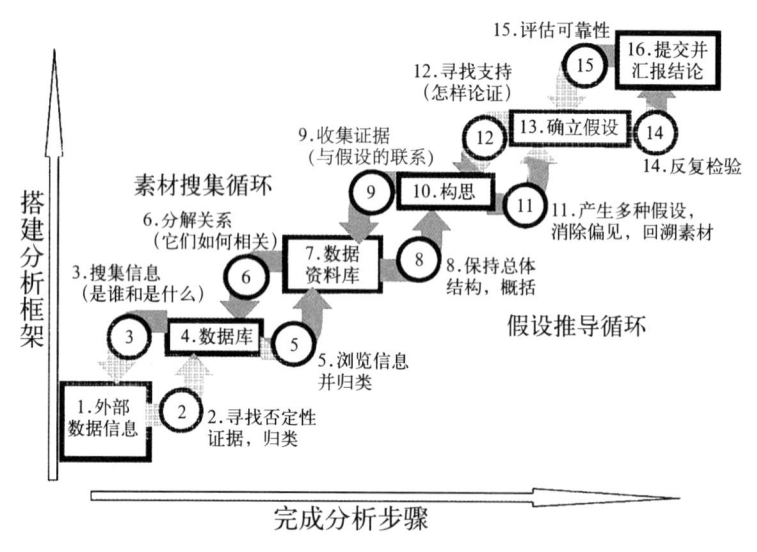

图 1.4 情报分析的循环认知过程[3]

说明：图1.4从下到上反映的是分析框架的建构过程，从左至右反映的是分析项目的递进过程。第1至第6个步骤主要是素材搜集循环，主要是收集和考察证据；第7至第16个步骤主要是假设推导循环，主要是产生和验证假设。这两个循环是相互联系和影响的

[1] Roger Z. George, James Bruce, eds., *Analyzing Intelligence: Origins, Obstacles and Innovations* (Washington, D.C.: Georgetown University Press, 2008), Glossay of Analysis Terms, p. 309.
[2] Rob Johnston, "Developing a Taxonomy of Intelligence Analysis Variables", in *Studies in Intelligence,* Vol.47, No.3, Unclassified Edition, 2003, p. 65. https://www.cia.gov/library/center-for-the-study-of-intelligence/kent-csi/ v47i3a05p. pdf.
[3] PARC AI[3] Team with Richards Heuer, *ACH1.1: A Tool for Analyzing Competing Hypotheses Technical Description for Version 1.1* (CA: Palo Alto Research Center, June 27, 2005), p. 10.

认知过程，比如为了验证相互竞争的假设，分析人员必须回溯查找素材，用证据检验假设，所以，情报分析是一种双向、连锁的循环认知过程。

七、参考文献

1. 张晓军等：《美国军事情报理论研究》，军事科学出版社 2007 年版。

2. 李景龙：《美国情报分析理论发展研究》，军事科学出版社 2014 年版。

3. 彭亚平：《俄罗斯对外情报分析力量发展研究》，军事科学出版社 2014 年版。

4. 翟晓敏、杨寿青：《军事情报分析与预测》，国防大学出版社 2000 年版。

5.〔美〕布鲁司·伯尔考威茨：《绝对真实：信息时代的情报工作》（张力等译），时事出版社 2001 年版。

6.〔美〕小理查兹·霍耶尔：《情报分析心理学》（张魁等译），金城出版社 2015 年版。

7.〔美〕谢尔曼·肯特：《战略情报：为美国世界政策服务》（刘微、肖皓元译），金城出版社 2012 年版。

（案例编写人：彭亚平）

[第2章]
列昂诺夫的新职位
——苏联克格勃第一总局情报分析专业化建设的开启

一、编写说明

（一）编写目的

1971 年，苏联国家安全委员会（克格勃）第一总局情报分析专业化建设的奠基人尼古拉·谢尔盖耶维奇·列昂诺夫从一线侦察处——拉美处副处长职位调任情报分析处（后升为局）副处长，在克格勃内部惊起了一番波澜。尼古拉·列昂诺夫不顾众人眼光，就任该职位后励精图治，开启了苏联政治情报部门情报分析工作的专业化进程。本案例努力重现这一过程，探求情报分析作为一种专业化职业存在的必要性，以及在专业化过程中可能经历的挑战，帮助学员建立情报分析专业意识，为主动提升专业能力打下思想基础。

（二）使用方式

本案例教学可以采取老师布置、学员学习并补充查阅相关资料、独立作业、分小组讨论、全班交流、老师引导的形式组织实施。使用时，可以首先就本案例所反映的核心问题——苏联情报分析专业化建设进行细致剖析与体会，进而拓展研究其他国家情报分析专业化进程，努力理解：情报分析是一项怎样的职业？情报分析的专业化建设包括哪些方面？世界各情报强国情报分析专业化建设开始于何时？当前建设水平如何？有哪些经验教训？

二、内容摘要

1971 年，苏联克格勃第一总局拉美处副处长尼古拉·列昂诺夫被任命为情报分析处副处长。当时,这样的任命意味着"流放"和"发配",因为苏联长期以来已经形成了"重侦察、轻分析"的情报文化,一线侦察处的副处长往往仕途上升通道更加顺畅,而情报分析处则被认为是"养老"机构。列昂诺夫的这一任命恰似一颗石子,激起了克格勃内的一番波澜,普通情报人员的猜测与分析、克格勃主席安德罗波夫和第一总局副局长克留奇科夫(长期追随安德罗波夫)的支持以及列昂诺夫对当时克格勃对外情报工作所经历的困境与解决办法的思考等,让苏联的情报文化在克格勃第一总局开始接受挑战。而列昂诺夫上任后通过自己的多项创举,努力开启了苏联政治情报机关的情报分析专业化进程。

三、关键问题

(一)苏联情报历史上更注重情报工作的哪个环节?为什么?

(二)列昂诺夫进入克格勃情报分析部门前,该部门地位如何?表现是什么?

(三)20世纪60年代后期苏联情报工作面临什么样的难题?

(四)列昂诺夫是谁?

(五)列昂诺夫的此次任命为什么会激起如此大的波澜?

(六)列昂诺夫如何理解自己的任命?

(七)列昂诺夫进入情报分析部门后得到了谁的支持?

(八)列昂诺夫如何破解情报分析部门的能力建设困局?

(九)列昂诺夫为提升情报分析部门的业务能力和专业地位,还采取了哪些举措?

(十)情报分析是一种职业吗?

(十一)情报分析是一种专业化职业吗?

(十二)情报分析作为一种专业化职业,建设进程如何?理想标准是什么?

四、案例正文

20世纪70年代,美苏冷战进入一个新的时期——苏攻美守阶段。新的战略时期对情报保障提出了更高的要求。作为苏联政治情报的主力军，克格勃第一总局到底要怎样进一步提升自己的能力，是很多人在思考的事情。而想法总需要人去落实，所以这一时期任何人事调整都会引起人们的一番分析。

可是，谁也没想到尼古拉·谢尔盖耶维奇·列昂诺夫会在1971年初被任命为克格勃第一总局情报分析处副处长。

（一）同事们对列昂诺夫新职位的困惑

宣布列昂诺夫新职务命令的那段时间，克格勃的同事百思不得其解。在他们心目中，列昂诺夫是克格勃当时的"红人"，是对美国的后院——拉美地区开展谍报活动的"大腕"，他的职业生涯充满了传奇。

据他们了解，列昂诺夫是莫斯科国际关系学院1947级西班牙语专业学员，家里虽然没有任何背景，但是在校期间学习成绩优异，除了因为不了解斯大林生平细节而在"祖国史"课程中拿了四分，其他科目全优通过，可谓"学神"；他的政治表现也很突出，一直担任共青团小组的组长，深得组织信任。所以，毕业分配开始前，他已经被内定分到外交部工作。当时，外交部和情报机关一样，都是深受毕业生欢迎的部门，不仅工作发展空间大，待遇优渥，而且还有驻外工作机会。可惜的是，就在毕业考试前，因为替一位同学仗义执言而得罪了时任外交部长安德烈·雅努阿列维奇·维辛斯基，列昂诺夫错失了进入外交部的机会，被"发配"到外文出版社工作。

幸运的是，在外文出版社工作两年后，列昂诺夫被公派去墨西哥学习西班牙文（当时西班牙不对苏联公民开放）。在前往墨西哥的航船上，列昂诺夫意外地结识了古巴革命领袖菲舍尔·卡斯特罗的弟弟劳尔·卡斯特罗。当时劳尔正在哈瓦那大学读书，他们年龄相仿，语言相通，志趣相投，很快成为好朋友。正是这趟旅程、这份友谊，神奇地改变了列昂诺夫的命运。很快，在劳尔的引荐下，他认识了很多拉美著名革命者，甚至包括切·格瓦拉。

与拉美革命者的良好关系，令列昂诺夫的价值迅速上升，遂引起了克格勃的注意，并被迅速吸纳进克格勃。毕业6年后，列昂诺夫又回到了自己既定的职业轨道。情报生涯虽然开始得稍晚一些，但是列昂诺夫的起点非常高。还在克格勃101情报学校受训期间（情报职业生涯第一步，进入克格勃必须接受的培训），他就作为翻译陪同时任苏联部长会议第一副主席、赫鲁晓夫的亲密战友——阿纳斯塔斯·伊凡诺维奇·米高扬访问墨西哥和古巴。1961年，他被正式派驻墨西哥从事情报工作。1963年，菲舍尔·卡斯特罗访问苏联期间，列昂诺夫被要求全程陪同。在执行这些任务的过程中，列昂诺夫在拉美地区建立了广泛而深厚的人脉，为做好情报工作创造了极其有利的条件。与此同时，列昂诺夫还在近距离与苏联高层的接触中，了解了战略决策对情报的需求。两者结合，帮助列昂诺夫在专业上快速进步，经受住了美苏在拉美的一系列争斗（其中包括古巴导弹危机）的考验，成长为克格勃拉美问题专家。1968年，列昂诺夫返回莫斯科克格勃总部，连升两级，担任第一总局拉美处副处长，时年恰好40岁。

大家不解的是，这样一位春风得意、前途正好的"红人"，怎么会被调往情报分析处这样的部门？众所周知，情报分析部门一直是克格勃第一总局内的边缘部门。自从苏联建国以后，就有众多推崇苏联意识形态的西方人愿意帮助苏联"了解"其他国家，更何况经历半个世纪的发展，苏联的情报侦察能力已经得到世界公认。如果每一份西方最重要的对苏战略计划都能完整地出现于克里姆林宫的桌子上，谁还需要情报分析？更何况苏联的领导人也不喜欢让别人替自己分析国际国内形势，这一点从苏联一直没能建立起统一的情报分析部门就可以看出来。所以，情报分析部门里的人，不是已经有多年驻外经历面临退休的人，就是不适合从事谍报工作的人，还有一些是在驻外工作中犯了错的人，最奇怪的是，女同志竟然占比很大，并且主要是文职雇员，这是其他情报侦察部门绝不可能发生的事情。列昂诺夫从一线方向处调任情报分析处，就仿佛从驻防首都的近卫团调任外省偏远防区一样。它到底意味着什么？克格勃的同事都在暗自琢磨。

(二) 列昂诺夫对新职务的理解

与同事们不同，列昂诺夫并不为自己的仕途担忧，欣然接受了任命。他知道情报分析部门的地位终将举足轻重。在他看来，这既是时任克格勃主席领导风格的反映，更是情报工作发展的必然。

当大部分克格勃的同事仍然沉浸在意识形态的独特性给苏联情报工作带来的持久"红利"时，列昂诺夫更加清晰地判断了情报斗争领域形势的发展趋势。他知道，过去当苏联决策层想知道某些国家是否有意结成反苏联盟时，情报部门一定有渠道获得这些国家之间的秘密外交通信；当苏军想了解潜在敌国空军中轰炸机数目时，也往往能在敌军中找到可为己所用的秘密情报员……但是，时代变了。美苏冷战深入开展，苏联国内情况更多地为西方国家民众所知，西方国家持续开展反共活动，这些都恶化了苏联在西方国家开展谍报工作的形势。另外，世界正在变得越来越复杂。很多重大战略问题的解答远非一份具体文件情报可以实现，甚至很多重大战略问题根本不存在现成的答案。20世纪60年代末以来，这种情报工作的形势已经引起了情报界高层的注意，他们本能的反应就是建立新的驻外谍报站，多派人手，但是事实证明这些措施收效甚微。

可喜的是，尤里·安德罗波夫于1967年5月被任命为克格勃主席。与克格勃历任领导人不同，安德罗波夫更具知识分子气息，并且非常谦虚。他长期在苏共中央工作，没有情报机关工作经历，可以从不同的角度思考和解决政治情报活动所面临的困境。列昂诺夫已经逐渐感受到，情报机关工作正在慢慢发生变化，更加注意智力的作用，更加富于理性。克格勃所有部门都正在从热衷于运用职业技术花招完成上级任务的组织逐渐变成政治上理智的系统。安德罗波夫还把情报分析工作引入克格勃的其他职能部门，比如反间谍总局。反间谍总局副局长博布科夫这样总结了当时反间谍总局的变化："在安德罗波夫到来之前，反间谍部门在经验丰富、受人尊敬的班尼科夫局长的领导下干得很好……而且形成了自己的战略战术基础。……新领导的到来首先要求结束那些陈旧过时的工作方法，加强分析性的工作，制定出一套新的反间谍系统的组织原则。"[1] 由此可见安德罗波夫对情报分析工作的认识。为加强对外情报机关的情报分析工作，他还把曾追随自己达17年之久的弗拉基米尔·克留奇科夫派到第一总局担任副局长，主管情报分析部门。情报分析工作的开展无疑有了组织保障。

虽然已经在谍报侦察工作中驾轻就熟，但与其他同事不同，列昂诺夫内心并不排斥情报分析工作，甚至还充满了信心。因为他自己很喜欢分析问题，也接受过专业训练。还在墨西哥大学留学时，他就如饥似渴地研究拉美地区的政治、经济、文化。即便已经进入克格勃工作，他仍然利用业余时间继续深造，完成了苏联科学院历史研究所的"拉美国家史"研究生课程，并顺利通过论文答辩，获得了历史学博士学位。学术训练中所掌握的方法论对他此后的情报工作大有助益。也许正是因为这些"特长"，组织上才会将他派往情报分析部门。

就这样，在一片议论声中，列昂诺夫轻松履新。

（三）列昂诺夫在情报分析局的创新举措

就职后，列昂诺夫一直在考虑一个问题：如何有效提升情报分析处（后升格为局）的业务能力？两年后，列昂诺夫升任克格勃第一总局情报分析局局长，从此掌管情报分析局达11年之久。其间，列昂诺夫始终致力于回答他给自己提出的问题。

进入情报分析部门后，列昂诺夫针对实际情况，首先从专业认同抓起。他强调，谍报工作是专业，情报分析工作也同样是专业，情报分析处内外都必须树立情报分析工作的专业意识。经过列昂诺夫的持续努力，特别是在情报分析组织工作中采取的一系列举措取得了一定的成效后，情报分析工作被时任第一总局局长克留奇科夫认定为"已经是一种职业"。

为提升情报分析处的情报分析能力，列昂诺夫把真正的突破口选在情报分析人才队伍建设上。因为情报分析是一种专业，所以情报分析人员需要专业知识和专业技能。而当时苏联情报机关内外都没有可提供这方面培

---

[1]　〔俄〕菲·博布科夫：《克格勃与政权：克格勃第一副主席的回忆》（王仲宣译），东方出版社2008年版，第178页。

训的机构，于是列昂诺夫就自己动手，分两步走建立起了政治情报分析人员的专业训练基地：第一步，把情报分析处作为专业训练基地，刚毕业的大学生不是按照克格勃的惯例接受克格勃的统一培训，而是直接进入情报分析局，由情报分析局的领导亲自进行培训；第二步，建立情报分析处专属培训基地，情报分析处抓住1968年克格勃101情报学校升格为克格勃红旗学院的时机，努力争取创建了情报分析教研室，主要负责培养情报分析专业人员。

人员培训的现实任务，迅速推动了情报分析力量专业理论与技能的系统化。红旗学院情报分析教研室最初的老师都是由情报分析处的专家担任，而最初的训练材料以及后来规范的教材则都是由情报分析处编写的。多年以后，在俄罗斯广受各方瞩目的情报分析教材正是由列昂诺夫主编的《驻外情报机关的情报分析活动》，所承载的内容应该就是苏联政治情报分析最初的专业理论与技能。

在这些举措实施一段时间后，情报分析局（已升格为局）逐渐寻找到了情报分析工作的自信，确立了情报分析工作的专业权威与专业尊重。几年过后，情报分析局已经成为情报部门中最灵活、成果最丰富的局之一。安德罗波夫在与情报分析局就某问题进行讨论时，因为对情报分析局信任的日益加强，会逐渐改变自己对问题的原有看法；而在情报部门的扩大会议上，当某局领导或者从国外回来的重要侦察站站长汇报完毕后，安德罗波夫也总是会让情报分析局局长列昂诺夫首先发言，发表看法。情报分析活动逐渐开始感受到来自竞争对手越来越多的尊重。此前一直被歧视的情报分析人员，开始被情报侦察机关邀请去帮助工作。

列昂诺夫成为苏联政治情报机关情报分析专业化建设的开启者。

五、分析思路

（一）情报分析是不是一项社会分工

情报分析从情报侦察分离出来，成为一项专门的社会分工，最早发生于日俄战争后沙皇俄国的情报改革中，此后各主要情报大国都逐渐建立起独立的情报分析部门，专门从事情报分析这项社会分工。情报分析成为一项社会分工的意义是什么？可借鉴亚当·斯密在《国富论》中对社会分工的理论阐释[1]，做一分析。

（二）情报分析是不是一种职业

有了社会分工就有了职业。《现代汉语词典》中将"职业"解释为"个人在社会中所从事的作为主要生活来源的工作"[2]。在专门情报分析组织中工作的情报分析人员已经拥有了必要的薪金报酬用于生活，所以可以认为情报分析已经是一种职业了吗？

（三）情报分析是不是一种专业

随着社会分工的增多，可以作为主要生活来源的工作越来越多，也就是职业越来越多。根据不同的标准，职业可以分为不同的种类。根据职业所需知识含量的多寡，可以将职业分为一般职业和专业化职业。所谓专业，"作为一个科学术语，专业被看成一个富有历史、文化含义而变化的概念，主要指一部分知识含量极高的特殊职业"[3]。"专业是一个正式的职业；为了从事这一职业，必要的上岗前的训练是以智能为物质，知识和某些扩充的学问，它们不同于纯粹的技能；专业主要供人从事于为他人服务而不是单纯的谋生工具，因此，从业者获得经济回报不是他（她）职业成功的主要标准。"[4]依此思考一下，情报分析是一种专业吗？

（四）情报分析是一种技艺还是一种专业

技艺是"一种需要灵巧手工艺或熟练技能的职业或行业"。技艺和专业有着不同的人员培训方案。传统的技艺强调通过训练和经验来发展技能，

---

[1] 亚当·斯密认为，社会分工的好处在于提高生产率。社会分工之所以能够提升劳动生产率，有三点原因："第一，每一个工人的熟练程度的提高；第二，采用分工制节约了从一种工作转向另一种工作所丧失的时间；第三，许多简化劳动和缩减劳动的机械的发明，使一个人能够做许多人的工作。"引自〔英〕亚当·斯密：《国富论》（陈虹译），中国文联出版社2016年版，第5页。
[2] 中国社会科学院语言研究所词典编辑室编：《现代汉语词典》，商务印书馆2016年版，第1683页。
[3] 赵康：《专业、专业属性及其判断成熟专业的六条标准——一个社会学角度的分析》，载《社会学研究》2000年第5期。
[4] 赵康：《专业、专业属性及其判断成熟专业的六条标准——一个社会学角度的分析》，载《社会学研究》2000年第5期。

而专业领先一种理论课程的体系，辅之以实习计划或实际工作中的训练。依据你的体验，试析情报分析是一种技艺还是一种专业。

（五）情报分析是不是一种成熟的专业

一种成熟的专业，应该满足以下标准：一是一个正式的全日制职业；二是拥有专业组织和伦理法规；三是拥有一个包含深奥知识和技能的科学知识体系，以及传授/获得这些知识和技能的完善的教育和训练机制；四是具有极大的社会效益和经济效益（鉴于高度关注和力求实现客户利益与社会效益）；五是获得国家特许的市场保护（鉴于高度的社会认可）；六是具有高度自治的特点。[1] 依你之见，情报分析是一种成熟的专业吗？为什么？

（六）情报分析的专业化发展处于什么阶段

福尔默和米尔斯认为，专业化是一个动态过程。许多职业可能介于一个连续体之间，这个连续体的一端是理想类型的"专业"，可以称之为充分发展的专业，另一端是完全无组织性的工作，也可以称之为"非专业"，而专业化是一个可以影响任何职业的专业性程度高低的过程。[2] 也就是说，在非专业与专业之间有质的区别，而在一般专业与理想类型的专业之间则有量的变化。对一种职业是否形成专业化，有不同的理论可以作为依据进行评判。其中，特征要素理论和过程理论可以帮助我们从两个向度上进行考察。所谓特征要素理论，就是探讨一个职业若想要实现专业化（并非成熟专业），必须具备哪些特征要素。虽有各种意见分歧，但是最核心的特征要素往往被归纳为四个：第一，是否拥有专门的知识、技能与训练？第二，是否有专业伦理规范？第三，是否有专业权威？第四，是否有社会认可？特征要素理论对一个职业是否实现专业化，提供了一种横向的分析。福尔默和米尔斯的过程论视角则有助于从纵向角度思考专业化问题。当一种职

---

[1] 赵康：《专业、专业属性及其判断成熟专业的六条标准——一个社会学角度的分析》，载《社会学研究》2000年第5期。

[2] Moore, W. E. & G.W. Rosenblum, *The Professions: Roles and Rules*. New York, Russell Sage Foundation, 1970, 转引自柴定红：《社会工作专业化》，南开大学研究生院博士学位论文，2009年，第7页。

业基本满足了上述四个核心特征要素时，它就实现了专业化，只不过专业化的程度较低，可以称之为初步专业化，而当这四个核心特征要素达到理想状态时，则专业化的程度实现最大值，可以称之为充分发展的专业化，职业也就成了成熟专业。据此，你认为，情报分析是不是一种专业？是一种怎样的专业？

（七）20世纪70年代克格勃第一总局情报分析专业化发展到了何种程度

将专业化的特征要素论与过程论理论相结合，确定：第一，20世纪70年代第一总局情报分析职业是否实现了专业化？第二，20世纪70年代第一总局情报分析职业仅实现了初步专业化还是成熟专业化？实现专业化的益处是什么？

六、附录

（一）列昂诺夫小传[1]

尼古拉·谢尔盖耶维奇·列昂诺夫生于1928年。在俄罗斯情报分析力量发展史上，既有丰富的情报分析实务与领导实践，又能将经验升华为理论认知的人物并不多见，巴秋申堪称第一人，时间跨越近70年后，列昂诺夫成为继承者。

……

与很多苏联谍报人员不同的是，列昂诺夫很注重学习。他在莫斯科国际关系学院学习西班牙语，为进一步了解拉美地区的政治、经济和文化，选择留学墨西哥大学。留学归来后，又函授学习了苏联科学院历史研究所的"拉美国家史"研究生课程，获得历史学博士学位。在苏联当时重侦察的谍报文化中，如此注重"研究问题"的列昂诺夫颇为另类。学术研究与情报分析虽有差异，却有着相同的本质内核——对问题进行分析。如同受过严格学术训练的谢尔曼·肯特等一批常春藤毕业生，以严谨而客观的分析给美国情报工作带来了不一样的面貌，列昂诺夫也在完整而丰富的学术训练后，重视情报分析工作，努力实践情报分析活动，终以自己的努力帮助

---

[1] 彭亚平：《俄罗斯对外情报分析力量发展研究》，军事科学出版社2014年版，第178—181页。

苏联情报机关认识到了情报分析的重要意义。

在经历近10年的驻外生涯后，列昂诺夫的人生迎来又一次转折。1971年，在一片疑惑声中，在谍报工作中成绩斐然而备受重视的列昂诺夫进入克格勃情报分析处担任副处长。之所以有疑惑声，是因为当时苏联情报体系中，从事侦察的谍报人员地位最高，只有不善于或无法从事谍报工作的人才会去从事情报分析工作，由此，从谍报人员转为情报分析人员也就带有被贬斥的潜在意思，所以列昂诺夫的任命令众人颇感不解。

然而，事实上，列昂诺夫的任命恰恰反映了当时苏联情报机关领导人对情报分析重要意义的初步认识，列昂诺夫也抓住时机，通过创造性的工作，将疑惑声转变成了赞叹声。1973年，列昂诺夫升任情报分析局（已由处升级为局）局长，并在这个职位上工作了11个年头，后升任克格勃对外情报总局副局长。当克格勃在1990年终于建立起全克格勃层面的分析局后，列昂诺夫又一次受命领导该部门。可以说，从20世纪70年代苏联奉行全球扩张战略的鼎盛期，到经历改革的混乱期，直至90年代初苏联解体的衰落期，列昂诺夫几乎一直掌管苏联政治情报机关的情报分析工作，是苏联历史的重要参与者。苏联解体后，有媒体曾经这样介绍列昂诺夫："在情报分析局长任内没有一次情报分析失误。"而列昂诺夫本人也在著述称，即便是对苏联最大的战略失败——苏联解体，情报部门也早已向决策层提供过预警情报。无论这些评判与解释是否属实，不争的事实是：第一，从个人情报分析能力层面，列昂诺夫被克留奇科夫誉为"天才的情报分析员"；第二，从组织领导层面来看，列昂诺夫开启了苏联政治机关情报分析活动的专业化进程，情报分析人员的能力与地位得到极大的提升；第三，从理论创造来看，列昂诺夫任内开始组织力量撰写俄罗斯最早的情报分析专著，多年以后，列昂诺夫公开发表的情报分析著作被当代俄罗斯分析界奉为经典；第四，从社会认可度来看，苏联解体后，列昂诺夫几乎被俄罗斯的普罗大众认为是苏联时期最权威的情报分析人员，母校邀请他开设情报分析专业课程，每当俄罗斯在国际角力中遇到大事，媒体几乎都要采访列昂诺夫，向大众传递他是如何分析与看待这些重要事件的。

列昂诺夫出身于专业的情报人员培养院校，热爱学术研究，有杰出的情报侦察能力，能够有机会近距离地体会决策层的决策需求。在进入情报分析部门前，列昂诺夫具备了鲜有人拥有的、做好情报分析工作的几乎全部条件。作为条件优越的情报分析人员，进入情报分析部门后，列昂诺夫通过自己的开创性工作充分地展示了自己的情报分析实践能力、领导能力与理论创造能力。苏联解体后，列昂诺夫又致力于俄罗斯国家情报分析能力提升。可以说，列昂诺夫是苏联历史后20年中最重要的情报分析实践者、理论创造者，也是俄联邦历史前20年中最重要的情报分析训导者。

（二）克格勃对外情报总局情报分析专业化进程的开启[1]

分工与专业化是提高工作效率的根本途径，亚当·斯密这一观点已被两百多年的历史所证明。在情报工作领域，有若干职责分工。但是，作为情报工作的一个重要组成部分——情报分析工作，到底有没有成为一个专业，甚至在美国这样一个情报分析工作引世界风气之先的国家至今也仍无定论。[2] 这种分歧反映了情报分析工作的现实。有些国家和有些人仍然坚持情报分析工作仅是一门技艺，靠着口口相传的技巧进行工作；有些国家和有些人则努力探究情报分析的规律，创新情报分析知识，实践与修正情报分析方法。在情报分析工作的发展上，到底要选择哪条道路？本文对1970年前后苏联克格勃对外情报总局[3]情报分析工作的发展进程进行剖析，以期为这一争论提供一个新的认识视角。

1.1970年前后克格勃对外情报总局情报分析工作发展的背景

（1）克格勃对外情报总局情报分析工作长期处于尴尬地位

在"8·19"事件中以克格勃主席身份载入俄罗斯历史的克留奇科夫，20

---

[1] 彭亚平：《克格勃对外情报总局情报分析专业化进程的开启》，载《解放军外国语学院学报》（社会科学版）2012年第5期。

[2] 〔美〕斯蒂芬·马林：《情报分析：从技艺到专业》，李景龙编著：《美国情报分析理论》国防大学出版社2010年版，第12—21页。

[3] 苏联政治情报机关——克格勃对外情报总局，始建于1920年12月20日，至苏联解体前的70年间，无论是其上级机关——克格勃，还是它本身，都经历了多次体制改革，名称也相应发生变化，但基本未变的是对外情报总局与克格勃之间的隶属关系及其使命任务。为行文与阅读方便，本书统一称克格勃对外情报总局。

世纪70年代初任克格勃对外情报总局局长。他说过一句著名的话："情报局的情报分析工作——这是一种职业。"[1]克留奇科夫对于情报分析工作是一种职业的确认表明，对外情报总局中有情报分析这项社会分工；既然已是一种职业，就有专人从事这项社会分工。克留奇科夫在20世纪70年代初的这个定论，一方面为考察情报局这种职业的专业化情况提供了基本条件；另一方面，在对外情报机关成立50年后才首度认可情报分析是一种职业，事实上也反映出对外情报总局情报分析工作长期所处的地位。

克格勃对外情报总局的前身是1920年12月20日成立的全俄肃反委员会对外处。从1920年到20世纪60年代末，近50年的历史中，对外情报总局的情报分析工作可以划分为三个阶段。

第一阶段为二战前和二战初期阶段，时间从1920年至1943年。这一时期，对外情报总局坚决拒斥专门的情报分析工作。主要表现有两个方面：第一，23年间，对外情报总局不设专门的情报分析机关，曾于20世纪70—80年代长期担任对外情报总局情报分析局局长的列昂诺夫证明，"1943年以前（对外情报机关）没有情报分析部门"[2]；第二，1935年，由于总参情报总局的失误，克格勃终于在多年与唯一的竞争对手——总参情报总局的竞争中占据了优势地位。事实上，克格勃从成立之日起就意图掌控总参情报总局的领导权，此次终于达到目的。它甫一行使对总参情报总局的领导权，即解散了总参情报总局自建立之日起就专设的情报分析部门——情报处。对外情报总局不仅自己没有专门的情报分析机关，更不认同其他部门专门的情报分析机关，从根本上反映出，当时对外情报总局的情报工作中就没有情报分析这项分工，专业化更是无从谈起。

第二阶段为二战后期，时间从1943年至1945年。这一时期，由于战争的需要，对外情报总局终于不得不建立起专门的情报分析部门。据曾任对外情报总局副局长的苏多普拉托夫回忆，"……在战争爆发以后，情报局和内务人民委员部开始组建几个处，专门负责对来自国外的侦察情报进行

---

[1] *Леонов Н. С. Лихолетье.* М.: ТЕРРА, 1997 , стр. 104.

[2] *Леонов Н. С. Лихолетье.* М.: ТЕРРА, 1997, стр.160.

评估和分析"[1]。真正得到承认的对外情报总局情报处成立时间是1943年12月7日。1993年12月，俄罗斯对外情报总局情报分析局庆祝其成立50周年，再次向世人证明了对外情报总局的创立日期。以专门的情报分析机关为载体，对外情报总局的情报分析终于成为一项专业的分工，但是这一时期非常短暂。

第三阶段为二战结束之后，时间从1945年至20世纪60年代末，这一时期可以称为对外情报总局情报分析机关半失能化的时期。在战争结束初期，苏联曾经仿效美国中央情报局的模式，建立统一的情报侦察与分析单位——情报委员会，但是遭到各情报部门的反对，无果而终。由于失去了战争的巨大动力，又历经情报委员会的波折，对外情报总局虽然从编制上保存了专门的情报分析机关——情报处，但是情报处却成了整个对外情报机关的"养老院"，基本处于失能状态。从这一时期情报分析机关的人员构成可以看出，当时，情报分析部门的人员主要有四类人：第一类，在其他工作中犯过错的；第二类，无法胜任"外勤"（谍报）工作的；第三类，长期驻外执行"外勤"任务后回到总部工作的；第四类，女性，当时对外情报机关中只有情报分析部门有女性工作者。前三类人到情报分析部门工作基本都有些非自愿的成分。当时的对外情报总局存在一种普遍看法：进入情报分析部门无异于宣布一个人的职业生涯进入低谷。[2]

可以说，20世纪60年代末以前，对外情报总局的情报分析工作受到重视的时间极短，在绝大多数时间里或者根本没有这项社会分工，或者即便有也是处于组织混乱时期。这种情况下，情报分析的专业化发展毫无条件。

（2）20世纪60年代苏联传统情报工作方法遭遇瓶颈

不重视情报分析工作的克格勃对外情报总局，一直依赖的是其成就斐然的情报侦察手段。苏联成立后，由于拥有强大的意识形态优势，情报侦察工作得到了世界范围内的支持与前所未有的发展，取得了辉煌成绩。"早

---

[1] 〔俄〕帕维尔·苏多普拉托夫：《情报机关与克里姆林宫》（魏小明、陆柏春等译），东方出版社2000年版，第140页。

[2] *Леонов Н. С. Лихолетье.* М.: ТЕРРА, 1997, стр. 99.

在20世纪二三十年代，西方国家就被一些很有价值的谍报人员渗透进去，在斯大林和苏联领导层的桌子上放着的就是西方国家政治工作报告、军事机关和情报机关的计划以及秘密部门间的解码电报的原件。"[3] 戈利科夫在20世纪60年代所发表的回忆文章[4]中曾细数了二战前军事情报机关报送国家领导层的情报文件，其数量之大、内容之翔实令人震撼。多年以后，俄联邦总参谋长克瓦什宁曾感慨苏联当时拥有"最好的侦察机关"[5]。冷战开始后，"实际上，美国对苏联进行核进攻的每一个计划、美国情报机构及其他间谍机关的每一项有关推翻苏联制度的指令条例，苏联的国家安全部门都了如指掌，当然也为党和政府的领导人所了解"[6]。

但是，20世纪60年开始，由于社会主义阵营以及苏联国内政治斗争的公开化，特别是越南战争开始后，苏联在西方世界所拥有的意识形态优势逐渐丧失，谍报工作因而面临巨大的挑战，所有侦察区域的工作环境均日益恶化。在此情境下，对外情报总局的领导人努力尝试开辟新的谍报工作区域，不断增加驻外谍报站的数量。但是此法并未有效解决问题。而让这种情况进一步恶化的是，对外情报总局发现，在新的形势下，情报机关要回答的问题越来越复杂，无论情报来源多么有价值，单一情报来源的情报资料都很难给出答案。

长期不重视情报分析，只单纯依赖情报侦察的对外情报总局，应该如何破解自己的困境，成为这一时期克格勃以及对外情报总局领导人不得不面对的战略问题。

2. 对外情报总局情报分析发展的推动力量

1967年5月，安德罗波夫就任克格勃主席。与所有克格勃本机构出身

---

[3] Вашингтон Плэтт. Добывание, анализ и обработка стратегических разведывательных данных. М.: «ММ Медиа Дистрибьюшн», 2006, стр. 3.

[4] Голиков Ф. Советская военная разведка перед гитлеровским нашествием на СССР. // Военно-историчесий журнал. 2007, №12.

[5] Квашнин А., Гареев М. Семь уроков Великой Отечественной. // Незовисмое военное обозрение. 2000, №15, 2000-04-28.

[6] 〔俄〕菲·博布科夫：《克格勃与政权——克格勃第一副主席的回忆》（王仲宣译），东方出版社2008年版，第27—28页。

的领导人不同，安德罗波夫此前长期在苏共中央工作，没有任何安全与情报部门工作经验；与很多官僚气息深厚的苏联高级领导人也不同，安德罗波夫被冷战时期著名学者格·阿尔巴托夫认为是有着"特有的谦虚本性"的"颇不寻常的知识分子"。[1] 没有长期浸淫于情报机关重侦察轻分析的情报文化，又有着强烈知识分子情结的安德罗波夫，选择从情报工作知识化的角度解决问题。他努力改变克格勃不重视情报分析的传统，积极推动情报分析工作的发展，以此提高情报工作内在的质量。直到1982年重返苏共中央工作，在15年的克格勃工作历程中，安德罗波夫始终对情报分析工作给予极高的重视，为对外情报总局情报分析的发展提供了权力保障。安德罗波夫因此成为对外情报总局情报分析发展最重要的推动力量。

安德罗波夫对情报分析的重视主要体现在三个方面。

第一，通过制定情报法规，明确情报分析工作的使命任务。1970年，苏联政治情报机关出台了《20世纪苏联情报学说细则》。在该情报学说中，情报分析被明确定为情报机关的使命任务，学说还强调，无论在军事政治领域还是科学技术领域，情报机关都要进行"系统而不间断的分析与预测"[2]。这是目前我们能够看到的无论是克格勃还是军事情报机关条令条例中关于"分析"所作出的最细致的规定。

第二，积极参与情报分析工作。对外情报机关工作人员曾经回忆道："安德罗波夫很尊重情报分析工作，常常兴致勃勃、聚精会神地倾听情报部门长官、情报分析与预测局领导的汇报，在情报和分析结论的触动下能够改变甚至完全放弃自己就某一问题的观点。在那个时代，安德罗波夫的表现闻所未闻，要知道那时政治局成员都被认为如同罗马教皇一样是不会犯错的。"[3] 为了强调其对情报分析工作的极大兴趣，当克格勃对外情报机关从其总部搬迁到莫斯科郊外的卢比扬卡时，安德罗波夫特意把自己在卢比扬

---

[1] 〔俄〕格·阿尔巴托夫：《苏联政治内幕：知情者的见证》（徐葵等译），新华出版社1998年版，第347页。

[2] «Положения советской разведывательной доктрины в1970-е годы», *Прохоров Д. П. Разведка от Сталина до Путина*. Санкт-Петербург: «Нева», 2005, стр. 397-402.

[3] Леонов Н. С. Лихолетье.М.: ТЕРРА. 1997, стр. 100.

卡的办公室与对外情报分析局的办公室安排在一起，与情报分析局局长办公室的门仅隔一条走廊。

第三，努力在全克格勃范围内塑造重视情报分析的气氛。首先，他的个人气质与工作作风带动了克格勃整体工作作风的变化，"伴随着1967年安德罗波夫出任克格勃主席，情报机关的工作慢慢地却也是坚定不移地变得更加注重智力、更加有理性"，"克格勃所有环节的活动（情报机构只是其中的一个环节）由执行上级任务的严密的职业技术花招变成了一个政治上理智的系统"。[1] 其次，他努力将情报分析工作引入克格勃其他所有职能部门，为情报分析专业化发展提供更广阔的空间，从而在更大范围内获得对情报分析专业化发展的支持。博布科夫作为当时克格勃反间谍总局的副局长这样回忆了安德罗波夫到克格勃后对反间谍总局的要求："在安德罗波夫到来之前，反间谍部门在经验丰富、受人尊敬的班尼科夫局长的领导下干得很好……而且形成了自己的战略战术基础。……新领导的到来首先要求结束那些陈旧过时的工作方法，加强分析性的工作，制定出一套新的反间谍系统的组织原则。"[2] 从未有过情报分析部门的反间谍总局在很短的时间里就建立起了一个分析局，甚至有了在克格勃高级学校里成立专门的教研室培养情报分析人员的想法。而当博布科夫于1969年被任命为新成立的克格勃第五总局（意识形态局）局长后，也立刻开始组建情报分析机构。如果说，博布科夫在反间谍总局服从安德罗波夫的命令开始组建情报分析机构时，还有很多同事不支持他，那么，当他筹建第五总局情报分析机构时，他已感到"这一次没有受到同事们的质疑，因为他们也明白，我们必须深入研究目前我们国内的政治形势的发展"[3]，"深入研究"成了包括对外情报总局在内克格勃各部门共同的追求。

---

[1] Леонов Н.С. Лихолетье.М.: ТЕРРА. 1997, стр. 101.
[2] 〔俄〕菲·博布科夫：《克格勃与政权：克格勃第一副主席的回忆》（王仲宣译），东方出版社2008年版，第178页。
[3] 〔俄〕菲·博布科夫：《克格勃与政权：克格勃第一副主席的回忆》（王仲宣译），东方出版社2008年版，第179页。

3. 发展对外情报总局情报分析能力的主要举措[1]

在安德罗波夫的全力支持下，对外情报总局开始大力发展情报分析工作。1971年，对外情报总局将有着辉煌业绩的列昂诺夫从侦察部门调任至情报分析局担任副处长，并在1973年至1984年连续担任情报分析局局长（此前处升格为局）。对列昂诺夫的使用体现了对外情报总局发展情报分析工作的决心。列昂诺夫也不负众望，10余年间全力推进情报分析工作。列昂诺夫主要采取了以下6项举措。

（1）确立专业认同

进入情报分析处之前，列昂诺夫不仅有丰富的一线谍报工作经验，而且与决策层和克格勃高层有着良好的关系，更受过严格的学术训练，已经获得博士学位。正是在这些条件基础上，列昂诺夫后来成为非常优秀的情报分析人员，甚至被克留奇科夫盛赞为"天才的情报分析员"。这样一位后来成长为"天才的情报分析员"的领导者，有能力、有足够的经验深入体会情报流程中各环节的本质区别。所以，他进入情报分析处后，工作的起点是树立情报分析工作的专业意识，强调情报分析是一项需要特殊的知识、技能的专业。

（2）选拔专业人才

因为意识到情报分析是一项专业，情报分析人员需要专业知识和专业技能，列昂诺夫随即开始着手选拔人员。针对对外情报总局以往人员构成情况，他重新确立了情报分析处的进人方式：第一，情报分析处仍然按照惯例给从事一线谍报工作的人员留有进入情报分析处工作的机会，但是，进入情报分析局有两个必备条件。首先，原来的情报侦察工作业绩一定要突出；其次，智力潜力和对于对象国和地区以及国际问题的知识水平能满足情报分析工作的需要。第二，情报分析处建立自己的干部部门，由分析专家亲自到各大学挑选毕业生，开始培养真正的情报分析人员。

（3）创办专业训练

从列昂诺夫的选人方式可以看出，列昂诺夫对情报分析人员的知识与

---

[1] 主要依据列昂诺夫回忆录。参见 *Леонов Н. С. Лихолетье*.М.: ТЕРРА. 1997.

技能有着特殊的要求，即便是有丰富情报侦察经验的人员，也不是个人都具备情报分析能力，只有智力与知识都达到一定水平的人，才能满足情报分析的需要。在这种情况下，他意识到，与其勉强用人，不如从头培养拥有情报分析专业知识与技能的人员。此时苏联情报机关内外都没有可提供这方面培训的机关。所以情报分析处就自己动手，分"两步走"建立起情报分析人员的专业训练体系：第一步，把情报分析局作为专业训练基地，刚毕业的大学生不是按照克格勃的惯例接受克格勃的统一培训，而是直接进入情报分析处，由情报分析局的局领导亲自进行培训，这一步解决了情报分析处对专业情报分析人员的迫切渴望；第二步，为长久计，情报分析处努力争取建立自己的专业培训基地。它抓住时机，在101情报学校升格为红旗学院时，争取创建了情报分析教研室，由此建立起了可持续培养专业情报分析人员的基地。

（4）对专业知识进行理论总结

正是人员培训的现实任务，迅速推动了政治情报分析力量将专业理论与技能系统化。据列昂诺夫回忆，红旗学院情报分析教研室最早期的老师都是由情报分析处的专家担任，而最原始的训练材料以及后来规范的教材也都是由情报分析局编写的。虽无法看到这些训练材料和规范教材，但是，这些纸质载体所承载的内容应该就是苏联情报分析最初的专业理论与技能。多年以后，在苏联解体仅3年后，列昂诺夫为莫斯科国际关系学院的学员编写了《驻外情报机关的情报分析活动》一书，于1996年公开出版，旋即脱销，并成为到目前为止相关书籍中被引用次数最多的书。这本书与情报分析局曾经的专业理论与技能有着消弭不掉的联系，也应该是它的一个反映，从而证实它的存在。

（5）努力确立专业权威，赢得专业认可

情报分析处在把好人员的入口关后，开始注重改变工作方式，从而逐步确立起了自己的专业权威，不仅赢得了克格勃最高领导层的认可，而且逐渐获得了曾经对其非常不屑、与其又有现实竞争关系的其他情报侦察部门的尊重。

情报分析处在情报分析工作方式方面的改变主要有：

第一，开辟先例，不定期生产"综合通报"，上报决策层。由于以斯大林为代表的苏联高层决策者更愿意自己给自己当情报分析员，所以，传统上情报分析局只需整理、上报获取到的情报资料，无须也无权做更多的情报判断与评估，所以一个月才会上报一份综合通报。列昂诺夫上任后，开始不定期给上级报送有关对外政策的"综合通报"。"综合通报"长度一般为3—4页，通常是把所要谈及的问题置于更宏观的国际大背景之下，分析其变化趋势。这样的情报产品形式中无疑蕴含着更多的情报分析智慧。情报分析局通过这样的产品逐渐得到决策层越来越多的信赖。

第二，拓展外部联系，增强情报分析人员的业务能力。情报分析处建立起了一项制度，就是允许情报分析处现役工作人员有一定的公开活动，比如公开参加学术会议、根据兴趣与科学院的某些研究所建立长期联系、与外交部的同僚进行交流等，以增强与国内社会科学界的联系，拓展分析视野，提升分析能力。情报分析局为保证这项制度的落实，规定情报分析处的骨干人员每周可以有一天不到单位上班，而去进行这些交流活动。这一制度有助于情报分析人员及时吸纳社会科学的最新研究成果，从而保障情报分析质量。虽然这一制度实施一阶段后，情报分析处发现苏联的社会科学研究能力甚至弱于本单位的能力，而对社会科学研究界颇为失望，但是这一制度本身的设置反映了情报分析处领导对分析问题本质的认知。

第三，积极发挥情报分析处的保障作用，扩大情报分析机构的影响。情报分析处在确保上级决策情报保障的基础上，一改过去故步自封的习惯，积极与对外情报总局的其他情报侦察部门建立广泛联系，其形式既包括接纳情报侦察部门的人员到情报分析处见习，也包括在情报侦察部门愿意接收的情况下，主动为其提供与其相关的情报分析产品，甚至还包括帮助情报侦察部门评估情报源及驻外谍报站的工作情况，等等。情报分析局通过这样的方式，逐渐扩大了影响，也因为保障的成效而逐渐赢得了同行的接受与信任。

正是在这样的努力下，情报分析处逐渐寻找到了情报分析工作的自信，确立了情报分析工作的专业权威与专业认可。据列昂诺夫自我评价，"几年过后，情报分析局已经成为情报部门中最灵活、成果最丰富的局之一"。由此，才会有前文提到的景象：安德罗波夫在与情报分析局就某一问题进行讨论，会改变自己原本对问题的看法。而在情报部门的扩大会议上，当某局领导或者从国外回来的重要站点站长汇报完毕后，安德罗波夫也总是会让情报分析局局长首先发言。情报分析活动也逐渐开始感受到来自竞争对手的越来越多的尊敬。"一些谍报站站长开始请求我们把局里专家派到他们那儿去做日常工作。"[1]

（6）遵守专业伦理规范

这一时期，对外情报总局情报分析局在安德罗波夫的支持下，在列昂诺夫的引领下，不断提升情报分析能力，努力恪尽职守。不仅如此，情报分析局还曾经尝试在更大范围内改进情报分析工作，比如，为加强公开情报分析工作，列昂诺夫领导的情报分析局，曾经试图推动建立全苏统一公开情报分析中心，以便将苏联很多部委用外汇从国外订阅的但利用率很低的大量公开出版物汇集起来，整编出各种情况汇编，满足不同部委的需求。虽然此倡议最终未能得到批准，但情报分析局想方设法提高其履职尽责能力的职业操守可见一斑。另外，列昂诺夫领导下的情报分析局，努力不唯上，在情报上报过程中不说假话，显示出其对情报分析职业道德的尊崇。

七、参考文献

（一）中文文献

1. 彭亚平：《俄罗斯对外情报分析力量发展研究》，军事科学出版社2014年版。

2. 李景龙：《美国情报分析理论发展研究》，军事科学出版社2014年版。

3.〔英〕亚当·斯密：《国富论》（陈虹译），中国文献出版社2016年版。

---

[1] *Леонов Н. С. Лихолетье.*М.: ТЕРРА. 1997, стр. 100.

4.〔美〕布雷德利·F. 史密斯：《美国战略情报局始末》（宋静存等译），国际文化出版公司1988年版。

（二）**外文文献**

1. *Леонов Н. С.* Лихолетье.М.: ТЕРРА. 1997.

2. *Прохоров Д.* П. Разведка от Сталина до Путина. Санкт- Петербург: Нева, 2005.

（案例编写人：彭亚平）

[第3章]
美国如何在经济领域击败"伊斯兰国"

一、编写说明

(一)编写目的

本案例旨在引导学员了解情报生产流程中,情报分析人员在"情报搜集管理"环节中应该发挥的作用和应具备的能力,并进一步明确情报分析在整个情报生产活动中的主导地位。为此,本案例要求学员模拟美国财政部情报分析人员,围绕从经济领域打击"伊斯兰国"恐怖组织这一主题,针对情报用户提出的情报需求,完成制订情报搜集计划、下达情报搜集任务的过程。

(二)使用方式

使用本案例时,学员可组建5人左右的小组,分两个阶段进行练习。第一阶段对情报用户的需求进行分析,讨论设定需要回答的具体问题。学员在这一阶段可能会对用户的具体需求不太熟悉,老师可对学员的讨论进行一定程度的提示和引导,然后对讨论结果进行点评,剔除不合理的问题,最后确定情报分析产品中需要回答的问题清单。第二阶段围绕问题清单制订相应的情报搜集计划,并模拟书面或口头等各种形式向相关单位提出情报搜集需求,这一阶段可先由学员进行讨论,如果学员对情报搜集手段不够熟悉,老师也可以有针对性地先对可能的手段进行简单介绍和提示。然后由学员汇报讨论结果,老师进行点评,指出其中可能存在的未能充分利用全源信息或对某类手段的理解有明显偏差等情况,并进行纠正。老师在案例使用过程中应注意强调了解用户、了解搜集手段、主动占有情报资料、树立全源情报意识的重要性。

二、内容摘要

2014年，极端恐怖组织"伊斯兰国"异军突起。美国视其为严重的安全威胁。奥巴马政府调整策略，综合运用军事、外交等手段全力打击"伊斯兰国"，并延续以往反恐行动经验，寻求从经济方面进行打击，美国财政部情报单位需要为行动计划提供情报支持。本案例要求学员模拟美国财政部情报分析人员，完成将用户需求转化为情报搜集活动具体需求和指导意见的情报搜集管理过程。

三、关键问题

（一）"伊斯兰国"的主要资金来源有哪些？分别能带来多少收入？

（二）每种资金来源有哪些关键节点？其位置、防护措施等情况如何？

（三）针对每种资金来源分别可采取何种手段进行打击、遏制？

（四）实施打击、遏制行动可以取得何种效果？对"伊斯兰国"的资金状况将产生何种影响？

（五）"伊斯兰国"主要资金流转渠道有哪些？

（六）可以采取哪些行动截断"伊斯兰国"的资金流动？每种行动可能取得何种效果？

（七）"伊斯兰国"主要的资金使用去向是什么样的？

（八）可以采取哪些行动干扰、破坏"伊斯兰国"的资金使用？每种行动可以取得何种效果？

（九）要回答上述问题还需要搜集哪些信息？

（十）可使用何种手段获取上述信息？

四、案例正文

"9·11"事件后，恐怖主义成为美国首要的国家安全威胁。2014年，极端恐怖组织"伊斯兰国"异军突起。美国在这突如其来的挑战面前有些手足无措，将其视为严重的安全威胁。在这种情势下，奥巴马政府调整策略，全力打击"伊斯兰国"。军事上，美国先是动用空中力量对重点目标发动精确打击，后向伊拉克增派军事人员，为伊政府军提供战术指导、人员培训和情报支持；外交上，美国积极组建新的国际反恐联盟，动员阿拉伯世界和西方盟友共同参与打击"伊斯兰国"的行动。除了上述行动以外，一场旨在切断恐怖分子资金链，从而在经济领域击败"伊斯兰国"的"暗战"也在同步进行，这场战争的"生力军"之一是美国财政部。

（一）作为反恐战争"生力军"的美国财政部

"9·11"事件后，反恐成为美国最为紧迫的国家安全任务之一，其中，经济反恐在美国反恐战略中占有重要地位。为执行美国的经济反恐行动，美国财政部在"9·11"事件后通过改革重新定位自身的角色作用，发挥自身优势，成为反恐战争的一支"生力军"。财政部内的情报部门负责整合与恐怖活动有关的金融情报，如恐怖组织的资金流向、资本数据、关系网络等信息，弄清恐怖组织的主要资助者、资金流转手段、内部的资金运作方式，分析恐怖分子间的资金往来等，并与联邦调查局、中央情报局、国务院、国防部等机构协作共享，为打击恐怖组织的执法、外交和军事行动提供全方位的情报信息支援。奥巴马执政后，高度肯定了小布什时期财政部在经济反恐中的作用，进一步延续并强化了财政部的反恐职能。

（二）"伊斯兰国"的新挑战

2014年，"伊斯兰国"组织扩张势头迅猛，奥巴马政府认为该组织已经对美国的国家安全造成重要威胁，在这种情势下，奥巴马政府决定调整策略，加大力度，全力剿灭"伊斯兰国"。军事上，动用空中力量对重点目标发动精确打击、向伊拉克增派军事人员，为伊政府军提供战术指导、人员培训和情报支持；外交上，组建新的国际反恐联盟，动员阿拉伯世界和西方盟友的力量共同打击"伊斯兰国"等措施被提上日程。在这一政策目标下，财政部的情报部门需要为全力剿灭"伊斯兰国"组织提供经济领域的全面情报信息支持。作为"巧实力"外交的倡导者，奥巴马更重视非军事手段，尤其是金融制裁手段在外交事务中的运用。此次打击"伊斯兰国"，财政部金融反恐被奥巴马政府摆在了突出的位置上，他多次在谈到打击

[第3章] 美国如何在经济领域击败"伊斯兰国"

"伊斯兰国"战略时提及"要切断它的资金链"。但要达成这一目标并不容易,根据美国财政部长期以来对"伊斯兰国"及其前身的跟踪研究,"伊斯兰国"是美国遇到的资金来源最充足的恐怖组织,美国缺少能够清空其钱袋子的"秘密武器"。其根本原因在于,"伊斯兰国"的运作模式和"基地"组织大不相同,其掌握着大量资源,能通过多种途径榨取财富,不依赖外部资助,资金流动不依托金融机构,资金链更加稳固而隐蔽。这些都给财政部的情报分析工作提出了很高要求。

(三) 财政部情报分析团队的应对之策

财政部情报部门亟须对"伊斯兰国"组织经济运行情况进行全面评估:资金来源、流转、使用去向,从中找出其关键节点,并指明可以行动的机会。最终的情报评估产品需要回答:哪些手段能够打击"伊斯兰国"?效果如何?而现有的信息不足以生产这样一份全面的情报评估产品,必须有针对性地开展情报搜集,因此,情报分析人员需要根据用户的需求,列出需要回答的问题,识别出要回答这些问题仍然缺少哪些信息,并根据对各类搜集手段的了解,制订出一个全面的情报搜集计划,这个将用户需求转化为具体搜集任务的过程通常被称为"搜集管理"。

财政部情报部门首先对用户的需求进行了分析,用户的决策目标是服务于剿灭"伊斯兰国"这一最终目标的,具体关注的是在经济领域应采取哪些行动。为此,情报产品要回答的问题就是:哪些行动能够有助于在经济领域击败"伊斯兰国"?然后需要对问题进行细化,将大问题分解成若干小问题,比如,"伊斯兰国"的资金来源主要有哪些,如何能够切断或削弱这些资金来源,或者如何使这些资金无法用于购买"伊斯兰国"所需的物资,等等。

在确定了情报产品要回答的问题之后,财政部的情报分析人员须明确回答这些问题需要了解哪些信息,或者说哪些信息将有助于回答这些问题,而其中哪些是仍不了解,需要通过进一步的搜集行动来获取的。例如,如果可以获取"伊斯兰国"的内部财务相关记录,将可以直接掌握有关信息;此外,前期对于该组织情况的研究以及对于类似实体的一般活动规律的研究也可以作为下一步分析的依据，比如，已经观察到"伊斯兰国"通过控制占领区内的石油资源换取资金，但仍不清楚具体的交易对象和运输渠道、交易方式等；向占领区内民众收税以及绑架人质向各国政府勒索赎金也是"伊斯兰国"的收入来源，但还不清楚具体数额、税收成效以及在"伊斯兰国"资金来源中所占的比重，还有证据显示外国政府或非政府实体或个人可能向"伊斯兰国"提供资助，但尚未确定其具体身份。在此基础上，还需要更多的信息来回答如何切断这些资金来源、如何斩断这些资金的流通性，使"伊斯兰国"无法使用这些资金来换取所需的各类物资等，需要针对这些信息缺口列出详细清单。

在确定了信息缺口的清单之后，情报分析人员依据对于对各类情报搜集手段的了解，向相应的情报搜集部门提出具体的搜集需求。例如，图像侦察卫星手段可以捕捉到"伊斯兰国"控制区域内的石油开采、加工、运输的相关信息；通过被俘的恐怖分子或安插在内部的线人等人力情报来源也可获得有用的信息，通过与各国银行系统的合作可监控相关可疑账户的资金流动情况；通信侦察手段可能截获反映相关内容的通话信息；社交媒体和相关人士的公开言论也可能反映出有关信息，等等。分析团队会向各个搜集部门说明他们需要什么样的信息以及什么时间需要、以何种形式呈现等。之后可能还会面临反复的沟通反馈过程，对搜集行动的管理贯穿了分析产品制作的整个过程。

五、分析思路

制订搜集计划的第一步是了解用户的需求，定义情报问题。这是用户和情报人员之间很难分割的共同智力劳动，通常需要一个通过讨论达成共识的过程。理想的状态是双方都对对方的工作有一定程度的了解：情报部门最好不仅了解用户提出的问题，还了解提出这些问题的背景以及后续决策的关键点。用户则最好能够对情报部门的能力和工作方式有一定的了解，对于自己有可能获得哪些信息、哪些信息可能无法确知有较为合理的预期，便于对决策风险进行管理，也能够提出更为恰当的问题。而这种程度的相互了解通常并非一夜之间能够建立，情报部门的主动了解和用户的积极反馈等长期的良性互动必不可少。作为情报人员，在开展一切情报生产活动之前，必须问自己是否已经弄清楚了下列问题：这一情报产品的用户是谁？他为什么提出这些问题？这些问题的答案将用于支持什么样的决策行动？

第二步是对问题进行分解。一个复杂问题通常无法直接得到解答，需要将其分解成若干更加具体的问题。例如，一个犯罪分子现在藏身何处？这个问题通常很难得到直接回答，可以将其分解为：曾在何处发现过其活动轨迹？他有哪些主要关系人可能为其提供庇护，当前的搜捕行动可能会对其藏匿地点的选择产生怎样的影响，等等。再如，一位新上任的总统在某个问题上可能采取何种政策？这样一个预测性问题更是无法直接得到答案，但同样有迹可循，可以把这个问题转化成：其个人政治背景使得他在这一问题上拥有何种立场、其竞选期间关于这一问题有过哪些言论、当选后哪些因素将会对其决策产生影响等一系列问题。

分解问题的能力是建立在了解分析对象的基础上的。通常来说，情报分析部门很少面对完全陌生的分析对象，通过恰当的联系和类比都能做到并非完全一无所知，各个情报单位通常都会依据过往行动的经验而对特定的分析对象拥有一套既定的分析框架或模型，可作为分解问题的依据。将复杂问题分解为较为详细具体的问题，是下一步确认信息缺口的基础。

第三步是确定信息缺口。也就是确定哪些问题的答案是已经知道的，哪些是尚不知道的，搜集行动只需要针对尚未得到回答的问题即可。情报部门通常会针对分析对象已经积累一定的知识，已知的信息便不需要再占用搜集资源。理想的情况是，所有已经获取的信息和知识都能够被有序地存储、可以方便地进行检索；不同部门之间、上下级之间能够在合理的范围内广泛地共享相关信息，以最大限度地节约搜集资源，防止重复劳动。情报人员在制订搜集计划时，可以针对需要回答的问题在情报信息数据库中展开检索，向有可能掌握相关信息的部门提出信息请求。这就需要情报分析人员不仅要了解本部门的信息积累情况，也要对上级部门或其他相关部门可能存在哪些信息有一定的了解，而这种了解通常是建立在长期互动合作的基础上的。为提高情报工作效率，不同部门间通过一定的规则合理有序地共享信息数据库很有必要。对现有信息进行检索后仍然不能回答的问题或者仍然缺失的信息就是需要列出计划进行搜集的信息，是搜集计划所要针对的对象。

第四步就是针对信息缺口，制订搜集计划。这一步的完成需要引入关于搜集手段的知识，情报分析人员必须了解搜集手段，或者直接引入搜集团队参与搜集计划的制订。理想状态下，应根据搜集需求和各个搜集手段的能力逐一落实搜集任务，但在现实工作中，由于搜集能力有限，有时并非所有的搜集需求都能同时得到满足，制订搜集计划通常需要考虑成本收益的问题。以美军的经验，作战行动中，搜集资产（泛指各种搜集活动所需的资源，包括卫星、舰机等侦察平台也包括各类传感器）将长期处于"高需求、低密度"状态，必须综合考虑使用的效益。实际上，就算是平时，卫星之类的搜集手段也常常由于数量有限且后期处理较为耗时耗力而长期处于"高需求、低密度"状态。因此搜集计划的制订通常会涉及比较复杂的优先级排序的问题。情报分析人员在向搜集人员提出需要搜集的问题时，通常还需要对各个问题的优先级别做出说明。此外，情报分析人员有必要与搜集团队进行充分的沟通，有必要使搜集团队在一定程度上了解任务背景和意图，便于在搜集活动中把握搜集重点。此外，最好能实现信息来源的全源性，针对同一问题，最好能使不同来源、不同手段之间相互印证。

六、附录：美军联合作战情报搜集管理的基本活动[1]

美军条令中指出，搜集管理活动在部队的各个级别开展。根据部队级别的不同，搜集管理活动的内容、侧重点以及复杂程度有所区别，但是各级的情报搜集管理活动都包括确定搜集需求、制订搜集计划、分配或提交搜集任务以及对搜集结果进行评估反馈等几项基本活动（见图3.1）。

---

[1] 摘自靳凡璐：《美军联合作战情报搜集管理研究》，解放军外国语学院硕士学位论文，2013年。

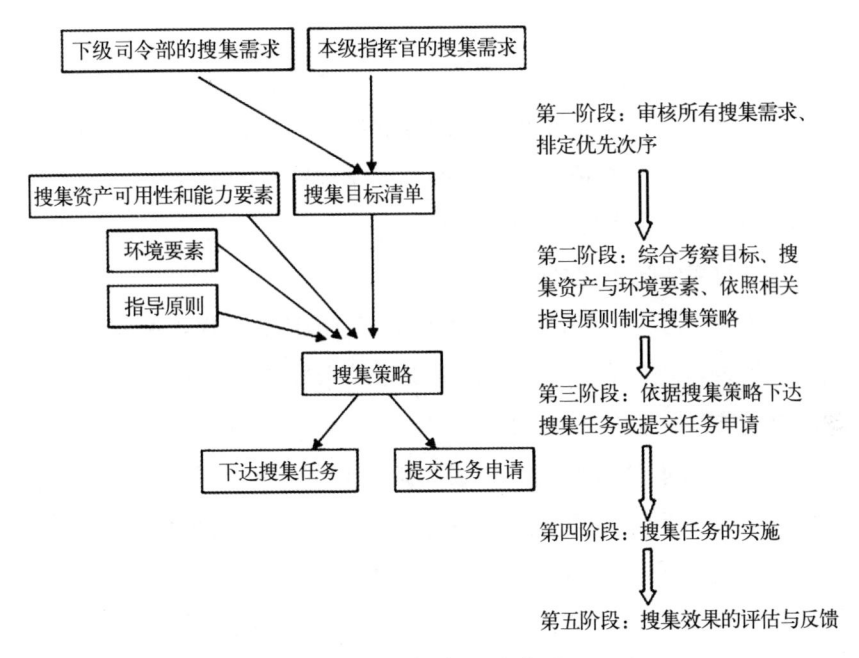

[第3章] 美国如何在经济领域击败"伊斯兰国"

图3.1 搜集管理的实施

美军的各版联合情报条令对于联合作战情报搜集管理的相关步骤和方法、原则做出了基本一致的描述。通过研究美军联合情报条令中对搜集管理实施方法的描述，结合美军的作战实践，美军的联合作战情报搜集管理的实施模式可以描述为：(1) 搜集管理人员接收本级指挥官拟定的和下属组成司令部提交的所有情报搜集需求，依照指挥官的作战意图对这些需求进行审核、排定优先次序，最终生成"联合综合优先搜集目标清单"；(2) 将清单中的目标特征与搜集能力相关参数相比对，结合作战环境因素，在一系列原则的指导下，制定详细的搜集策略，即利用所有可得的搜集能力最大限度地满足搜集需求的搜集活动方案；(3) 依据这一方案的规划，向其所属的情报搜集资产下达任务，或者向外部搜集资源提交任务申请；(4) 接到任务或任务申请的单位根据自身实际情况对如何运用特定搜集设施完成相关任务进行具体计划、管理搜集、处理和分发；(5) 对搜集任务的完成情况、搜集需求的满足情况进行评估和反馈，更新搜集需求，启动新一轮的搜集管理过程。

（一）**确定搜集需求**

搜集管理的第一步是联合部队的搜集管理人员对各单位提交的搜集需求进行审核、汇总，并依照指挥官的意图排定这些需求的优先次序，最终生成一份联合综合优先搜集目标清单。

1. 明确指挥官优先情报需求

美军认为，搜集管理的起点是理解指挥官的优先情报需求。[1] 要理解美军的搜集管理过程，有必要首先了解美军的指挥官优先情报需求，以及从优先情报需求到搜集需求的过程。

优先情报需求是指挥官为了成功地计划与实施作战任务而必须在某一特定时间了解并优先处理的有关敌方和作战环境的重要情报。[2] 联合部队指挥官对责任区或联合作战地域内敌方和作战环境的情报需求是联合作战情报支援行动的起点，其优先情报需求是确定当前和未来情报行动指导方针的根本依据，"情报系统各组成部门、组织、服务和产品必须以指挥官的需求为主要驱动力"[3]。在对联合部队的作战任务进行分析时，各参谋业务部门就应根据指挥官的意图、任务声明以及所要达到的最终状态目标，提出各自的情报需求。情报部门负责汇总、归并各参谋部门提出的情报需求，并在与其他参谋机构进行协调的基础上向指挥官提出优先情报需求建议。联合部队指挥官以这些建议为基础，结合作战任务、作战层级、时间限制、各项需求的优先次序等因素，最后确定本司令部的优先情报需求。

联合部队指挥官所确定的优先情报需求及其对己方部队的信息需求，共同构成指挥官关键信息需求，即对作战任务的成功实施影响极大，需要

---

[1] U.S. Joint Chiefs of Staff, Joint Publication 2-01, *Joint and National Intelligence Support to Military Operations* (Washington, D.C.: GPO, 7 October 2004), p. I-2.

[2] U.S. Joint Chiefs of Staff, Joint Publication 2-01, *Joint and National Intelligence Support to Military Operations* (Washington, D.C.: GPO, 7 October 2004), p. xvi.

[3] U.S. Joint Chiefs of Staff, Joint Publication 2-0, *Joint Doctrine for Intelligence Support to Operations* (Washington, D.C.: GPO, 5 May 1995), p. I-2.

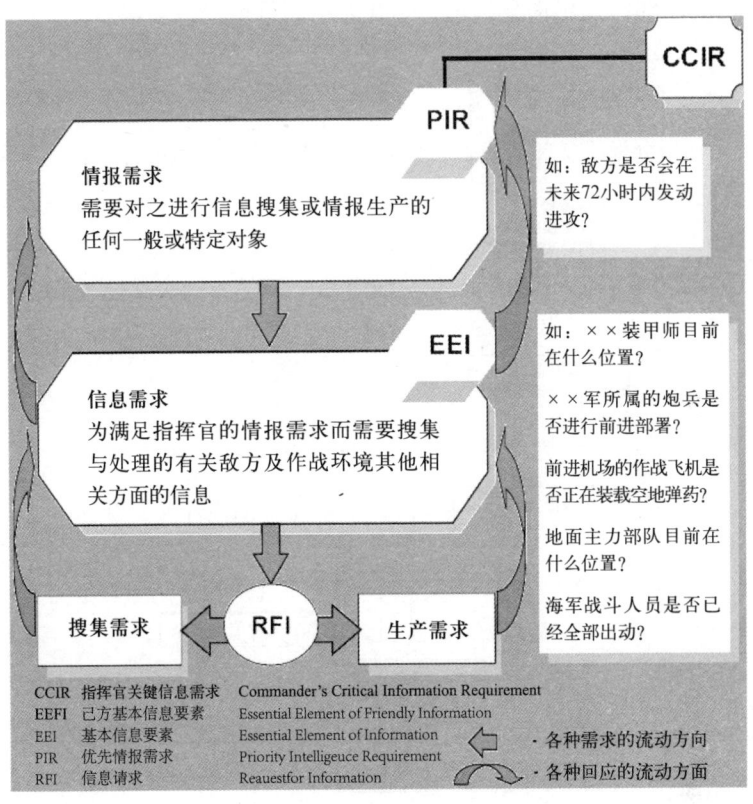

[第3章] 美国如何在经济领域击败"伊斯兰国"

图3.2 从优先情报需求到搜集需求

在决策过程中及时了解的信息。情报部门以指挥官关键信息需求（尤其是优先情报需求）为基础，确定本司令部的信息需求（即可能满足指挥官关键信息需求的特定指标）和基本信息要素。[1] 情报需求和信息需求确定之后，情报人员即开始查阅现有的情报数据库，判明现有情报能否满足这些需求：如果现有情报能够满足这些情报或信息需求，则直接进行分发供指挥官使用；如果现有情报不能满足这些情报或信息需求，情报计划部门将

---

[1] 指挥官为了做出合理决策而需要在特定时间与其他可用信息和情报进行关联的最重要的信息需求，被称为基本信息要素（EEI, Essential Element of Information）。这些基本信息要素通常与优先情报需求有关，并能满足本司令部的优先情报需求。参见 U.S. Joint Chiefs of Staff, Joint Publication 2-0, *Joint Intelligence* (Washington, D.C.: GPO, 22 June 2007), pp.8-9。

向搜集或生产部门发出信息请求，[1] 并着手制订或修改搜集计划。

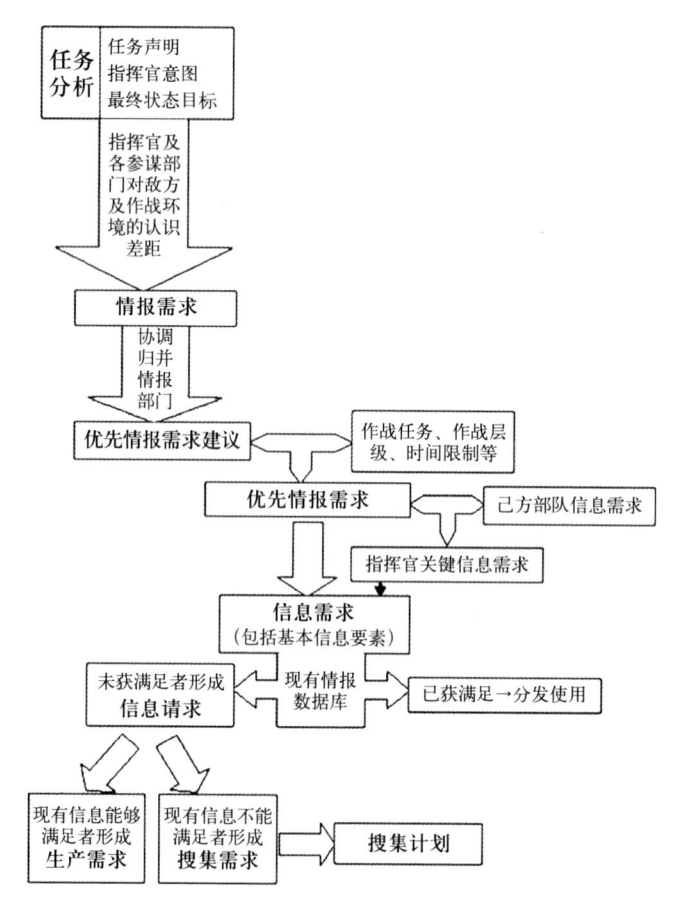

图3.3　确定优先情报需求和搜集需求的过程

说明：关于优先情报需求的确定过程和步骤问题，美军前后数版"情报"系列联合出版物的相关论述之间存在一定差异。此图系根据美军1995年、2000年、2004年、2007年等数版"情报"系列联合出版物的相关表述，综合、整理、绘制而成。

---

[1] 美军认为，信息请求是一种时间敏感的特定、专门的情报信息或产品需求，目的是支援正在进行的危机应对或作战行动，可能与常规需求或预定的情报生产无关。信息请求由作战需求产生，并根据作战司令部的有关程序加以确认。参见：U.S. Joint Chiefs of Staff, Joint Publication 1-02, *Department of Defense Dictionary of Military and Associated Terms* (Washington, D.C.: GPO, 12 April, 2001 As Amended through 4 March 2008)，p. 463.

为提高搜集管理的效果，美军强调搜集管理中应尽早对搜集需求进行识别。搜集管理人员应尽早参与搜集需求的确定并及早考虑影响搜集活动的各种因素，确保搜集计划的周密性，增进反应的及时性和搜集系统选择的灵活性。

2. 制定搜集目标清单

联合司令部的每个组成司令部根据其指挥官的需要制定自身的搜集需求清单，然后将这一清单提交联合部队的联合搜集管理委员会，由联合搜集管理委员会对这些清单中的搜集需求进行审核，确保所有这些需求符合联合部队指挥官的作战意图。如果委员会认为其中的某项需求与联合部队指挥官达成作战意图不相关，则会将这一需求退回原单位，由原单位建制内的搜集资产来满足这一需求，或者对这一需求进行必要的修改，使其符合联合部队指挥官的意图。此后，联合搜集管理委员会对所有本级生成的和下级提交的经过审核的搜集需求进行整合，排定优先次序，形成一份"联合综合优先搜集目标清单"，以最有效地利用有限的搜集力量。

例如，在伊拉克战争中，联军部队地面部队组成司令部、空中组成司令部和海上组成司令部分别向联军司令部提交各自的优先搜集清单。联军司令部的联合搜集管理委员会对这些清单上的需求进行审核，根据指挥官事先确定的优先事项排定这些需求的优先次序，生成联合综合优先搜集清单。[1] 这一阶段的关键是为所有的需求排定优先次序。为需求排定优先次序是美军情报搜集管理的原则之一。美军虽然拥有强大的搜集能力，但是也不能满足美军遂行精确交战所需的海量情报需求。尤其是在美军最近遂行的几次作战行动中，情报搜集设施总是显现出"高需求、低密度"的特性，成为相对稀缺的资源，因此美军认为，"由于时间有限，搜集、处理和加工设施的数量有限，必须对搜集需求的优先等级进行区分"，以保证指挥官最

---

[1] Maj Stephen C. Price Jr., *Close ISR Support: Re-organizing the Combined Forces Air Component Commander's Intelligence, Surveillance and Reconnaissance Processes and Agencies* (thesis, Naval Postgraduate School, December 2009), http://www.hsdl.org/view&did=29597.

重要的需求得到满足，避免资源浪费，"排定优先等级是根据指挥官的意图和现实的情况为每一项搜集需求安排一个特定的等级"。"只有对搜集需求的优先等级加以区分，并充分理解如此安排可能带来的后果，才能作出最合理的搜集决定。"处于最高优先级别的通常是被认为对于指挥官来说最重要的或时间敏感的需求。

如何排定优先等级这一技术细节对于搜集活动的效果有着重要的影响，因为一旦优先次序排定，搜集管理人员将从搜集清单上优先等级最高的需求开始对搜集任务进行规划，这意味着优先级别较低的需求则有可能无法得到满足。例如，"伊拉克自由"行动中，在现实情报搜集任务的压力下，搜集管理人员通常会给用于战斗损伤评估的搜集需求分配较低优先级别，因此，只有少量与之有关的搜集活动真正进行。作战行动后，部分美国空军高层领导声称缺少战斗损伤评估是由于情报、监视与侦察系统不足造成的，没有认识到这其实是由于战斗损伤评估任务通常处于较低的优先级别。[1] 经过审核、汇总和排定优先次序之后，所有与指挥官实现意图相关的搜集需求被整合为一份联合搜集清单。搜集管理人员将通过制定详细的搜集策略把清单上的需求转化为具体的搜集任务。

（二）制定搜集策略

搜集策略是为了满足搜集需求而使全部可用搜集资产（资源）的任务分配达到最优化的系统规划。[2] 制定搜集策略的过程是实现从需要搜集的信息到搜集活动的"飞跃"，可以说是搜集管理活动的核心职能。正因为如此，美军的条令对于搜集策略的制定过程所要从事的活动和方法原则做出了较为深入细致的论述。

1. 制定搜集策略的方法

根据美军的规定，确定使用何种搜集设施、何种手段来对某一目标

---

[1] Maj Stephen C. Price Jr., *Close ISR Support: Re-organizing the Combined Forces Air Component Commander's Intelligence, Surveillance and Reconnaissance Processes and Agencies* (thesis, Naval Postgraduate School, December 2009), http://www.hsdl.org/view/&did=29597.

[2] U.S. Joint Chiefs of Staff, Joint Publication 2-01, *Joint and National Intelligence Support to Military Operations* (Washington, D.C.: GPO, 7 October 2004), p. III-21.

进行搜集的过程需要首先将目标特征与搜集手段的能力和可用性等参数进行比对。目标的关键要素指的是能够与可用搜集资产（资源）的特征进行比对的目标参数，这些参数是选择搜集资产（资源）的主要依据，包括目标特征、距目标的距离、时效性要求等。搜集资产（资源）的技术与性能特征、数据输出质量、定位精度及其目标覆盖范围、接触目标的驻留时间等因素，也同样影响到搜集系统的选择和使用。通过对以上各种因素的综合比较，搜集管理人员可从技术上确定哪些搜集系统可以满足搜集需求，从而确定出备选的搜集系统。备选的搜集系统确定之后，搜集管理人员还要结合敌方威胁、地形、天气等因素最终确定选用哪些搜集系统。

2. 制定搜集策略的原则

将目标特征参数与搜集资产的能力、可用性等参数的比照只是选择搜集手段和搜集方式的基础，作为搜集任务总体规划的搜集策略也并不是将每个搜集需求所选择的搜集手段平台进行简单的加合，搜集管理人员还要在此基础上，采取如资源整合、设施组合、冗余、触发、持续监视等多种灵活多样的方式对搜集设施进行总体规划，最大限度地发挥所有可用的搜集资源的潜能，满足情报搜集需求。

一是资源整合，将新的搜集需求融入当前正在进行的搜集活动中，以提高搜集活动能够发挥的整体效益。"给正在进行的搜集行动追加新任务有可能缩短时间、提高时效性，同时也使得搜集活动能够更好地对需求做出响应，降低风险和成本。"[1] 这是因为当新的需求出现时，尤其是优先等级较高的需求出现时，如果不把这一需求融入已有的任务，就可能需要中止或者调整一些正在进行的任务以满足新的情报需求。改变或中止当前进行中的任务无疑存在一定的风险，情报任务计划人员要对得失迅速进行评估以确定是否对正在进行的任务进行动态更新。当新的需求无法与已经进行的任务相整合时，应计划建立一项新的任务以满足该需求。

---

[1] U.S. Joint Chiefs of Staff, Joint Publication 2-01, *Joint and National Intelligence Support to Military Operations* (Washington, D.C.: GPO, 7 October 2004), p. III-25.

二是多门类融合。美军认为各种情报门类之间是相互补充、相互印证的。搜集管理人员不能过于依靠某种特定的情报门类或情报系统，否则不仅可能丧失情报搜集的灵活性，甚至还可能被敌方的反情报活动利用或遭敌欺骗。搜集管理人员应该了解搜集的手段不仅仅限于无人机、侦察机等传统手段，例如在人力情报方面，不仅仅训练有素的人力情报分队可以提供重要的情报。陆军正在推行"每个士兵都是一个传感器"的理念，通过巡逻或与当地人接触都可能产生有价值的情报。[1] 搜集管理人员应该将这些非传统的搜集手段与传统的情报手段相结合。不仅如此，在搜集活动中，有时一个搜集设施可用来满足多个需求，有时却需要多种门类的搜集设施来满足一个高优先级的需求。针对高价值目标，不同门类的设施相组合或相似设施的冗余设置可以用来保证搜集的成功率。有时候还需要用一个情报门类或者设施或者传感器来"触发"或启动其他精度更高的搜集设施的搜集行动。[2] 例如，在伊拉克战场上，大部分的全动态图像系统视野范围相对狭窄，且为了充分观察目标通常低速飞行，这使得它们无法对大面积区域实现覆盖，而地面移动目标探测系统则能够覆盖几乎与巴格达同样大小的广阔地域，但是精度较差，定位误差较大，只能识别出移动的车辆，因而无法用于对某一特定的车辆进行识别和追踪。但当两种能力相结合时，地面移动目标探测系统表现出了出色的引导全动态图像系统的能力。[3] 再如，追踪高价值人员目标通常始于通过信号情报对正在进行通话的目标实施定位，虽然信号情报能够提供十分准确的位置坐标，但却不足以识别通话人的身份，此时就需要全动态图像情报或者人力情报来主动确认目标身份。[4] 将多种手段用于搜集同一目标，能够带来巨大收益，同时也会给原本

[1] Z. Tenay Guvendiren and Scott Downey, "Putting the PRIORITY Back into PIR: PIR Development in a COIN Environment", *Small Wars Journal*, http://smallwarsjournal.com/blog/2009/04/pir-developmentin- a-coin-envi./.
[2] U.S. Joint Chiefs of Staff, Joint Publication 2-01, *Joint and National Intelligence Support to Military Operations* (Washington, D.C.: GPO, 7 October 2004), p.III-25.
[3] Z. Tenay Guvendiren and Scott Downey, "Putting the PRIORITY Back into PIR: PIR Development in a COIN Environment", *Small Wars Journal*, http://smallwarsjournal.com/blog/2009/04/pir-developmentin-a-coin-envi/.
[4] Benjamin S. Lambeth, *Air Power Against Terror: America's Conduct of Operation Enduring Freedom* (Santa Monica, CA: RAND Corporation, 2005).

就有限的搜集资产提出更多的要求，因此在使用多门类方法时需要仔细权衡其利弊。

三是持续监视。在军事行动中，针对高价值目标，应该强调有效利用所有适合的情报、监视与侦察资产对其采取全天时、昼夜监视，而不是定期侦察的模式。持续监视有助于及时满足指挥官的决策需要以及精确制导弹药的有效运用，并对抗敌人的军事欺骗。能够持续监视的情报平台如遥控无人机、分布式水下传感器和被动式地面传感器，战场监视雷达和特种部队改变了情报搜集的面貌，使得对大面积地域实施持续监视，监控、标记、跟踪、识别和报告目标的相关活动成为可能。持续监视的实现需要通过协调合理的搜集策略对战区和国家级的全部情报、监视与侦察设施进行有效整合才能实现。由于能够实施持续监视的平台、设施的数量十分有限，因此对于持续监视的需求也需要排定优先次序。[1]

应该说，美军所说的制定搜集策略的过程既包含了可量化的方法，也是一门艺术，好的搜集策略需要搜集管理人员发挥创造力和主观能动性，需要注意的是，在这个过程中，搜集管理人员必须确保搜集计划符合指挥官的有限需求和作战意图，而不仅仅是将情报搜集力量分散到尽可能多的目标上以满足更多"用户"的需要。

（三）分配搜集任务

根据搜集策略选定的搜集资产（资源）确定之后，搜集需求管理人员将按照各项搜集需求的优先次序为各种搜集资产（资源）分配任务，并与搜集行动管理部门一起对各项搜集活动的计划建议、时间安排等加以控制和管理。搜集任务的最终分配结果（搜集任务分配工作表）是实施搜集行动、确定搜集目标的覆盖范围及搜集任务的完成时间、搜集报告的时间和地点等各项活动的根本依据。根据搜集系统或传感器类型与隶属关系及战术条件的不同，搜集任务分配工作表的发布形式也有所不同：当使用建制

---

[1] U.S. Joint Chiefs of Staff, Joint Publication 2-01, *Joint and National Intelligence Support to Military Operations* (Washington, D.C.: GPO, 7 October 2004), p. III-25.

情报资产完成搜集任务时，应按照作战计划或作战命令情报附件的要求进行发布；当需要使用国家搜集资源满足搜集需求时，应按照国防部的相关指令请求国家情报机构提供支援。但是，无论采用哪种形式，搜集任务分配工作表的实质内容都是严格保密的，且应包含对处理与加工行动的任务分配及实施指导。

美军认为，搜集需求应该尽量在较低的层级得到满足，各级要首先为建制内的搜集设施分配任务，用建制搜集资产可以更及时、更有效地对搜集需求做出反应，并减少其他搜集资源的压力。但是，在建制资产不能满足搜集需求的情况下，搜集管理人员必须立即请求上级、友邻或下级单位提供搜集支援。各级情报部门必须了解本级指挥官的情报需求，同时还应了解上级、友邻或下级指挥官的情报需求。联合部队的搜集管理人员必须以所领受的或潜在的任务为基础，利用各种资源搜集、处理、加工信息以满足联合部队最重要的情报需求。

（四）搜集行动的管理与评估，更新搜集计划

搜集行动管理的任务计划主要是确定搜集资产（资源），并对其活动进行调度和控制。搜集行动管理人员对传感器及目标范围、系统反应能力、时限、威胁、天气、报告需求等条件进行审查并将这些条件与搜集系统的技术、行政与后勤数据进行比对，从而确定搜集资产（资源）的可用性及其能力，并最终发布详细的任务分配命令。[1] 任务分配命令发出之后，由选定的搜集行动单位负责实施。这些单位将根据保养时间安排、训练、经验等条件最终确定实施搜集行动的平台、设备和人员。

搜集资产（资源）获得搜集结果之后，搜集管理人员必须对搜集结果进行评估，并确保请求方获得搜集结果，以确定其搜集需求是否得到满足。如果搜集需求得到满足，请求方应向搜集管理人员做出反馈，以使他们及

---

[1] 美军认为，搜集行动的任务计划涉及情报、作战、气象、后勤、计划、通信等诸多参业务部门，需要相互之间密切协调，且"搜集行动管理通过情报、监视和侦察可视化与搜集计划的实施直接相关"，因而"强烈建议将搜集行动管理人员及资源部署在负责侦察资产的作战参谋部门附近"。参见 U.S. Joint Chiefs of Staff, Joint Publication 2-01, *Joint and National Intelligence Support to Military Operations* (Washington, D.C.: GPO, 7 October 2004), p.Ⅲ-25.

时取消该项搜集需求,并将搜集资产(资源)用于其他搜集需求。

搜集管理人员将以请求方的需求满足反馈报告为基础对搜集计划进行更新,重新确定搜集需求的优先等级、添加新的情报需求、取消已获满足的情报需求或在情报需求未获满足的情况下为搜集资产(资源)重新分配任务。在搜集行动的动态管理以及其与作战的整合方面,美军十分注重利用信息技术优势提升其效力,搜集策略的科学周密与搜集活动在实施阶段与作战和指挥控制的充分整合都是搜集管理工作取得成功的必要因素。美军认为"情报、监视与侦察可视化"是提升搜集活动与作战的融合程度,提高其对与作战需要的实时响应能力的关键。

情报监视与侦察可视化系统是全球指挥与控制系统指挥、控制、通信、计算机与情报系统中共用作战态势图的一个子系统。它在共用作战态势图里是一种赋能能力,能够方便支援联合部队与组成司令部的情报、监视与侦察活动的协调与同步。这套可视化计划与决策辅助系统是以一套计划与执行信息共用数据集为支撑的。联合部队与组成司令部的参谋人员使当前的情报搜集与联合行动保持了连续和同步,也为该系统提供了支持。情报、监视与侦察可视化过程是情报部/作战部和军种联合小组共同努力的过程,旨在弥合国家、战役与战术层次情报、监视与侦察系统之间的缝隙,并将它们的活动融入联合部队的作战节奏。作战空间形势瞬息万变,情报、监视与侦察可视化系统为紧急决策提供了方便。情报、监视与侦察可视化系统充分地利用了有限的情报、监视与侦察搜集资产,提供了近实时的情报、监视与侦察信息。这些信息促进了对作战空间的持久监视,加强了联合司令部的作战管理。只有及时收到情报、监视与侦察资产状况的报告、高度敏锐地对共用作战态势图及其支持数据集进行维护,以及与情报、监视与侦察资产地面站活动的完美结合,才能成功地运用情报、监视与侦察可视化系统。

```
★联合部队情报部门与作战部门团结协作，实现情报、监视和侦察与作战行动的同步
★情报、监视与侦察资产状态的实时可视化
★实现情报、监视与侦察动态画面与动态军事态势及作战环境联合情报准备产品的整合
★发现稍纵即逝的搜集机遇
★帮助进行时间敏感决策
★属于全球指挥与控制系统/通用作战图的一部门
```

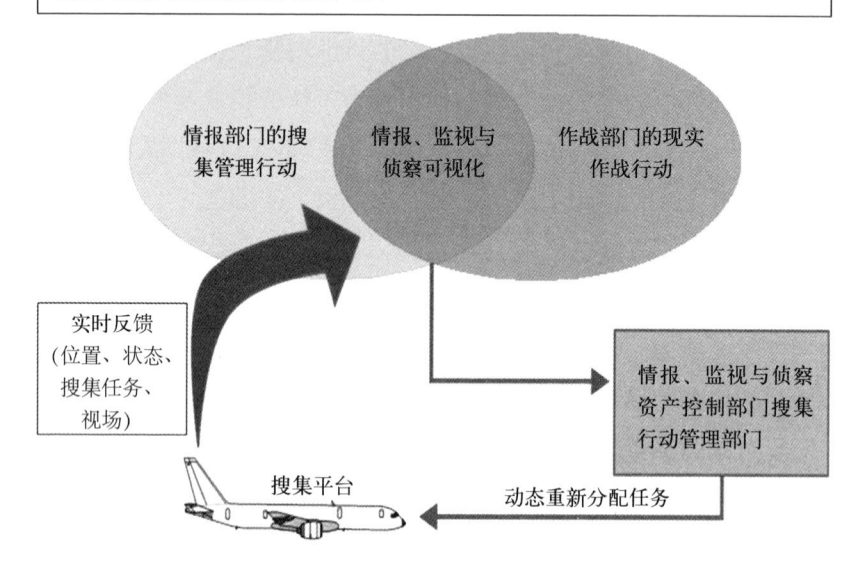

图3.4 情报、监视与侦察可视化示意

说明：此图系根据美军2004年版JP2-01联合出版物的有关图示改造而成。参见U.S. Joint Chiefs of Staff, Joint Publication 2-01, Joint and National Intelligence Support to Military Operations (Washington, D.C.: GPO, 7 October 2004), p.Ⅲ-27。

美军认为，情报、监视与侦察可视化系统的作用在于提供了一个易于理解、便于使用的图形显示系统，标明了情报、监视与侦察资产当前与未来的位置，它们的能力、关注的领域，以及任务目标。情报、监视与侦察可视化系统要求所有情报、监视与侦察资产不断反馈相对于它们计划之中的地面轨迹的当前和预计位置。情报、监视与侦察可视化系统将所有计划搜集目标的搜集状况和位置，与每一个目标所使用的具体情报、监视与侦察资产之间的关系实时地显示了出来。情报、监视与侦察可视化系统还可显示作战空间对单个机载情报、监视与侦察平台搜集能力的影响。情报、

监视与侦察可视化系统可以帮助指挥官和情报部/作战部发现情报搜集或打击敌方时敏性目标的瞬间机会,但这可能需要对搜集平台或打击手段重新进行调整。此外,情报、监视与侦察搜集活动及其对友军态势感知与作战识别的支援也直接提高了时敏性决策质量。通过对可能出现的新目标,或据情报称正在对友军形成的最可能的威胁的严密侦察与监视,情报、监视与侦察可视化系统还可帮助把模棱两可的作战形势加以澄清。应作战部负责当前行动的参谋人员的请求并与之协调,情报部负责搜集管理的参谋人员向控制最合适的情报、监视与侦察资产的单位提出了重新下达任务的申请。控制情报、监视与侦察平台的搜集行动管理员最终完成对相关搜集资产的任务分派。

七、参考文献

（一）中文文献

1. 许志宏：《"伊斯兰国"融资模式及反制措施研究》，外交学院硕士学位论文，2018年。

2. 李景然：《论"伊斯兰国"的资金链及其影响》，载《阿拉伯世界研究》2014年第6期。

3. 曾涛：《"伊斯兰国"对伊拉克政治局势与油气气开发的影响》，载《国际石油经济》2014年第12期。

4. 董春岭：《切断"伊斯兰国"的资金链：美国的金融"暗战"》，载《世界知识》2015年第1期。

（二）外文文献

1. Center for the Analysis of Terrorism, "ISIS Financing in 2015", *Center for the Analysis of Terrorism*, May 2016.

2. Financial Action Task Force, "Financing of the Terrorist Organization Islamic State in Iraq and the Levant（ISIL）", *Fatf Report*, February 2015.

3. Keith Crane, "The Role of Oil in ISIL Finances", *RAND Office of External Affairs*, December 2015.

4. Magnus Normark and Magnus Ranstorp, "Understanding Terrorist Finance", Swedish Defence University（SEDU）, December 2015.

5. U.S. Joint Chiefs of Staff, Joint Publication 2-01, *Joint and National Intelligence Support to Military Operations* (Washington, D.C.: GPO, 7 October 2004).

（案例编写人：靳凡璐）

[第4章]
戈利科夫的情报上报之困
——苏德战争爆发前夕总参情报总局局长的情报决策

一、编写说明

（一）编写目的

本案例描述了苏德战争爆发前苏联总参情报总局（格鲁乌）局长菲利普·伊万诺维奇·戈利科夫在面对又一条预示着德国即将入侵苏联的情报不知如何处理时的犹豫与彷徨，旨在说明情报分析最后环节——情报决策的诸多影响因素及由此形成的决策困难，帮助学员深入体会情报分析工作的本质，初步掌握情报决策所应遵循的原则与方法。

（二）使用方式

本案例教学可以采取老师布置、学员学习并补充查阅相关资料、独立作业、分小组讨论、全班交流、老师引导的流程组织实施。需要说明的是，由于语言（俄语）的限制，学员在自主学习与讨论中需要获得主要来源文献的中文翻译稿。此外，还需在此基础上查阅相关档案资料和英文文献。另外，可以将案例与美国人类学家罗伯特·约翰斯顿于2001年对美国情报分析界所做的人类学调查及其研究成果[1]相结合，引导学员体会、分析、总结本案例中情报分析的影响因素，并进行拓展研究，尝试构建完整的情报决策影响因素图谱。

---

[1] Johnston R., *Analytic Culture in the U.S.Intelligence Community: An Ethnographic Study* (Washington, D.C.: Center for the Study of Intelligence, CIA, 2005).

二、内容摘要

1941年6月22日，苏德战争爆发，苏联因为未能及时预判到德国的进攻时间、主要进攻方向和进攻样式，导致战争初期的巨大失利。事实上，苏联情报机关从1940年9月就开始获取有关苏德战争爆发时间的情报。随着时间的推移，已经出现了多份内容不一的情报。当时的苏联情报机关没有统一的情报分析部门，最高决策者斯大林要求情报机关尽量原文通报情报信息，以便他亲自进行形势分析。彼时的苏联，在国民经济建设中顺利地完成了两个"五年计划"，实现了农业集体化和国家的工业化，正在全力进行第三个"五年计划"，努力实现军队的现代化。在政治和社会生活领域，刚刚经历1937年的"大清洗"。在巨大的成绩与权威的照耀下，斯大林具有至高无上的地位。事实上，斯大林对苏德战争的爆发并非毫无准备，但他的判断是战争不会早于1942年。这个预判中潜藏着他极大的心愿，他希望为苏联的建设争取更多的时间，实现军队的现代化，增大对德战争的胜算。对于斯大林的任何判断，苏联政治情报机关负责人贝利亚都是完全赞同，所以无论情报机关获取到什么样的开战信息，只要与斯大林判断不同，贝利亚一律坚决否定。苏联军事情报机关负责人戈利科夫在斯大林心情不好时也会如法炮制。但是，面对又一条预示战争即将爆发的情报，戈利科夫还是颇为谨慎。到底要怎么办？本案例是根据苏联多家情报机关解密的档案资料，集中表现戈利科夫就任格鲁乌局长以后所面临的困境，从而充分展现重大战略情报决策的困境。

三、关键问题

（一）本案例中，戈利科夫要上报的是什么情报？是涉及什么问题的情报？情报价值如何？

（二）戈利科夫以往面对类似情报时如何行事？

（三）根据案例内容，有哪些因素影响戈利科夫的情报决策？

（四）是否还了解一些本案例中未提到的因素也曾对戈利科夫的情报决

策产生过影响？

（五）能否将这些影响因素进行分类和分层，从而构建起戈利科夫此次情报决策的影响因素图谱？

（六）面对这样的决策困境，戈利科夫的情报决策应遵循哪些原则？

（七）戈利科夫的情报决策应采取什么样的方法？

（八）戈利科夫所经历的情报决策困境是不是一种普遍现象？

四、案例正文："该怎么向斯大林同志呈报？"

1941年6月17日，苏联总参情报总局局长戈利科夫坐在宽大的办公室里不停地问自己。这位身材魁伟、行伍多年、一向雷厉风行的红军老战士此时心乱如麻，烦闷不已。虽然莫斯科已经进入夏天，但他还会偶尔感受到一丝凉意。刚刚接到总参情报总局驻芬兰谍报站的报告，称"芬兰正在进行全面动员。到处都是后备役人员。动员从6月10、11日开始。部队休假已经停止，全体休假人员都要立即归队"。这样的准备活动已经是德国准备对苏联发动战争的征候。但是，这条情报是否真实？又该如何向斯大林上报？

（一）又是一条与斯大林判断相反的情报

戈利科夫上任以来，已经处理过很多次一线情报人员上报的有关德国将在1941年春夏发动对苏战争的情报。他的态度一直很坚决，这些预报在1941年会爆发苏德战争的情报都是敌人意欲让苏联轻举妄动、惹火上身的阴谋。在戈利科夫看来，英明如斯大林，早已经看穿西方国家希冀祸水东引的伎俩。自从苏联建国开始，西方国家就试图围歼苏联，通过支持"白匪"进行内战的目的挫败后，便开始封锁苏联。继列宁之后，是斯大林以坚韧无比的意志，把苏联从一个只拥有犁锄的国家变成了一个实现工业化的国家，正在实施的第三个五年计划中军事工业也得到了迅猛发展；是斯大林让西方在与苏联的交往中摸不到头脑，进而强化了俄罗斯民族在西方世界中"不解之谜"的认识，从而无良策可施；是斯大林在西方着力把德国这股祸水引向苏联时，以《苏德互不侵犯条约》瓦解了这一难题。斯大林已经判断，苏德之间会有一战，但最早不会早于1942年，也就是在德国解决了英国问题之后。根据斯大林的判断，有第一次世界大战中两线作战所导致的血的教训在前，此番德国一定不会冒两线作战的危险。英国在自身极其危困的情况下，正全力将战争引向东方，引向苏联，以此获得喘息之机。就在3月份，丘吉尔还专门向苏联提供了所谓的"情报"，称德国打算发动对苏战争。佐尔格也从日本发来了类似内容的情报。英、日的意图昭然若揭。为了不让他们得逞，6月14日苏联塔斯社已经昭告天下："有关德国打算破坏协约、发动对苏联进攻的谣言已经丧失了全部土壤，而有关苏联准备对德开战的谣言也是谎言。"但是，今天的这些情报所反映的战争征候是如此具体而明确，它们到底还是不是"谣言"呢？戈利科夫的内心再次动摇了。

（二）内务部的冲击

戈利科夫下定决心，一定要想个万全之策，在类似情报的处理上不能输给政治情报机关，具体来说，就是不能输给贝利亚。事实上，军事情报机关与政治情报机关的"梁子"从它诞生之时就已经结下。军事情报机关自1918年成立以来就是在反政治情报机关吞并的斗争中生存下来的。在这场斗争中，1935年以来，军事情报机关始终处于弱势，一度还被来自政治情报机关的副局长强行实施改革。最近两年，竞争的天平刚刚开始趋向平衡，这种平衡不能再次被打破。至于贝利亚，他和斯大林是老乡，也是格鲁吉亚人，据说还曾经在1933年救过斯大林。当时，刺客要袭击斯大林，是贝利亚奋不顾身掩护了斯大林。1938年贝利亚接替叶若夫领导内务人民委员部后，因为在"清洗"活动中办事效率高、"战功卓著"而更受斯大林信任。贝利亚极其善于为领导"解忧"。在德国何时会发动对苏战争这一问题上，贝利亚已经几次向斯大林表示，自己坚决同意斯大林的判断。不久前甚至向斯大林进言，要求将苏联驻德国军事代表杰卡诺佐夫撤职，因为此人曾多次向总部报告德国会在1941年进攻苏联的"假情报"。戈利科夫一直在想，贝利亚言之凿凿的表态背后，是否掌握了可靠的证据？

（三）战争爆发日期的前后矛盾

戈利科夫在百思不得其解之时，重新回忆了近半年来格鲁乌上报的相关情报文件。这位几乎有过目不忘之功的情报总局局长清楚地记得，自1940年9月底开始，格鲁乌驻国外多个谍报站开始上报有关德国将发动对苏战争的情报。今年以来，上报频率更加绵密。但是，这些报文前后矛盾重重。仅仅是在战争爆发日这一点上，从1940年年底至1941年3月上报的日期就各不相同，"今春""3月15日""3月20日"都曾出现过，但战争却连影子也没出现过。当时格鲁乌的判断完全正确，没有相信上述情报。3月20日格鲁乌上报了《德军进攻苏联军事行动意见、组织措施和方案》，基本反映了情报人员上报的有关德国战争计划的主要内容，当然，自己曾鲜明地附加了结论："1. 根据上述言论和（德国）今春可能的作战方案，我认为（德国）发动对苏战争最可能的时间，是在战胜英国以后，或在德国缔结光荣的对英和约以后。2. 关于今春（德国）对苏战争不可避免的传说和文件，必须看作是英国甚至可能是德国情报机构散布的假情报。"从4月开始，情报中出现的战争爆发日期又先后有"5月15日""5月20日""夏收前""6月20日"以及"6月22日"。一次又一次的变更让人琢磨不清。按照上述日期，战争可能迫在眉睫。最近确实也还有其他一些动向，可与这条情报相印证，比如有情报称，5月19日德国已在苏德边境聚集了160个师，兵力总数足以发动对苏战争。此次所获取到的情报，如果不报，战争爆发后果不堪设想；如果报，则是对领袖判断的否定，也是对自己此前判断的否定，那么自己的命运将会如何呢？

（四）戈利科夫的内心隐忧

到底要怎么办？望着窗外更加猛烈的暴风雨，戈利科夫的眼前浮现出了别尔津、根金、奥尔洛夫和普罗斯库罗夫的身影。1937年8月至1940年7月短短3年的时间里，这4个人先后担任了总参情报总局局长，却都未能善终，均经历了先被捕后被枪毙的噩运。特别令人唏嘘的是别尔津。他前后担任格鲁乌局长长达12年，正是在他第一次担任局长期间（1924—1935年），格鲁乌铸就了自己的辉煌，发展成为世界上最有能力也最有影响力的情报机构。但不幸的是，1935 年，格鲁乌遭受了一连串的失败，直接导致别尔津从"山巅"跌落下来。1937 年初，别尔津被起用。可是仅仅 8 个月后，他就被逮捕，其后被枪毙。这样一位功勋卓越、对格鲁乌贡献巨大的情报局长，命运尚且如此，自己 1940 年 7 月才刚刚调入格鲁乌担任局长，更要时刻如履薄冰，谨慎行事。想到此，戈利科夫不禁感叹，生活是如此艰难。他甚至开始有些焦躁。希特勒到底会在何时发动对苏战争？这份"征候情报"到底要不要立刻原文通报给斯大林呢？戈利科夫陷入了沉思。

五、分析思路

本案例是发生于 80 年前的情报决策典型案例。此次情报决策影响重大，因而历来为情报界所重视。苏联解体后相关档案资料日益丰富，为今天的研究提供了扎实的基础。本案例通过还原总参情报总局局长戈利科夫在战争爆发前，面对一条有关战争爆发时间的情报信息时的心理活动，帮助学员体验真正的情报决策所面临的复杂环境以及诸多的影响因素，把握情报决策者进行决策时所应遵循的基本原则。

（一）情报决策影响因素谱系

情报决策是情报活动流程中的末端环节，最终确定向情报用户所报送的情报产品的形式与内容。也就是说，诸多零散、不完整甚至相互矛盾的情报信息可能预示着事态多个可能的发展方向，情报部门必须在这一环节中提出自己对事态发展方向的判断，将反映事态发展的情报（判断为真的情报）和自己的意见（非必要要素）报送给用户。当然，有时也可以把反映多个发展可能的情报报送给用户，但必须形成自己的意见。漫长的情报生产线中，各环节情报工作的质量最终由情报决策的质量体现。所以，情报决策在情报活动过程中意义重大。作为一项复杂的情报活动，情报决策受制于多种因素。本案例中，戈利科夫在面对德国到底什么时间会进攻苏联这样重大的战略问题进行情报决策时，哪些因素成为高悬于情报决策者戈利科夫头上的达摩克利斯之剑？可以把它们总结为几类？它们彼此之间是否可以贯通为一个谱系？

（二）情报决策的原则与方法

情报是在复杂对抗环境下形成的对事物本质的认识，目的是服务决策，服务行动。在进行情报决策时，必须积极考虑情报用户的情报需求，也可以分析情报用户的预先判断，包括情报竞争对手的判断，把这些判断均当成对情报客体发展方向的假设性分析，也就是情报客体发展的多种可能性。但是，所有这些都应是在坚持情报决策的基本原则的基础上。情报决策应该遵循哪些基本原则？要坚持情报决策的基本原则，情报分析人员必须拥有足够的专业能力。情报分析人员的能力素质构成要素有哪些？它们的层次又如何划分？

六、附录

（一）戈利科夫小传

菲利普·伊万诺维奇·戈利科夫，生于1900年，卒于1980年。戈利科夫为世界所熟知并在以后的历史岁月中不断被学者们提起，缘于他在1940年7月至1941年7月之间，担任苏军总参谋部副总参谋长兼任总参情报总局局长。苏联在苏德战争开始时的情报失误，有诸多原因，戈利科夫把是否符合斯大林意图作为情报上报的基本原则，是其中一个重要原因。由此，戈利科夫成为世界范围内情报分析失误案例中曲意迎合领导人意图的典型代表。

戈利科夫1918年入党，同年参军，有军政工作和指挥工作双重经验。他参加过国内战争，其后，主要从事军政工作。1931年毕业于军事学校，1933年毕业于苏联著名的伏龙芝军事学院，开始从事指挥工作。1939年，曾指挥第6军参加西乌克兰解放战争。

1940年7月，在总参情报总局前四任领导都未得善终的情况下，戈利科夫被任命为局长。当时严酷的政治气氛和前任的遭遇，应该在很大程度上影响了戈利科夫的行为方式。

戈利科夫曾经极力辩解。1965年，他曾经向苏共中央申请撰写并出版《为祖国服务的苏联军事情报机关》一书，但未被批准。1969年，他撰写了

《希特勒进攻苏联前的苏联军事情报活动》一文，希望发表于苏联三大历史杂志上，但也未能发表。该文最终于2007年发表于俄罗斯《军事历史杂志》。人们看到了戈利科夫笔下苏联军事情报机关在苏德战争前的情报工作以及他自己发挥的作用。

纵然如此，当代俄罗斯的很多史学家仍然把这次情报失误归因于戈利科夫，认为他在总参情报总局局长位子上，只向国家领导层上报符合斯大林想法的情报，导致了苏德战争的预警失误。而戈利科夫在任总参情报总局局长时的一些同事，也陆续发文，进一步确认学者们的看法。曾有总参情报总局的工作人员描述，战前戈利科夫要求他们只准备那些与领袖意见相符的情报。戈利科夫通常会带着两个文件夹去见斯大林。如果领袖心情不太坏（好心情几乎没有过），戈利科夫就会从装着相对真实情况的文件夹中取出报告；如果戈利科夫从秘书那儿事先了解到领袖心情很糟糕，就会从另一个文件夹中拿出一份情况比较好的报告。也有档案显示，戈利科夫在报告有关德军进攻苏联的情报后面，不断强调这些情报的误导性。总参情报总局最终还是忽视了大量集结在苏联边境的德军，军事情报机关既未发现敌人的集结地域，也没有查明敌人任何一支进攻力量的编制。结果是苏联在战争初期遭到了意想不到的巨大打击。

战争开始后，戈利科夫被撤职，其情报生涯戛然而止。然而，在后人看来犯了如此大错的戈利科夫，在斯大林时代，却没有如他的前任那样被枪毙或者关进监狱，仅仅只是被调离了岗位，在短暂地经历了被贬斥的境遇后，旋即开始了他再次升迁的历程。他先是在战争开始后，率领苏联军事代表团前往伦敦和华盛顿，为与英国和美国签署军事合作协议斡旋。1941年10月，回国后领导第10军，该军于1941年末至1942年春参加了保卫莫斯科战役。后又领导布梁斯克和沃罗涅日前线部队。从1943年开始担任红军干部部部长，直至1950年。从戈利科夫离开情报部门后的任职经历来看，被俄罗斯人认为是历史罪人的戈利科夫，在斯大林的心目中却一直没有过错，始终拥有他的信任，戈利科夫甚至在1943年1月由中将军衔晋升为上将军衔。这在某种程度上反映了斯大林对戈利科夫情报保障工作的认可。

在后斯大林时代,戈利科夫先于 1956 年任装甲坦克军事学院院长,1958 年晋升为苏联陆海军总政治部主任,1959 年 5 月晋升为元帅,1962 年任职于苏联国防部总监察部。

(二)苏德战争爆发前苏联情报机关向斯大林报送的有关开战时间的情报[1]

从 1940 年 9 月 29 日苏联总参情报总局报告德军进攻苏联时间开始,至 1941 年 6 月 22 日战争爆发止,苏联的政治情报机关、军事情报机关、外交部等部门先后获得多条有关开战时间的情报,报告的具体时间如下。

(1)1941 年春天。在希特勒尚未签署《巴巴罗萨计划》时,苏联情报机关就曾经上报情报称,德国可能于 1941 年春天进攻苏联。比如,1940 年 9 月 29 日总参情报总局报告,来自柏林的情报称:"希特勒打算于(明年)春天发动军事行动,解决东线问题。"

(2)1941 年 3 月。1940 年 12 月 29 日总参情报总局上报的第一份与《巴巴罗萨计划》相关的情报提及:"战争将在 1941 年 3 月开始。"

(3)1941 年夏天。《巴巴罗萨计划》签署后,政治情报机关于 1941 年 3 月 11 日报告:"3 月 6 日英国大使召开记者招待会,在会上声称,'苏德战争不可避免。多个可靠的外交来源从柏林报告,德国计划在本年度进攻苏联,可能在夏天。德国总参谋部中有些人坚持主张尽快进攻苏联。此前,希特勒试图避免两线作战,但是如果他确信无法成功攻入英国,就会进攻苏联,因为在这种情况下,他只有一条战线'。"

(4)在进入法国和英国之后或在对英作战获胜之前。1941 年 3 月 20 日,总参情报总局上报的情报综合中,列举了不同来源的多条情报,其中一条称:"在柏林,大家都在传说着德国与苏联之间的巨大分歧。因此,德国大使馆中有人称,在英国和法国之后,就轮到出兵苏联了。"紧接着另一条情报称:"美国驻罗马尼亚大使在给华盛顿的电报中报告……格林说,如

---

[1] 此处所引用的情报皆来自苏联情报机关档案,参见 Колпакиди А., Прохоров Д. Империя ГРУ 1. Издательство: Олма-Пресс, 2001; Колпакиди А., Прохоров Д. Империя ГРУ 2. Издательство: Олма-Пресс, 2001; Примаков Е. М. Очерки истории российской внешней разведки. Т. 3.:1933-1941 годы. М.: Междунар. Отношения, 1997。

果德国在对英战争中无法取胜,那么就要被迫实施意在夺取乌克兰和高加索的原定计划。"

(5)1941年5月。政治情报机关于1941年5月1日报告:"据来自德国空军参谋部的情报人员称:'从德国外交部与德国空军参谋部之间的联络官格列高尔处得悉,德国进攻苏联的问题已经最终决定,近期可能开始。此前不赞同进攻苏联的里宾特洛普,在了解到希特勒的坚定决心后,也成为进攻苏联的支持者。'"同一天,政治情报机关还上报了一条希特勒于1941年4月29日向德军军事院校中即将毕业的青年军官发表的内部讲话,希特勒说:"近期将会发生一些很多人无法理解的事情。但是,我们所要采取的措施是国家必须要做的,因为红色现象已经高悬于欧洲之上。"

(6)1941年5月20日。戈利科夫在1941年3月20日上报的情报综合中就已提到:"对苏进攻时间定为5月20日。"1941年5月14日,政治情报机关综合5月9日获得的各渠道来源情报后上报:"德国空军总参谋部正在全速准备对苏作战。所有情报资料显示,将于近期发动进攻。总参谋部的军官们在聊天时经常说到5月20日是开战之日。也有人认为,进攻将在6月。"

(7)苏德战争发生的可能性极小。1941年5月25日,政治情报机关在一份情报综合中称:"尽管德国国内都在认为可能爆发苏德战争,但是它爆发的可能性很小,与当前的对英战争一样,也不为民众所赞同。"

(8)6月下半月。1941年5月27日,政治情报机关驻伦敦谍报人员报告:"德国领导人现在认为,为了满足德国长期战争中的粮食与物品需要,必须攻占乌克兰和高加索。他们已经加紧准备,目标是在6月下半月(可能),也就是秋收前,挑起冲突,并希望在6—8周的时间内完成整个行动。"

(9)随时可以开始。1941年6月17日,一条来自德国空军参谋部工作人员的情报称:"德国为武装进攻苏联而采取的所有军事准备措施都已结束,进攻随时可以开始。"

(10)6月22日。1941年6月14日,在德国最高统帅部于1941年6月10日最终书面确定6月22日为开战之日后4天,苏联边防军人首次报告开战日为6月22日。其后,据《战前的苏联情报机关》一文中称,在苏德战争爆发前 10—11 天内，苏联情报机关共有 28 次正确报告了战争爆发时间。最终，1941 年 6 月 21 日苏联驻德国大使杰卡诺佐夫报告，希特勒业已准备好的对苏进攻"将于明天开始"。多名越境德国士兵也向苏军报告战争即将爆发。

需要说明的是，从公开的苏联情报档案中发现的这些情报，仅仅是战前苏联情报机关获取到的有关战争开始日期情报的一部分。时任总参情报总局局长戈利科夫曾经在他的申述文章中总结道："总参情报总局能够迅速知道希特勒确定的对苏战争日期。我们每次都能及时上报给我国最高领导层，包括军队最高领导层。我之所以说'每次'，是因为由于德军武装力量准备不足，希特勒不止一次改变过既定的开战日期：最初定于 5 月 14 日，后更改为 5 月 20 日或 21 日。6 月份又有两次变更：从 5 月延迟至（6 月）15 日，最终一次确定为 6 月 22 日。"

（三）苏联卫国战争初期情报失误原因再思考及启示 [1]

1941 年 6 月 22 日，德军不宣而战，向苏联发动大规模突然袭击，经过短短 18 天的激战，德军向苏联境内推进了 300—600 公里，苏军的人力、物力蒙受巨大损失，丧失了战略主动权。这充分表明，战争初期突然袭击和防突然袭击是战略指导的重大问题。德国利用突然袭击造成的战略战役优势，在初期获得重大胜利；苏联缺乏准备，没有及时采取防突然袭击的具体措施，因而遭到严重损失。

苏军初期失利，一个极为重要的原因是苏联在情报判断和使用上犯有严重错误。"对情报侦察工作的地位和作用认识不足是卫国战争初期失利的重要教训之一。这未必完全是因为卫国战争前期对德国突然袭击苏联可能时间的判断失误。但正是由于这一失误，德国达成的突然性因素使苏联国家和武装力量的领导人来不及采取应急措施，未能将事先考虑好的战役机动计划付诸实施，致使苏联处于灾难的边缘。"[2] 与卫国战争初期苏联武装力量的失利相关的事件虽然早已成为历史的一页，但是这一页对于当今战争

---

[1] 王亮：《苏联卫国战争初期情报失误原因再思考及启示》，载《情报杂志》2003 年第 8 期。
[2] 〔俄〕安纳托利·克瓦什宁、马赫穆特·加列耶夫：《伟大卫国战争中的七点教训》，载俄罗斯《独立军事评论》2000 年第 15 期。

研究有着特殊意义,应该成为未经历过战争初期事件的人们应汲取的一个残酷教训。苏军在战争初期防止敌人战略突袭方面情报失误突出表现在四个方面。

1. 情报过分迎合上级意图,失去了必要的客观性

战争初期,斯大林个人专权,妨碍战争准备决策民主化,使苏联在确定战略方针、认识战争新特点、正确使用情报方面不能充分发表意见,特别是《苏德互不侵犯条约》的签署使斯大林产生了在德、日和苏联之间有可能达成战略协议的幻想。就是到了最后的时刻,斯大林仍然相信,凭借苏联的威望和军事实力可以使战争延缓一年时间,其他与他们的防止军事冲突的战略计划尖锐对立的观点都会激怒斯大林。在政治高压的气氛下,虽然情报人员及时地报告了关于德军在苏联边界附近集结和准备进攻的主要活动情况的确如此,但是有关负责人只报告能取悦领导的那些情报。苏联红军情报局长戈利科夫一方面报告了德军集结的新情况;另一方面又得出了这些情报是假情报的结论。内务人民委员贝利亚对苏联大使和武官从柏林发回的关于德军在苏联边界附近集结了近170个师的报告产生了怀疑,他对斯大林说:"约瑟夫·维萨里昂诺维奇,我和我的人都牢记你的英明预见:1941年希特勒不会向我们发动进攻。"[1]德国当局为实施战略欺骗散布了大量的虚假情报,使形势变得更加扑朔迷离,虽然英法的情报机构通过不同渠道都向苏联领导人提供了德国准备进攻的情报,但是苏联领导人毫无根据地把这些理解为企图挑起德苏之间的冲突。杰出谍报人员佐尔格获取了德军准备进攻苏联的绝密情报,但是他所提供的情报没有被苏联的指挥机关利用。有关日军即将袭击美国以及日本不参加德国1941年9月和10月间入侵苏联的特别重要的情报一直闲置在档案里。1941年10月把远东各师调遣到莫斯科附近仅仅是因为斯大林手里已没有另外的做好战斗准备的备用战斗兵团。即便当时考虑到了佐尔格的情报,也没有对做出决定起到

---

[1] 〔俄〕帕维尔·苏多普拉托夫:《情报机关与克里姆林宫》(魏小明、陆柏春等译),东方出版社2000年版,第139页。

重要作用。[1]

2. 情报分析研究力度不够，缺乏统一的情报分析处理中心

格鲁乌（苏联总参军事情报局）在战前和战争初期的活动表明，情报机关并不总能对获取到的情报进行准确的评价和分析，也没有机会将自己做出的情况评估直接、有效、客观地汇报给国家最高军政首脑。战前苏联政府各部门总是独立分析通过各自渠道获取的外国情报，并报告职权范围内的形势评估和结论。也就是说，它们分别描述的只是法西斯国家全部情况的一部分。那时苏联情报部门甚至没有意识到应该对各人民委员部上报的情报进行深入系统的分析，并在此基础上对事态的发展做出客观的评价和预测，然后再将其直接汇报给国家最高军政首脑。战前德国采取了大量措施进行政治迷惑、战略伪装、战略欺骗，在这种情况下，想揭露德国的意图并确定其进攻时间，单纯地依靠某个或几个相互封闭工作的人民委员部的力量是不可能的。"我们情报工作的最大缺陷是对来自谍报途径的情报分析不够。足以说明这一点的是，只是在战争爆发以后，情报局和内务人民委员部才组建几个处，专门负责对来自国外的侦察情报进行分析和评估。"[2] 由于当时没有统一的情报分析中心，也就无法对政治侦察途径（对外情报局）、军事侦察途径（格鲁乌）以及其他组织获取的重要的外国政治军事情报进行协调分析，也就无法直接向最高统帅部上报综合性的结论和建议。

3. 对当时战争特点判断失误，缺乏对德军战术情报的搜集和分析

在德波战争前，苏联军队的军事训练大多是以国内战争和第一次世界大战的经验为基础的。苏芬战争后，苏联领导人在一定程度上认识到，未来战争出现一些新特点，但是对于机械化作战的规模、速度、陆空协同作战的样式缺乏充分认识，结果部队训练远远跟不上实战的需要。当时的总参谋长朱可夫元帅在回忆录中承认没有想到敌人能够发动由坦克兵团组成

---

[1] 〔英〕马克·劳埃:《军事欺骗的艺术》（纪皓、杨雪梅、宋正华译），吉林人民出版社2001年版，第62页。
[2] 〔俄〕帕维尔·苏多普拉托夫:《情报机关与克里姆林宫》（魏小明、陆伯春等译），东方出版社2000年版，第140页。

的、同时在几条战线上采取行动的这样大规模的进攻战役。朱可夫和斯大林过高地估计了苏军坦克兵团、陆军和空军的能力,对诸兵种——步兵、航空兵、坦克和通信部队的协调行动的战争理解不深。他们认为,战争胜败主要取决于师的数量,足够数量的师能够遏止任何进攻并阻止德国人向苏联领土推进。苏军在侦察情报中忽略了对德国闪电战战术本质的认识,无论是军事情报机关还是政治侦察机关,尽管截获了关于进攻时间的情报,也正确判定迫在眉睫的战争不可避免,但是未能估计到希特勒的指挥部会把赌注押在闪电战上,这是一个致命的错误,因为把赌注下在闪电战上意味着德国人在做进攻计划时没有考虑要与英国结束战事。"虽然获得的侦察情报揭露了希特勒进攻苏联的企图,但是许多情报反映的情况互相矛盾,缺乏对德国的军事潜力进行正确估价——部署在边界附近的德军坦克兵团和航空兵有能力突破苏联红军的防线。内务人民委员部没有一个人研究过苏德边界上双方军事力量的对比。"[1]正因为如此,希特勒的军事能力在很多方面对于苏军军事指挥员来说是相当突然的,特别是关于战争开始后德军主要战略突击方向,军事情报机关和内务人民委员部未能给总参谋部提供正确的情报。情报部门根据不完整的德军战略演习情报认定,如果战争爆发,那么德国人首先必定强占乌克兰及原料资源丰富的地区,以便储备粮食。这是一个十分巨大的错误。战争实践表明,德军在波兰和乌克兰的目的不是占领领土,而是在于摧毁和歼灭对手的战斗实力。

4. "大清洗"运动后果严重,优秀情报人才严重缺乏

1937—1939年,苏联内务人民委员部反间谍局负责格鲁乌的"大清洗"工作。此次大规模镇压浪潮,使负责军事侦察的中央和分支机构都处于没有领导、软弱无力的状态。内务人民委员部工作人员既不了解格鲁乌的干部编制,也不了解格鲁乌成员的个人品质和职业能力。"大清洗"行动导致许多最有经验和创造精神的侦察员被迫害,给战前苏联国外情报收集系统带来了巨大的、无法弥补的损失。这种损失在战前所剩无几的时间里已无

---

[1] 〔俄〕帕维尔·苏多普拉托夫:《情报机关与克里姆林宫》(魏小明、陆伯春等译),东方出版社2000年版,第142页。

法弥补。此外，大规模的镇压活动造成了格鲁乌内部的恐怖气氛，一旦说出自己与众不同的观点并提出正式报告，就意味着给自己扣上了一顶"人民公敌""外国间谍"的帽子，使自己处于党和武装力量的对立面。1965年，格鲁乌前局长戈利科夫回忆格鲁乌关于德国入侵问题时强调说：第一，他不能依据被内务人民委员部认为是"外国间谍"的秘密情报机构提供的情报作出相应的结论；第二，他记得自己前任的命运；第三，所有上报给斯大林的情报同时都要抄送给莫洛托夫、伏罗西洛夫、铁木辛哥和朱可夫。戈利科夫在谈话中讲明了他于1941年3月20日的报告中作出的结论："所有关于今年春天对苏战争的不可避免性的谣言和文件都必须看作是德国侦察机构散布的假情报……"[1] 这一结论是戈利科夫的错误，也正是内务人民委员部的"清洗"运动在格鲁乌制造出的恐怖气氛的结果。由于战前3万多名军队指挥干部在"大清洗"运动中受到了迫害，部队中缺乏受过高等军事教育的人员，虽然半数受到"清洗"的军队高级指挥员从监狱和劳动管理总局的劳改营中重新回到了部队，但是他们对于训练大批的新兵来讲显然是不够的。具有丰富工作经验和职业技巧的情报工作人员的损失，更是导致战争初期情报失误的重要原因之一。

七、参考文献

（一）中文文献

1. 闻敏：《苏联谍报70年》，金城出版社2010年版。

2.〔俄〕帕维尔·苏多普拉托夫：《情报机关与克里姆林宫》（魏小明、陆伯春等译），东方出版社2000年版。

3.〔俄〕列昂尼德·姆列钦：《历届克格勃主席的命运》（李惠生等译），新华出版社2001年版。

4.〔苏〕维克托·苏沃洛夫：《苏军情报部内幕》（周继等译），军事译文出版社1985年版。

---

[1] 〔俄〕瓦列里·卡里宁：《伟大卫国战争初期的失败主要因为侦察工作的缺陷》，载俄罗斯《独立军事评论》2001年第4期。

5.〔苏〕鲍·沙波什尼科夫:《军队大脑》(军事科学院外国军事研究部译),解放军出版社 2006 年版。

(二)外文文献

1. *Алексеев М. А., Колпакиди А. И., Кочик В. Я.* Энциклопедия военной разведки. 1918-1945гг. М., 2012.

2. *Новабранец В. А.*, Записки военного разведчика // Военно-исторический архив. N: 4(52) -12(60), 2004 г . - 1(61)-3(63), 2005.

3. *Залесский К. А.* Империя Сталина. Биографический энцинклопедический словарь. М., Вече, 2000.

4. Johnston R. *Analytic Culture in the U.S. Intelligence Community: An Ethnographic Study*(Washington, D.C.: Center for the Study of Intelligence, CIA, 2005).

(案例编写人:彭亚平)

[第5章]

美国情报分析预警防线缘何失守

一、编写说明

(一)编写目的

2001年"9·11"事件发生后,"情报失误"的声音一直不绝于耳,美国国会事后成立的"9·11"事件独立调查委员会,其首要职责之一就是彻查情报机构的失职问题。2004年7月底,工作历时近3年之久的"9·11"调查委员会最终公布了一份长达560页的调查报告,其中大量篇幅将矛头指向情报分析预警能力。"9·11"事件独立调查委员会的调查过程,如同医师诊断治病一样,是一个发现问题、分析问题、解决问题的过程,也是一个将有关情报分析预警失误的多方素材集腋成裘的过程,整个调查研究过程颇具现实情报分析工作色彩。本案例依据开源资料,还原了"9·11"事件独立调查委员会就情报预警失误的调查研究过程,回溯了"9·11"事件前美国情报分析工作的现实状况,并预设了美国情报分析业界为革除积弊沉疴、提升情报分析能力而应进行规划设计的方向,以此帮助学员:一是理解"9·11"事件发生背后情报分析预警失误的必然性,进一步增强"情报是国家安全第一道防线"的意识;二是跟随"9·11"事件独立调查委员会的调查研究步伐,学会将有关"9·11"事件之前美国情报分析工作的各种信息"连点成线""集腋成裘",并能透过现象看本质,进而能够形成"9·11"事件美国情报分析预警失误的完整"图谱";三是思考破除美国情报分析预警工作系列瓶颈性问题的方案,最终形成信息时代情报分析工作的科学规划与理性设计。

（二）使用方式

本案例训练总时长建议为10—12学时，要由5—10名具有不同专业知识背景和业务工作经历的训练人员共同组成一个调查研究团队，由1—2人充当调查研究的组织者，负责制订调查研究计划，把握调查研究方向，引导团队开展讨论，实时管控调查研究进度，并主导形成有关情报分析失误结论和情报分析工作规划设计构想的总体报告；由4—8人充当调查研究的参与者，负责发现问题线索，补充搜集相关素材，研究讨论时进行发散思考、提出观点，并对最终调查研究报告内容提出建设性意见；由1人专门负责记录调查研究过程中发现的问题线索及成员产生的设想和观点，配合调查研究组织者整合评估结论；由1—2人负责最终调查研究报告的起草工作，并提交整个调查研究团队推敲、审定。

二、内容摘要

2001年9月11日8时45分，美国纽约世贸双子星大楼和华盛顿特区的五角大楼，分别遭受"基地"组织恐怖分子挟持民航客机蓄意地撞击。一向象征全球化资本权力最极致的地标与世界军事超级强权的指挥中心，顷刻之间被摧毁、重创，此即"9·11"事件，是美国本土有史以来遭受的最严重的恐怖袭击。事件发生前，美国政府和军方林林总总的各类情报机构对此均没有发出有效预警，这暴露了美国情报系统存在的严重缺陷。情报界因此次事件成为众矢之的，进而被推向了改革的潮头浪尖。为获真相，美国国会于2001年11月27日通过第306条法案，成立"美国遭受恐怖袭击全国委员会"（亦称美国"9·11"事件独立调查委员会），并责成托马斯·肯恩议员担任主席，"重新审视情报界，检讨情报工作所面临的机遇与挑战"是此次调查研究的重要议题。

本案例还原了"9·11"事件独立调查委员会对美国情报界的调查过程，再现了人员质询、资料查阅等现实场景，尤其是详细描述了调查团队发现的客观问题及其具体表现。案例通过真实还原"9·11"事件调查的整个情境，引发训练人员思考"9·11"恐怖袭击背后的情报因素，正视美国情报界分析预警工作存在的瓶颈问题,探索后"9·11"时代情报分析工作的科学规划与理性设计方案。为保证调查研究结论的客观、准确,调查研究团队由不同专业背景和工作经历的若干成员构成,他们受"9·11"事件独立调查委员会主席直接委派,专司情报分析工作调查之责,他们普遍具有"还民众一个真相"的朴素心理和"寻找绝对情报优势"的爱国热忱,在人员质询、资料查阅等方面均有个人专长,且熟悉事故调查研究的一般规则和具体步骤,严格依照规范化的标准程序完成调查研究,形成"9·11"事件独立调查委员会报告的情报分析预警工作篇章,为下一步情报分析工作的规划设计给予理性思考。

三、关键问题

(一)"9·11"事件之前美国情报工作状况如何?

(二)造成"9·11"事件情报分析预警失误的原因有哪些?

(三)假设你是"9·11"事件独立调查委员会情报工作调查专案组的组长,你打算如何就改进美国情报分析工作、设计未来等问题提出合理建议?

四、案例正文

2001年9月12日,众议院情报委员会的国土安全小组委员会主席威廉·康纳心情简直糟糕透顶,当他从CNN新闻播报中得知"9·11"事件总计造成2973人遇难(其中纽约2749人遇难,华盛顿184人遇难,宾夕法尼亚州40人遇难)的消息时,不禁大呼:"天哪,太难以置信了!"他知道,这一数字比1941年12月7日珍珠港事件中美军的死亡人数还多。此时的康纳一方面为遇难同胞表示悲痛,另一方面开始忧心国家安全问题,头脑中也难免产生了一个不解之惑:美国的情报分析预警防线怎么那么不堪一击?据他所知,"9·11"事件前,"基地"组织的年度活动经费约为3000万美元,而美国的年度情报预算为300亿美元,用3000万美元武装起来的恐怖分子竟能轻易突破美国用300亿美元打造的情报防线,这到底是为什么?美国情报界情报分析工作的运作与管理是否健全?美国各情报机构对重大的安全情报信息的研判与分析，是否适时正确？甚至，在"信息的海洋、情报的稀汤"的信息时代，美国情报机构的情报分析人才培养是否充足有效等？这一连串的核心关注事项，均在其头脑中迅速闪现。"查，一定要彻查！既要给遇难者以慰藉，又要亡羊补牢，重新筑牢美国的情报预警防线！"康纳心中默念道。

2001年11月底，国会正式决定成立"9·11"事件独立调查委员会，这是美国应对重大灾难的标准程序。虽然是情理之中的事情，但获此消息后，康纳心中还是欣慰不已。激动心情尚未平复，他就收到一份任命书，自己被选派为"9·11"事件独立调查委员会第一调查小组的组长，专门负责调查"9·11"事件之前美国情报分析预警工作的情况。虽然颇感意外，但康纳深知自己肩上责任重大，也明白自己在随后的日子里将要扮演医师角色，不仅要对美国情报分析预警工作肌体进行诊断、找到病原，还要开出有效的药方，确保药到病除。因此，康纳迅速抖擞精神、调整心态，从国会各级机构中挑选了4名得力助手，马不停蹄地投入对美国情报体系的调查研究中。

截至"9·11"事件，康纳担任众议院情报委员会国家安全小组委员会主席已经1年有余，但他与美国情报界的直接接触机会并不多，此次由他主抓对情报分析预警工作的调查研究任务，颇有一种"老虎吃天、无从下嘴"的感觉。不过，为了尽快进入状态，康纳决定从基础功课做起，他找来了美国情报界的相关资料认真阅读起来，读完之后，才对自己的调查对象有了直观认识。原来，美国情报界是一个结构庞大而功能特殊的松散组织，由中央情报局、空军情报监侦署、陆军情报署、国防情报局、海军情报室、陆战队情报处、国家图像与测绘局、国家侦察办公室、国家安全局、司法部的毒品管制局、国务院情报与研究局、财政部反恐金融情报分析室、能源部情报和反情报局、海岸警卫队情报处，以及联邦调查局15个情报机构组成，其每年度平均编列的国家情报工作预算高达300亿美元，总员额数在10万人以上。如此庞大的情报系统，居然没有对"9·11"事件进行及时预警，人员和经费都无法与其比拟的恐怖分子竟能轻易突破美国重金打造的情报防线，情报界恐怕难辞其咎。更令康纳费解的是，如此众多的情报机构居然没有一个居中掌理者，以至于康纳率领调查组准备开始调查工作时，连个提前通气、协调配合的部门都没有。在不得已的情况下，康纳只能率领工作组对重要的情报机构逐一登门问询，以求查明真相。

康纳工作组首先进驻的是闻名世界的中央情报局，并与中央情报局局长乔治·特尼特进行了深入的交谈。康纳问："事件之前是否对恐怖分子的袭击意图一无所知？"特尼特说："不，敌人虽然狡猾，但我们还是掌握了一些蛛丝马迹的。2001年8月6日我们呈报的《总统每日简报》里，就有一份反映本·拉登'基地'组织可能在美境内发动恐怖袭击的情报。""既然发现了敌人的苗头，为何不继续跟踪呢？"康纳追问道。"我们将这份情报送交给总统和国家安全委员会成员后，并未引起他们的重视；相反，情报用户们一直督促我们提供有关中国、俄罗斯等国的相关情报信息。囿于资源限制，我们不得已将针对恐怖分子的情报工作不断下调优先次序，如此一来，就错失了获取恐怖分子攻击具体时间、地点、方式的最佳机会。"当被问及"身为总统首席情报顾问、情报界的领导者，是否存在管理情报界失责问题"时，特尼特苦笑了一声，慢慢说道："中央情报局长虽然兼任中央情报主任，但徒有虚名而已，领导和管理这个松散联盟的权力非常有限。就预算而言，除中央情报局本身的预算要求外，中央情报主任对情报界预算的影响只限于对其在人事方面，中央情报主任只能对情报界各成员单位高级管理者的任命和解雇施加有限的影响，最终决定这些人仕途命运的是这些单位所属部门的行政首长或总统。因此，我虽然名义上兼任情报界的领导，但却没有足够的权力调配、整合情报界的资源。"除了与特尼特进行交谈外，康纳工作组还在特纳的陪同下，到中央情报局反恐中心进行了实地调查。在查阅历史资料和人员名册时，康纳注意到，1998年到2000年期间，中央情报局的反恐中心只有3名情报分析人员从事针对"基地"组织的反恐情报工作，2000年到2001年9月11日，此类情报分析人员也只有5名。

随后，康纳工作组又来到了国家安全局——号称全球最大"情报工厂"的机构，它所拥有的雇员超过16万人，它所编织的侦听网络几乎覆盖全球，它的间谍活动每小时至少耗资100万美元。这一无所不能的"千里眼"和"顺风耳"单位，难道就没发现恐怖分子的相关行踪吗？通过查阅资料，康纳发现，事实绝非如此。早在9月11日前，国家安全局就截获了暗语为"比赛即将开始""明天是零点钟"等两条高度敏感的阿拉伯语通话信息，但直到"9·11"事件11天后，国家安全局才将这些敏感信息破译出来，因为国家安全局的员工编制表清晰显示，它只有数量有限的阿拉伯语语言学家，而且他们还经常被用于执行更为重要和紧迫的任务。在与国家安全局员工的座谈中，资深专家的一席话让康纳颇为触动，一位名为奥多姆的专家曾对康纳说：国家安全局的员工"就好像是置身于一个布满了井架、地道和地下洞窟的大网中的工人。那些能看到整个全景的高级情报人员是非常少见的。此外，他们中很多人甚至不是很了解他们自己的井架，因为他们是在一些小的地道里成长的"。康纳不禁自问道："难道连国家安全局这么强大的情报机构也自我封闭到这种程度？"

之后，康纳调查组又来到了承担着情报搜集和执法双重职能的联邦调查局。通过查阅人员花名册发现，联邦调查局只有不超过10名战术情报分析人员、1名战略情报分析人员。另外，在查阅档案记录时，康纳发现，早在2001年8月，联邦调查局纽约分部调查官员就已掌握劫机者进入美国境内的情报，但却没有实时将相关情报共享给中央情报局，在被问及原因时，相关官员表示，"依据《国家安全法》，中央情报局主管国外情报工作，联邦调查局主管国内安全的情报搜索和执法工作，中央情报局是不能从事国内案件的执法调查工作的，也就无法从事国内安全的情报搜集和信息共享"。

在接下来几个月的时间里，康纳率调查组又分别走访了国务院情报与研究局、国防情报局、国家侦察办公室、国家图像与测绘局等情报单位，不仅查阅了各类人员名册和原始档案，还与各层级人员进行了多场座谈交流,基本对美国情报分析工作的状况形成了一个完整图景。"美国情报界在应对恐怖主义威胁时表现出了极大的脆弱性,它对'9·11'事件悲剧的发生负有不可推卸的责任。面对已经打响的反恐战争,情报界和情报分析工作需要作出何种改变来打赢这场战争?答案很简单:几乎改变一切。"康纳在他的日记本上郑重地写下了上述一段话。

五、分析思路

(一)要注意提前掌握美国情报工作和美国情报界的相关基础资料,带着整体印象和问题意识开展调查研究工作。

(二)要对调查研究的基本方法了然于胸,针对不同调查对象制定档案查阅、人员质询等行之有效的调查研究方案。

(三)在调查研究过程中,要注意从情报工作的一般机理去探寻和发现问题,比如情报体制、情报生产、情报文化、情报管理、人才培养、资源保障、优先顺序等角度均是解释美国"9·11"事件之前情报分析预警失误的切入点。

(四)在调查研究过程中,要注意把握整体和个体的关系,既要看到个别部门和部分人员的一般问题,又要具有全局视野,能够跳出具体单位和特定领域,看到美国情报界的共性问题,唯有如此,才能形成对美国情报工作的全貌认识。

(五)作为调查组组长的角色,要注意讲究领导艺术,既要充分发挥组员的工作积极性,鼓励他们利用自身的专业优势发现问题线索,给他们表达自己观点的机会和平台,又要保持战略定力,善于驾驭形形色色的观点,全程主导调查研究的方向,确保调查研究工作不混乱、不偏向。

(六)调查研究报告既是调查研究工作的结晶,又是未来整改工作展开的依据,因而是整个调查研究的落脚点和归宿点,必须将其作为重中之重抓好、做好。调查研究报告除了要坚持"发现问题、检讨原因、提出对策"的总体思路和"分头撰写、集体讨论"的基本原则之外,要注意保持前瞻视野,着力提出美国未来较长周期内情报工作的规划设计思路,为其新一轮情报界体系重塑和情报工作系统改造提供科学依据。

六、附录

本模拟案例所使用的素材来源包括中外公开出版的文献资料以及互联网相关新闻报道资料。

（一）情报解密布什可能遭弹劾[1]

在"9·11"事件独立调查委员会的压力下，美国白宫4月10日解密一份于2001年8月6日呈送给布什总统的《总统每日简报》。这份情报简报中包含关于"基地"组织计划在美国境内发动袭击的情报。

美国总统国家安全事务助理康多莉扎·赖斯8日在向"9·11"事件独立调查委员会公开做证时首次提到了这份标题为"本·拉登决心在美国境内发动袭击"的情报简报，简报的诸多细节立刻成为独立调查委员会的问询焦点。美国媒体认为，《总统每日简报》被解密，不仅将对布什总统能否连任下届总统产生深刻影响，而且布什可能因此遭到弹劾。

拉登想发动恐怖袭击。一位阅读过该份简报的布什政府官员表示，简报是在2001年8月6日递交给布什的，当时他正在得克萨斯老家的牧场度假。简报披露拉登在1997年到2001年春的这段时间内，一直想对美国国内目标发动恐怖袭击。分析家指出，如果这份简报内容属实的话，那就和刚刚在"9·11"独立调查中做证的赖斯的说法有了出入。赖斯在8日的听证会上表示，2001年8月6日总统简报中的内容绝大多数是"过时信息"，大多数2001年夏天的恐怖预警情报针对的都是海外目标。她自己在"9·11"之前没有得到过任何关于拉登将使用飞机作为恐怖袭击工具的情报。

调查委员会质询前副总统艾伯特·戈尔。美国"9·11"事件独立调查委员会9日发表一份简短的声明说，委员会全体成员9日与前副总统戈尔进行了3个小时的不公开见面，戈尔在接受质询时表现得非常坦率。声明没有透露质询的内容，也没有说明是否将公布有关内容。此前一天，美国

---

[1] 新浪网，2004年4月11日，http://news.sina.com.cn/w/2004-04-11/10092274997s.shtml。

前总统克林顿也接受了不公开质询。

《总统每日简报》包含有六大重量级情报内容。(1)"基地"组织头目本·拉登早在1997年就想在美国本土发动恐怖袭击，他直到2001年春天还没有放弃这种想法。(2)"基地"分子试图劫持飞机以要挟美国政府释放在1998年和1999年逮捕的激进分子，并要求美国政府允许一些"基地"嫌疑人自由出入美国。(3)"基地"可能已经在美国本土建立了后勤支援体系。(4)美国联邦调查局根据对"基地"恐怖分子最新行动种种特点的分析，"基地"正在策划劫机或者类似的恐怖袭击活动。(5)国际恐怖组织在美国本土的活动非常频繁，仅2001年的恐怖活动案件至少就有70件。所有的调查都涉及恐怖组织在美国本土的人员和活动。(6)最近得到的情报显示恐怖分子正试图潜入美国发动炸弹袭击。袭击可能将在2001年底之前发生。

情报部门补充材料。据一位知情人透露，美情报部门提交给布什的《总统每日简报》是建立在2001年5月获得的一份情报的基础之上的。那份情报曾警告说，拉登的手下正准备通过加拿大和美国边境进入美国，并使用高爆炸药发动恐怖袭击。此外，就在布什收到这份简报的同一个月，美国情报部门也收到了两条未经证实的报告，称恐怖分子可能会利用飞机作为袭击的主要手段，报告显示，两名拉登的手下在2000年10月曾会面，商讨如何利用飞机对美国在东非国家肯尼亚首都内罗毕的使馆发动恐怖袭击的计划。恐怖分子要么利用飞机来轰炸美国使馆，要么直接开着飞机撞毁使馆。美国中央情报局也在2001年8月对美国联邦航空管理局发出指令，要求他们密切注意6名正在拉丁美洲活动的巴基斯坦人，因为这些人正准备发动劫机事件。除了美国之外，英国、加拿大、马来西亚和其他国家的民航飞机都是恐怖分子劫持的目标。

(二) "9·11" 最终调查报告公布[1]

美国"9·11"事件独立调查委员会的最终调查报告于美国东部时间2004年7月22日上午正式出炉，调查委员会正式公布一份长达560页的最

---

[1] 东方网，2004年7月23日，http://tj.eastday.com/eastday/mil/node3043/node26632/userobject1ai387316.html。

终调查报告。至此，这项耗时20个月独立调查画上句号。报告指出政府未能意识到恐怖威胁的严重性，情报机构工作不力，国会在监督情报部门工作方面存在失职，并就防范未来的恐怖袭击提出了37项建议。

据报道，这份长达560页的正式公布的最终调查报告是由美国"9·11"事件独立调查委员会在得到多达200多万件文件并询问了1000多位证人的基础上，对"9·11"事件前后美国的外交、情报、移民、商业飞行以及恐怖组织的资金流动等方面进行调查后得出的最终结果。调查期间，该委员会先后发表了17份声明，公布了部分调查结果。报告指出，美国政府在政策、能力和管理方面存在失误，联邦调查局和中央情报局在"9·11"之前在情报分享和分析方面的失误是导致劫机者阴谋得逞、袭击事件最终发生的重要原因之一。美国政府原本有10次机会阻止"9·11"恐怖袭击的发生，但是所有机会都被一一错过。其中4个出现在克林顿执政期间，另外6个机会出现在布什执政期间。比如，劫机者提供的护照中有明显的伪造和改动之处，但是并未引起美国移民和入境部门的重视；恐怖分子在申请签证时提供的一些声明和证明文件是假的，如果当时就进行深入调查，完全可以把他们挡在国门之外；由于美国的电脑系统之间缺乏交流和共享，导致一些被列入嫌疑犯的恐怖分子竟然轻松进入美国，等等。

报告公布1998年12月4日的一份《总统每日简报》，证明克林顿政府曾经接到过"基地"组织可能劫机的警告。在这份总统简报中，美国情报部门警告说，本·拉登计划劫持美国飞机，以此逼迫美国释放在押的恐怖分子。但是对于这个警告，克林顿政府并没有采取切实的应对措施。和克林顿政府相比，布什政府在策划打击"基地"组织方面显得比较积极，但仍纯属"纸上谈兵"。调查报告指出，大量文件表明，美国总统国家安全事务助理康多莉扎·赖斯出席2004年春天的听证会时并没有撒谎，布什政府的确在2001年初起草了彻底铲除"基地"的政策。但是布什政府在实际行动中仍然仿效了克林顿政府的做法。尽管"基地"组织的威胁越来越大，白宫仍然希望通过和塔利班进行谈判来达到消除"基地"隐患的目的。曾经担任白宫反恐顾问的理查德·克拉克在其新书中披露说，他曾在2001年屡次警告美国政府高官，要他们防范大规模恐怖袭击，但是并未引起重视。而美国情报和执法部门在"9·11"事件前的一系列失误使得19名劫机者进入美国而未被发现，让他们得以在2001年9月11日劫持飞机对美国发动袭击，导致近3000人丧生的惨剧发生。

报告指出："最大的失误是某种基于推测的想象。我们认为领导人不理解威胁的严重性。本·拉登和'基地'组织的恐怖威胁不是公众、媒体乃至国会中政策辩论的主要议题。该议题只在2000年美国大选期间出现过。""9·11"事件独立调查委员会主席汤姆·基恩表示，"9·11"袭击"令人震惊，但不应该对此吃惊"。报告指出："2001年9月之前，美国行政部门、国会、媒体以及美国公众已经收到伊斯兰恐怖分子阴谋大规模杀害美国人的明确警告。"

据美联社报道，报告列举了美国政府存在的五大失误：

（1）中央情报局忽视了那些"指示信号"的重要性，这些信号勾画出了未来恐怖袭击可以看得清的图像，造成这种结果的部分原因是它为情报分析家提供的材料是零碎的。在2001年7月联邦调查局报告恐怖主义者在亚利桑那州进行飞行训练和同年8月逮捕恐怖主义嫌疑者扎卡里亚斯·穆萨以后，这些记录本应引起人们的警觉。穆萨被捕是因为他在明尼苏达州的一家飞行学校行为可疑。

（2）在19个飞机劫持者中，有一些人在入境文件不完备的情况下能够进入美国。在袭击的当天，一些人因为行动可疑而被挡住后，最后还是通过了安全检查，登上了飞机，其中两名劫持者已经列在政府恐怖主义者监视的名单上，但因为联邦航空管理局和航空公司并不知情，所以他们被准许上了飞机。

（3）克林顿政府和布什政府总体上是通过外交手段而非通过军事打击来对付日益增长的"基地"威胁。美国在90年代末错过了几次杀死本·拉登的机会，原因是中央情报局说，它没有接到这样做的明确指示。

（4）在发生袭击的当天，联邦航空管理局和军事官员出现了混乱。联邦航空管理局的任务是应对通常的飞机劫持，而不是自杀性的袭击，因此他们没有及时向军事官员发出警报，而一些战斗机驾驶员不知道他们为什么要驾机升空。

（5）纽约市紧急启动的"9·11"电话系统出现了根本性的错误，这种错误没有向世贸大楼中的工作人员通报可能救生的消息。接线员和调度员并不知道，消防人员正从大楼中撤离人员。由于大楼中的公共地址系统出了毛病，因此大楼工作人员向"9·11"发出呼救，但得到的回答是不要撤离，错失了逃生的机会。

美国"9·11"独立调查委员会在最后的调查报告中，建议设立一个统领全美15个情报机构的新的情报搜集中心，监督该中心运作的将是经参议院批准的仅次于内阁级别的"情报总监"。"情报总监"直接向美国总统报告，"将能影响到中央情报局、联邦调查局、国土安全部和国防部的预算和领导层"。报告还建议改革国会监督情报机构的机制，改组负责搜集国内情报的联邦调查局等。

（三）"9·11"委员会最终报告草稿出炉，批评FBI及CIA严重失职[1]

据英国《卫报》消息，美国"9·11"事件独立调查委员会已于近日完成了"9·11"事件调查的最终报告草稿，委员会成员正对其中的部分章节进行重新审定，该报告并没有对任职于布什以及克林顿政府的官员个人提出任何的指责，但却严厉地批评了美国中央情报局以及联邦调查局在"9·11"事件中严重失职。

"9·11"事件独立调查委员会部分成员在接受美联社单独采访时透露，由10人组成的调查委员会已经完成了对草稿中"事实陈述"部分的重新认定，这一章节主要列举了"9·11"事件的一些事实，其中包括情报的失误，他们安排这一部分主要是想让读者得出这样的结论："9·11"事件本来可以避免。

但是对于另外一个独立的章节，委员会成员仍然没有达成一致的意见，这一章节主要是调查委员会对于"9·11"事件所引发的启示以及建议，而

---

[1] 中新网，2004年6月10日，http://www.china.com.cn/chinese/zhuanti/qbm/583357.htm。

其焦点在于是否应该采取更为普遍的措施来防止美国情报部门之间情报分享方面的不畅，因为正是情报共享方面的问题导致劫机者成功地制造了"9·11"事件。

调查委员会中的共和党人，美国前海军部长雷曼约翰·雷曼认为："委员会中大多数人的意见是有必要对美国的情报机构进行重大的改革，这不仅仅是跑得更快、跳得更高的问题，我们必须保证融合并完全分享可能帮助我们避免'9·11'事件再度发生的所有情报。在这些正在考虑的方案中，国内的情报机构模式应该仿效英国的英国军情五处建立。"而调查委员会成员，印第安纳州民主党前众议员蒂莫西·罗默也表示："的确，联邦调查局在'9·11'事件之前并没有完成应做的工作，他们还有一条很长的路要走。"

美国中央情报局局长乔治·特尼特、美国联邦调查局局长路易斯·弗里以及美国国家安全事务助理康多莉扎·赖斯受到美国部分议员和"9·11"难属的严厉批评，他们被指责没有针对恐怖主义采取有效措施，而美国中央情报局局长特尼特已经提交了辞呈。

但是华盛顿州共和党议员斯莱德·戈顿表示，调查委员会并没有在报告中对美国政府官员提出针对个人的批评，这样做是为了避免两党的冲突，并影响他们的工作。他说："我们会说出我们应该讲出的事实，但是，我们不会以政治口气说这些事实。最为重要的是，我们必须告诉美国人民关于'9·11'事件的事实，而且大量的事实是不容争辩的。"

"9·11"事件独立调查委员会成立于2002年，负责对"9·11"事件前后美国的外交、情报、移民、商业飞行以及恐怖组织的资金流动等方面进行调查，并就防止发生类似事件提出建议。

调查委员会已经对1000多名相关人员进行了调查，其中包括美国总统布什，并翻阅了200万份的相关文件。按照原计划，这个由两国两党联立的委员会必须在7月26日提交最后的调查报告，目前，这一报告的事实陈述部分早已经完成并提交白宫审阅。这份报告的部分章节还将详细地说明中央情报局的失误，其中包括他们并没有意识到"基地"组织所表现出的对美国的威胁，并且过分地依赖值得怀疑的情报，而调查委员会将这些问题归结为美国情报机构的不严密性，他们之间并没有例行的合作。

（四）美国中情局调查报告指出"9·11"情报失误责任在高层[1]

美国中央情报局关于"9·11"事件的独立调查报告即将完成，报告指出，中央情报局最高领导层在"9·11"事件发生之前，未能搜集足够的情报来对抗恐怖分子，因此应该追究其相应责任。

这份由中情局总检察官约翰·赫尔格森撰写的报告得出结论认为，中情局高层应该为"9·11"事件发生之前没有动用足够资源打击恐怖主义负责。报告对中情局前任局长乔治·特尼特以及前副主管詹姆斯·帕维特的批评最为尖锐，这两位高官都在去年夏天辞职。报告还援引了许多现任和前任中情局官员的观点。

一位不愿意透露姓名的中情局前情报官员说，特尼特已经看过这份报告的部分内容，可能会在适当时候对此进行回应。这位官员还说，报告主要讨论了未能防止"9·11"事件的责任，中情局总检察官赫尔格森的这份报告参考了此前美国参众两院对于"9·11"事件的质询。

中情局前任发言人比尔·哈洛认为，"9·11"事件之前没有人在反恐方面比特尼特做得更出色。"在被杀和被捕的'基地'组织高层中，有2/3的案例是在特尼特领导的中情局努力下获得的成果。正如许多人描述的那样，'9·11'事件之前特尼特没有别人帮忙，当时包括国会和白宫在内的美国政府其他部门都不重视特尼特对于恐怖主义的担忧。"

自从波特·高斯在去年9月接任美国中情局局长之后，赫尔格森即将完成的报告已经成为一些国会议员关注的焦点。高斯表示，他将慎重处理这份报告，包括组成一个专门的调查小组。

这份调查报告的曝光给中央情报局以及美国政府带来了难堪，特别是美国总统布什去年底已把"自由勋章"授予了特尼特。目前白宫或中央情报局是否就此斥责特尼特、帕维特或其他人仍不得而知。

---

[1] 中国经济网，2005年1月8日，http://www.ce.cn/xwzx/gjss/gdxw/200501/08/t20050108_2785701.shtml。

[第5章] 美国情报分析预警防线缘何失守

(五) 美情报局公开解释"9·11"失职行为[1]

10月17日,美国情报部门的主管们将出席国会联席听证会,首次在公开场合对他们在"9·11"事件中的失职行为做出解释。

据报道,"9·11"事件发生后,中央情报局、联邦调查局及国家安全局等情报机构由于未能及时发现线索、分享情报而备受公众指责。在众议院和参议院情报委员会联合举行的听证会上,这些情报机构的主管们将首次对其在"9·11"中的失职行为做出解释。

参议院情报委员会副主席理查德·谢尔比言辞激烈地表示:"我希望他们能够就所有情报工作的失误给美国人民一个解释。"

据悉,此次听证会还将要求情报部门进行相应的改革。

"9·11"事件极大地打击了美国的安全信心,政府的工作重点完全转到了反恐上面。遇难者家属发出责问:为什么灾难没有得到阻止?这些家属要求建立一个独立的委员会,对所有与"9·11"有关的政府工作人员的表现进行更全面的调查。

(六) "9·11"事件中美国政府的12大失误[2]

东方网2004年7月23日消息,据美国全国广播公司(NBC)报道,7月22日,美国"9·11"事件两党联立调查委员会公布了其对"9·11"事件的最终调查报告。根据调查结果,NBC分析认为,"9·11"事件尽管令人震惊,却也能预见得到。如果不是机场安检未能拦下恐怖分子,再加上有关部门的诸多失误,"9·11"事件也许就不会发生。

[失误1] 未能打入"基地"内部

调查显示,早在1996年,本·拉登就已经清楚地表明了其攻击美国的意图,他招募了1万多名各国"战士",在阿富汗的恐怖训练营中接受训练。

然而,许多年过去了,美国中央情报局一直未能打入拉登的"基地"内部。

---

[1] 中国日报网,2002年10月17日,http://www.china.com.cn/chinese/kuaixun/218799.htm。
[2] 东方网,2004年7月23日,http://tj.eastday.com/eastday/mil/node3043/node26632/userobject1ai387383.html。

[失误 2]"失手"马来西亚会议

2000年1月,"基地"高层人员在马来西亚首都吉隆坡召开了所谓的"马来西亚会议"。拉登精心挑选出来的自杀行动实施者纳瓦夫·哈兹米和哈立德·米德哈尔,专程从其祖国沙特阿拉伯赶到马来西亚出席"9·11"策划会。这是后来参与劫机行动的恐怖分子第一次进入美国情报机构的视野。

当米德哈尔与同伙抵达秘密地点时,当地的中央情报局特工就在房外,但是,中央情报局未能实施窃听。而且,当这些"基地"骨干离开吉隆坡前往泰国后,中央情报局也失去了他们的踪迹。

中央情报局知道米德哈尔有前往美国的合法签证,但他们没有通知联邦调查局。

[失误 3] 不敢追查电话号码

"9·11"发生前,美国绝密的情报机构国家安全局就根据线索,对也门的一栋房屋进行了24小时监控。调查表明,此地是"基地"组织的"总机",负责接收拉登下达的指令,然后将信息传递给世界各地的恐怖分子。

2000年初,两名劫机者在美国圣迭戈安顿好之后才几天,米德哈尔就接到了来自也门"总机"的电话。国家安全局通过对"总机"的监听掌握了这些情况。

虽然国家安全局有能力查出"总机"拨打的美国电话号码,但是他们并没有使用这种技术装备,因为他们担心被控犯有国内间谍罪。

[失误 4] 不信恐怖分子供词

2000年4月,来自英国的巴基斯坦人尼亚兹·汗在抵达纽约肯尼迪国际机场后仅几天,就主动向联邦调查局透露了难以置信的恐怖信息。汗称,"基地"招募了他,并在巴基斯坦教他如何劫机,然后就把他送到了美国。在美国,他可能还要与五六个人接头,其中有飞行员。

虽然联邦调查局通过测谎仪证实汗所言不虚,但他们还是不相信汗的话,而将其送回了伦敦。

[失误5] 在阿富汗行动不利

在一段罕见的"基地"录像上，准备劫机的恐怖分子聚集在阿富汗一处隐秘地点，他们身后的墙上挂着手绘的地图，上面用卡通炸弹图案标出了将要袭击的美国目标。

2000年秋，中央情报局的一架"捕食者"无人侦察机掠过阿富汗的群山，发现了"基地"训练营，并且拍下了不同寻常的照片——穿白长袍的高个男人。中央情报局自始至终都认为那个男人就是拉登。

[失误6] 忽视大量恐怖信息

从2000年秋季开始，拉登在安全的阿富汗度过了长达数月的"9·11"策划期。2001年夏，从其他极端组织那儿传出风声说，美国即将遭到袭击。有消息说，在一个训练营里，拉登召集恐怖分子为即将到来的袭击进行祈祷，其中就包括20名"牺牲者"。

2001年5月到7月，美国国家安全局通过对全球的监听，搜集到33条可疑信息，这些信息都提到"即将发生的恐怖袭击"。

2001年5月，一份情报报告说，"基地"恐怖分子想进入美国发动爆炸袭击。6月，中央情报局报告称，拉登的得力干将"失踪了"，其他手下则在准备"献身"。

[失误7] 粗心放入恐怖分子

截至2001年6月，19名劫机者全部进入美国境内。据统计，这些人通过10座机场进入美国达33人次。

"9·11"委员会发现，11名劫机者在进入美国时都存在问题，他们或者修改了护照，或者在签证时说了一些很容易被识破的谎言。

更惊人的是，"9·11"事件发生前数周，"9·11"事件策划者哈立德·谢赫·穆罕默德竟然获准进入美国。要知道，早在5年前，他就被美国情报机构确定为恐怖分子，不得入境。

[失误8] 无视菲尼克斯备忘录

2001年7月10日，联邦调查局菲尼克斯局的反恐探员肯·威廉姆斯向总部提交了一份备忘录，他说，"本·拉登的信徒可能有组织地进入了美国的飞行学校"。威廉姆斯列出了进入亚利桑那州飞行学校的极端分子名单,并提醒联邦调查局对其他城市进行相关调查。

[失误9] 抓到嫌疑人却不详查

2001年8月16日,联邦调查局逮捕了恐怖嫌疑人扎卡里亚斯·穆萨乌伊。当时,穆萨乌伊正在明尼苏达的飞行学校学开飞机。

遗憾的是,联邦调查局没有给予穆萨乌伊足够的重视,他们没有检查穆萨乌伊的电脑和其他物品。而且,穆萨乌伊被捕的情况也没有及时向上汇报。

"9·11"事件后,情报机构对穆萨乌伊的物品进行详细检查时,发现穆萨乌伊与"基地"有联系,与"9·11"袭击计划也有关。

[失误10] 搜查行动马虎了事

2001年8月23日,中央情报局终于通知联邦调查局,哈立德·米德哈尔和纳瓦夫·哈兹米可能潜入了美国,要把此二人列入政府监视名单中。

但是,联邦调查局的调查没什么效果,他们没有发现那两名主要劫机者的踪迹。事实上,当时那两人的名字就印在圣迭戈的电话簿上,他们也还住在电话簿上注明的那套公寓里。

[失误11] 禁飞名单漏掉两人

2001年8月底,哈兹米和米德哈尔两人被列上了美国国务院的监视名单。

遗憾的是,他们没有被列入联邦航空管理局的"禁飞"名单,这导致他们最终登上了撞击五角大楼的77次航班。

[失误12] 空管部门乱成一团

2001年9月11日8时24分,不祥预兆首先从美利坚航空公司11次航班上传出。劫机者穆罕默德·艾塔本想恐吓机上乘客,却按错了麦克风按钮,把恐怖信息传给了联邦航空管理局。

此后几分钟内,联邦航空管理局内部的混乱都被录音设备记录了下来。空中指挥中心问总部:"我们是否要考虑拦截飞机?"总部回答道:"天哪!我不知道。"指挥中心又问:"谁能做一个决定?最好在10分钟内。"总部则说："所有人都出去了。"

联邦航空管理局也没有及时向军方的北美防空联合司令部发出警报，导致军方防空系统来不及展开。拦截被劫持飞机，避免更大损失的最后机会就这样失去。

（七）美官员称"9·11"事件调查委员会未彻查反恐情报失误[1]

一位美军情报官员17日说，他曾向"9·11"事件调查委员会反映过美国军方未能及时将"9·11"劫机者在美活动的有关情报传递给情报部门一事，但该委员会没有予以彻底调查，也未将此事写入去年发表的最终报告。

这位名叫谢弗的官员当天在美国哥伦比亚广播公司的节目中说，"9·11"事件发生前，他是美军一个秘密情报小组的成员。在"9·11"事件发生1年多以前，该小组就已掌握了以埃及人阿塔为首的4名"9·11"劫机者在美国活动的一些情况。他们当时就认为这些人是在美国境内活动的"基地"组织分支机构成员。

谢弗说，2000年，该情报小组向军方建议将这一情报提交联邦调查局，以便抓捕这些恐怖分子。但五角大楼的法律顾问驳回了这一建议，理由是阿塔等人是持有合法签证的移民，因此不应将这一情报与作为民事执法机构的联邦调查局分享，而且军方也不能对合法移民采取行动。

他说，"9·11"事件发生后，他曾于2003年将此事告诉"9·11"事件独立调查委员会成员，但该委员会没有将此事写入2004年发表的最终调查报告。他认为，"9·11"事件独立调查委员会没有深究这一情报失误，甚至没有仔细查阅有关文件。

谢弗是第二个披露这一情报失误的人。本月9日，曾经同为秘密情报小组成员的现任美众议院军事和国土安全委员会副主席韦尔登首先披露了军方事先知道劫机者在美活动一事。对此，"9·11"事件独立调查委员会在上周表示，2003年，该委员会的确收到过来自这个情报小组的汇报，但其中并没有提到任何一名劫机者的名字。该委员会没有将此事写入最终报告是认为它没有多大价值。

---

[1] 中新网，2005年8月18日，http://www.chinanews.com/news/2005/2005-08-18/26/613242.shtml。

"9·11"事件独立调查委员会成立于2002年。在去年发表的最终调查报告中，该委员会指出了政府在防止恐怖袭击方面有诸多疏忽，但没有表示政府事先知道有关恐怖分子在美活动的实际情况。

(八) "9·11"事件原来可以避免，FBI和CIA忽视情报双双失职[1]

美国政府将于7月24日公布"9·11"事件的最终调查报告。据美国有线电视新闻网最新报道，一位负责总结这份国会报告的白宫官员透露，"9·11"的两名劫机犯曾于2000年在圣迭戈逗留，并与当地几名曾被联邦调查局调查过的人有过交往。

这位不愿透露姓名的官员称，报告中的一部分详细介绍了"9·11"两名劫机犯曾自2000年1月开始在圣迭戈居住过一段时间，并与曾经接受过联邦调查局调查的几名男子有来往。但他强调，目前没有任何证据表明这些与劫机者打过交道的人事先知道"9·11"恐怖袭击计划。

可靠消息证实称，报告将着重指出联邦调查局和中央情报局完全有可能通过分析事先掌握的情报，在恐怖袭击之前就将整个袭击阴谋封杀在摇篮里。因此，这两个部门罪责难逃。而24日公布的美国国会一份报告则明确指出，美国家安全局1999年初就曾截获一些谈话信息，表明后来参与"9·11"事件的两名劫机犯与"基地"组织有联系，但国家安全局并未将该信息传递给其他政府部门。

报告说，国家安全局1998年秋就开始窃听中东地区一个"基地"组织秘密据点内的各种谈话内容。经分析，在1999年初截取的情报中，后来参与"9·11"事件的劫机犯纳瓦夫·哈兹米的姓氏曾被直接提到，同时提到的还有"哈立德"这一名字。国家安全局分析后认定，后者乃是另一名"9·11"劫机犯哈立德·米德哈尔。报告指出，这是美国政府最早获得的、证明"9·11"劫机犯哈兹米和米德哈尔互相有联系并且两人都与"基地"组织有关的证据。

除了1999年初截获的这一情报外，国家安全局1999年还从另一家未透露名称的情报机构收到过类似情报，但国家安全局当时也未将该情报传

---

[1] 南方网，2003年7月25日，http://news.southcn.com/international/gjkd/200307250074.htm。

递给其他部门。国家安全局局长迈克尔·海登在国会两院联合情报委员会做证时也承认:"回想起来,我们的表现还可以再好一些。"

"9·11"事件发生后,美国政府一些相关部门已经在情报搜集和分析工作上进行了重大改革,例如联邦调查局业已将工作的重心转移到了防范恐怖袭击上来。尽管如此,它们仍然处在疲于应付来自美国政府和民众压力的尴尬境地。

7月9日,美参众两院特别情报委员会联合调查小组负责人埃莉诺·希尔透露说,这份调查报告全长800页。国会众议院议员、前众议院特别情报委员会成员蒂姆·罗默表示,报告"极具爆炸性",但拒绝透露相关细节。他还透露说,即将公布的是报告的公开版本,这是希望保密的美情报部门与要求公布更多实情的国会议员之间达成妥协的结果。

曾有报道说,报告的公开版本将包括"两大敏感问题":一是有关沙特王室、政府官员与恐怖分子之间关系的新情况;另一个是有关美情报部门是否曾忽视或隐瞒恐怖袭击警告的问题。

(九)《"9·11"恐怖袭击背后的谜团》视频

北京电视台《档案》2016年9月12日节目:《"9·11"恐怖袭击背后的谜团》。网址:http://www.le.com/ptv/vplay/26538189.html。

七、参考文献

(一) 中文文献

1. 姚祖德:《美国国家安全暨情报机制——"9·11"后之兴革》,(台北)时英出版社2012年版。

2. 张长军:《美国情报分析失误研究》,军事科学出版社2006年版。

3. 王国章:《揭秘美国国家安全局》,武汉大学出版社2014年版。

4. 〔美〕美国"9·11"独立调查委员会:《揭秘"9·11":美国遭受恐怖袭击国家委员会最后报告》(黄乐平等译),中央编译出版社2005年版。

5. 〔美〕美国"9·11"独立调查委员会:《9/11委员会报告》(史禺等译),世界知识出版社2005年版。

6.〔美〕赖斯:《无上荣耀》(刘勇军译),湖南人民出版社 2013 年版。

(二) 外文文献

Amy B. Zegart, *Spying Blind: The CIA, the FBI, and the Origins of 9/11* (New Jersey: Princeton University Press, 2007).

(案例编写人:赵世兴)

[第6章]
伊拉克战争后美国纷纷扬扬的情报调查

一、编写说明

（一）编写目的

结合案例提供的基础素材，以及参训人员通过其他途径获得的大量素材，通过复盘研讨的形式，分析与探讨伊拉克战争战前情报评估失误体现在什么方面，究竟是谁的过错，进而探讨情报评估失误背后隐藏的深层原因。

（二）使用方式

本案例将以复盘研讨的形式组织实施，参训人员可分为两类：一是情报分析人员，主要负责根据案例内容、附录中的分析素材，以及自身搜集的其他与案例主题相关的材料开展情报分析工作，形成情报分析报告和向决策者的汇报文件；二是情报用户，主要负责以决策者的身份阅读情报分析人员提供的情报分析报告，现场听取情报汇报，并从情报产品的应用价值、与决策需求的贴合度的视角，对情报分析人员的工作作出评价与判断，指出需要注意的问题和改进建议。

具体实施流程包括：

（1）领受情报会商任务。所有参训人员划分为3—5个情报分析部门，在各自推选出两名代表后，以模拟情报会商的方式，共同完成本案例的分析研究任务。

（2）阅读情报会商案例素材。全体参训人员阅读情报会商案例素材。参训人员可以个人或者3人以内的协作小组为单位，完成所有案例素材的识别改写任务。

（3）开展分组研讨。由各情报分析部门的负责人分别负责召集部内分组研讨交流会，各部推荐参加上级情报会商的本部代表2名。各部在开展分组研讨时应充分发挥每名参训人员的主体作用。

（4）实施情报会商。每名参训人员代表面对情报用户做出情报汇报，发言时间不应超过10分钟，在发言期间还应做好随时回答问题的准备，待代表发言结束后，其他小组成员还可再做相应补充。

（5）情报用户代表点评。情报会商结束后，由情报用户代表分别进行情报会商点评，并通过所有情报用户无记名投票的方式，评选出优秀情报分析研究成果。

二、内容摘要

2002年10月1日，美国国家情报委员会提交了一份题为"伊拉克持续推进的大规模杀伤性武器计划"的国家情报评估。该评估在汇集整个情报界观点的基础上，做出如下判断：伊拉克已经重启了核武器计划并可能在10年之后具备组装运载工具的能力；伊拉克拥有生物武器，并装备了用于生产生物武器制剂的移动设备；伊拉克不仅更新了化学武器生产设备，其化学制剂储存量也达到了500吨；伊拉克正在制造无人航空器，并准备将其作为大规模杀伤性武器的运载器。依据这份评估，2003年3月20日，小布什政府置国际社会的反对于不顾，在未取得联合国授权的情况下，发动了对伊拉克的战争。战争结束后，为了平息战争期间美国内外的质疑，美国政府成立了由首席武器调查员大卫·凯领导的伊拉克调查小组对伊拉克核武器计划进行调查。经过将近1年的调查，2004年1月，大卫·凯向国会报告：并未发现任何证据证明伊拉克在1991年以后重建核武器和化学武器的生产能力，也没有发现伊拉克储存生物和化学制剂，他们唯一的发现仅仅是伊拉克部署了射程超过联合国限制的导弹。事实证明，美国政府战前针对伊拉克的情报评估完全错误。

对于两年前刚刚遭受过"9·11"事件的沉重打击、尚处于反思整改阶段的美国情报界来说,此次突如其来的情报失误无异于雪上加霜,又一次将其推上了风口浪尖。此外,战前各参战国的情报机构都一边倒地附和美国情报界的看法,因此,战后各国政府及情报机构也备受指责。可以说,这是一次具有国际影响的情报评估失误,其对美国民众和国际社会的震撼丝毫不逊于"9·11"事件。正如"9·11"事件引发了大规模的情报调查一样,此次伊拉克战争战前情报评估失误同样引发了一系列的情报调查。然而,关于情报评估失误的原因,无论是官方的情报调查委员会,还是情报研究学者、新闻媒体,抑或是普通民众,观点各异。

三、关键问题

(一)伊拉克战争前,美国情报界关于伊拉克的情报评估工作旨在揭示什么问题?出现了哪些情报评估失误?

(二)伊拉克战争战前情报评估工作出现重大失误后,美国情报界从哪些层面改进了情报评估工作?改革成效如何?

(三)美国情报界的情报评估流程是否受到政治因素的干扰?政府在情报评估产品的使用上是否存在过错?

(四)美国各方主导的情报调查是为了从专业层面揭示情报评估失误的客观真相,还是出于其他目的?

四、案例正文

2003年3月17日,美国总统小布什在致国内民众的演讲中指出:"美国政府及其他政府掌握的所有情报都确信无疑地表明,伊拉克仍然拥有并藏匿了一些目前可制造的最具毁灭性的武器。这个国家历史上曾经在中东地区发动过惨无人道的战争,其对美国及其盟友的憎恶由来已久。此外,伊拉克援助、训练、收容恐怖分子,其中包括"基地"组织武装力量。危险非常显著:如果恐怖分子有一天在伊拉克的帮助下成功运用化学、生物或者核武器,他们将可以实现声称的野心,并且在我们国家或其他任何国家对千万无辜平民造成杀戮。我们不能任悲剧发生,而是要为保障安全铺平道路。在悲剧发生的那天到来之前，在还来得及采取行动的时候，我们必须及时排除危险。"

2003年3月20日，美国联合英国、澳大利亚等国以有"确切"情报显示伊拉克与恐怖组织有染、制造大规模杀伤性武器等为由发动了伊拉克战争，然而战后美国却迟迟未能在伊拉克找到所谓的大规模杀伤性武器。白宫认为伊拉克战争前美国的情报工作出现了重大失误，美国赔上了自己的信用，遭到了一次影响极为公开、损失异常惨重的情报失误的沉重打击。情报界战前所做的情报评估是政府开战决策的基本依据，然而针对伊拉克的战前情报工作究竟出了什么问题？是什么原因造成了此次严重的情报失误？各方都在寻求答案。

(一)"假情报事件"引发争议

2003年的"假情报事件"引发了各方关注伊拉克战争战前情报问题的是，美国战前收到了多份有关伊拉克与尼日尔之间开展铀交易的情报，布什总统在2003年的《国情咨文》中也援引了这一情报，但随后发现的种种事实证明这些情报完全错误，相关文件也是伪造的。

最早收到有关伊拉克与尼日尔之间铀交易情报的是中情局。2001年10月15日，美国中情局行动处发布了第一份有关伊拉克与尼日尔之间铀交易的情报报告，报告称一家外国情报机构提供的情报显示尼日尔计划向伊拉克运送成吨的铀，实际上两国在1999年初就已经开始协商铀交易的问题，而且随后尼日尔总统批准了这一交易并与萨达姆交换了意见。2002年2月5日，行动处又发布了第二份情报报告，报告的情报来源仍然是外国情报机构，但内容上比第一份报告更为详细。报告认为伊拉克与尼日尔在2000年7月5日至6日举行的会议中签署了铀交易的协议，并规定尼日尔每年向伊拉克运送500吨铀。然而，无论是中情局内部，还是国务院情报与研究局和国防情报局，都有情报分析专家质疑这些情报报告的可信性。为了核实情况，中情局行动处反扩散署派遣曾在尼日尔工作过的美国驻加蓬前任大使约瑟夫·威尔逊前往尼日尔调查此事。威尔逊经过调查向中情局报告，一名尼日尔前高级官员表示，他在任期间没有发现该国与美国所谓的"流氓国家"之间签署过协议，而且监控和运输铀的程序十分严格，通过不正当手段将铀转移出尼日尔的可能性很小。基于威尔逊的报告，中情局认为不足以对伊拉克是否企图从国外购买铀的问题得出确切结论，因此当时没有向总统、副总统和其他政府高级官员报告。

然而，随后发生的事却把伊拉克与尼日尔铀交易的情报推向了前台。2002年9月中旬，参议院情报特别委员会要求中情局提供一份关于伊拉克大规模杀伤性武器计划的《国家情报评估》，因为他们需要依据情报界准确全面的情报评估来决定在对伊拉克的决议中该如何投票。应其要求，2002年9月12日，中央情报主任正式指定负责战略及核计划的国家情报官负责生产参议院情报特别委员会要求的《国家情报评估》，10月1日国家情报委员会正式发布了名为"伊拉克持续推进的大规模杀伤性武器计划"的国家情报评估。该评估明确指出："外国情报机构得到的报告称早在2001年尼日尔就已经计划向伊拉克运送数吨'纯铀'（很可能是黄饼），而且双方正在为这项交易制定具体的协议条款。此外，伊拉克还向索马里和刚果民主共和国寻求购买铀矿石。"10月9日，美国驻罗马大使馆从一名意大利记者手中取得了详细描述伊拉克如何从尼日尔购买铀的文件，随后这些文件被送回国务院并与其他情报机构共享了这些信息。自此以后，伊拉克向尼日尔购买铀的说法逐渐成了美国用以证明伊拉克继续寻求大规模杀伤性武器的重要证据。2003年1月28日，小布什总统在《国情咨文》中明确指出了伊拉克对外采购铀的努力："英国政府了解到萨达姆近期已从非洲购买了大量铀。"

2003年3月7日，国际原子能机构总干事巴拉迪在向联合国安理会做报告时明确指出伊拉克与尼日尔之间铀交易的文件系伪造，各种报告援引的说法完全是无中生有："国际原子能机构能够得到尼日尔政府各机构的通信信件，也可以从形式、格式、内容以及笔迹上把所谓的铀交易文件与这些通信信件进行对比。基于全面的分析，国际原子能机构与外部专家共同认定伊拉克与尼日尔之间铀交易的文件实际上是伪造的。因此，我们认为与之相关的声明缺乏事实依据。"此外，2003年中，美国政府解密了2002年的《国家情报评估》——"伊拉克持续推进的大规模杀伤性武器计划"，解密文本显示并不是所有的情报界成员都同意伊拉克向尼日尔购买铀的说法，如国务院情报与研究局就认为法国财团始终维持对尼日尔铀产业的严格控制，因此尼日尔不大可能向伊拉克出口铀。

《国家情报评估》是最高领导层决策时所依赖的最权威的情报依据，而《国情咨文》则是供全体国民了解事实的施政纲领。为什么错误的情报会出现在这些权威文本中？曝光后的"假情报事件"让民众和媒体开始关注有关伊拉克的情报问题，并对政府和情报界的一些做法提出了质疑。

（二）各类调查组织的惊人发现

伊拉克战争前，美国的开战理由之一是有"确切"的情报显示伊拉克拥有大规模杀伤性武器，并对地区安全构成严重威胁。因此，伊拉克战争后，在伊拉克境内找到这些大规模杀伤性武器就成了美国必须完成的一项重要任务。而实际上，战争期间美军就已经开始了大规模杀伤性武器的搜寻工作。开战前，美军赋予了许多特种部队和其他部队搜寻大规模杀伤性武器的任务，然而这些部队的整体装备和训练非常有限，许多部队对可疑地点的反应过激，不能对所发现的武器、装备、设施以及各种物资做出适当的分析。因此，美国随后在搜寻工作中动用了由600人组成的搜寻小组，即第75勘察特遣队，由第513军事情报旅实施支援，以小组形式由国防威胁降低局组织进入伊拉克。截至2003年5月底，第75勘察特遣队已调查了超过300处伊拉克的敏感地区，并已开始进行文件的搜集与加工，俘获材料的处理，以及对人员的审讯和盘问工作。但是搜寻工作进展十分缓慢，正如5月30日负责情报事务的副国防部长斯蒂芬·坎博恩发表特别声明时所言，美国情报机构战前提供的"综合掌握的主要地点清单"包含了大约600个可疑的武器设施点，但到目前为止只搜查了其中的70个。

有鉴于此，2003年5月下旬美国又决定组建一个更加专业的机构来加强大规模杀伤性武器的搜寻工作，经过两个星期的准备，6月7日"伊拉克调查组"正式成立,小组由国防情报局行动处处长基思·代顿少将担任军事主官,具体工作由小组特别顾问美国著名科学家大卫·凯负责,小组的宗旨是"发现、处理、消除"。该调查组由美国国防部和中情局组织的大约1500名国际成员组成,其中包括来自美国、英国和澳大利亚情报机构的人员。此外,第75勘察特遣队也被编入该小组。虽然身处伊拉克境内的各类搜寻组织拥有情报界战前提供的详细搜查列表,并动用了众多情报专家、搜寻人员和设备,但是具有讽刺意味的是,伊拉克大规模杀伤性武器搜查工作初步得到的结果和此前联合国监核会的调查结果毫无二致,即没有发现任何一项伊拉克具备使用大规模杀伤性武器能力的有效证据,伊拉克战前既不存在也不具备临时生产该类武器的能力。

表6.1　2003年3月后派到伊拉克的大规模杀伤性武器搜寻组

大规模杀伤性武器搜寻组	时间	大概人数	简介
第20特遣队（美国）	2003年3月至夏天	未知	寻找并销毁大规模杀伤性武器的秘密特种部队
现场搜寻组（美国）	2003年3月至6月	100人（有8—24名大规模杀伤性武器专家）	分为四个小组,最初任务是核查与评估可疑的大规模杀伤性武器藏匿点
第75勘察特遣队（美国）	2003年3月至6月	600人（有25—120人在外搜寻）	被赋予找到并记录大规模杀伤性武器的任务
伊拉克调查组（美国、英国、澳大利亚）	2003年6月至2004年11月	1300—1400人（200—300人在外搜寻）	军事专家与民间专家共同搜寻大规模杀伤性武器

原料采购问题仅仅是伊拉克所谓的大规模杀伤性武器计划的冰山一角,这方面的情报出现差错并不影响美国政府的基本判断和情报评估的基本结论,因此"假情报事件"只是引起了民众对伊拉克情报问题的初步关注和

质疑。但是，找不到伊拉克大规模杀伤性武器的事实则几乎把情报界的战前情报评估推到了毁灭的边缘，小布什政府更是陷入了严重的信誉危机。因为，事实证明美国情报界的战前情报工作出现了严重失误，其对伊拉克核武器、生物武器以及化学武器的情报评估完全背离了客观实际。在人们因"9·11"事件情报失误而日益关注情报事务的氛围中，在情报改革开展得如火如荼的情况下，伊拉克战争战前情报工作暴露出如此重大的缺陷的确是发人深省。为何美国情报界先是在最基本的国土安全防卫问题上出现严重的情报失误，仅仅事隔两年就又在事关重大的开战问题上犯下如此严重的错误？各类调查组织发现的种种事实无异于在"9·11"事件后本就紧张的舆论氛围中投下了一颗重磅炸弹，引发了美国官方、媒体、学者、民众以及国际社会的普遍关注和一致批判。

（三）媒体和民主党积极推动调查

美国的媒体通常和在野党走得比较近，因为它们都喜欢揭露负面新闻，并以此批评执政党的各项政策。因此，伊拉克战争战前情报失误问题一出现就立即引起了二者的共同关注。一方面，媒体希望借此大为炒作，从而扩大其知名度和影响力；另一方面，在野的民主党也希望通过揭共和党的丑闻来提升自身的政治地位和影响力。

首先，出现情报失误的问题自然逃不过具有批判思维传统和"掏粪"风气的美国媒体的法眼。在第一时间里，包括《华盛顿邮报》《纽约时报》《洛杉矶时报》在内的各大报纸纷纷发表评论性文章，认为虽然美国情报界对此次情报失误有不可推卸的责任，但不排除美国政府有意使用错误情报以支持政策目标的嫌疑。美国情报界历史上曾多次发生过情报失误，最近的如"9·11"事件，但这些都是老生常谈的情报话题，毫无新意可言，顶多指责情报界工作不力或政府知情不动。但此次伊拉克战争战前情报失误问题就不一样了，它的噱头在于美国拥有世界上最强大的情报力量，却在搜寻伊拉克大规模杀伤性武器这条不起眼的阴沟里翻了船，喜欢追求负面新闻及政治丑闻的媒体自然不会放过事实上异常明显的嫌疑，即美国政府很可能有意操纵战前情报，夸大伊拉克的威胁，为了既定的政治目的发动

[第6章] 伊拉克战争后美国纷纷扬扬的情报调查

了一场美国并不需要的战争。因此,一时间各大媒体对美国政府的质疑与谴责蜂拥而来,观点比较相似,即情报很可能被政治需求严重地扭曲。其中最具代表性的是西摩·赫斯发表于《纽约客》上的文章——《选择性情报》。作者批评国防部为了筛选出有利的情报以支持开战决策而建立了独立于情报界的、隶属自己的"情报机构"(特别计划办公室)。媒体普遍认为,美国决策者本应依据客观准确的情报来判断安全环境,消除战争威胁,维护国家安全,正如中情局首席武器核查员、伊拉克调查组前领导人大卫·凯所言:"当情报正常运转时,它真正要做的是避免战争。"但事实情况却是决策者有意依据其精心挑选过的情报把美国引入了一场它本不该参与的战争,这根本就是本末倒置。

其次,民主党参议员也是促成此次情报调查的重要推动力量。在如何对待伊拉克战争战前情报失误的问题上,民主党和共和党的立场截然相反。第108届国会(2003—2004)中共和党是多数党,参议院情报特别委员会的领导层也由共和党把持,占多数席位的共和党参议员坚持认为布什的共和党政府没有操纵情报,错误出在以中情局为首的美国情报界,是它们夸大了伊拉克的威胁,政府只是依据当时提供的"可靠"情报做出了合理的判断。因此,即使要进行情报调查,也只能是调查情报界的工作失误,而不是政府选择性地使用情报的问题。但是参议院情报特别委员会中的民主党参议员却并不这么认为,虽然处于少数党的弱势地位,但是为了争取这一攻击共和党政府的大好机会,他们强烈要求对战前情报问题开展独立的情报调查,并达成共识,即必须调查战前情报在生产和使用过程中存在的问题,特别要查明的是共和党政府是否有意使用错误情报欺骗民众,并以此为依据发动了一场不必要的战争。实际上,民主党的目的很明显,也就是要通过开展一次情报调查彻底清算政府过失,打击对手,为自己在政治上加分。2003年3月,参议院情报特别委员会副主席约翰·洛克菲勒最早提议对"假情报事件"进行调查,此后以其为代表的民主党人经过艰苦抗争和不懈努力,终于6月20日成功促使委员会正式启动战前情报调查工作。[1]6月27日，参议院武装力量委员会首席成员卡尔·莱文也建议对伊拉克战争战前情报失误进行调查，主要工作由参议院武装力量委员会少数党负责。[2]

为掌握情报调查的主动权和主导权，除参议院外，白宫也主导了两次情报调查：第一次是组建于2003年6月7日的"伊拉克调查组"为搜寻伊拉克大规模杀伤性武器而开展的调查，2004年9月30日调查组公布了最终调查报告——"杜弗勒报告"，即《中央情报主任特别顾问关于伊拉克大规模杀伤性武器的综合报告》。第二次是小布什于2004年2月6日发布第13328号行政命令，委派前民主党参议员查尔斯·S.罗勃和共和党籍法官劳伦斯·H.希伯曼牵头组建大规模杀伤性武器情报能力调查委员会而开展的调查，委员会于2005年3月31日公布了最终调查报告《美国关于大规模杀伤性武器情报能力委员会的报告》。2005年11月，国防部也开始调查负责政策事务的副国防部长办公室伊战前是否开展过未经授权的、非法的情报活动，2007年2月9日总监发布了调查报告《对负责政策事务的副国防部长办公室伊战前活动的调查报告》。

五、分析思路

（一）美国发动伊拉克战争的关键依据是情报界的情报分析成果，即情报界2002年10月提交的《国家情报评估》，事实证明，这份情报评估中的大部分关键性判断不是夸大事实，就是缺乏情报依据。然而，《国家情报评估》是"美国情报界对国家安全事务所作出的最权威的书面判断"，

---

[1] 参议院情报特别委员会先后共发布6份调查报告：2004年发布名为《美国情报界对伊拉克的战前情报评估》的调查报告，2006年发布名为《战后发现的伊拉克大规模杀伤性武器计划和其与恐怖主义的联系以及这些发现如何与战前评估相比较》和《情报界对伊拉克国会所提供的信息的使用》的调查报告，2007年发布名为《战前对战后伊拉克所作的情报评估》的调查报告，2008年发布名为《美国政府官员有关伊拉克的公开言论是否曾被情报信息所证实》和《负责政策事务的副国防部长办公室下辖的政策反恐怖主义评估组与特别计划办公室对伊拉克开展的情报活动》的调查报告。

[2] 2004年10月21日，调查委员会提交了最终调查报告——《在伊拉克与"基地"组织关系问题上采纳另一种情报分析的调查报告》。

被认为是"代表着美国情报界最正规和最高水平的战略分析产品",系由汇集了最优秀的分析专家所组成的专门机构,经由一套严谨的程序生产而成。参与撰写《国家情报评估》的情报机构众多、工作流程复杂,可以从组织、流程、文本,及情报与决策之间的互动关系等方面寻找情报评估失误的原因。

(二)伊拉克战争前情报评估工作出现重大失误后,美国组建了多个情报调查委员会,试图查明战前情报评估失误的根本原因。在外部调查持续推进期间,情报界也在反思自身情报评估方面存在的问题,并开始着手调整和完善国家情报评估流程,确保情报评估结果的准确、客观、公正。情报界阶段性情报评估改革成效可以从相关事件中分析,例如,2007年《伊朗核问题国家情报评估》提出"我们高度肯定2003年秋季德黑兰终止了其核武器计划",这显然与小布什总统的政策与判断截然不同。因此,小布什在会见沙特国王阿卜杜拉时曾明确表示:"我相信你们每一个人都肯定认为是我写的那一份国家情报评估,作为避免对伊朗采取行动的一种方式。你们必须理解我们的制度,国家情报评估是由我们的情报界独立完成的,我和你们一样对它感到愤怒。"有评论指出,这份国家情报评估顶住了巨大的国际和国内政治压力,以2002年国家情报评估失误为前车之鉴,为阻止小布什政府再次借"情"发挥做出了重要贡献。

(三)情报分析工作是在决策层的指导下进行的,必然受到政治因素的影响,只是要确保这种影响不至于损害情报评估结论的客观性。但是在实际操作层面,情报分析工作很难做到这点。伊拉克战争前后,就有评论指出,强大的政策压力压制了情报分析人员之间的争议,并对现有情报的先天不足进行模糊化处理,进而使情报分析产品成为决策者开展政策游说的工具。美国情报研究学者理查德·贝茨甚至表示,有充分的理由相信这段时期是美国情报史上最黑暗的时期。围绕关于政治因素干扰情报评估工作的猜测,可以从情报与决策之间的互动关系的视角进行分析,尤其需要结合美国的政党政治体制及其特征来解读。

(四)伊拉克战争后,各方主导的情报调查实际上是美国情报监督体制发挥作用的体现，旨在揭示战前情报评估失误背后的真相，确保情报界在"效能"和"适当性"之间保持一种相对平衡，即一方面努力提升情报界的情报分析能力，另一方面又要确保情报界的情报活动遵守法律。然而，针对伊拉克战争战前情报评估失误的调查又有其独特性，其实际上是既关注传统意义上的情报评估生产问题，又把情报评估的使用问题列入调查范围，从而将情报界与决策层同时推向了调查的对立面。因此，情报调查是否聚焦情报评估工作流程，能否触及决策层的利益，是否仅仅是按部就班地完成既定任务，是否会受政治因素影响而偏移调查重点，就非常值得结合其他材料进行深入的分析与研究。

六、附录

（一）针对伊拉克战争前情报评估失误的情报调查

伊拉克战争前，美国、英国、澳大利亚、以色列、丹麦等国领导人纷纷表示有"确切"情报显示伊拉克拥有大规模杀伤性武器，并与恐怖组织有染。最著名的言论莫过于布什在2003年《国情咨文》中提到的"英国政府了解到萨达姆近期已从非洲购买了大量铀"，以及英国政府表示的"伊拉克可在45分钟内部署生化武器"。虽然美、英、澳等国领导人在讲这些话的时候底气十足，并援引了大量情报，但战争结束后这些战前情报却长久地停留在了"传说"阶段，战后发现的种种事实更是表明战前各国引以为据的情报评估全都出现了背离实际的重大失误。

因此，伊拉克战争战前情报失误是一次具有广泛国际影响的重大情报失误。为了回应舆论压力和公众指责，同时也是为了找出情报失误的真正原因，参战国政府相关部门及议会纷纷就战前情报失误问题展开了大规模的调查，调查数量之多，前所未有。

[第6章] 伊拉克战争后美国纷纷扬扬的情报调查

表6.2 针对伊拉克战争前情报评估失误的情报调查统计

国别	调查主导部门	调查报告出台时间	调查报告名称
美国	参议院情报特别委员会	2004年	《美国情报界对伊拉克的战前情报评估》
		2006年	《战后发现的伊拉克大规模杀伤性武器计划和其与恐怖主义的联系以及这些发现如何与战前评估相比较》
			《情报界对伊拉克国会所提供的信息的使用》
		2007年	《战前对战后伊拉克所作的情报评估》
		2008年	《美国政府官员有关伊拉克的公开言论是否曾被情报信息所证实》
			《负责政策事务的副国防部长办公室下辖的政策反恐怖主义评估组与特别计划办公室对伊拉克开展的情报活动》
	中情局	2004年	《中央情报主任特别顾问关于伊拉克大规模杀伤性武器的综合报告》（又名"杜弗勒报告"）
			《科尔研究组报告》
		2005年	《中央情报主任关于从伊拉克军事行动中得到的情报教训的报告》
	白宫	2005年	《美国大规模杀伤性武器情报能力调查委员会调查报告》
	国防部	2007年	《对负责政策事务的副国防部长办公室伊战前活动的审查》
	参议院武装力量委员会	2004年	《在伊拉克与基地组织关系问题上采纳另一种情报分析的调查报告》
英国	众议院外交事务委员会	2003年	《对伊拉克开战的决定》
	情报与安全委员会	2003年	《伊拉克的大规模杀伤性武器：情报与评估》
	布赖恩·赫顿法官	2004年	《有关凯利博士死亡情况的调查报告》（又名"赫顿报告"）
	政府独立调查委员会	2004年	《大规模杀伤性武器情报审查报告》（又名"巴特勒报告"）
澳大利亚	议会联合委员会	2003年	《关于伊拉克大规模杀伤性武器的情报》
	政府	2004年	《对澳大利亚情报机构的调查报告》
以色列	议会外交与国防小组委员会	2004年	名称不详

(二) 参议院情报特别委员会调查发现的主要问题

1. 情报界的评估结论缺乏依据

此次情报调查的主要依据是战前各情报机构收到的情报报告，以及代表整个情报界看法的最终情报产品——《国家情报评估》。就在梳理研究这些卷帙浩繁的情报材料的过程中，委员会发现无论是情报报告还是《国家情报评估》都具有明显的倾向性，即偏重于报告负面消息，夸大威胁，而且大部分情报评估缺乏事实依据。

首先，委员会发现依据战前掌握的情报材料无法推导出情报界当时所作的情报评估，即战前情报评估严重缺乏情报依据。在调查过程中，委员会努力重现当时的情报工作环境，以当时掌握的情报材料为基础，站在当时情报分析人员的立场上分析问题，但却得出了完全不同的结论。如情报界针对伊拉克问题做出的最权威、最全面的情报评估是2002年10月版的《国家情报评估》，此份情报评估在关键性判断部分指出伊拉克"正在重建其核计划"，"拥有化学和生物武器"，正在研制的一种无人驾驶飞行器"很可能用于投送生物战制剂"，"伊拉克进攻性生物武器计划的所有关键环节都已经启动，而且大部分与海湾战争前相比，规模上更大，技术上更先进"。但是委员会的调查显示"情报界2002年10月提交的《国家情报评估》中的大部分关键性判断不是夸大事实，就是缺乏情报依据"。

其次，委员会发现情报界战前所做的情报评估同样不被战后事实支持。第二阶段调查过程中，委员会借鉴了"伊拉克调查组"及情报界和军方战后的最新发现，并将战后发现的事实与战前所做的情报评估进行对比，用事实检验战前情报评估的准确性。然而，调查结论显示，战后发现同样不支持2002年《国家情报评估》的判断。如调查认为，"战后的发现不支持2002年《国家情报评估》的判断，即认为伊拉克正在重建其核武器计划。战后得到的信息支持国务院情报与研究局在《国家情报评估》中的论断，即情报界缺乏有力的证据来证明巴格达一直以来都在努力重建其核武器计划"。

2. 情报来源的发展与使用存在重大缺陷

对于美国情报界来说，只有拥有好的情报来源，才能从根本上增强情

[第6章] 伊拉克战争后美国纷纷扬扬的情报调查

报搜集和分析能力。在技术情报来源的开发方面，美国的优势地位无人可及，但是在人力情报来源的发展方面，美国却毫无优势可言。此次情报调查发现，美国情报界在人力情报来源问题上的缺陷异常突出。

总的来说，"情报界针对伊拉克大规模杀伤性武器计划而开展的人力情报搜集活动几乎在每个层面上都存在重大缺陷，特别是情报界在1998年之后就完全丧失了针对伊拉克大规模杀伤性武器计划的人力情报来源"。委员会的调查显示，1991年至1998年期间，情报界过于依赖联合国核查人员搜集关于伊拉克大规模杀伤性武器的情报，虽然联合国在核查过程中提供了大量有价值的信息，但是情报界显然没有考虑到一旦丧失联合国这一情报来源，谁将代其搜集情报的问题。因此，1998年联合国核查人员离开伊拉克之后，情报界在伊拉克境内的情报来源基本断绝。此外，由于美国并没有与伊拉克正式建立官方联系，所以情报界还得依靠叛逃者以及外国情报机构提供相关人力情报信息。虽然这些情报来源也能够提供一些有价值的信息，但毕竟能力有限，它们无法提供美国决策者希望得到的详细情报。更为严重的是，由于这些人力情报来源掌握在外国情报机构手中，美国情报界无法直接接触，所以情报来源是否可靠只能由外国情报机构来判断，美国无法对情报来源的可信度做出自己的评估。

具体来讲，情报界使用伊拉克国会及其附属情报来源时，在可靠性评估的问题上存在诸多失误。委员会发现资助伊拉克国会的情报机构曾发生两次主要变动：1992年至1997年由中情局负责资助，2000年至2002年转由国务院资助，2002年至2004年又变为由国防情报局资助。双方合作期间，伊拉克国会曾向情报界提供了6名线人，情报界真正接触的有5人。委员会经过充分取证和调查后发现——"与伊拉克国会有关联的线人提供了许多错误信息，而且这些错误信息曾被用于支持情报界对伊拉克的关键性情报评估，以附加在多种情报产品中的方式得到广泛的分发"；"情报界在其情报评估中使用与伊拉克国会有关联的二号线人提供的情报是一个严重的错误。在已经有3份情报界评估都质疑二号线人的可靠性，以及国防情报局发出二号线人可能在伪造情报的警告之后，情报界仍旧在使用二号线人提供的虚假情报"。

3. 政府决策缺乏情报依据

决策者如何使用情报是第二阶段调查的重点。委员会在调查过程中发现，战前决策层的诸多言行均未能以情报为依据。一方面，委员会的调查显示伊拉克战争爆发前情报界对战后伊拉克可能的走向、遇到的挑战作出过情报评估，而且战后的各种事实也证明了当时情报评估的准确性。虽然报告没有明确指出决策层的过失，但是战前情报评估的准确不得不让人想到另外一个问题——决策层为何没有充分考虑这些情报评估中的警告？委员会主要研究了两份情报界评估：《后萨达姆时代伊拉克面临的主要挑战》《伊拉克政权改变的地区性影响》。两份情报界评估均准确预测到了伊拉克战后局势的变化，而且战前曾在高级决策者及情报界内部广泛传阅。因此，委员会得出结论认为"情报界在战前就认为基地组织很可能会伺机在伊拉克战争期间和战后加速它的行动步伐，增加恐怖袭击的次数"；"情报界在战前就认为伊拉克是一个深度分裂的社会，很可能陷入暴力冲突中，除非有一个占领力量对其加以阻止"；"情报界在战前就认为美国打败并占领伊拉克很可能会引发一股伊斯兰政治化运动，而且恐怖组织得到的资金可能增加"。

另一方面，伊拉克战争前美国政府官员并未将情报界的战前情报评估准确完整地传达给国会、美国人民以及国际社会。委员会从8个方面审查了重要政府官员所做的五份政策性演讲，并认为其中的许多言论都不能被当时掌握的情报信息证实。这些不实言论包括：总统和国务卿发表的一些讲话，其中暗示伊拉克与"基地"组织是伙伴关系，或伊拉克已经为"基地"组织提供武器操作方面的训练；国防部长发表的认为伊拉克政府拥有地下大规模杀伤性武器设施的讲话。在2002年10月版的《国家情报评估》发布之前，总统和副总统曾详细介绍过伊拉克拥有的化学武器生产能力及从事的相关活动，但是实际上情报界当时还不确定伊拉克是否正在生产化学武器。此外，总统、副总统、国务卿和国防部长对伊拉克拥有大规模杀伤性武器的描述总的来说可以被情报信息证实，但是2002年结束之前他们对该问题的描述表现出了很高的确定性,而情报评估本身并没有就此给出确切回答。

4. 国防部相关部门违规干预情报工作

早在2003年7月17日,英国《卫报》就披露出了所谓的"影子情报局",即国防部"特别计划办公室",其任务是从各个情报口提供的情报中"找出"有利于美国政府发动伊拉克战争的情报。由于该机构搜集的情报根本不和其他情报机构进行共享和验证,而是直接向国家安全委员会和总统报告,所以媒体普遍批评它实际上成了一种政治工具,政治家需要什么样的情报,他们就生产什么样的情报。随后,参议院情报特别委员会也发现了负责政策事务的副国防部长办公室下辖的政策反恐怖主义评估组和特别计划办公室曾经开展过未经授权的、非法的或不适当的情报活动,并责令国防部总监察长对此进行调查。

2007年,国防部总监察长发布了名为《对负责政策事务的副国防部长办公室伊战前活动的审查》的调查报告,报告指出:"负责政策事务的副国防部长办公室针对伊拉克与'基地'组织的关系而生产了一些可供选择的情报评估,高级决策者也收到了这些评估,其中包含了一些与情报界的一致看法相矛盾的结论。虽然这些活动不是非法的或未经授权的,但在我们看来,这些活动是不合适的,因为生产出来的产品没有清楚地说明情报界在此问题上有不同的看法,而且在一些情况下表现出情报产品的形式。之所以出现这种情况,是因为负责政策事务的副国防部长办公室把自己的角色和任务从制定国防政策扩展到了分析并分发可供选择的评估上来。"

此外,委员会还发现2001年12月和2003年6月负责政策事务的副国防部长办公室的高级成员曾参加过针对伊朗问题而召开的"罗马会议",并且参与到了部署会议的决策过程中。然而,"罗马会议"是一次颇具争议的会议,因为一方面中情局曾发出过警告,认为一名伊朗流亡者可能在伪造情报,但是后来这名流亡者却被国防部官员邀请参加了"罗马会议";另一方面情报界和国务院自始至终对会议情况一无所知,会议期间国防部官员搜集到的情报信息也没有传递到情报界的信息渠道中。所以,委员会认为负责政策事务的副国防部长办公室确实在情报界不知晓的情况下开展了许多不合适的情报活动，干预了情报界的正常情报工作。

（三）国会议员发现的情报使用上存在的问题

美国部分国会议员认为，在伊拉克战争之前，不仅情报界出现了严重的失误，而且政府在使用情报方面也存在许多值得商榷之处。2004年2月，美国参议员康耶尔斯对此做了详细调查，充分显示出小布什政府在使用情报方面存在严重的问题。

1. 判断标准：2002年10月美国"国家情报评估"保密版；2004年2月5日，前中央情报主任特尼特的证词。并且，严格筛选，诸如"伊拉克曾经拥有化学制剂""伊拉克曾经拥有大规模杀伤性武器"这种模糊句子都被排除。

2. 调查对象：小布什（时任总统）、切尼（时任副总统）、拉姆斯菲尔德（时任国防部长）、鲍威尔（时任国务卿）和赖斯（时任国家安全顾问）。

3. 调查时间：2002年3月17日—2004年1月22日。

4. 统计结果见表6.3。

表6.3　国会议员发现的情报使用上存在的问题

失实言论类别		失实言论统计（条）					
		小布什	切尼	拉姆斯菲尔德	鲍威尔	赖斯	合计
宣称伊拉克构成紧迫的威胁		4	1	5	1	0	11
夸大伊拉克核行为	伊拉克核计划现状	14	22	18	10	17	81
	伊寻求铝化管的目的						
	伊拉克从非洲获取铀						
夸大伊拉克生物和化学武器能力	伊化学和生物武器现状	18	7	21	32	6	84
	制造无人航空器的目的						
	伊拥有移动生物实验室						
宣称伊拉克与"基地"组织有联系		19	21	8	7	6	61
共计		55	51	52	50	29	237

说明：首先，237条误导言论可大致分为两类，一类是完全凭空捏造，共16条；一类是可信度低或存在争议的结论被以肯定的语气传递给美国国会和民众，共221条。其次，在这237条误导言论中，161条发表于战争前，76条发表于战争后。其中从2002年9月8日到2002年10月8日（2002年10月10日，国会就对伊宣战进行表决），5位高官共发表了64条误导言论。

七、参考文献

（一）中文文献

1. 汪明敏、谢海星、蒋旭光：《美国情报监督机制研究》，光明日报出版社 2013 年版。

2. 张长军：《美国情报失误研究》，军事科学出版社 2006 年版。

3.〔美〕蒂姆·韦纳：《中情局罪与罚》（杜默译），海天出版社 2009 年版。

4.〔美〕约书亚·瑞夫纳：《锁定真相：美国国家安全与情报战略》（张旸译），金城出版社 2016 年版。

（二）外文文献

1. Richard Betts, *Enemies of Intelligence: Knowledge & Power in American National Security* (New York: Columbia University Press, 2007).

2. The Commission on the Intelligence Capabilities of the United States Regarding Weapons of Mass Destruction, *Report to the President of the United States* (Washington, D.C.: Government Printing Office, March 31, 2005).

3. United States, Congress, Senate, Select Committee on Intelligence, *Report on the U.S. Intelligence Community's Prewar Intelligence Assessments on Iraq* (Washington, D.C.: Government Printing Office, July 9, 2004).

4. United States, Congress, Senate, Select Committee on Intelligence, *The Use by the Intelligence Community of Information Provided by the Iraqi National Congress* (Washington, D.C.: Government Printing Office, September 8, 2006).

5. United States, Congress, Senate, Select Committee on Intelligence, *Postwar Findings about Iraq's WMD Programs and Links to Terrorism and How They Compare with Prewar Assessments* (Washington, D.C.: Government Printing Office, September 8, 2006).

6. United States, Congress, Senate, Select Committee on Intelligence, *Prewar Intelligence Assessments about Postwar Iraq* (Washington, D.C.:

Government Printing Office, May 31, 2007).

7. United States, Congress, Senate, Select Committee on Intelligence, *Report on Whether Public Statements Regarding Iraq by U.S. Government Officials Were Substantiated by Intelligence Information* (Washington, D.C.: Government Printing Office, June 5, 2008).

8. United States, Congress, Senate, Select Committee on Intelligence, *The Intelligence Activities Relating to Iraq Conducted by the Policy Counterterrorism Evaluation Group and the Office of Special Plans within the Office of the Under Secretary of Defense for Policy* (Washington, D.C.: Government Printing Office, June 5, 2008).

（案例编写人：谢海星）

[第7章]

美国情报部门何以让本·拉登信徒"闯关成功"

一、编写说明

(一)编写目的

信息共享不足往往是导致情报分析失误的重要原因。在针对"9·11"恐怖袭击事件、伊拉克大规模杀伤性武器研判失误的一系列调查报告中,美方认为,信息共享不足是导致分析失误的核心原因,因此,在2004年情报改革法案中,美国情报界将信息共享列为情报分析工作必须严格遵守的一项标准。本案例的素材来源于开源资料,还原"9·11"事件前美国情报部门在信息共享上的状况,并回溯了在各情报机构的分析过程中,如何由于信息共享不足而导致最终的失误。本案例编写的目的在于:一是使情报分析人员认识到信息共享在情报分析中的重要性;二是推动情报分析人员思考如何在情报分析的过程中如何破除信息共享的一系列瓶颈性问题,最终达成全源分析的目标。

(二)使用方式

本案例适用于情报分析入门课程相关板块的教学。在授课中论及情报分析失误或"9·11"情报分析改革问题时,可以作为案例展示使用,组织学生就全源分析的必要性及存在的困难展开小组讨论。

二、内容摘要

1996年8月23日,奥萨马·本·拉登向全球穆斯林发出号召,要求他们合力打击共同的敌人——美国和以色列。拉登的讲话引起了穆斯林青年们的共鸣，纷纷宣誓效忠这位"基地"组织领导人，哈里德·米哈德哈尔和纳瓦夫·哈兹米就是其中的代表。5年后，他们在本·拉登的领导下实施了震惊全球的"9·11"恐怖袭击。事实上，在"9·11"恐怖袭击前，有关本·拉登、哈立德·米德哈尔和纳瓦夫·哈兹米行动的诸多线索都已在美国情报部门的掌控之下。彼时，美国中央情报局、国家安全局等情报机构都获得了一系列相关情报，但是由于彼此间的不信任以及固有的"烟囱"模式，很多重要的情报信息没有及时共享，进而导致美国情报部门一次次地错失制止"9·11"恐怖袭击发生的机会。本案例还原了"9·11"恐怖袭击发生前，本·拉登领导下的"基地"组织成员哈立德·米德哈尔和纳瓦夫·哈兹米，如何"利用"美国中央情报局、国家安全局、联邦调查局和国务院之间的信息共享不畅，"毫无障碍"地躲过上述机构的追踪与调查，最终"成功"抵达美国并实施此次袭击活动。案例通过还原事件的整个情境，引发训练者思考信息共享提出的背景、信息共享的必要性，以及如何在有限的条件下最大限度地克服信息共享的一系列问题，树立信息共享及全源性情报分析的意识，提升情报分析的成效。

三、关键问题

（一）此案例中恐怖分子是如何逃脱美国情报机构的"追捕"而顺利进入美国的？

（二）情报机构进行信息共享的重要意义在哪里？

（三）假设你是美国国家情报主任，你打算如何调整美国情报界的工作，避免下一次"9·11"事件？

四、案例正文

1999年春天，本·拉登和他的行动负责人哈立德·谢赫·穆罕默德，在坎大哈附近的马塔尔堡垒中秘密制订了一项袭击计划——他们设想利用大型商用飞机突袭美国白宫、国会大厦以及世界贸易中心大厦，意图对美国的经济、政治和军事造成严重破坏。为此，本·拉登安排已获得美国签证的哈立德·米德哈尔和纳瓦夫·哈兹米前往美国领导接下来的恐怖袭击。两人均是"基地"组织的骨干成员，也有强烈的意愿把"敌人赶出神圣的伊斯兰"。为此，哈立德·米德哈尔和纳瓦夫·哈兹米随即前往位于阿富汗卢格尔省的梅斯·埃纳克营地接受飞行训练。

（一）美国国家安全局漏报重要信息

1999年12月底，哈立德·米德哈尔接到电话指令，他和纳瓦夫·哈兹米将奉命前往马来西亚吉隆坡，为空袭行动做最后的准备。而这通电话在接通的同时，就被远在大洋彼岸的美国国家安全局的情报搜集部门捕捉并记录下来。这份新的电话记录情报显示，纳瓦夫、哈立德即将前往东南亚旅行。这通电话还提及了第三个名字"塞勒姆"，美国国家安全局分析人员判断此人可能是纳瓦夫的兄弟。

事实上，美国国家安全局一直在对本·拉登及其"基地"组织进行监控，因此在本·拉登秘密制订空袭计划时，美国国家安全局就已经截获了相关情报，并得知了纳瓦夫的全名——纳瓦夫·哈兹米，以及其他详细信息。尽管美国国家安全局早已获得了相关情报，但没有对这一情况给予足够重视，只是简单地把三个名字及有关原始记录上报给美国中央情报局的反恐中心。这是一种惯例，即选择性地上报"部分"情报，而把"完整"情报留在本机构的数据库中。

（二）美国中央情报局隐瞒重要信息

美国中央情报局也在密切关注着本·拉登的行动。在本·拉登逐渐成为一系列恐怖袭击活动的焦点人物后，中央情报局的反恐中心就专门成立了亚历克站（Alec Station），目的是发现、追踪、抓获或击毙本·拉登。亚历克站的工作人员最初大约有12人，到1999年的时候已经增加了一倍，其中也包括一些美国联邦调查局探员。

在收到美国国家安全局提交的报告之后，亚历克站的分析人员立即对报告内容进行解读。由于关键性证据的缺乏，分析人员无法从这一情报中判断出这些"基地"组织成员的真实目的。对此，他们认为"基地"组织在马来西亚吉隆坡组织会议这一举动虽然令人不安，但也有助于观察"基地"组织的下一步行动。但由于这份情报毕竟与"基地"组织相关，中央情报局还是对此展开了调查，并发现了哈立德的姓氏——米德哈尔。随后，亚历克站迅速向中东地区的中情局外站发送了一份电报，要求其查明纳瓦夫及哈立德·米德哈尔的身份，联络本地同行。

远在中东地区的中央情报局特工在获得电报之后，立刻打算在他们飞往马来西亚的途中在机场暗中获取护照复印件。2000年1月5日，哈立德·米德哈尔在也门萨那国际机场登机，经迪拜转机时，被当地的海关官员拦下，中央情报局特工趁此机会获得了哈立德·米德哈尔护照的复印件并传回亚历克站。在拿到传真之后，亚历克站的分析人员发现哈立德·米德哈尔的护照里竟然有合法的美国签证，并且他的签证申请显示目的地是纽约。遗憾的是，中央情报局只获得了哈立德·米德哈尔的相关情况，纳瓦夫·哈兹米因为临时更改航班而侥幸逃脱了中央情报局的追踪。

在中央情报局亚历克站工作的联邦调查局探员在得知这一情况后，立刻意识到情况不妙。其中一名名叫米勒的探员打算立刻向联邦调查局总部发出警报，把哈立德·米德哈尔列入联邦调查局的监视名单。但是，这条警报却被中央情报局拦了下来，米勒被告知，不经中央情报局同意，这一情况不得外泄。更令人费解的是，联邦调查局随后被中央情报局告知，下一次恐怖袭击将发生在东南亚，这超出了联邦调查局的管辖范围。

（三）目标追踪失败，恐怖分子成功逃脱

接下来，中央情报局的特工没有跟上哈立德·米德哈尔和纳瓦夫·哈兹米的行踪。这两人随后在曼谷短暂停留，而后继续飞往美国。也就是说，在近一年时间里，美国国家安全局没有将纳瓦夫·哈兹米的名字提交给美国国务院和中央情报局，美国中央情报局没有将哈立德·米德哈尔的名字提交给美国国务院和联邦调查局，美国国务院和联邦调查局不知道有这两人将要到达美国，所以事实上，没有人在寻找这些"基地"组织成员。就这样，哈立德·米德哈尔和纳瓦夫·哈兹米成功地避开了美国国家安全局、中央情报局、联邦调查局和国务院的情报搜查，等到美国中央情报局在2000年3月收到关于此3人的情报时，他们乘坐的飞机早已于2000年1月15日顺利地在美国洛杉矶国际机场降落，"闯关"行动成功。

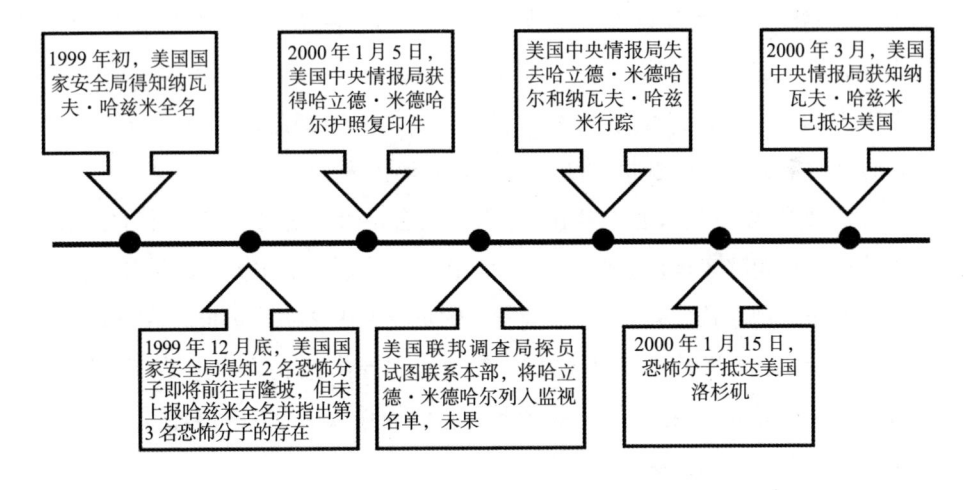

图7.1 恐怖分子"闯关"时间轴梳理

五、分析思路

（一）查询相关资料，简单了解美国的情报体制以及不同情报生产单位的职责划分。

（二）分析美国中央情报局、国家安全局、联邦调查局以及国务院情报研究局这4家情报机构之间的矛盾。

（三）分析这种矛盾如何影响情报机构之间的信息共享。

（四）分析信息共享不足对情报分析的准确性产生什么影响。

（五）分析情报机构的体制机制、人员培训以及技术保障等问题会对信息共享工作的开展带来什么挑战。

六、附录

（一）美国"信息共享环境"组建状况简介[1]

从珍珠港事件开始，"信息缺乏共享"就成为历次重大情报失误检讨的焦点。"9·11"之前，情报界也曾多次呼吁政府机构进行更广泛的信息共享合作。然而，这些建议都没有得到真正关注与实施。"9·11"事件及其灾难性后果，进一步暴露了美国机构间的不良竞争、信息交流不畅等弊病，使美国人彻底意识到"信息缺乏共享"将会给美国安全带来重大威胁，也使他们真正下定决心改变机构间的信息共享现状。

《"9·11"委员会报告》指出，"由于没有足够留心或者法律上的误解，因此导致没有能够实现信息的共享"[2]。在委员会看来，国家安全机构间的信息交流不畅，是导致"9·11"悲剧发生的重要原因之一。因此，在2004年《情报改革和预防恐怖主义法》中，美国正式提出建立"信息共享环境"，并将其置于国家情报主任办公室之下，以期加强政府部门间的情报信息共享，进而保护美国的国家安全。

"信息共享环境"是指"推动所有恐怖主义、大规模杀伤性武器和国土安全有关信息共享的途径，包括所有必要和适合开展该工作的方法"[3]。"环境"一词不同于一般意义上的"环境"，它指的是建立在各机构之上的政策、机制和技术平台的综合通用系统，可以进一步表述为"环境＝政策＋机制＋技术平台"[4]。

至今为止，"信息共享环境"已发展成为一个横跨情报界、执法界、国防界、国土安全界和外交界等业界，纵贯联邦、州、地方、部落、私营

---

[1] 本部分系解放军外国语学院2012届本科学位论文《美国"信息共享环境"（ISE）发展状况简介》节选。

[2] 《"9·11"委员会报告——美国遭受恐怖袭击国家委员会最终报告》（赵秉志、王志祥、王文华等译），中国人民公安大学出版社2004年版，第365页。

[3] http://ise.gov/what-ise, May 12, 2012.

[4] Prepared by the Program Manager, *Information Sharing Environment, Information Sharing Environment Annual Report to the Congress*, June 30, 2009, p. 1. See http://ise.gov/sites/default/files/ISE_2009-Annual-Report_FINAL_2009-06-30_0.pdf.

部门及外国伙伴等层级的综合系统。事实上，建立"信息共享环境"是"9·11"后美国情报改革中的两大重要举措之一。

1. 制度规范时期（2005年6月—2006年10月）

在建设伊始，美国政府通过颁布相关的总统行政命令与备忘录，从政府层面对"信息共享环境"的发展路径进行了宏观指导，从而为其建设与发展提供了必要的制度规范。第一，给予"信息共享环境"及其项目主管更广泛的授权。2005年10月25日，小布什总统发布第13388号行政命令，"加强恐怖主义信息共享，保卫美国民众安全"。命令在提出加强机构间恐怖主义信息互通的同时，明确了信息共享委员会的协调职责和人员构成，并指定"信息共享环境"项目主管为其主席。第二，提出"信息共享环境"建设的总体要求。2005年12月16日，总统签署了《支持"信息共享环境"的指导方针及要求备忘录》，为"信息共享环境"的创建和发展提出两项总要求：一是要在创建过程中积极推动信息共享，建立一个分散、全面、协调的"信息共享环境"；二是通过在各自部门或机构指派专业人员、积累共享资源和减少共享障碍等措施，促进信息共享文化的形成。第三，确立"信息共享环境"的指导方针。在上述备忘录中，小布什总统提出了五条指导方针，阐明了"信息共享环境"的发展重点，即为"信息共享环境"中信息的获取、访问、共享和使用制定通用标准；为行政部门、机构，州、地方和部落政府，执法部门以及私营部门间的信息共享建立通用框架；将"敏感非涉密"信息处理程序标准化；推进行政部门、机构与外国伙伴间的信息共享；保护公民的信息隐私及其他合法权利。

2. 设计完善时期（2006年11月—2007年8月）

在接受政府宏观指导的同时，"信息共享环境"自身也积极作为，通过发布一系列文件对其顶层设计进行了完善。第一，明确"信息共享环境"发展的总路线图。2006年11月16日，国家情报主任向国会提交了由"信息共享环境"项目主管和其成员共同制定的《"信息共享环境"实施计划》。该计划涵盖了"信息共享环境"的作用、能力、资源和理念性设计等内容，规划了相关配置和运作，并提出了衡量其进步和业绩的方法。这是发展历程中的重要里程碑，它为成功创建"信息共享环境"描绘了清晰的路线图。第二，保证"信息共享环境"发展的连贯性。2007年8月，"信息共享环境"项目主管发布了《"信息共享环境"事业结构框架》，并于翌年9月对其进行了修订。《框架》旨在保证"信息共享环境"的信息系统计划、投资、整合和技术标准等项目的长期发展，并利用相关服务、数据、技术及其他能力推动自身发展。

3. 实质发展时期（2007年9月至今）

2007年9月，"信息共享环境"项目主管向国会递交了第一份《"信息共享环境"年度报告》，总结了"信息共享环境"的发展历程、建设成就和未来目标。该报告的出台标志着"信息共享环境"的发展进入了实质性阶段。在这一时期，"信息共享环境"根据政府的宏观指导及自身蓝图的指引，全面开展各项工作，取得了一系列显著的成就。

一是组建"国家融合中心网络"。融合中心是在两个或两个以上提供资源、技术和信息机构的合作下，对犯罪和恐怖活动进行侦察、预防、理解和反应的组织。它是在先前地区情报中心的基础上发展而来的。作为应对后"9·11"时代恐怖袭击及犯罪活动的重要基层组织，融合中心的主要职能是搜集、分析和共享执法、公共安全和恐怖主义信息，辨别威胁，并阻止恐怖主义和其他犯罪事件的发生。自2001年起，联邦政府为支持融合中心提供了大量资金、训练、技术、人力等支持，并以各融合中心为节点，在"信息共享环境"范围内组建了覆盖全国的"国家融合中心网络"。该网络通过整合全国范围内融合中心的力量、设立国家通用标准，建立起国家级搜集、加工、分析、共享情报的能力，提高了共享信息的质量。其中，各个融合中心不仅是信息的汇集点，还肩负完善融合流程的任务，从根本上改变了信息搜集、共享和转变的方式。经过多年的发展，由72家融合中心构成的"国家融合中心网络"在维护国土安全、预防恐怖主义和其他犯罪行为方面发挥了重要的作用。

二是完善"信息共享环境可疑活动报告流程"。"可疑活动报告流程"主要指对明显的情报搜集行为或恐怖主义、犯罪和其他非法意图的迹象进行搜集、分析、报告和共享的制度。2007年的《国家信息共享战略》提出要建立统一的报告、跟踪、评估（和恐怖主义信息相关的）可疑活动的流程。基于此要求，"信息共享环境"将执法界的"可疑活动报告流程"纳入自己的业务范围，发出了"全国可疑活动报告倡议"，以期构建一个统一的可疑活动报告、跟踪、评估制度。该倡议集中了联邦、州、地方、部落和本土执法机构的力量，目的是建立国家级搜集、归档、加工、分析、共享可疑活动信息的能力，同时形成标准化、综合性的"信息共享环境可疑活动报告流程"。2010年2月，美国司法部成立了"全国可疑活动报告倡议"项目管理办公室。在其领导下，该项目快速发展，成为"信息共享环境"现行项目中的最佳典范。"信息共享环境可疑活动报告流程"由两个阶段组成，多以跨机构合作的形式存在，其内容也因合作机构的各异而呈现不同状态。第一阶段，任务合作伙伴将可疑活动上报给国家基础设施协调中心，协调中心对这些情况进行分析，把其中与恐怖主义相关的信息进行整理，生产出"爱国者报告"；第二阶段，协调中心对"报告"进行修订，然后分发到各跨部门的重要基础设施机构。"信息共享环境可疑活动报告流程"的政策和标准已经得到积极贯彻，并成为预防犯罪，尤其是预防国内和国际恐怖主义袭击的重要手段。此外，在主管机构的带领下，该流程吸纳了大量有政府或地方警察工作经验的人员，进一步加强了应对犯罪和恐怖主义活动的能力。

三是建立"国家信息交流模型"。"国家信息交流模型"是由国土安全部和司法部联合倡导的技术和职能标准项目，支持国家层次的信息共享。"9·11"等一系列紧急事故和灾难暴露出技术系统的缺点，即不能有效地实现跨领域、跨权限的信息共享。因此，"信息共享环境"面临的问题是如何建立有效的技术系统链接手段。2005年2月28日，美国国土安全部和司法部签署伙伴协议，在原有的"全球司法可拓展标记语言数据模型"的基础上，启动了"国家信息交流模型"项目，用于制定、分发和支持信息交流标准和流程，使相关机构在紧急情况下能有效分享重要信息。从建设伊始，"国家信息交流模型"项目就将重点放在数据处理（包括理解数据、明确数据以及使数据标准化）上。它在现有系统的基础之上，通过提供统一的标准语言和通用的词汇数据库，打破了跨机构数据库的界限，使联邦政府、州、地方和部落机构能够"以同一种语言发出声音"，实现关键数据的共享，并帮助决策者在更短的时间内做出合理的决策。此外，该模型可以被重复使用，极大地节省了时间和费用。"国家信息交流模型"已经发展成熟，并超越了最初的司法和国土安全领域，成为美国国内机构之间、美国和外国伙伴之间交流的工具。目前，该模型已经成为连接联邦机构、州政府、私营部门和外国伙伴的有效手段，以及推动信息共享的"引擎"。

四是构建"受控非涉密信息框架"。"受控非涉密信息"是指不符合"国家安全分类方法"，但和美国的国家利益或联邦政府之外实体的利益紧密相关的需要法律和政策保护的非涉密信息。和涉密信息相比，非涉密信息数量多、内容繁杂且分布广泛，因而控制难度很大。美国政府一直致力于管控此类信息。早在 1977 年，美国就提出了"敏感非涉密"信息的概念，用于指那些非涉密但需要严格管控分发的信息，例如个人税务记录、系统信息和执行程序等。各个行政部门和机构也采取了不同的政策、程序和标记方法对其进行保护和控制。然而实际情况是，"敏感非涉密"信息共有至少 107 种标记方法和 130 多种管控流程或程序，给信息的共享带来极大不便。为解决上述问题，2005 年总统备忘录第三条指导方针提出建立标准化"敏感非涉密"信息程序。2008 年 5 月 7 日，小布什总统签署《"受控非涉密信息"的认定和共享备忘录》。该备忘录用"受控非涉密信息"取代原有的"敏感非涉密"信息，并授权国家档案和记录管理局为其行政代理。2010 年 11 月 4 日，奥巴马总统签署"13556 号行政命令：受控非涉密信息"。在该命令的指导下，"受控非涉密信息"项目办公室成立，"受控非涉密信息框架"正式建立，对控制"受控非涉密信息"中与恐怖主义相关的信息进行认定、标记、保护和分发。它的建立，统一了各个行政部门和机构对"受控非涉密信息"的标记方法和管控流程，对于保护、分发恐怖主义信息和解除程序管制发挥了重要作用。

4. 面临的挑战

一是机构间的不良竞争阻碍信息共享。"信息共享环境"的工作涉及五个业界和六个层级。在具体的工作中,每个机构的特定任务和利益必然会给项目的落实带来相当大的困难。美国政府机构间的不良竞争有其深刻的历史根源,这一体制性问题不可能在短时间内解决。

二是管理机构的权力有限。目前,"信息共享环境"的主要管理机构有"信息共享环境"项目管理办公室以及跨机构信息共享和访问政策委员会。这两个机构的主要任务是协调"信息共享环境"内部及其与任务合作伙伴间的关系,以推动全国范围内的信息共享。可以说,它们在很大程度上属于协调性机构,缺乏对机构的直接管理权,这必定给项目的深入推进带来一定阻碍。

三是促进共享的同时带来新的安全隐患。2010年的维基解密事件,给大力促进信息共享的美国政府敲响了警钟。在通过政策、机制和技术等手段促进信息共享的同时,如果对实现信息共享的方式管控不力,就非常有可能产生或加剧人为泄密等新的安全威胁。这些事件暴露了"信息共享环境"安全举措的两大问题:一是"信息共享环境"在保护敏感信息和信息访问权限方面缺少相应的法律法规约束,致使敏感信息以不当的方式泄露出去;二是"信息共享环境"过于重视技术手段而忽略了正确的共享方式,导致内部人员无法准确辨别敏感信息。

(二)"9·11"事件相关调查报告

1. 参众两院联合调查组报告[1]

报告提出了以下问题:(1)"9·11"事件前,美国情报部门与执法部门之间、对外情报与国内情报之间相互隔离,互不通气;(2)各机构在任务、文化等方面存在差异且相互斗争,信息共享缺失;(3)中央情报主任在落实优先情报目标方面工作不力;(4)情报界没有对"基地"组织的威胁进行高质量的战略分析;(5)情报分析人员的专业素质不高。

报告提出了以下建议:(1)设立国家情报主任,并赋予其统管情报界

---

[1] U.S. Congress, 107th Congress, 2d Session, Senate Committee on Intelligence and House Permanent Select Committee on Intelligence, *Joint Inquiry into Intelligence Community Activities Before and After the Terrorist Attacks of September 11*, 2001, Washington, D.C., 12 December, 2002.

的能力;(2)设定并实施情报优先事项;(3)加强对情报分析人员的资格审查,注重分析人员培训工作。

2. "9·11"委员会报告[1]

报告提出了以下问题:(1)"9·11"事件前,美国情报界没有对"基地"组织的情况进行全面分析;(2)中央情报主任权力不足;(3)情报机构之间没有实现充分的信息共享;(4)大部分情报机构制定了标准过高的安全规则,导致了过分保密和过分隔绝现象。

报告提出了以下建议:(1)成立国家反恐中心;(2)设立国家情报主任一职,统管国家情报计划;(3)制定鼓励情报共享的规章制度,平衡保密和信息共享之间的关系。

七、参考文献

(一)中文文献

1. 李景龙:《情报分析:理论、方法与案例》,时事出版社 2017 年版。

2. 张晓军等:《美国军事情报理论研究》,军事科学出版社 2011 年版。

3.〔美〕彼得·伯根:《刺杀本·拉登》(刘苗苗、王巧译),哈尔滨出版社 2013 年版。

4.〔美〕美国"9·11"独立调查委员会:《9/11 委员会报告》(史禺等译),世界知识出版社 2005 年版。

5.〔美〕马克·洛文塔尔:《情报:从秘密到政策》(杜校坤译),金城出版社 2015 年版。

(二)外文文献

Bamford, James, *The Shadow Factory: The Ultra-Secret NSA from 9/11 to the Eavesdropping on America* (New York: Doubleday, 2008).

(案例编写人:王静雅)

---

[1] 9·11 Commission, *The 9·11 Report: Final Report of the National Commission on Terrorist Attacks Upon the United State* (New York: W. W. Norton, 2004), pp. 400, 410, 417.

[第8章]

"五眼联盟"的威力有多大

——新西兰枪击案的回答

一、编写说明

（一）编写目的

结合案例提供的基础素材，以及参训人员通过其他途径获得的大量素材，通过复盘研讨的形式，分析与探讨新西兰枪击案中何以出现情报失误，以及在此之后"五眼联盟"情报合作需要重点解决哪些问题，进而预测其情报合作的未来发展趋势。

（二）使用方式

本案例以复盘研讨的形式组织实施，参训人员可分为两类：一是情报分析人员，主要负责根据案例内容、附录中的分析素材，以及自身搜集的其他与案例主题相关的材料开展情报分析工作，形成情报分析报告和向决策者的汇报文件；二是情报用户，主要负责以决策者的身份阅读情报分析人员提供的情报分析报告，现场听取情报汇报，并从情报产品的应用价值、与决策需求的贴合度的视角，对情报分析人员的工作作出评价与判断，指出需要注意的问题和改进建议。

具体实施流程如下。

（1）领受情报会商任务。所有参训人员划分为3—5个情报分析部门，在各自推选出2名代表后，以模拟情报会商的方式，共同完成本案例的分析研究任务。

（2）阅读情报会商案例素材。全体参训人员阅读情报会商案例素材。

参训人员可以以个人或者3人以内的协作小组为单位，完成所有案例素材的识别改写任务。

（3）开展分组研讨。由各情报分析部门的负责人分别负责召集部内分组研讨交流会，各部推荐参加上级情报会商的本部代表2名。各部在开展分组研讨时应充分发挥每名参训人员的主体作用。

（4）实施情报会商。每名参训人员代表面对情报用户作出情报汇报，发言时间不应超过10分钟，在发言期间还应做好随时回答问题的准备，待代表发言结束后，其他小组成员还可再做相应补充。

（5）情报用户代表点评。情报会商结束后，由情报用户代表分别进行情报会商点评，并通过所有情报用户无记名投票的方式，评选出优秀情报分析研究成果。

二、内容摘要

2019年3月15日，新西兰遭遇有史以来伤亡最惨重的大规模枪击事件，在南岛最大城市克赖斯特彻奇的两个清真寺内，49人遇害身亡。随着新西兰警方对枪击案的调查逐步深入，澳大利亚籍主要嫌疑犯布伦顿·哈里森·塔兰特开始受审，枪击案的更多细节进一步浮出水面。案发后，新西兰政府承认其反恐情报工作存在诸多问题，值得深刻反思。在这场枪击案的背后，人们还看到了新西兰背后的"五眼联盟"，开始质疑本该及时共享国际反恐情报的"五眼联盟"的情报工作效力。

三、关键问题

（一）"五眼联盟"成员国为何没有针对新西兰枪击案发出情报预警？是无情可报，还是不愿共享相关情报？

（二）新西兰枪击案暴露出"五眼联盟"内部的情报通报机制存在哪些问题？影响联盟内部情报通报工作的因素有哪些？

（三）新西兰枪击案对"五眼联盟"内部的情报合作可能产生哪些影响？

（四）新西兰枪击案后，"五眼联盟"如欲加强大规模情报监控与共享是否涉嫌侵犯公民隐私？如何解决全面情报监控与保护公民隐私之间的矛盾？

四、案例正文

2019年3月15日下午，新西兰两座清真寺相继发生枪击事件，至少49人死亡、48人受伤，震惊世界。这是新西兰迄今遭遇伤亡最惨重的大规模枪击事件，案发地在南岛最大城市克赖斯特彻奇，41人死于市中心的马斯吉德·努尔清真寺，7人死于郊区林伍德的另一座清真寺，另有1名重伤员被送往医院后，抢救无效身亡。医院方面表示，死者中包含儿童。新西兰总理杰辛达·阿德恩把这两起恶性枪击事件定性为"恐怖袭击"，将这天称为"新西兰历史上最黑暗的一天"。联合国秘书长古特雷斯对袭击事件深感震惊，呼吁国际社会加强合作，共同应对针对伊斯兰社区的仇视情绪，并消除一切形式的不容忍和暴力极端主义。

（一）澳籍嫌犯信奉"白人至上"

随着新西兰警方对枪击案的调查逐步深入，主要嫌疑犯布伦顿·哈里森·塔兰特开始受审，枪击案的更多细节进一步浮出水面。在这场枪击案的背后，新西兰政府承认很多问题值得反思。

新西兰总理阿德恩在16日的吹风会上表示，警方15日逮捕的4名枪击案嫌疑人中的1名已被释放，原因是此人当时佩带枪支是想协助警方制止凶手，而其他被逮捕的3名嫌疑犯中的塔兰特则是此次枪击案的主要凶手，直接参与两座清真寺的枪杀行动。根据塔兰特血洗清真寺之前上传的自白书，现年28岁的塔兰特来自澳大利亚新州的格拉夫顿，出生在中低收入的工薪家庭，当过7年健身教练，工作攒了一些钱后，用投资比特币的所得像很多年轻人一样去国外旅游。在周游全球的过程中，他的思想开始走向极右方向。塔兰特在自白书中说他反穆斯林反移民，到新西兰是想发动恐怖袭击。他说两年前开始策划，3个月前决定袭击的地点。塔兰特形容自己为"普通的白人男子"，希望以袭击报复移民"入侵"欧洲领土，"保障白人孩子的未来"。

阿德恩总理证实，塔兰特行迹"遍布全球，其中不时出现在新西兰"，现阶段他定居在克赖斯特彻奇南部的但尼丁，但不认为他是"长期居民"。塔兰特曾去过沙特、土耳其、巴基斯坦、保加利亚等国家。塔兰特还曾在网上谈到他的巴基斯坦之行。报道说，克赖斯特彻奇恐怖袭击事件发生后，保加利亚总理鲍里索夫召集安全、情报和执法部门负责人在索非亚召开特别会议。来自保加利亚的消息人士告诉《新西兰先驱报》，当看到来自新西兰方面的报道时，他们注意到，在现场发现的自动步枪弹夹上有西里尔字母的文字和东欧文字。这些文字包括著名战役的名字，以及保加利亚反抗奥斯曼帝国统治的历史人物。报道说，塔兰特去年 11 月曾从迪拜飞往保加利亚，约 1 周后又飞往罗马尼亚首都布加勒斯特及匈牙利等。

另据新西兰媒体报道说，塔兰特当天在克赖斯特彻奇出庭受审，庭审过程中他屡次回头看向媒体，在两侧警卫戒备之下，他还做出白人至上团体在全球通用的倒"OK"手势。法官允许现场媒体拍摄嫌犯，但要求面部必须进行打码处理，以此确保审判公平，而且庭审没有向公众开放。塔兰特未要求保释，庭审后被带回继续羁押。他将于 4 月 5 日也就是 3 周后再次出庭。塔兰特目前面临一项谋杀指控，但警方称可能还会对塔兰特提出更多指控。

（二）安全情报工作"存在盲点"

在枪击案前几天，塔兰特曾通过推特发布极端思想宣言，在宣言中讲述他的反移民和反穆斯林主张，同时还分享了武器的照片。在枪击发生时，他还直播了整个血腥过程并上传网络。

据新西兰媒体报道称，阿德恩总理办公室 16 日证实，星期五恐怖袭击开始前不到 10 分钟，收到了一份被指控枪手的 73 页"宣言"副本，同时还有其他大约 70 人也收到了相同邮件。总理的一位发言人说，除总理府外，主控枪手发送的邮件列表上的其他政客还包括国家党党魁布里奇斯、议会议长马拉尔德，其他收信人大多数是国内外媒体。这位发言人称，电子邮件发到了总理的通用地址里，内容写得事件好像已经发生了一样。"信里并没有说明他将要做什么，但它被写得好像发生了一样，就像是要为即将会出现的事情做解释。""这封邮件说明了他做这件事的原因。但他没有说这就是我要做的。当时没有可能阻止事件发生。"

阿德恩总理承认，尽管这名男子在网上留下大量证据，但他和他的同伙没有受到新西兰安全情报部门的任何监控。而且警方也对他毫不知情，并表示"没有一个机构拥有关于嫌犯的任何信息，澳大利亚方面也根本没有相关信息，澳方正在协助我们调查"。阿德恩总理说，随着时间推移，人们将研究袭击是如何发生的以及他们是如何获得武器的问题。当被问到新西兰政府是否过度关注对宗教激进成员的监控而忽视了白人至上主义者时，阿德恩表示安全和情报部门"对此存在盲点"。枪击案发生后，新西兰的安全威胁指标历史上第一次进入高风险状态，这意味着当局会做出认为适当的一些反应，包括加强边境安检。

一位名叫乔·锡拉库萨的全球安全专家认为，这场恐怖袭击是新西兰情报部门彻头彻尾的失败。28岁的嫌犯布伦顿·哈里森·塔兰特在枪击案发生前几天曾通过推特发布了极端思想宣言，在宣言中讲述他的反移民和反穆斯林主张，同时还分享了武器的照片，但这并没有引起无论是澳大利亚还是新西兰警方的注意，也让塔兰特得以在案发时在网上直播整个枪击的血腥过程。锡拉库萨认为，尽管这名男子在网上留下了大量证据，但他并没有受到新西兰安全情报部门的任何监控，也根本不在澳大利亚警方监控名单上。他还表示赞同新西兰安全专家保罗·布坎南的观点，即情报部门将监控重点放在宗教激进成员身上，而让白人至上主义者逃过了"雷达的监控"，"政府简单地认为一个白人至上主义者不可能有这样的能力（大开杀戒），因此对这些人释放的危险信号没在意"。

（三）"五眼联盟"反思情报共享工作

2019年3月17日，《华盛顿邮报》报道称，美国及其盟友所建立的"五眼联盟"是共享国际恐怖组织情报的重要机构，"五眼联盟"由美国、英国、澳大利亚、新西兰和加拿大组成，五个英语国家根据"五眼联盟"协定所进行的情报共享以及情报搜集和分析的合作已有70年。然而，在新西兰恐怖袭击事件发生前，没有任何机制来共享国内恐怖组织的相关情报。

作为"五眼联盟"的成员国，新西兰为何在此次袭击事件中表现得如此被动?

"五眼联盟"现任及前任官员这样解释,如果美国截获某国激进分子企图在国内发动恐怖袭击的有关情报,那么它将迅速提醒当地政府。但是各国更多地将这些工作作为例行公事,情报部门也没有及时交换信息。此外,由于美国隐私法的限制,美国情报机构很难与盟国共享疑似嫌犯的有关信息。

美国前国家反恐中心主任尼古拉斯·拉斯穆森表示,"五眼联盟"对于种族主义团体的崛起进行过讨论,但他们认为这个问题的威胁程序并未像跨国恐怖组织那样突出。不过在新西兰枪击事件之后,他们可能会重新考虑这个问题。

拉斯穆森表示,对侵犯美国人隐私的担忧不应成为加强"五眼联盟"合作的障碍。他说:"我们需要解决这一限制问题,我们可能不知道那些国内(种族主义)团体是否与他国团体间存在联系。只有我们与可信赖的合作伙伴共享更多的信息,我们才可能会知道这些内容。"

五、分析思路

(一)"五眼联盟"的情报分析能力在很大程度上取决于其情报共享的程度,但本案例向人们展示了他们之间的情报共享受制于各种因素。实际上,情报共享与保密之间的矛盾是始终存在的。"五眼联盟"内部的情报共享,意味着从一个源头有可能获得所有成员国的敏感信息,因此任何成员国的情报泄露都有可能会引发或大或小的信任危机。根据相关材料可以作出以下两种假设:一是"五眼联盟"成员国情报机构事先已经掌握新西兰枪击案嫌犯的相关信息,但出于自身利益考虑没有向新西兰通报;二是"五眼联盟"成员国情报机构没有掌握新西兰枪击案嫌犯的相关信息,其自身反恐情报预警工作存在一定问题。无论是哪种假设,都可以分析得出"五眼联盟"成员国在情报共享和情报联盟机制建设上存在的问题。

(二)尽管"五眼联盟"已经有一定的合作历史,但其内部的情报通报仍然需要走一定的流程,要将原始情报通报给外国,哪怕是关系亲密的盟国,相关报告都必须由情报搜集部门审核评估。但是,时效性很强的情报只有实时共享,军方或警方才能够做出有效反应,因此严格执行审核评估流程的话,可能会延误重要情报的传送。根据实际情况,各成员国需要在安全性和时效性之间寻求达到最佳的平衡。

(三)互信始终是"五眼联盟"发展的核心议题,成员国之间若缺少互信,就会互相有所保留,联盟就失去了其应有的价值。新西兰枪击事件发生后,"五眼联盟"内部已经有呼声要求加强各国情报机构之间的互信程度,改革相关情报合作方式,以有效应对恐怖主义威胁。从互信层面分析"五眼联盟"内部的情报合作,有助于更好地把握联盟的未来发展趋势。

(四)在西方政治体系中,要获得普通民众对于大规模情报监控的支持,"五眼联盟"成员国政府就需要加强对情报活动的管控,适当增加情报工作的透明度,并特别关照民众对个人隐私问题的正常关切。例如,"斯诺登事件"后,美国相关情报机构就解释自己搜集的只是个人通信的元数据,不涉及通信内容。当然,"五眼联盟"各成员国民众对保护隐私和公民自由的关切程度不一致,对大规模监控的接受程度也有所不同,可根据不同国家的实际情况分析相关工作的未来走向。

六、附录

"五眼联盟"是由澳大利亚、加拿大、新西兰、英国和美国五个西方国家组成的情报共享联盟,其历史可追溯到二战时期。"9·11"事件之后,曾经隐秘的"五眼"在社会上初露头角。2010年6月,英美两国政府公布《英美协定》全文,首次正式承认了这个情报合作联盟,"五眼"这一概念开始出现在各国的战略与政策文件中。2017年以来,五国政府和情报机构领导人频繁以"五眼"的名义对俄罗斯、中国等国施压,披露的一些不实信息已经导致其民众对目标国家的偏见与不满。

(一)"五眼联盟"的发展历程

1. 二战期间

"五眼联盟"源于英国和美国在二战期间的信号情报合作。二战初期,盟军之间几乎不存在任何的情报交流，"单打独斗"的运作方式使得盟军情报机构在面对德国难以破解的加密技术时往往束手无策，严重影响盟军的战斗力。

1940年7月8日，英国驻美大使菲利普·克尔去信美国总统，提议两国立即启动秘密技术情报交换。随后，美国总统在7月11日的内阁会议上同意了该项提议。然而，在合作初期，双方的合作效力就受到了局限，一是由于美国尚未参战，对于情报的共享有些懈怠，二是由于美国总体情报技术水平要优于英国，很多时候英美对接上存在不对等，加深了美方的懈怠情绪。因此两国在执行层面的合作并不顺畅。例如，富兰克林·罗斯福曾在1942年7月9日去信陆军总参谋长马歇尔将军表达对陆军与英国的情报合作进展不满。

1941年12月8日，美国正式宣战后，其与英国进行情报合作的现实需求大大增强。为了加强两国情报合作的稳定性，美英在1943年6月10日签订了首个信号情报合作协议——《英国政府密码学校和美国战争部关于特定"特殊情报"的协定》。协定主要内容包括：分享截获的加密信号情报、互设情报联络办公室。这一时期内的情报对象主要是二战轴心国，美国负责监控日本，英国负责监控德国和意大利。

在二战期间的技术情报合作中，英美两国地位大体平等，而加拿大、澳大利亚和新西兰作为英国的自治领，仅起到辅助作用，在情报协议中没有独立地位。当时情报网络的主要对手是由德国、日本和意大利组成的轴心国集团。

2. 冷战期间

（1）冷战初期

冷战开启的标志性事件是1946年3月5日英国首相丘吉尔在美国发表"铁幕演说"。就在同一天，英美签订了二战后最重要的情报合作协议——《英美通信情报协定》，又称《英美协定》，确定共同搜集、分享苏联以及其他"华约"国家有关的通信情报。为了拉拢其他的西方国家，英国于1948年邀请加拿大、澳大利亚等英联邦国家参会。最终，加拿大、澳大利亚、新西兰等3个英联邦国家都被吸纳进英美情报协定,"五眼联盟"正式成立。

协议明确了英美情报合作的十二个方面,核心内容包括情报分享的范围、双方的对接机构、情报分享的权限等。在情报分享范围方面,协议规定包括所有外国(除了美国、英联邦国家以及大英帝国以外)具有军事、政治或经济价值的信息,这意味着两国的情报工作不但针对敌人,也针对盟友和中立国。双方的对接机构被限定为"伦敦信号情报委员会"和美国"国务院—陆军—海军通信情报委员会"。在情报分享的权限方面,美国负责审核对本国各军种和政府部门的分享,英国负责审核对大英帝国及自治领的分享,而对加拿大分享的情报只需获得英美中任意一方的批准即可,对其他第三方分享则需要英美两国共同审核。

协议还明确了大英帝国自治领(加拿大、澳大利亚、新西兰等)在英美情报合作中的地位,协议第四条规定:第一,自治领既非本协议的正式签署方,但也不被视作第三方;第二,伦敦信号情报委员会若提议或实际与自治领签订任何情报协议将及时告知美方;第三,美国国务院—陆军—海军通信情报委员会在与自治领(加拿大除外)达成任何情报协议都需经过伦敦信号情报委员会的同意;第四,美国在与加拿大达成情报协议之前,需先咨询伦敦信号情报委员会的意见。

上述规定体现了"五眼联盟"建立初期的组织关系:美国已经启动了与加拿大的双边情报协议谈判,而英国仍将澳大利亚和新西兰视作"势力范围",五国初步形成了以美加为一方,英澳新为另一方的二元格局。随后,依照此基本格局,联盟内部的成员国相互签订了一系列的双边协议,如美国与加拿大在1949年签订《美加情报合作协议》、美国与澳大利亚在1966年签订《美澳关于在松树谷建立联合防务设施的协议》等,形成了二元格局下的复合情报网络。

(2)冷战中后期

《英美协定》签订之后,英美双方都没有寻求签订新的协议,而是选择在原有条款基础上通过添加"附件"的方式来应对外部安全威胁和成员国关系的变化。其中有两次重要的修订，一次在 1955 年，另一次在 1961 年。1955 年的修订源于美国在 1952 年建立"国家安全局"，这使得协议的对接机构需做出相应调整，修正了原有的四项附件并增加了四项新附件。1961 年的修订重点是进一步明确加拿大、澳大利亚和新西兰在联盟中的地位，当中最重要的是"附件 J"中的两项：其一，规定只有加拿大、澳大利亚与新西兰有资格参与该情报网络，首次确立了联盟的排他性，固定了"五眼"框架；其二，规定"墨尔本国防信号情报分站"是由英、澳、新三国共同运作的非单一国家机构，组织上隶属澳大利亚国防部，但在技术层面由英国领导，体现英国希望通过与澳、新的联合平衡美国。

在冷战中后期，虽然英国极力维持自身在联盟内的地位，但殖民地独立浪潮冲击下的英国不断失去海外情报基地，其与美国的情报实力差距越来越大。随着加拿大 1982 年宪法和澳大利亚 1986 年法令的通过，加、澳都实现了与英国完全平等的主权国家关系，英国与自治领绑定的策略不再有效。新西兰与美国的情报关系则出现重大波折，1987 年新西兰通过《新西兰无核区、裁军与军控法案》，禁止美军所有核动力舰艇以及携带核武器的装备停靠或者降落新西兰，此法案导致了新西兰退出 1951 年签订的《美澳新同盟协定》，两国中止防务与情报合作。

总的来说，美国在冷战中成为"五眼联盟"的核心，英国和加拿大为第二梯队，而澳大利亚与新西兰为第三梯队，"五眼联盟"演变为具有鲜明等级的情报网络。冷战期间，情报网络的主要敌人一直是以苏联为核心的共产主义国家集团。

3. "9·11"事件至今

冷战结束后，联盟失去了最重要的对手，发展也较之前缓慢。直至 2001 年发生的"9·11"事件为联盟发展带来新的动力——打击恐怖主义，美国发动的"反恐战争"重塑了联盟的组织关系。2001 年，五个成员国均参与了阿富汗战争，美国与新西兰趁此机会实现了防务和情报合作关系的正常化（此前，新西兰于 1987 年通过《新西兰无核区、裁军及军控法案》，禁止一切美军核动力或携带核武器的装备进入新西兰领土、领海及领空，直接导致新西兰与美国间的情报合作遭遇重大波折，两国中止防务与情报合作）。

2003年，美国发动伊拉克战争，"五眼联盟"中的英国和澳大利亚决定参战，但加拿大和新西兰出于预算、民意等考虑拒绝再次出兵。作为回报，美国迅速提高与澳大利亚的情报合作水平：2004年发布的《澳美部长级磋商联合声明》中宣布双边关系全面升级，提升两国情报共享水平；2005年小布什总统发布行政命令允许"堪培拉获得所有密级的原始情报信息、分析报告和实时行动信息及计划"；2005年11月的澳美部长级会议再次强调两国的情报合作。美澳情报关系在联盟成立以来第一次被提升至与英美同等重要的位置。

自从2013年以来，五国的政府部门所处理的是宗教极端化、网络安全和其他共同威胁。2017年7月初，来自五国的高级情报官员、国家安全官员和国土安全官员在渥太华召开会议，商讨有关针对一系列的共同安全威胁加强合作的问题。这次会议所处理的恐怖主义、赛博安全、边境安全和全球移民之类的威胁都是"五眼"协定达成之时尚未存在或者没有以现在的形式存在的。与会的部长级官员们同意增进合作和加大合作的范围，以处理21世纪情报搜集所遭遇的障碍。2018年6月，五国前国家首脑和军事高级官员就"五眼联盟"在应对新兴威胁方面的重要意义举行研讨会，认为网络安全问题极大地改变了情报世界，同时互联网是新的情报资源，而"五眼联盟"在网络空间方面的合作还远远不足，建议在网络领域加大投入。在2018年11月的阿斯彭网络峰会上，五国情报机构现任高级官员则指出，当前西方国家面临日益突出的虚假信息、选举操纵、网络犯罪、供应链漏洞以及国家间网络攻击竞赛的风险，对此，信号情报机构应当承担起验证威胁信息、发现威胁来源、威慑威胁者的职责。

总之，"9·11"事件发生以来，"五眼联盟"形成了继续以美国为中心，澳大利亚提升至与英国、加拿大同等地位，新西兰相对弱化的新结构。这种新变化被一些学者称为"等级情报网络的扁平化"：恐怖主义具有网络化和去中心化的特点，使得美国难以继续通过等级化的情报网络来应付不断扩散的威胁，因而更多地依赖联盟中的伙伴，成员国间的地位变得更为平等。

(二)"五眼联盟"的情报合作机制

1. 组织架构

"五眼联盟"的组织架构已经从最初的技术情报部门对接发展至由各国情报机构首长组成的委员会为协调机构,对接成员国政府内各领域情报部门的全方位合作。情报首长委员会的成员包括:美国国家情报主任、英国联合情报委员会负责人、加拿大国家安全与情报顾问、澳大利亚国家情报办公室总监和新西兰国家情报评估局总监。五国情报首长组成的委员会负责协调各国情报合作、评估和规划行动计划,各成员享有法律上的平等地位。

在执行层面,具体由成员国的28个情报机构负责对接,具体如表8.1所示。

表8.1 "五眼联盟"的情报机构对接情况

国别	信号情报	国防情报	人力情报	反情报	反恐情报	情报评估
美国	国家安全局	国防情报局	中央情报局行动处	联邦调查局	国家反恐中心	中央情报局情报处、国务院情报与研究局
英国	政府通信总部	国防情报办公室	军情六局	军情五局	威胁评估联合中心	内阁办公室评估处
加拿大	通信安全局	国防情报总监	加拿大安全与情报局	加拿大安全与情报局	威胁评估融合中心	国际评估处
澳大利亚	国防信号理事会	国防情报组织	澳大利亚秘密情报组织	澳大利亚安全情报局	国家威胁评估中心	国家评估办公室
新西兰	政府通信安全局	国防情报与安全理事会	新西兰安全情报局	新西兰安全情报局	威胁评估联合中心	国家评估局

2. 职责分工

从地缘上来说，一般认为，澳大利亚负责南亚和东亚，新西兰负责南太平洋和东南亚，英国负责欧洲和俄罗斯西部，美国负责加勒比、中国、俄罗斯、中东和非洲，加拿大负责北极地区（涵盖俄罗斯和中国北部区域）和南美洲。虽然今天的"五眼联盟"已经是覆盖所有情报类型的共同体，但实际上信号情报仍是占比最多、最受重视的类型，因此地缘上仍是按照各自信号情报的获取条件来划分的。如加拿大在北极的努纳武特地区有重要的"警报"信号情报站，这是北美离苏联最近的监控点，该情报站从1958年开始监控苏联在北极地区的军舰和弹道导弹活动，今天则肩负监控中俄北部地区的任务。

从领域上来说，包括海洋、太空、网络、反恐、外交、经济等，在这些领域的分工主要考虑各成员国的条件。例如，在海洋领域，五国通过在周边水域（澳大利亚面对印度洋、英国面对大西洋、美国兼顾太平洋与大西洋等）投放信号搜集设备来监控经过海洋"节点"的船只，特别是那些经常有外国潜艇经过的航线；在太空领域，美、加、英三国更多承担对外国卫星部署、弹道导弹测试和战略空军活动的监控活动，同时"五眼联盟"在全球各地修建了功能完备、覆盖范围广的情报站及卫星信号接收设施，如美国华盛顿的雅吉瓦训练中心情报站、澳大利亚西部的国防卫星通信站、日本的三泽空军基地情报站等；在网络领域，美国作为互联网巨头，利用主服务器在美国境内的绝对优势，以及高精尖技术和知名电子产品公司的加成，同时集结业务能力出色的网络黑客对他国机密网站发动攻击，因此，在美国的带领下，"五眼联盟"在窃取他国网络数据方面具有得天独厚的条件；在外交领域，"五眼联盟"成员国在驻他国使馆内建立监听站，直接监听所在国的电子通信；在经济领域，"五眼联盟"利用美国纽约、英国伦敦和加拿大蒙特利尔三大国际金融中心的便利性，对与伊朗和朝鲜等被制裁国家进行武器交易以及其他非法商业活动的情况实施监控，并设法窃取其他威胁成员国既定利益的对象国（如俄罗斯、中国、日本等）的经济机密，通过秘密手段获取内幕信息以协助成员国在经贸谈判中获得优势。"五眼联盟"的监控对象包括目标国的电子邮件、电话、传真、浏览器历史、社交网站、软件聊天记录、数据库、加密文件等。

3. 协作机制

"9·11"事件后，五国情报机构之间的沟通与协作较之前更为活跃。美国提出，情报分享原则需进行改革，从以往的"需要知道"变成"需要分享"，即改变以往只与成员国分享与之直接相关的情报信息的做法，通过进一步对成员国开放情报权限，提高对碎片化信息的整合效率，以应对恐怖主义去中心化的新特点。

作为协调机构的五国情报首长会议，每年至少召开一次，地点可以在任一成员国内。总的来说，首长会议的内容是评估过去一年的合作情况，规划下一阶段的重点任务。而各国政府首脑和部长级官员也可以根据自身的日程安排，与五国情报首长集体或单独会面进行沟通。如2017年的五国情报首长会议于7月17日在加拿大渥太华举行，加总理小特鲁多出席了此次会议后的非正式会谈。

除了情报首长会议，6个对接机构也有相应的协作机制。与情报首长会议相似，各对接机构的领导人也会举办年度评估与规划会议（如情报评估机构至少每年一次，国防情报部门至少每年两次）。不同的是，由于执行部门遇到的具体事项更多，对接机构会针对特定问题建立专门的跨国工作小组来应对。例如由美国联邦调查局倡议并领导的"五眼执法工作组"，该工作组所针对的是跨境犯罪，包括有组织罪案、洗钱、网络犯罪。

除了规划和执行机制，"五眼联盟"还首度建立了监督机制。2017年10月，为了回应公众对"五眼联盟"的活动不受监管、权力过大的担忧，五国成立内部监督机制——"五眼情报监管和评估委员会"。根据所签订的《五眼情报监管和评估委员会章程》，该委员会由五国的情报监管部门组成，规定每年至少举行一次会面和每三个月一次电话会议。委员会的职责有五点，包括：第一，就共同利益与关心的问题交换意见；第二，探讨更好的监管和评估方式；第三，研究适合进行评估和分享的信息的范围；第四，扩大透明度以增强公众新的信心；第五，保持与政治任命官员、各国情报监管部门和非"五眼联盟"国家的联系。

从上述几点以及此协议中的《行动指南》可以看出,"五眼联盟"需要披露的信息是有限的,所接受的监管也是非强制性的。即便如此,此委员会仍是"五眼联盟"迈向改革的重要一步。委员会成立后,联盟迅速从高度保密走向相对公开,越来越多地联合对特定安全议题施加政治影响力。

(三)"五眼联盟"的情报监控手段

"五眼联盟"的具体监控手段随着科学技术的发展而不断创新。

早期,人力情报是重要的情报来源,但这种方法获取的情报时效性往往受到通信手段的限制,如线人寻找机会接头时可能就已错过重要的时机,或是采用的通信方式(信鸽、夹带寄送等)要花上几天时间才能将情报送达,此时情报的意义就大打折扣。并且人力情报风险高,不光有直接损失线人的风险,还有线人被策反、倒打一耙的风险。另外,培养间谍投入的金钱、时间成本过高,这也促使各国不得不将更多的精力花在其他的情报获取方式上。

同时,早期情报搜集主要以被动获取为主(人力情报除外)。简单来说,就是截获对方的加密信号后,被动地根据对方的信号特点找寻破解方法,以还原信号的本来面目。二战时期盟军破译德军恩尼格码密码机就是一个被动获取的典例:若不是德军内部存在为了生计卖密的核心人员,盟军永远无法弄清恩尼格码密码机的构造,也就无法仿制这种精密的仪器;若不是被后世誉为"波兰三杰"之一的马里安·雷杰夫斯基意识到"重复乃密码大敌",并同其众多的同伴死死抓住德军每条密报的前6个字母反复钻研,无数次在仿制的密码机上实验,就不可能破解看似无懈可击的恩尼格码,世界历史就将朝向另一个方向发展。因此,笔者认为被动搜集受到诸多方面因素的限制,使得整个情报搜集方处于十分被动的境地。

伴随互联网和数字媒介的发展,信号情报成为各国情报部门情报搜集工作的主要目标。"五眼联盟"也与时俱进,将光纤、网络、卫星通信、短波通信等信号情报作为情报工作的重点。在现代情报斗争中，越来越多的国家采用"主动搜集"的手段，直接对目标国家存储原始未加密信息的载体主动攻击，这样便可免去被动搜集所需的对数据进行解码等操作，在情报战中先发制人、占领上风。在"五眼联盟"中，美国是最会利用自身优势主动搜集情报的国家。

除了情报搜集及共享，"五眼联盟"运用的另外一种重要手段就是对目标国进行污名化和蓄意抹黑。2018年10月12日，路透社独家爆料称，自2018年初以来，"五眼联盟"一直在与其他"志同道合"的国家交换有关中国对外活动的机密信息，以对抗中国"强硬的国际战略"。报道称，各国"在暗中"进行了多次磋商交流，主要矛头对准中国，也涉及俄罗斯。成员国通过网络对舆论进行引导，大肆宣传中国国内存在的社会问题，标题往往采用夸张的、高调的字眼以吸引读者注意，同时联合多家主流媒体将相关报道设置成网站头条，报道时故意片面渲染问题的严重程度、忽视中国政府为解决问题做出的努力。

七、参考文献

（一）中文文献

1. 刘江韵、黄紫斐：《演变中的五眼情报联盟：历史与现状》，载《情报杂志》2019年第8期。

2. 黄紫斐、刘江韵：《网络时代五眼情报联盟的调整：战略引导、机制改进与国际影响》，载《情报杂志》2020年第4期。

3. 〔美〕《纽带》编译组编译：《英澳新加美五国安全情报组织》，时事出版社1989年版。

4. 〔美〕杰弗瑞·理查尔森：《美国情报界》第7版（石莉译），金城出版社2018年版。

（二）外文文献

1. Glenn Greenwald, *No Place to Hide: Edward Snowden, the NSA, and the U. S. Surveillance State* (New York: Metropolitan Books Henry Holt, 2014).

2. James Cox,*Canada and the Five Eyes Intelligence Community*, December, 2012. http://citeseerx.ist.psu.edu/viewdoc/download ?doi=10.1.1.357.5576&rep=rep1&type=pdf.

3. James Bamford, *The Shadow Factory: The UltraSecret NSA from 9/11 to the Eavesdropping on America* (New York: Doubleday, 2008).

（案例编写人：谢海星）

[第9章]
泽拉的"概念"失灵了

一、编写说明

(一) 编写目的

本案例还原了以色列军事情报部在第四次中东战争前对战争形式的判断及其预警逻辑、泽拉提出"概念"的背景，回溯了军事情报部在情报预警过程中搜集到的情报素材及相关分析人员、管理人员对情报素材的分析和处理。旨在使情报分析人员深入思考假设在情报分析中的作用和影响，尤其是情报管理者和领导者提出的假设对情报分析人员的影响；使情报分析人员深刻认识先入为主、镜像思维、"狼来了"效应等对情报预警分析的影响，推动情报分析人员思考如何在预警分析的过程中尽可能地破除以上认知障碍，提升预警分析质量。

(二) 使用方式

本案例教学采取老师布置、学员学习并补充查阅相关资料、独立作业、小组讨论、全班交流、老师点评总结的流程组织实施。

案例具体使用步骤如下：第一步，根据老师的任务布置，认真阅读消化案例材料，补充查阅相关资料，形成对案例的初步完整认识。第二步，对照关键问题，深入思考，独立完成作业，达成对案例更为深入的认识。第三步，分组进行角色模拟，在情报分析人员、情报管理者、决策者等不同角色间切换身份，讨论以色列在第四次中东战争前情报预警工作的得失。第四步，全班交流，各抒己见，在思维碰撞中深化对情报预警分析质量影响因素的认识。第五步，老师点评总结。

二、内容摘要

1970年8月消耗战结束后，以色列开始对阿拉伯国家实行遏制战略。以色列国防军的基本任务就是遏制战争以及在遏制失灵时采取有效的对抗行动。以色列所谓的遏制力，简言之，就是战争初期挫败敌之进攻的能力，其核心是空军和装甲部队的反击能力。使用这种反击能力的前提是动员，而发布动员令又依据在此之前发出的战争警报。以色列军事情报部判断，它能在敌人发动战争的24小时前发出警报。作战部对此寄予期望，把这作为发布动员令的基础。1972年10月后，军事情报部部长泽拉提出两条战略假设，即他所认定的阿拉伯国家对以发动战争的前提条件。这两条假设是：第一，埃及在获得足够的空中力量以攻击以色列本土，特别是攻击以军机场，瘫痪以色列空军之前，是不会对以发动战争的；第二，除非与埃及协同，否则叙利亚不会单独发动对以进攻。而判断埃及具备开战能力的监控指针则是其获得中程轰炸机或战斗轰炸机。在战争爆发前，这两条假设在军事情报部内被广为接受，奉为权威，所以被称为"概念"。

为达成战争的突然性，埃及、叙利亚在第四次中东战争前采取了多种伪装和保密措施以隐蔽战争企图。尽管这样，以色列情报机构仍然通过各种途径掌握了表明阿拉伯国家即将发动进攻的多类情报。以色列军事情报部直属"848部队"以及在业务上受其指导的空军、各军区情报处，搜集上报了多份表明阿拉伯国家即将发动进攻的情报，有些情报甚至还能与其他渠道获取的情报相互印证，但都因为同泽拉提出的"概念"相矛盾而被视为假情报，有些战场侦察情报甚至还未被报送到以色列军事情报部总部，就在情报搜集单位那里被扣压下了。对这种"概念"的坚信，直到10月5日才开始发生动摇。尽管如此，他们还是判断阿拉伯国家发动进攻的可能性非常小。这种错误的"情报判断"，致使搜集到的情报未能发挥预警作用。

三、关键问题

（一）军事情报部部长泽拉提出的"概念"是否合理？为什么？

（二）能力和意图是情报预警分析的两大要素，如何认识二者的关系？

（三）假设你是以色列军事情报部的一名情报分析人员，在分析研判战争征候时，你会在多大程度上参考泽拉提出的"概念"？倘若结论与"概念"相悖，又会如何处置？

（四）假设你是以色列军事情报部情报分析处处长，会如何看待和处理情报分析人员提交的与泽拉"概念"相悖的评估报告？

（五）导致军事情报部情报预警分析失误的主要原因有哪些？如何改进情报预警分析？

四、案例正文

1973年10月6日，以埃及、叙利亚为首的12个阿拉伯国家和组织，为报仇雪耻，收复失地，经过周密的战争准备，对以色列发动突然袭击，第四次中东战争（又称"十月战争""斋月战争""赎罪日战争"）爆发。这个开战时间正是伊斯兰教的斋月和犹太教赎罪日（当日斋戒，停止一切公务活动），以军没有防备，损失惨重。阿拉伯军队仅两天就突破了以军苦心经营多年的"巴列夫防线"和戈兰高地防御体系，让以色列在战争初期吃了前所未有的大亏。虽然战争以阿拉伯国家的失败告终，但战争初期战略突袭的成功给以色列人带来了巨大的人员、物质损失和心理创伤。以色列不可战胜的神话破灭了。战争过后，以色列全国上下对一度富有传奇色彩的情报界失去了信心。战后成立的阿格拉那特委员会将以色列遭受突袭的主要责任归咎于军事情报部。该委员会的调查报告称，以色列遭到突然袭击的最大原因是，军事情报部错误判断了阿拉伯国家的开战企图。这更加导致人们对情报界的严厉批评和不满，并最终导致情报界的大改组。

（一）阿拉伯人会怎样打过来

虽然从1970年8月以来，以色列主要关注的是一场两线战争，但这并不是以色列国防军所要应对的唯一战争形式。实际上，军事情报部设想了各种可能的战争形式，主要是从埃军的角度。横渡运河以攻占西奈的全面战争，只是其中之一罢了。分析处六科（埃及科）的一份40页的情报评估

(公布于1972年4月16日)概括了这些可能的战争形式。

军事情报部预计埃军会采取3种战争形式。第一种称为"小规模战斗",指使用班或连级部队进行各种战术行动,目的是攻占巴列夫防线上及其后的目标。第二种是使用炮兵沿运河一线突然开火,随后再加强火力。获得这种行动的预警信息可能性不大。第三种,也是最重要的一种形式,是横渡运河突入西奈的全面战争。军事情报部的分析人员又对此细分了3种情况。最小的一种是,使用至多一个步兵旅,以西岸的炮兵和坦克火力相配合,夺取巴列夫防线上各哨卡之间的有限地域。情报评估认为,这种行动只具有政治象征意义,埃军的正常布防无须做较大改动,也就是说,不会有预警信息。第二种,更为复杂的行动,是埃军试图攻占运河东岸西奈半岛几百米到一公里的地域,由驻守在运河西岸的五个师之中的任意一个来执行。军事情报部预计,埃军认为这一行动不必攻占巴列夫防线上的各哨卡。第三种地面进攻是以占领整个西奈半岛为目的的全面进攻。军事情报部估计,这一行动布置大约需要一到两周的时间。根据以色列所掌握的这一埃军作战计划,战争的第一阶段大约持续24小时,内容包括五个步兵师从不同地点的渡河,占领渡河点及其侧翼地区,占领运河东岸8—10公里的地域,直到以军的第二道防线。这一阶段可能在白天或晚上进行,但由于以色列空军在夜晚的作战效率较低,军事情报部认为夜晚渡河的可能性比较大。在战争的第二到第三天,埃军会前进至米特拉和吉迪山口,战争的最后阶段是占领整个西奈半岛。[1]

(二)泽拉的保证与"概念"

1972年初,以色列国防军副总参谋长塔尔将军要求军事情报部以书面形式评估其战略预警能力。1972年6月中旬,军事情报部上交了题为"应对埃叙主要危机形式的情报搜集能力"的报告。该报告肯定地指出,由于埃及的必要后勤准备,军事情报部在小规模行动前24小时,大规模行动前4—6天可以发出预警信息。在1973年4月中旬的一次讨论中,泽拉向总理

---

[1] Uri Bar-Joseph, *The Watchman Fell Asleep: The Surprise of Yom Kippur and Its Sources* (New York:State University of New York Press,2005), pp.59-60.

梅厄夫人保证说："我肯定，如果埃及发动大规模渡河行动的话，我们一定能提前知道，并可以发出预警信息。这一预警不但是战术级的而且是战役级的，也就是提前几天。"当梅厄问他如何获得这一预警信息时，泽拉说："我们可以观察敌方指挥官的巡视和部队的前移，防空阵地的加强，运河一线废弃战壕的清理，等等。总之，如果埃及军队行动，我们就会知道。"[1]

为了做到成功地预警，泽拉和他的军事情报部对1967年6月5日爆发的第三次中东战争进行了仔细研究。在第二次世界大战后第一场主要依靠空军奠定胜局的大规模局部战争中，以色列出动了几乎全部空军，对埃及、叙利亚和约旦三国的全部机场进行了闪电式的袭击。经过半天的突袭，基本摧毁了三国的空中力量，从而为以色列地面部队发起进攻，夺取战争胜利打下了基础。开战后仅6个小时，以色列空军就以损失了26架飞机的代价，击毁阿拉伯国家飞机451架，埃及作战飞机损失了95%，整个埃及空军陷入瘫痪。在这场战争中，以色列空军发挥了决定性的作用，它为以色列地面部队撑起了空中保护伞。[2] 这场战争凸显了空军的重大作用和制空权的重要性。可以说，没有制空权就没有以军的胜利。而以空袭手段获取制空权的作战方式也成了一种成功经验。以色列人从思想上把在六天战争中形成的军事思想奉为神圣，把下次战争视为六天战争的第七天一样来做准备。[3] 因此，以军情报部认为制空权就是阿方发动战争所要具备的首要条件。那么，阿方能否获得制空权呢？

第三次中东战争中，以色列空军共击毁阿拉伯国家飞机560架，自己仅损失了46架，空战战果是60∶3。在整个消耗战期间，以色列空军共击落埃及飞机105架，而自己仅损失了16架。由此可以看出以空军的战斗力之强。相较于阿拉伯国家，以色列拥有明显的空中优势。具体讲，这种优势有两种表现形式，首先是对制空权的争夺，这一点从上述空战结果可以

---

[1] Uri Bar-Joseph, *The Watchman Fell Asleep: The Surprise of Yom Kippur and Its Sources* (New York: State University of New York Press, 2005), pp.54-55.

[2] 邱057：《袖珍军事王国：以色列军事透视》，山西人民出版社2001年版，第122—128页。

[3] 〔以色列〕恰伊姆·赫佐格：《赎罪日战争》（军事科学院外国军事研究部译），解放军出版社1984年版，第2页。

看出；其次是以空军对阿拉伯国家进行的纵深突袭，这一点在消耗战中表现得尤为突出。在1970年的头四个月里，以色列飞机共出动了3300架次，向埃及目标投掷了8000吨炸弹。以空军飞机攻击的目标首先是埃军沿运河部署的雷达网，其次是内陆的防空设施。不到3个月，埃及的大多数早期部署的警戒雷达均被摧毁，同时还有3/4的一般雷达监视装置被破坏。埃及领空已成开放状态。[1]这给埃及领导人以很大的心理震慑。为了对付以色列的空中优势，埃及于消耗战后期在运河东岸部署了地对空导弹，并给以空军带来了一定的麻烦。70年代初，以色列空军情报分析家认为埃及的萨姆导弹系统对以空军构成了真正的威胁。为应对这一威胁，以空军在1970年下半年开始准备一个名为"挑战"的行动。这一行动的目的就是在战争开端摧毁埃及的导弹阵地，主要是通过与美军的紧密合作，尤其是在电子战领域。以空军认为：起码从1971年开始，空军已经有了对付萨姆导弹的合适方法。[2]

以色列军事情报部认为，根据第三次中东战争的经验，制空权是发动全面战争的必要因素和首要条件，而以色列空军恰恰又比阿方空军强大得多。因此以色列空军就成了阿方发动战争所必须对付的首要问题。同样是根据六天战争的经验，军事情报部认为，轰炸机才是适合阿方的、获取制空权的唯一方法。只有像以空军在"六天战争"中所做的那样，通过突然空袭，将以空军飞机炸毁于地面，使其不能升空作战，阿方才能从以军手中夺取制空权。所以，应选取阿方对轰炸机的获得作为预警依据的具体监控指针。

基于以上认识，军事情报部部长泽拉在1972年10月后提出两条战略假设，是他所认定的阿拉伯国家发动对以战争的前提条件。这两条假设是：第一，埃及在获得足够的空中力量以攻击以色列本土，特别是攻击以军机场，瘫痪以色列空军之前，是不会发动对以战争的；第二，除非与埃及协

---

[1] 沈威力：《以色列空军之谜》，东方出版社1998年版，第135—136页。
[2] Uri Bar-Joseph, *The Watchman Fell Asleep: The Surprise of Yom Kippur and Its Sources* (New York:State University of New York Press, 2005), pp.40-41.

同,否则叙利亚不会单独发动对以进攻。[1]而判断埃及具备开战能力的监控指针则是其获得中程轰炸机或战斗轰炸机。

(三)运河对岸不断出现的异动

1973年4月16日,军事情报部部长泽拉少将提出了一份国家情报评估报告。这时有明显的征候表明,埃及人正准备在5月发动战争:地面部队正向运河调动;在整个4月和5月上半月,沿运河一线约修建了65个坦克掩体,同时加高了他们前线的主要沙垒以便监视以色列的沙垒;在沙垒上开辟了新的通道,并且开辟了下河的新道。埃及人动员了民防,号召输血者献血,宣布在城市实行灯火管制,保护桥梁,萨达特谈到的"全面对抗阶段"也就等于宣战。尽管有上述战备活动,以色列情报机关的判断仍认为发生战争的可能性还很遥远。理由是埃及人无法对付以色列的纵深空袭。[2]

可是以色列国防军总参谋长埃拉扎尔却不这样认为,他认为埃及有可能发动进攻。他要求进行局部动员,内阁接受了他的意见。但出乎埃拉扎尔意料的是,5月没有发生任何事情。由于这次局部动员,以色列蒙受了1100万美元的经济损失,而且局部动员也空忙了一场。因此埃拉扎尔受到国内民众的强烈批评,这就导致后来他对动员令的发布变得十分小心谨慎起来。而此次动员却"证明"了泽拉的判断是正确的,更增强了人们对军事情报部和"概念"的信任。[3]

9月份的形势显得十分紧张。军事情报部首先发现叙利亚开始向前线逐步增兵。7日,军事情报部发现,叙利亚已经向前线增兵一个步兵旅,叙利亚空军的预备等级也有提高。24日,航空侦察发现,叙军已经在接近前沿阵地的后方全面展开。以色列军事情报部对叙利亚的军事部署不以为意,

---

[1] "Israel: What Went Wrong on October 6?: The Partial Report of the Israeli Commission of Inquiry into the October War", *Journal of Palestine Studies*, Vol.3, No.4 (Summer, 1974), p.193.

[2] 〔以色列〕恰伊姆·赫佐格:《赎罪日战争》(军事科学院外国军事研究部译),解放军出版社1984年版,第54—55页。

[3] 〔以色列〕恰伊姆·赫佐格:《赎罪日战争》(军事科学院外国军事研究部译),解放军出版社1984年版,第54—55页。

[第9章] 泽拉的"概念"失灵了

认为尽管在戈兰高地出现了这些战争征兆,但并不表示叙利亚会发动战争。叙利亚的军事部署可能是为叙利亚总统阿萨德出访阿尔及尔制造舆论,也可能是防止以色列的进攻,因为以色列认为,当时发生的一系列恐怖行动都是由叙利亚支持的。9月30日—10月1日,军事情报部获悉,埃及开始大规模的渡河演习,这场演习将以真正的渡河行动而告终。叙利亚将参与行动,埃叙联合军事行动由埃及指挥。这个消息刺激了南部军区司令戈南,他要求取消士兵的休假。然而,以色列军事情报部部长泽拉仍然无动于衷。他说:"我们从各处收到一些严重的情报。对有些人来说,昨天晚上是一个不眠之夜,但是,我从中看不到战争的可能性。"[1]

10月1日,叙利亚的坦克和重炮开始从后方阵地前移,部署到以色列前哨阵地的对面。与此同时,在苏伊士运河沿线埃及的"多兵种演习"终于开始。

10月1日,南部军区情报部的战斗序列情报军官本杰明·西曼·托夫中尉曾向南部军区的情报军官戴维·格达利亚中校呈送了一份报告,报告分析了埃方部队展开情况,认为那是在准备发动战争,尽管它是在演习。10月3日,他又呈送了一份报告,进一步指出:许多情况表明,演习可能是掩盖战争准备的手段。格达利亚没有转发这个下级军官的情报判断,而是把它从南部军区的敌情报告中删去了。[2] 理由是这份报告"与情报部的判断——埃军的行动是演习"互为矛盾。

10月2日,达扬和埃拉扎尔视察了戈兰高地。他们发现,叙利亚的装甲部队正在以空前的规模部署,保卫这些坦克部队的萨姆导弹已经送上了大马士革平原上的发射架。炮兵连增加到108个,第2天竟达到140个,而坦克竟有900多辆,在南部地区还发现了一个装甲旅。[3] 可以认为这是明

---

[1] 高金虎:《大卫的铁拳——二十世纪以色列情报机构绝密行动》,东方出版社2005年版,第207页。

[2] 〔以色列〕恰伊姆·赫佐格:《赎罪日战争》(军事科学院外国军事研究部译),解放军出版社1984年版,第60页。

[3] 〔以色列〕恰伊姆·赫佐格:《赎罪日战争》(军事科学院外国军事研究部译),解放军出版社1984年版,第75页。

显的战争征候。

10月3日下午，以色列总理梅厄夫人召开紧急内阁会议。军方成员是总参谋长埃拉扎尔，泽拉在军事情报部的助手（情报分析处处长）阿耶·沙列夫准将（泽拉那天病了）。总理问沙列夫："在目前的态势下，阿拉伯国家能发动进攻吗？"沙列夫回答说："有可能。"但情报部的判断是，"阿拉伯国家发动进攻的可能性很小"。会上根本没有人认真地对此提出异议。军事情报部的结论成了这次会议的结论：运河对岸的集结是"埃及的一次演习，敌人发动战争的可能性不大"[1]。

10月4日，苏联紧急从埃及和叙利亚撤出其家属。晚上，泽拉将军向总参谋长报告了苏联人从埃、叙撤出其家属的消息，这一新情况使泽拉感到很不安。[2]

10月4日，阿方指挥官错误地将有关军事行动的重要情报通过无线电进行传送。以色列军事情报部信号情报单位及时截获了埃及最高统率部发出的一个命令：暂停斋戒。10月5日下午5点左右，军事情报部"848部队"的一个信号情报站从埃及和叙利亚的无线电通信中截获了一份重要情报，称埃及和叙利亚决定发动战争，不久将会从两条战线上同时开战。[3] 由于保密措施不严，叙利亚的下级军官过早地知道了战争计划，10月6日早晨，以色列军事情报部截获了叙利亚基层军官们的电话通话，他们打电话给黎巴嫩的亲戚，说这个周末不要来叙利亚，这些电话被以色列人窃听到了。[4]

10月5日上午，召开了有国防部长参加的总参谋部会议，泽拉将军叙述了苏联通过空运撤离家属的情况。泽拉得出的结论是：可以相信，苏联

---

[1] 〔英〕伦敦《星期日泰晤士报》调研组：《中东战争》下册（上海《国际问题资料》编辑组编译），上海译文出版社1980年版，第93页。

[2] 〔以色列〕恰伊姆·赫佐格：《赎罪日战争》（军事科学院外国军事研究部译），解放军出版社1984年版，第64页。

[3] Rip, M.R. "Military Photo-Reconnaissance during the Yom Kippur War: A Research Note," *Intelligence and National Security* 7, No. 2(Apr. 1992), p. 127.

[4] Richardson, M.R.C. "Grand Deception Or Intelligence Blunder", *USMC CSC 1991*, http://www.globalsecurity.org/ milit Ary/ library/report/1991/PRC.htm.

人知道阿拉伯人可能要发动进攻，并且担心由于以色列的反击而致使他们的家属遭难。尽管如此，由于对"概念"的深信不疑，情报部还是认为阿拉伯人进攻的可能性很小。之后立即召开了内阁会议。总参谋长在介绍情况时两次强调指出，阿拉伯部队的展开既可以说是为了进攻，也可以说是为了防御。泽拉说："发动战争的可能性很小。"他把这个结论重复了3次。会议的结果与前次内阁会议（10月3日）没有什么不同。

10月6日晨，以色列判明了阿拉伯国家发动战争的企图。凌晨4时，军事情报部长泽拉接到可信赖的"摩萨德"谍报部长打来的电话。电话说，他们获得一份情报，"今天傍晚，阿拉伯国家必定从两个方向发动进攻"[1]。

以色列根本来不及动员预备役部队，而仅靠现役部队是根本无法迎战的。上午8时，召开了内阁紧急会议。埃拉扎尔要求总理批准实施先发制人的空中打击，梅厄夫人在达扬的支持下否决了这一计划。随后她又否决了全面动员的建议，只批准部分动员，此时战机已失，遭受突袭已不可避免。

五、分析思路

（一）通过背景的描述，简要了解战前以色列军事情报部的职责与地位、预警逻辑。

（二）泽拉的"概念"本质上是一种假设，而假设往往是分析的前提。泽拉的"概念"在战后遭到了广泛批评，那么该概念是如何形成的？有哪些合理性？分析人员应广泛搜集资料，了解"概念"的形成背景与过程，正确认识"概念"的影响。

（三）认真梳理对比军事情报部对每条战争征候的认识和研判，全面考察军事情报部的预警分析失误，并注意区分先入为主与镜像思维，不要将其混为一谈。

（四）以案例为基础，探讨改进预警分析的途径方法。

---

[1] 〔日〕田上四郎：《中东战争全史》（军事科学院外国军事研究部译），解放军出版社1985年版，第206页。

六、附录

(一) 战前军事情报部的职责与地位[1]

战前以色列有五个国家情报机构：以信号侦察为主要任务的军事情报部；以搜集国外情报和进行特别行动为主要任务的"摩萨德"；以维持国内治安、反间谍活动、消灭恐怖分子为主要任务的"辛贝特"；对国外政治、经济、军事、经济、教派等情况进行综合分析研究的外交部小型调查室；主要搜集外国科技情报的"拉卡姆"。在这五个情报机构中，军事情报部在规模和职能上都凌驾于其他情报机构之上，起着国家中枢情报机构的作用。军事情报部又称国防军情报部，该机构的希伯来文缩写为Aman，因此人们习惯称之为"阿穆恩"。军事情报部隶属于总参谋部，目的是对付敌对国家的军事力量，是以色列规模最大的情报机构。第四次中东战争前，军事情报部的主要职责是：对阿拉伯邻国的目标进行通信侦听、研究；用各种手段搜集军事、科技情报以及各种新式武器样品，窃取敌方的秘密文件；用现代技术手段进行侦察，分析由各情报机构送来的情报，向政府和军队首脑提供分析评估报告。[2] 军事情报部对以色列海军情报处、空军情报处、野战情报处以及各军区司令部情报处的技术侦察情报工作负有业务指导职能。

以色列的防务思想是以下述三个主要因素为基础的：以色列情报机构及时获悉并发出敌人准备发起敌对行动的预先警报；一支能制止对以色列发起大规模突击并能牵制敌军前进的强大而有力的常备陆军和一支几乎全部是正规军的空军；着重强调以色列空军进行牵制战的作用，即保卫以色列的领空并使第三个因素得以实现，立即动员预备役部队，并迅速而有效地把他们运往前线。[3] 情报机构在以色列的防务中具有重要作用，军事情报

---

[1] 成鹏俊：《第四次中东战争中以色列技术侦察情报工作研究》，解放军外国语学院硕士学位论文，2012年，第14—20页。
[2] 鲁猛：《国家安全政策调整与以色列情报体制演变》，解放军外国语学院硕士学位论文，2007年，第19页。
[3] 〔以色列〕恰伊姆·赫佐格：《赎罪日战争》（军事科学院外国军事研究部译），解放军出版社1984年版，第55页。

部更是出类拔萃。

国家情报判断报告是由军事情报部部长提供的，因为军事情报部是国家唯一拥有提出判断报告所必需的研究与判断设施的情报组织。多年来，军事情报部的规模和工作范围都有了很大的发展，从而使隶属外交部的较小的研究机构和"摩萨德"想要扩大规模或独立进行情报判断的一切企图，均成为泡影。

在以色列制定决策的过程中，除军事部门外，没有正式的参谋机构；在内阁一级、在国会甚至其他任何政府部门都没有能独立做出情报评估或评估军方提出的情报的机构。因此，尽管判断外国政府的意图最后是由内阁负责，但军事情报部在所有决策过程中仍是一个极为重要的核心组织。

达扬将军任国防部长后，他在出席内阁会议、外交事务和安全委员会会议时，总由总参谋长和军事情报部部长陪同。不久，这两名军官就开始像国防部长一样经常出现在内阁会议桌旁。情报部长的身份、国防部长的巨大威望，加之全国没有其他单位拥有足够的设施和手段能对军事情报部的情报判断提出批评，或者提出别的可供选择的判断，使得接受军事情报部的各种情报判断成为毋庸置疑的事情。[1]

（二）战前军事情报部的机构设置

军事情报部部长通常由一名将军担任，负责军事情报部的全面工作。军事情报部下设4个处和1个特种作战部队：情报搜集处、情报整编处、实地安全与军事审查处、对外关系处和特种作战部队。

1. 情报搜集处

情报搜集处负责公开和秘密情报的搜集，主管以色列全部电子信号情报搜集，辖有"848部队"、图像情报科、人力情报科、训练科和研究与发展科等。[2] 由于情报搜集处涉及技术侦察业务工作的主要是"848部队"和图像情报科，因此这里仅介绍这两个情报部门。

---

[1] 〔以色列〕恰伊姆·赫佐格：《赎罪日战争》（军事科学院外国军事研究部译），解放军出版社1984年版，第53页。
[2] 徐国豪、王健、张卫：《外国谍报辞典》，复旦大学出版社1993年版，第171页。

（1）"848部队"

"848部队"正式名称为"中央情报搜集部队"，是以色列国防军主要的信号情报部队。该部队创建于1952年，初称第二情报部队，之后更名为"515部队"，第四次中东战争时番号为"848部队"，现称为"8200部队"。该部队主要从事电子侦察活动，负责信号情报的搜集与分析，包括截获信号、窃听通信以及秘密破译等，堪称是世界上最好的信号情报机构之一。该部队也是以色列国防军中编制最多的部队，其发挥的作用堪比美国国家安全局。通常由一名准将担任"848部队"的领导人。

（2）图像情报科

该部门负责图像情报的搜集与分析工作，包括从侦察卫星、无人驾驶飞机、遥控飞行器上获取图像情报。该组织与以色列空军情报处的空中摄影部队以及海军情报处的图像情报单位共同致力于图像情报的搜集与分析。

2. 情报整编处

情报整编处下辖有地区科、专题科和文件科等，该机构负责编写国家情报评估，其主要职责是对以色列军事情报部情报搜集处以及其他情报搜集机构搜集到的信息进行分析，形成战术、战略以及作战评估报告，做出有关爆发战争可能性的评估报告，并将这些评估报告提交给包括总理在内的军事和政治决策者。

情报整编处的活动不局限于传统的军事情报研究，还从事国家、经济、工业发展状况、国内安全以及政治领域的情报研究。

3. 实地安全与军事审查处

该处是军内的反间谍单位，负责军事设施和人员的安全调查工作，负责阻止涉密信息外泄，从事敌国军事情报研究，提供安全简报，获取涉密信息，开展有关信息安全的教育及培训活动。

4. 对外关系处

对外关系处负责驻外武官派遣事宜，是与外国军事情报机构交往的桥梁。

[第9章] 泽拉的"概念"失灵了

5. 特种作战部队

特种作战部队——"马特卡勒塞雷特",即总参侦察队,是国防军特种部队。该部队创建于1957年,最初隶属以色列军事情报部157部队,一年后,独立成以色列国防军特种部队,但在组织上仍然隶属以色列军事情报部并向其汇报工作,其主要任务是反恐、侦察及情报搜集。该部队是以色列第一支野战情报搜集部队,过去常常在敌人后方获取战略情报并向军事情报部汇报工作。特种部队还担负着营救境外人质的任务。

上述五个单位直接隶属于以色列军事情报部。除此之外,以色列海军情报处和空军情报处分别接受海军司令部和空军司令部领导,在业务上受军事情报部的协调,但又相对独立。它们的主要任务是配合军事情报部开展情报工作,其领导人也是军事情报部的成员。[1]

海军情报处隶属以色列海军司令部,为以色列军事情报部部长提供海军情报方面的咨询。海军情报处负责搜集外国海军实力、战斗序列,主要搜集和分析有关海区情况、外国尤其是阿拉伯国家的海军实力以及海上威胁的情报,为支持海军行动,搜集有关国家海军军事力量、作战部署、海军装备设施,以及对以色列构成海上军事威胁等方面的情报。[2] 该处下设编制与行政科、安全科、生产科、搜集科、目标科和资料科。第四次中东战争爆发前,以色列海军拥有"雷谢夫"号、"米夫盖伏"号、"埃拉特"号、"凯谢特"号、"希伏"号和"索发"号等多艘导弹舰艇,这些导弹舰艇均安装有先进的电子侦察、噪声干扰、箔条发射等电子情报战装备。

空军情报处隶属以色列空军司令部,但在业务上受军事情报部的指导。为协助军事情报部,以及配合以色列空军的军事行动,空军情报处专门搜集有关阿拉伯国家空军作战能力和作战计划等方面的情报,负责空中侦察和情报活动的计划、实施,掌握和了解阿拉伯国家的空军力量等。其获取情报的主要手段是进行空中侦察、接受图像、声像及电子信号,并确定在战争时期应当打击的目标。为加强空军的情报工作,还专门成立了空军情报中队,其

---

[1] 曹宏:《摩西的门徒——以色列情报机构揭秘》,国防大学出版社1998年版,第62页。
[2] 高庆德:《以色列情报组织揭秘》,时事出版社2011年版,第82页。

任务是以空中侦察和信号情报的方式搜集资料，使用多种情报设备，包括可以回收和重复利用的无人驾驶飞行器。这些设备能很好地搜集图像信息。[1]第四次中东战争前，以色列空军情报处主要装备有附带电子战吊舱的F-4"鬼怪"式战斗机、携带电子干扰吊舱的A-4"天鹰"式轻型战斗机、专门用于电子战的改进型B-47"同温层"飞机、附带多种功能传感器的RF-4E幻影战斗机、美国诺斯罗普公司生产的"石鸡"AQM-91A型靶机，以及特里达因·瑞安航空公司制造的124R遥控飞行器和BQM-34-A型火蜂靶机等。

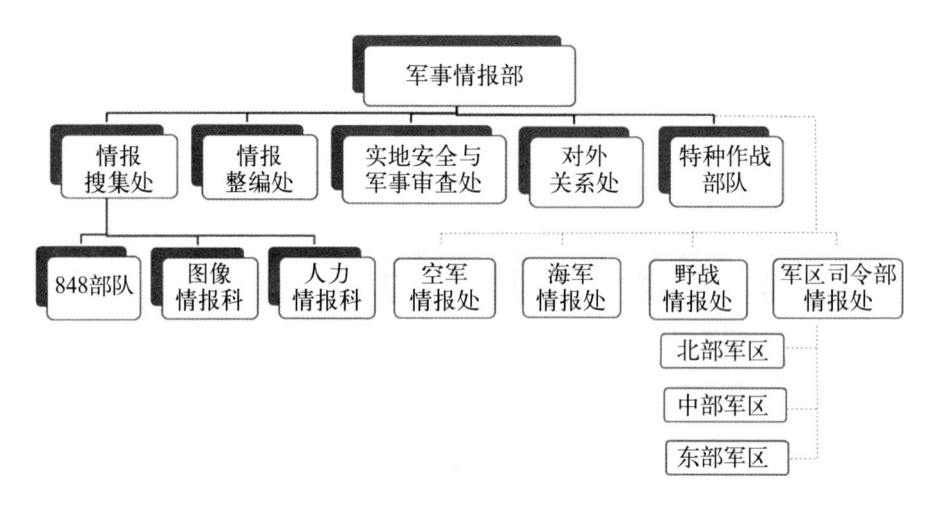

图9.1 军事情报部组织架构

七、参考文献

（一）中文文献

1. 孙建民、汪明敏、杨传英：《情报战战例选析》，国防大学出版社2010年版。

2. 高金虎等：《大卫的铁拳——二十世纪以色列情报机构绝密行动》，东方出版社2005年版。

3.〔英〕伦敦《星期日泰晤士报》调研组：《中东战争》下册（上海

---

[1] 高庆德：《以色列情报组织揭秘》，时事出版社2011年版，第81—82页。

《国际问题资料》编辑组编译），上海译文出版社 1980 年版。

4.〔以色列〕恰伊姆·赫佐格：《赎罪日战争》（军事科学院外国军事研究部译），解放军出版社 1984 年版。

5.〔日〕田上四郎：《中东战争全史》（军事科学院外国军事研究部译），解放军出版社 1985 年版。

（二）外文文献

1. Bar-Joseph,Uri & Kruglanski, Arie W.,"Intelligence Failure and Need for Cognitive Closure: On the Psychology of the Yom Kippur Surprise", *Political psychology*, Vol.24, No.1 (Mar., 2003), pp.75-99.

2. Uri Bar-Joseph, *The Watchman Fell Asleep: The Surprise of Yom Kippur and Its Sources* (New York: State University of New York Press, 2005).

3. Black,Ian and Morris,Benny, *Israel's Secret Wars: The Untold History of Israeli Intelligence* (Penguin Group, 1991).

4. Parker, Richard ed., *The October War: A Retrospective* (University Press of Florida, 2001).

5. Shlaim, Avi, "Failures in National Estimates: the Case of the Yom Kippur War", *World Politics*, Vol.28, No.3 (Apr.,1976).

（案例编写人：汪明敏）

[第10章]
旧怨添新仇
——土耳其击落Su-24飞机后俄罗斯会如何反应

一、编写说明

（一）编写目的

组建分析团队，通过使用竞争性假设分析方法研判土耳其在土叙边境地区击落Su-24飞机后俄罗斯方面会做出何种反应。学习、体验竞争性假设分析方法的核心思路、主要规则和操作方法，理解竞争性假设分析与传统经验分析方法的主要区别，在分析实践中探索和改进竞争性假设分析方法的使用技巧，尝试灵活使用其他相关的"结构化"分析技巧解决相关问题，积累使用"结构化"分析方法的经验。

（二）使用方式

挑选6—10名具有不同专业知识背景的训练人员组成一个分析团队，由1—2人充当分析流程的设计和组织者，负责任务分工，组织竞争性假设分析，其他分析人员负责补充搜集相关素材，参与竞争性假设分析。分析团队要充分设想分析过程中可能遇到的困难，思考出解决问题的办法，发展出竞争性假设分析法的基本原则未能讲明而在实际分析过程中又必须创造性使用的规则与技巧，从而真正发挥出竞争性假设分析注重证伪、规避思维定式、保持开放性思考的优点。

二、内容摘要

由于几乎无法避免的地缘战略竞争因素，俄罗斯和土耳其之间存在百年恩怨，双方在 300 多年的历史时期里爆发过十次大规模战争，以及更多无法统计的小规模冲突与摩擦。然而，尽管存在很多利益冲突和政策矛盾，冷战结束后的俄土关系却一直在斗争中保持一种微妙的平衡，双方在政治、经济甚至军事领域依然保持较为密切的合作。叙利亚战争爆发以来，土耳其出于自身利益需求，与美国共同扶持叙利亚反政府武装，这就与公开支持叙利亚政府的俄罗斯背道而驰，美、俄、土三方的武装力量都在叙利亚境内各自执行作战任务，擦枪走火的风险随时存在。2015 年 11 月 24 日，两架俄罗斯空军 Su-24 战斗轰炸机在叙利亚靠近土耳其边境附近执行作战任务，从空中对在叙土边界活动的恐怖组织目标进行了轰炸。然而，此时在附近空域负责监视俄方战机行动的两架土耳其空军 F-16 战机趁俄方战机沿叙土边界线转弯脱离时，突然向其中一架 Su-24 战机发射了一枚"响尾蛇"空空导弹将其击落。两名俄罗斯飞行员跳伞后陷入包围，其中一名被叙利亚叛军射杀，另一名则被俘虏。事发后，土耳其武装部队总参谋部立即发表声明说，土军方曾多次向侵入土耳其境内的两架俄战机发出警告，但俄方战机毫无反应。俄罗斯国防部则坚称俄方战机从未侵入过土耳其领空，而土方击落俄战机是"蓄意攻击行为"。在双方各执一词，互不相让的时候，俄罗斯政府已经表态准备对土耳其进行制裁，俄军在事发后数天就将 S-400 防空导弹系统部署到叙利亚境内的赫梅米姆基地，还派出俄黑海舰队旗舰"莫斯科"号导弹巡洋舰部署至靠近叙利亚拉塔基亚的水域，以此来加强该地区的空中防御。总之，普京政府对于土耳其方面的攻击行为一定不会善罢甘休，但是俄罗斯一定会考虑土耳其背后的北约也在密切关注己方动向。毕竟，从乌克兰危机以来，俄罗斯和北约已经多次在不同领域展开激烈博弈，双方的关系已经出现了显著恶化。在错综复杂的情况面前，分析人员应在系统、深入掌握竞假设分析方法的基本理念和使用技巧基础上，探索并改进此方法的操作过程和判断规则，创造性发扬此方法在解决复杂问题方面具有的优势，从而得出较为客观、准确的评估结论。

三、关键问题

（一）本案例的时间设定是击落事件发生后一个月，即在 2015 年 12 月 31 日之前上报分析结论，所以分析过程和结论使用的素材与观点不能超出设定时间范围。

（二）组建分析团队，采用竞争性假设分析法研判，在事发后一周之内汇报结论。筹划并准备好以下方面，比如，分析团队需要哪些类型的人员？怎么分工合作？具体分析活动怎么组织？

（三）当前拥有的分析素材主要是来自各个渠道的动态通报资料，除此之外，还要搜集哪些资料来充实分析素材？有什么措施可以弥补素材缺口？

（四）竞争性的假设应该如何提出，怎样表述才能清晰、合理却又分出不同的可能性？具有"诊断性"的证据怎么确定，如果分析人员对某些"诊断性"证据的判断存在意见分歧，能够采取何种机制处理？

（五）如果采用竞争性假设分析法得出的结论与使用常规经验分析方法得出的结论不一致，应如何处置？

（六）如何在分析过程中结合使用其他"结构化"分析方法？

四、案例正文

俄罗斯和土耳其由历史延续下来的恩怨情仇始终纠缠不清，双方在当今依然保持一种微妙和特殊的关系。在美国和周边国家陆续展开打击"IS"组织的军事行动之后，俄罗斯和土耳其表面上成为有着共同敌人的"战友"。然而，双方各怀目的，各取所需，因为叙利亚战事反而产生了不少摩擦。令人意想不到的是，2015 年 11 月 24 日，土耳其参谋部突然宣布，当地时间上午 9:20，土耳其空军出动两架 F-16 战机在与叙利亚接壤的土耳其境内击落一架侵入其领空的俄罗斯 Su-24 战机，飞机坠毁落入叙利亚境内，俄罗斯国防部很快证实了这一消息。俄罗斯两名飞行员跳伞后遭到了叙利亚境内亲土耳其的土库曼民族武装射击，一人死亡，一人被俘。土耳其军方宣称俄罗斯战机之前就曾多次侵入土耳其领空，

[第10章] 旧怨添新仇

此次被击落的Su-24战机已经进入土耳其境内,而土方飞行员在开火击落俄方飞机前5分钟曾用无线电明确发出过10次警告,土耳其击落入侵领空的外国军机合乎规则,并公布了可以证明俄方飞机入侵领空的航迹图。然而,俄罗斯方面显然不认同土耳其方面的说法,俄总统普京也发表声明对土耳其进行了强烈谴责,声称"恐怖主义帮凶在俄罗斯背后捅刀",严厉表态要采取强硬措施回击。俄罗斯军方也立即加强了驻叙利亚地区的防空力量部署,在事发后数天就将一套S-400防空导弹系统部署到叙利亚境内的赫梅米姆基地,还派出搭载有S-300防空导弹系统的俄黑海舰队旗舰"莫斯科"号导弹巡洋舰部署至靠近叙利亚拉塔基亚的水域,俄方战斗机也开始为执行任务的轰炸机提供护航。俄罗斯和土耳其均认为对方应该为事件负责,在外交方面保持了强硬姿态,两国关系因此瞬间紧张起来,事态似乎有进一步恶化的可能。事实上,自从俄罗斯强势介入武力打击"伊斯兰国"之后,俄军在叙利亚境内展开大规模空袭行动打击极端武装势力。这一举动引起了北约尤其是美国的高度警觉,认为俄罗斯是以打击"伊斯兰国"武装为名介入叙利亚战事,维护自身在中东地区的利益。俄罗斯飞机在叙利亚频繁起飞执行作战任务,更是引发了历史上与俄罗斯存在"世仇"的土耳其的强烈不满。作为北约紧邻叙利亚内战和打击"伊斯兰国"前线的成员国,土耳其政府多次指责俄飞机侵犯了靠近叙利亚的土耳其领空,多次向俄方提出"强烈抗议"却被俄方置之不理。因此,这次土耳其出动飞机击落俄罗斯战机,确实也有挟北欧之威,敲打俄罗斯的"蓄意"之嫌。然而,普京执政的俄罗斯在国际事务上一向强硬,对于土方的行为一定不会善罢甘休,但是俄罗斯一定会考虑土耳其背后的北约也在密切关注己方动向。毕竟,从乌克兰危机以来,俄罗斯和北约已经多次在不同领域交手,双方的关系已经出现了显著恶化。目前,俄罗斯和土耳其争论的焦点已经不再是俄罗斯飞机是否越境,而是俄罗斯和土耳其的关系究竟会发生怎样的变化。在错综复杂的情况面前,判断俄罗斯究竟会做出何种反应,采用竞争性假设分析方法是一个比较明智的选择。分析人员应在系统、深入掌握竞争性假设分析方法的基本理念和使用技巧的基础上，探索并改进具体的操作过程和判断规则，创造性地发扬竞争性假设分析方法在解决复杂问题方面具有的优势，使先进分析方法能够发挥有效作用。

五、分析思路

（一）不要孤立分析这一事件，一定要认真了解俄罗斯与土耳其双边关系的历史、曾经发生过的重大事件，然后再去分析当前双方的利益冲突和特定关系。

（二）提出好的相互竞争的假设是非常关键的起步，尤其需要注意假设应该处于同一层次，不要让一种假设与其他次级假设相互竞争，此外，对于相互竞争的假设的表述要做到尽可能精准。

（三）分析过程中，有部分证据是源自分析人员的经验，不需要填入竞争性假设分析矩阵，但是这些证据对于其他证据的"诊断性"或者说证伪能力提供了必要支撑，有必要对这些证据首先进行仔细衡量，避免将某些先入之见不经意地带入分析矩阵，从而动摇了结论的可靠性。不同来源的证据的可靠性也不一样，可以使用其他定量分析方法来给予权重分配，以改进原始规则对一致和不一致关系简单相加的做法。

（四）对于分歧意见的处理是非常重要的，比如一项证据被部分分析人员认定为具有高度"诊断性"，而被其他分析人员认定为没有"诊断性"，这种情况下，应综合采用其他分析方法致力于解决分歧，至少降低分歧的相差程度。

（五）采取将"A队B队"与竞争性假设分析相结合的做法也是可取的，两组初始倾向针锋相对的分析人员背靠背地组织分析，但都采取竞争性假设分析法，各自得出结论后再共同展示，往往会有意想不到的效果。

六、附录

本模拟案例所使用的素材来源包括中国、美国、俄罗斯、土耳其、英国的公开媒体资料，以及维基百科等互联网资料。

(一) 事发前后土耳其方面的相关表态和行动

事发后,土耳其方面已请求北约成员国在比利时布鲁塞尔召开特别会议,通报击落俄战机过程以及商讨对策。

土耳其总统埃尔多安11月26日在接受美国有线电视新闻网采访时说:"土耳其不会因击落俄战机向俄方道歉,相反,那些侵犯土耳其领空的人应该向我们道歉。"

土耳其总理达武特奥卢认为飞机侵犯了土耳其领空,被击落合乎规则。他在10月17日就曾表示,土耳其会毫不犹疑地击落侵犯该国领空的飞机。在10月16日,土耳其军方在靠近叙利亚边境的土耳其领空击落了一架不明国籍的无人机。

2012年叙利亚战争爆发后,叙利亚政府军用防空导弹击落了一架越境的土耳其战机。之后土耳其单方面宣布将土耳其防空领域延伸进入叙利亚8公里。

土耳其向联合国提交的文件指出,俄战机侵犯领空达17秒。土耳其参谋部宣称在击落俄方飞机之前,土方飞机使用无线电在5分钟内发出10次警告,警告无效后才最终开火。但是,土耳其方面拒绝将有关Su-24战机遭击落的相关资料移交给俄驻土武官,并表示不会将F-16战机同Su-24战机飞行员之间的通话记录公之于众。

土耳其总统埃尔多安11月28日对俄罗斯军机被土方击落事件表示遗憾,同时呼吁与俄罗斯总统普京在巴黎会面。埃尔多安在土西部城市巴勒克谢希尔的一次讲话中,一方面重申应维护土耳其的国家主权和领空,另一方面对俄罗斯战机被击落感到"难过"。他说:"我们并不希望发生这样的事情,但遗憾的是,还是发生了,希望今后不再发生。"这是埃尔多安首次在公开场合对俄罗斯战机被击落表示遗憾。

土耳其总理达武特奥卢11月29日表示,上周在土耳其击落俄罗斯Su-24战机事件中遇难的俄罗斯飞行员的遗体将被移交给俄罗斯代表。在前往布鲁塞尔与欧盟领导人会面之前,达武特奥卢向媒体表示:"这名牺牲的飞行员遗体昨晚在叙利亚边境被我们接收。"他还补充说,一名俄罗斯代表和一位土耳其军方代表将尽快飞往哈塔伊南部地区完成遗体交接过程。

（二）事发后俄罗斯方面的相关表态和行动

事发后，俄罗斯克里姆林宫发言人表示："我们目前需要耐心，这起事件非常严重，但是我们需要看到飞机完整的画面和数据，任何匆忙的外交声明都是错误的。"

俄罗斯政府证实一名俄罗斯战斗机飞行员跳伞后被地面火力击中死亡。俄罗斯军方派出一架搜集直升机前去营救，但是被反对派武装用反坦克导弹击落，一名俄罗斯陆战队成员身亡。

俄总参谋部行动总局局长鲁茨科伊11月24日称，俄军将采取"额外措施"，以确保俄罗斯在叙利亚执行反恐任务的安全。俄空军的所有轰炸机都将在歼击机掩护下行动，以确保飞行安全。此外，搭载有S-300防空导弹系统的俄黑海舰队旗舰"莫斯科"号导弹巡洋舰，也已部署至靠近叙利亚拉塔基亚的水域，以此来加强该地区的空中防御。26日，俄国防部已将最先进的S-400防空导弹系统部署在俄空军驻扎在叙利亚赫梅米姆的空军基地。

俄罗斯电视台11月25日报道，俄罗斯总参谋部官员谢尔盖·鲁德斯科伊中将日前发表声明称，俄罗斯战机并未侵犯土耳其领空。不仅如此，根据叙利亚赫梅米姆空军基地的雷达数据，土耳其战机攻击俄罗斯战机时已进入了叙利亚领空。鲁德斯科伊由此宣称，土耳其攻击俄战机的行为"严重违反国际法"。

俄罗斯《共青团真理报》11月26日报道称，土耳其反对党亲库尔德党副主席伊德里斯·巴鲁科纳表示，土耳其击落俄罗斯Su-24战机是有预谋的攻击行为。

俄罗斯国防部新闻发言人卡纳申科夫在11月26日晚表示，根据此前通过的决议，俄中断了与土武装力量现有的所有联系，包括为轰炸叙利亚恐怖分子基础设施而设立的"热线"联系。同时，俄罗斯还召回了协调黑海舰队与土耳其海军行动的俄驻土海军代表。

俄罗斯政府认为土耳其方面拒绝向俄方道歉，并强硬回绝了俄方对土方的一切指责，致使双边关系最终走向了破裂。俄总理梅德韦杰夫在11月26日的内阁会议上称，俄政府将责令相关部门，在两天时间内，以最快的速度制定出对土耳其的制裁措施。而且，这些举措将不设时限，时限取决于国际局势和俄土双边关系的发展态势。梅德韦杰夫指出，在制裁措施中，将包括对土耳其在俄境内的经济机构的活动进行限制或禁止，还将涉及俄土投资合作项目。

俄罗斯Su-24战机被击落后，俄罗斯国内以及白俄罗斯、希腊等国民众，自发举行了示威游行活动，谴责土耳其方面的举动。11月26日，俄西南部城市新罗西斯克市，近200人聚集在土耳其总领馆外，集会持续近半天，示威人群点燃了土耳其国旗，以表示对土耳其的抗议和不满。邻近土耳其的俄联邦北奥塞梯－阿兰共和国当局宣布，该国将中止与土耳其的经贸及事务关系。该国政府代表塔伊姆拉斯·图斯卡耶夫向俄媒《消息报》表示，俄战机被击落事件，将使共和国当局重新审视与土耳其的诸多协议，在冲突得到解决之前，将与土方中断所有经贸联系和事务往来。他希望土耳其官方应尽早发表道歉声明。

俄总统新闻秘书佩斯科夫11月28日则表示，俄方呼吁对土耳其有影响力的国家，尤其是美国，能确保土耳其未来的行为更具有可预见性，"不要想再击落俄罗斯飞机，不要想再对俄罗斯有所图谋"。

（三）其他方面对事件的报道和推测

英国路透社11月25日报道，一名不愿透露姓名的美国官员表示，美国方面认为，俄罗斯Su-24战机在"短暂入侵"土耳其领空后，在叙利亚领空内被土耳其击落。报道称，该官员表示此项评估是基于对战机热源信号的检测而做出的。

英国天空电视台防务记者阿里斯泰尔·班考在仔细分析了土耳其提供的两国战机雷达轨迹后，对这起事件发表了自己的看法：第一，土耳其官方标注的俄罗斯战机"侵犯"土耳其南部领空的空域非常狭窄，最大不超过50千米；第二，即便是土耳其的F-16战机在附近巡航，也需要花费时间靠近俄罗斯Su-24战机；第三，土耳其空军表示他们曾经在5分钟内向俄战机发出过多达10次警告，土耳其飞行员有足够的时间吗？第四，土耳其F-16战机在开火前，应该就在俄Su-24战机附近，有伏击之嫌。

德国《明镜》周刊 11 月 27 日报道称，莫斯科宣布，加强对来自土耳其的进口食品控制。俄罗斯农业部长已经证明，土耳其进口商品被更多监察。

《华尔街日报》11 月 27 日称，尽管俄罗斯尚未公布针对贸易、旅游业的全部拟议制裁措施内容，但可能扩大至金融、商业交易领域。俄经济部长说，扩大黑海海底天然气管道的计划可能将被搁置，同样搁浅的还有俄罗斯正在土耳其修建并帮助融资的一个核电站。有分析称，俄罗斯采取的经济制裁措施将使土耳其损失约 120 亿美元，相当于土耳其年度 GDP 的 1.6% 左右，但对土耳其水果和蔬菜的进口禁令可能推高俄罗斯已然高达 15% 的通货膨胀率。

《环球时报》记者 11 月 27 日在莫斯科参加一场由塔斯社举办的俄土关系圆桌会议。俄国家能源安全基金会副会长阿列克谢·格里瓦齐表示，喊停两国能源合作的一系列大项目，将使俄土双方都蒙受巨大损失，但眼下"不是算经济账的时机"。在会上，俄罗斯各界普遍认为，土耳其自己不会做出攻击俄战机的愚蠢决定，他背后的老板肯定是华盛顿。俄地缘政治问题学院院长列昂尼德·依瓦绍夫表示，如何处理俄土危机是摆在俄面前的紧迫问题。土攻击俄战机的行为是中情局参与制定的一场政治预谋。美国设下这一圈套的真实目的是让中东地区出现战乱。攻击俄战机的圈套不过是中情局迈出的第一步。俄应做好军事斗争的准备，应对未来危险局面。

（四）竞争性假设分析法相关资料

1. 竞争性假设分析法的主要实施步骤

第一步，召集持不同看法的分析人员集体讨论并确定所有可能的假设。通过合理的机制和方法列举出所有值得仔细调查的假设，不轻易抛弃未经证实的假设，因为一旦如此，分析人员很可能不会再去收集支持该假设的证据；也不轻易认为某些假设可能性不大或者是错误的。具体需要考虑多少数量的假设，应根据所分析问题的性质而定。通常，不确定性因素越多，得出的结论对政策的影响越大，需要考虑的假设也越多。但是，如果超过七个假设则很难处理，此时最好将其归并分组然后再进行分析。

第二步，列出支持和反对每种假设的重要证据。对于证据应该采取广义的理解，指的是所有影响判断假设的因素，不仅应包括动态情报报告中的可靠证据，还应该包括分析人员对其他国家、机构以及个人的意图和行动做出的想定和合乎逻辑的推断。分析人员应首先列出对所有假设都适用的一般性证据，然后再单独考虑每个假设，详细列出能够支持或者反驳它的证据，并在这个过程中思考是否存在缺失的信息。

第三步，制作矩阵图，考察并识别证据的诊断价值。首先，以假设为横行，以证据为竖列，分别把在第一步得到的假设和在第二步得到的证据填入矩阵图。其次，分析每一项证据与每个假设的关系。传统分析方法每次只考虑一种假设，现在分析人员则要考察每一项证据与所有假设的一致程度。为了区别证据对假设的支持程度，在填写矩阵图时可以将证据与假设的关系如一致、不一致或不相关等，分别使用相应的符号在图中表示。可以选择"＋、－、？"符号，也可以使用"C、I、N/A"（分别代表一致、不一致、不适用）。总之，只要能简洁地表示证据与假设的关系就可以。再次，分析人员应逐条考察每个证据与假设的关系，并将结果填入矩阵图。理查兹·休尔在演示"竞争性假设分析"法时，使用了一个虚拟案例：假设1993年美军轰炸了伊拉克情报中心后，情报分析部门需要判断伊拉克会否采取报复行动？通过对这个问题进行分析的矩阵图，可以清楚地了解如何完成这个步骤（如表10.1所示）。

表10.1 评估伊拉克会否采取报复行动的矩阵

	假设一	假设二	假设三
证据一	＋	＋	＋
证据二	＋	＋	－
证据三	＋	＋	＋
证据四	－	＋	＋
证据五	－	＋	＋
证据六	－	＋	＋

（续表）

假设一：伊拉克不会报复。
假设二：伊拉克将为一次小型恐怖活动提供赞助。
假设三：伊拉克正策划一起或多起针对中央情报局设施的大规模恐怖行动。
证据一：萨达姆公开声明不会进行报复。
证据二：1991年海湾战争中未发生恐怖袭击事件。
证据三：假定伊拉克不想招惹美国对其再次实施打击。
证据四：监控中的伊拉克情报机构无线电通信频繁、持续时间长。
证据五：伊拉克使馆接到加强安全防范的指示。
证据六：假定报复失败，则萨达姆的面子无法挽回。

资料来源：Richard Heuer, Jr., *Psychology of Intelligence Analysis*. Washington, D.C.: Center for the Study of Intelligence, CIA, 1999, p.101。

这种矩阵图非常有助于分析人员权衡每种证据的"诊断"价值。比如表10.1中，反映伊拉克意图的证据一与所有假设都一致，也就证明这条证据没有"诊断"价值；而证据四则具有诊断价值，因为它能够在支持假设二和假设三的同时，反驳假设一，从而需要分析人员特别重视。

矩阵图的形式设计也可以进行变化，基本的统计原则不变，但是加入了证据的来源，从而附加了对证据的可信度价值衡量，再逐项比较证据与假设的关系，做出结论。

第四步，完善矩阵图，重新考虑以前的假设，删除没有"诊断"价值的证据。分析人员应考虑是否还要添加新的假设，是否需要重新界定重要假设之间的区别，以及是否可以把某些比较接近的假设予以合并。同时，分析人员还要反思是否遗漏了某些有用的证据，并剔除没有任何"诊断"价值的证据。

第五步，对每种假设的可能性做出暂时性的结论，继续尝试证伪而非证实每一种假设。分析人员应该把矩阵图作为思考和分析的辅助性工具，使分析人员能够更加周全地把握证据与假设之间的相互关系，并找到那些会真正影响分析判断的少数关键性证据。尤其重要的是：得到证据支持最多的假设成立的可能性不一定最大，因为分析人员往往可以轻易地举出许多与某种假设相一致的证据，关键在于发现那种明显与某种假设不一致的确凿证据。

第六步，分析初步结论对于少数重要证据的依赖程度，思考假如这些证据是错误的、误导性的或可以做出不同解读，会对分析带来何种影响。这个步骤是一个回顾和复查的过程，分析人员应特别注意考虑欺骗等问题，重新审视那些对得出的判断影响最大的证据。如果发现之前的分析未能质疑一些关键性假定的合理性，那么分析人员就应该弥补这个过程。所以，进一步研究以核实关键性判断是否成立是非常必要的。

第七步，上报结论，阐述所有假设的相对可能性，而不只是上报可能性最大的假设。分析人员应在分析报告中让决策者知晓各种可能情况发生的概率，这么做的主要目的是当一种可能性原本不高的情况在现实中真的发生了，决策者也可以对其基本情况有所准备，并便于采取应急和补救性的方案。

第八步，确定观察事态未来发展所应注意的关键指标性事件，这些指标性事件可能会导致事件朝着意想不到的方向发展。分析人员不应将结论视为一成不变，而应该以开放的心态关注变化，并相应灵活地修正原有的评估结论。

2. 竞争性假设分析法使用技巧

在完成竞争性假设分析法的基本步骤时，还应该着重注意以下问题：

第一，产生初始假设时，可以将具有不同视角的分析人员组织起来采用"头脑风暴"法讨论并确定各种可能的假设。

第二，矩阵图不是一次性就可以完成的，应该适时被调整改进，完善矩阵图之后还需要重新考察假设，因为分析人员可能会加入表述更加合理的新假设和重新检查信息的可用性。

第三，关键之处在于分析初步结论对少数重要证据的依赖程度，反复考虑如果该证据是错误的、理解上出现偏差或欺骗性的会造成的后果，以及考虑是否有证据还未发现，但对于某种假设成立时是必要的，是否存在欺骗的可能性。

3. 竞争性假设分析法与传统分析方法的主要区别

首先，此方法开始于讨论各种可能性，而不是试图去证明可能性最大的一种假设，保证了各种假设均受到同等对待；其次，此方法在判断各种假设的可能性时，重视少数具有"诊断"价值、可以证伪假设的证据，传统方法则极少考虑许多证据可能同时支持所有假设的事实；最后，此方法要求寻找证据驳倒假设，最有可能的假设不是支持它的证据最多，而是反驳它的证据最少。[1] 这种方法在很大程度上克服了惯常的简化认知策略所具有的缺点，能够帮助分析人员对思考过程进行有效的人为干预，时刻提防认知局限的消极影响。

总之，竞争性假设分析法形成了从认知视角观察、解释、解决情报分析问题所使用的一套完整概念、方法和原则，尝试建立科学、合理的分析程序和方法，以此训练分析人员的思维，最终改进情报分析的质量。这种研究范式传承了传统研究范式采取科学方法论、秉持客观中立、依循严谨逻辑过程的基本特点，又实现了由"数据驱动"分析向"观念驱动"分析的研究思路转变。

七、参考文献

（一）中文文献

1. 李景龙：《情报分析：理论、方法与案例》，时事出版社 2017 年版。
2. 张晓军等：《美国军事情报理论研究》，军事科学出版社 2011 年版。

（二）外文文献

1. Cooper, Jeffrey, *Curing Analytic Pathologies: Pathways to Improved Intelligence Analysis* (Washington, D.C.: Center for the Study of Intelligence, December 2005).

2. Fingar, Thomas, *Reducing Uncertainty: Intelligence Analysis and National*

---

[1] Richard Heuer, Jr., *Psychology of Intelligence Analysis* (Washington, D.C.: Center for the Study of Intelligence, CIA, 1999), p.108.

Security (CA: Standford University Press, 2011).

3. Heuer, Richards Jr., *Psychology of Intelligence Analysis* (Washington, D.C.: Center for the Study of Intelligence, 1999).

4. Heuer, Richards Jr., Pherson, Randolph, *Structured Analytic Techniques for Intelligence Analysis* (Washington, D.C.: CQ Press, 2011).

5. PARC AI^3 Team with Richards Heuer, *ACH1.1: A Tool for Analyzing Competing Hypotheses Technical Description for Version 1.1* (CA: Palo Alto Research Center, 27 June, 2005).

（案例编写人：李景龙）

[第11章]

穆巴拉克是否会下台

——使用贝叶斯分析方法的预测

一、编写说明

（一）编写目的

组建分析小组，搜集资料掌握埃及革命发生的背景以及主要特点，梳理从埃及革命爆发到穆巴拉克宣布下台前一天的大量事件素材，整编出可用的证据资料，使用贝叶斯分析方法模拟评估穆巴拉克下台的概率。因为此次事件的结果已知，训练的目的不在于对结论的检验，而在于通过模拟分析体验定量分析的组织和实施过程，掌握贝叶斯分析方法的使用技巧，并探索改进相关定量分析方法在实践领域应用的思路。

（二）使用方式

训练的时间设定为北京时间2011年1月25日0时至2月10日24时，由1—3名训练人员组成一个分析团队：由1—2人主要负责证据事件的搜集、整理和归类；由1—2人主要负责贝叶斯分析的过程设计与结果计算；全部训练人员应共同对贝叶斯分析所得出的概率结论进行解释和整合，使之转化为可用的情报分析产品。在训练过程中，注意将贝叶斯分析与传统情报分析方法做详细对比，以深度体验定量分析方法的优点和不足，并提出改进建议。

二、内容摘要

2011年1月25日，始于突尼斯的民众革命波及阿拉伯世界影响力最大的国家埃及，开罗、亚历山大等主要城市有 100 多万人上街游行示威，反对穆巴拉克的统治。穆巴拉克政府起初表现强硬，并动用军队、警察等暴力机关强力维持秩序，并关闭了国内的网络服务。埃及政府的行为激起了民众更加激烈的反抗，军队、警察部门的态度和行为也几经改变，而以巴拉迪、"穆斯林兄弟会"为代表的各类反对派势力表现活跃，不断组织民众掀起大规模反抗活动。美国等外部势力在应对埃及革命时的态度也明显发生了转变，从偏向维持"独裁，但是亲美"的穆巴拉克政权，迅速转变为支持民众发扬民主权利推翻现政权。各种背景深厚的非政府组织也在埃及国内大行其道，通过社交软件如 Facebook、Twitter 鼓动和联络民众上街游行示威。最终在革命爆发 18 天后，在埃及执政长达近 30 年的穆巴拉克总统被迫宣布辞职下台。

一场起初是由埃及"4月6日青年运动"发起的"没有明确的纲领、没有严密的组织、没有众望所归或一呼百应的领袖"的"三无"运动，究竟是怎样演变为所谓的"1·25革命"，而且在两周左右的时间里就使现政权倒台？这一问题非常值得研究。值得注意的是，从 1 月 25 日大规模示威活动爆发开始到 2 月 11 日穆巴拉克宣布下台前，每天都发生了大量具有相当影响力的事件，而且其中充满戏剧性的转折和变化，使得很多证据之间既相互印证又前后冲突。这些证据反映的情况为使用贝叶斯分析方法提供了很好的基础条件，也为分析人员学习使用定量分析方法提供了良好的训练机会。因此，本案例要求训练人员组建分析小组，搜集整理从埃及革命爆发到穆巴拉克宣布下台前一天的大量事件素材，从中归类梳理出可用的证据资料，通过模拟分析体验定量分析的组织和实施过程，掌握贝叶斯分析方法的使用技巧，并探索改进相关定量分析方法在实践领域应用的思路。

三、关键问题

（一）如果使用贝叶斯分析方法对穆巴拉克下台的概率进行预测，应该如何依据此方法的特点设计分析过程？分析任务的时间设定为北京时间 2011 年 1 月 25 日 0 时至 2 月 10 日 24 时，训练人员不应使用设定时间之后的各种资源。

（二）定量分析需要充足、准确和客观的素材资料进行支撑，从哪些渠道可以获得设定任务时间内的事件素材，如何把这些素材分门别类，形成贝叶斯分析可用的证据？这些证据素材与其他相关背景知识素材在使用上有什么区别？

（三）应该如何设计和表述贝叶斯分析的主要假设，怎么确定分析中需要使用的先验概率？可以借助哪些辅助工具和方法完成贝叶斯分析所必需的数据计算？

（四）认真思考对分析中各种素材反映的情况进行量化的方式，尤其是这些量化的标准如何统一并可以计算？仔细斟酌如何处理可能导致误差的情况，比如素材证据的质量、先验概率的使用，以及证据权重的分配。

（五）得到最终概率后，如何对概率化的数值进行科学解释和合理转化，最终生成用户可用的结论？

四、案例正文

穆巴拉克是在萨达特总统遇刺身亡后当选总统的，可谓受命于危难之际。他刚接任总统时，国外威胁重重，国内经济不景气，通货膨胀严重，贪污盛行，腐败成风，社会动荡。穆巴拉克实施了大刀阔斧的改革，采取部分民主化措施，坚决打击恐怖主义，解决司法纠纷，推进经济改革，使埃及一度恢复了国力。然而，埃及特殊的"总统共和制"允许总统可多次连选连任，穆巴拉克自1981年上台以来，担任了4届埃及总统，执政近30年，这也导致国内多年积累所有的问题和矛盾最终还是会指向最高执政者。21世纪以来，全球经济调整变化使得埃及再度经历了严峻的经济形势，居高不下的失业率令穆巴拉克饱受批评，穆巴拉克所推进的私有化政策也遭受不少抨击，导致其执政根基不断动摇，民心生变已是不争的事实。在穆巴拉克2005年再次当选总统时，他已经无法获得前四次选举中的压倒性多数选票，而反对他的内外政治势力也在积极准备，静候时机。

突尼斯革命爆发之后，民众运动在中东阿拉伯世界国家迅速蔓延。除

[第11章] 穆巴拉克是否会下台

了沙特、阿联酋这样原本稳定和富庶的国家外，约旦、利比亚、阿曼、埃及等国家就像多米诺骨牌一样一个接一个爆发了民众反抗运动。2011年1月25日，民众运动终于波及阿拉伯世界影响力最大的国家——埃及。在开罗、亚历山大等主要城市，共计有100多万人上街游行示威，要求穆巴拉克政府为国内经济萧条、民众生活水平严重下降和民众权利得不到保障负责，甚至要求穆巴拉克结束长期专制统治下台。穆巴拉克政府起初表现强硬，并动用军队、警察等暴力机关强力维持秩序，并关闭了国内的网络服务。埃及政府的行为激起了民众更加激烈的反抗。同时，在民众上街示威游行的背后，存在多支影响埃及未来发展走势的显性和隐性力量——埃及军队、警察部门的态度和行为也几经改变；以巴拉迪、"穆斯林兄弟会"为代表的各类反对派势力表现活跃；美国等外部势力对埃及革命的态度前后不一，发生明显转变；各种背景深厚的非政府组织也在埃及国内开展秘密活动。总之，在这场轰轰烈烈的革命中，每天都自然发生了大量具有相当影响力的事件，其中充满戏剧性的转折和变化。

从1月初开始，各方势力在埃及国内政治舞台上粉墨登场，努力利用已经被激发起来的民众力量大做文章，以求达到自身目的。在焦灼发展的形势中，以穆巴拉克为首的政府处境最为尴尬，已经成为千夫所指而又似乎无力回天；埃及军方作为能够左右国内局势的重要力量，其态度和行为又非常微妙，使得外界有颇多猜疑；而以巴拉迪、"穆斯林兄弟会"为代表的反对派也在相互争斗，却又同样希望穆巴拉克下台；还有美国等西方大国态度暧昧、反复变化令局势发展更为复杂。面对应接不暇的变化，外界很难对形势有一个清晰、完整的认识，更不用说准确地判断其发展方向。此时，能不能采取定量分析的方法，从纷繁复杂的变化中把握事件发展的趋势，从而对埃及政局的发展做出一种比较精确的预测呢？这样做不仅能够和同时进行的惯常分析判断所取得的结论做出对比，而且能够有效检验定量分析方法的效能。

五、分析思路

（一）无论是对事件行为进行量化，还是提供先验概率，对背景知识全面、深入地掌握非常重要。所以在做定量分析之前，必须对事件发生的来龙去脉有足够清醒的认识，其中也必然涉及以逻辑经验为主的定性分析。想要提高定量分析概率推算的准确性，就必须做好前期的定性分析工作。

（二）对于每天发生的大量事件，既会为分析提供相关佐证，也有可能会增加判断的复杂性，所以必须首先对分析中处理的各类证据素材进行分类标识。一般来说，可以将证据分为四种类型，分别是"肯定性证据"（能够证实事件的证据）、"否定性证据"（能够证伪事件的证据）、"模棱两可的证据"（与事件相关但表达信息不明确的证据）、"缺失性证据"（与事件相关但是未能获得的证据）。对事件证据的筛选应从四类证据中按照一定的比例或规则进行采样，不能为了减少分歧而刻意挑选证据，否则误差将会被人为放大。

（三）一般来说，证据与假设的相关性以及证据来源的可靠性共同决定了证据的质量，也是分配证据权重的常见做法。在对于已经整理好的事件证据分配权重时，一定要对确立权重的规则进行充分思考，也可以采用简易的德尔菲法完成，这种做法在确立先验概率的数值时也可以采用。

（四）对于多轮贝叶斯分析，除了完成每步计算修正结论的概率外，还应该绘制出结论概率的发展变化图，尤其关注图上具有关键性转折趋势的拐点，然后再次考虑拐点证据是否经过深思熟虑，以避免失误发生。

（五）演练完成后，应认真思考和总结如何改进贝叶斯分析等定量分析方法在实践工作中的运用。

六、附录

本模拟案例所使用的素材来源包括美国、埃及、俄罗斯、英国、中国等公开媒体报道资料，以及维基百科等互联网资料。

（一）突尼斯革命简介

突尼斯革命是指发生于 2010 年末至 2011 年初的北非突尼斯反政府示威导致政权倒台的事件。2010 年 12 月 17 日，一名 26 岁青年穆罕默德·布瓦吉吉因对警察的暴行不满自焚身亡，触发境内大规模街头示威游行及争取民主活动。这次事件直接导致了时任总统本·阿里政权倒台，成为阿拉伯国家中第一场因民众起义导致推翻现政权的革命。

1. 事件经过

2010 年 12 月 17 日，突尼斯南部地区西迪布吉德一名 26 岁的街头小贩穆罕默德·布瓦吉吉遭到城市警察的粗暴对待。该青年系研究生毕业，因经济不景气无法找到工作，在家庭经济负担的重压下，无奈做起小贩。在遭到粗暴对待后，该青年自焚抗议，因伤势太重，不治身亡。这名青年的过世，在激起突尼斯人同情心的同时，也激起了突尼斯人长期以来潜藏的对失业率高涨、物价上涨以及政府腐败的怒火。

事后，当地居民与突尼斯国民卫队发生冲突，进而蔓延到全国多处，形成全国范围内的大规模社会骚乱，并造成多人伤亡。最终，在小贩自焚后的第 29 天，总统本·阿里不得不放弃这个已经统治了 23 年的国家，于 2011 年 1 月 14 日深夜飞往沙特。

当日，总理加努希宣布根据宪法接管总统职权并举行了就职宣誓，但戏剧性的是，2011 年 1 月 15 日，突尼斯宪法委员会认为加努希总理继任共和国总统违反宪法，应由众议长福阿德·迈巴扎从 15 日起代行总统职权，并最迟在 60 天之内举行大选。

尽管过渡政府已经形成，但首都突尼斯市仍然充满着恐慌和不确定性，当地人开始囤积食物和其他日常生活用品，恐慌无处不在。突尼斯军队在街上维持秩序，街上行人非常少，市场等公共场所都已经关门，突尼斯民众似乎并不希望他们的革命止于本·阿里的流亡以及其 23 年独裁统治的崩溃。

2. 主要原因

本·阿里于 1987 年发动不流血政变推翻前总统哈比卜·布尔吉巴上

台，此后他在1994年、1999年、2004年和2009年4次连任突尼斯总统。从1987年起的大约20年间，国内生产总值每年平均以接近5%的速度增长。然而，2008年的金融海啸导致旅游业走下坡，失业率上升。2010年的调查报告中指出，突尼斯的经济增长率为3.8%，但失业率达14%，其中失业人群中有30%是年轻人，另有报道指出青年失业率可能高达52%。此外，通货膨胀、政治腐败、言论缺乏自由及生活条件不佳也是造成此事件的主要原因。

除了上述的民生问题之外，还有一些原因来自互联网。之前维基解密揭露2009年6月的美国外交电文，内容为引述当时美国驻突尼斯大使罗伯特·高达科（Robert Godec）的报告，指出本·阿里家族及其兄弟手足与掌管该国经济的一名黑道分子勾结，并指第一夫人勒伊拉泽鲁·本·阿里靠兴建贵族学校赚取利益。揭露外交电文后，加深了民众对于政府不满的情绪，而这起揭露事件也成为骚乱爆发的重要导火线之一。

政府腐化和经济危机是主因，1987年本·阿里以"改变"为口号开始执政，此后，他四次连选连任突尼斯总统。2010年，本·阿里已经执政了23年。

突尼斯这些年来政治体制僵化，2002年推动了所谓的宪法修正案。在他长期个人执政下，突尼斯的个人自由受限，新闻封锁比较严重。在突尼斯，名义上允许反对党存在，但是实际上是本·阿里长期执政。他任人唯亲的现象比较严重，其女婿在国内的口碑就非常不好，人民生活还很艰难的时候，经常大搞宴会，腐败严重。

突尼斯经济主要依靠鲜花、日用品和磷酸盐的出口，以及旅游业和侨汇。金融危机爆发后，这几项受到很大打击，失业率很高，尤其是大学生等高学历人群的失业情况严重。根据突尼斯政府公布的数据，2009年突尼斯失业率达到14%。

3. 意义和影响

74岁的本·阿里离开突尼斯之前统治该国23年，他领导的政权突然垮台让人多少觉得有些吃惊，除了以上所述的经济因素外，维基解密网站起到了推波助澜的作用。正是这个网站曝光了美国外交官有关这个国家政府腐败的电文,向民众展示了本·阿里及其家族的本来面目。

2009年6月的一份电文形容本·阿里家族犹如黑手党,控制着整个国家经济的方方面面。另一份2009年的电文描述了在本·阿里女婿的豪宅里举办的一次宴会,罗马时期的文物随处可见,客人们享用着用私人飞机从法国南部小镇空运来的酸奶,一只宠物老虎在花园里漫步。还有一份题为《突尼斯的腐败:你的就是我的》的电文称,在突尼斯,只要是总统家族成员看上的,无论现金、土地、房屋甚至游艇,最终都得落入他们手中。

民众对于总统家族的腐败早有耳闻,不过这些曝光的电文让人们更清楚高层腐败的细节。显然,正是这些赤裸裸的细节再加上各种社会问题,最终导致人们走上街头。美国《外交政策》杂志称,维基解密网站曝光的电文是突尼斯这次革命的催化剂,这或许称得上是世界上第一场"维基革命"。

(二) 穆巴拉克政权及其相关人物简介

1. 穆巴拉克个人简介

穆罕默德·胡斯尼·穆巴拉克(1928年5月4日—2022年2月25日),埃及前总统、民族民主党主席。穆巴拉克出生于曼努菲亚省的农家,1949年和1950年先后毕业于埃及军事学院和空军学院,曾三次赴苏联学习。1967年,穆巴拉克参加第三次中东战争并指挥空战,1972年4月任空军司令,同年5月兼任国防部副部长,1972年至1975年任武装部队总司令。1973年1月,穆巴拉克获阿拉伯国家联盟防御理事会任命,成为埃及、叙利亚和约旦三战线空军司令,同年,在"十月战争"中指挥有功,获共和国勋章。1975年4月,穆巴拉克任埃及副总统,1978年任埃及民族民主党副主席,1980年5月兼任该党总书记,1981年10月6日至2011年2月11日,任埃及总统。1981年10月,穆巴拉克当选为埃及第四任总统,通过一系列改革,使埃及综合国力显著提升。2011年2月11日,穆巴拉克辞职。

2. 穆巴拉克政权执政情况简介

1981年10月,埃及总统萨达特遇刺身亡后,时任副总统的穆巴拉克以

98.46%的选票当选为埃及第四任总统,兼任武装部队最高统帅。穆巴拉克接任总统时,面临着严峻、困难的国内局势。为了稳定国内政局,在进行政治改革的同时,穆巴拉克把工作重心转移到经济建设上来。在政治方面,他强调法律的作用,要求所有人都应守法,同时又采取刚柔相济的方针,对大批政治犯宽容处理,但对敌对分子尤其是宗教激进成员则给予坚决打击。穆巴拉克采取的这些措施收到了一定效果,稳定了国内政局。进入20世纪90年代,他又采取一些民主化措施,坚决打击恐怖主义活动,解决了执政党与反对党之间的长期司法纠纷,国内的各种矛盾有所缓和。与此同时,他继续采取既积极又稳妥的方针,加大经济改革力度。他在财政、货币金融、汇率、商品价格、投资、改革国营企业及推进私有化等方面出台了许多新的举措,经济状况有所改观,取得了一定成绩。进入21世纪,穆巴拉克继续谨慎地推进经济改革,并建立起开放型市场经济,私有化进程不断深入。埃及政府一再申明,鼓励埃及私人投资和外国投资,努力营造适合投资的安全赢利的环境,不断健全投资过程中的法制观念,简化行政手续,提供在埃及投资的资料、信息和机会。这是穆巴拉克执政时期一项极为重要的经济改革举措。

然而,埃及国内低迷的经济气氛令国民对经济改革的呼声越来越高。2004年埃及大选前,以总理奥贝德为首的大部分内阁人员宣布辞职。穆巴拉克任命新总理纳齐夫重整经济。在克服了严峻的经济形势后,新内阁取得了一定的成功:2004—2005财政年度,埃及股市增幅位居所有新兴经济体增幅之首。不过,居高不下的失业率令穆巴拉克饱受批评。同时,公众还认为,穆巴拉克只喜欢大企业以及对企业进行私有化,而对保护工人权益没什么兴趣。在埃及,私有化政策被广泛使用,大部分公共领域的公司股份都被出售。在此种情况下,穆巴拉克仍参加了2005年新一任总统的竞选。在以往的4次选举中,穆巴拉克都以压倒性多数票当选。由于国内外的双重压力,穆巴拉克要求埃及议会修改宪法,允许在2005年9月的选举中,举行有多名候选人参加的总统选举。然而,2005年9月7日的选举投票活动,被选举观察组织认为涉及大规模操纵选举。在上述组织的报告中,有观察表明穆巴拉克使用政府车辆运载公务员为他投票,在贫困郊区和农村地区有给穆巴拉克投票的买票行为。厄尔尼诺—盖德党候选人努尔对选举结果提出异议,并要求重新选举,最终努尔被判有欺诈罪,判处5年徒刑。

3. 埃及革命爆发前国内的经济状况简介

在穆巴拉克执政期间,埃及经济还是得到了较大的发展。2008年爆发的经济危机,使埃及国民生产总值的增长率放缓。2009年,国际经济的衰退将埃及的GDP增长率降低到了4.5%。2011—2012财年,埃及经济增长2.2%,好于上一财年的1.8%。

1990年至2010年,埃及的失业率一直在高位徘徊。但是,从世界的角度来看,埃及的失业率并不算高。不过到了2011—2012年,失业率暴涨。根据埃及中央统计局的数据,2012年埃及失业人数达到330万,比2010年的230万增长了43%。

甚至埃及总理希沙姆·甘迪勒5日在开罗表示,埃及政府希望通过解决失业问题,特别是较严重的青年人失业问题,帮助实现自由与社会公正。有数据表明,到2012年底,埃及的失业率超过13%,而失业人群中近九成为15—29岁的青年。甘迪勒表示:"失业考验着我们的政府,当然我们也正在谋求失业问题的解决之道。目前,埃及的青年失业率是30%,在埃及南部,这个比例就更高,而女性青年的失业率甚至达到了同龄男性的一倍。我想这个关于青年就业问题的研讨会的召开,有助于帮助埃及人民实现关于自由和社会公正的目标。"

所以,失业率的突然暴涨,特别是青年人的失业率急剧升高,引起了很多人的心理落差,导致社会的不满情绪弥漫。而青年人大多能够熟悉使用网络工具,在网络上发泄自己的不满。根据传播学的沉默的螺旋定理,当越来越多的人表达出这一想法,这类观点越发大胆地发表和扩散,而持有相反意见的人则越来越沉默,因此形成一方的声音越来越强大,另一方越来越沉默下去的螺旋发展过程。

根据埃及中央银行10日公布的数据显示:"埃及10月份消费价格指数

（CPI）同比上涨6.7%，高于9月份的6.22%。"2011年以来，埃及的通货膨胀率很严重，而埃及的人均收入约700—900埃及镑一个月，很难供养庞大的家庭。

媒体报道埃及的腐败状况时曾经转述了以下数据：民族民主党的前秘书长Ahmed Ezz垄断了埃及的钢铁工业并占据了市场份额的60%，其资产估计达180亿埃及镑；住房部前部长Ahmed al-Maghraby的资产估计为110亿埃及镑；旅游部前部长Zuhair Garrana资产为130亿埃及镑；贸易与工业部前部长Rashid Mohamed Rashid资产为120亿埃及镑；内政部前部长Habib al-Adly资产为80亿埃及镑。传记作家Aladdin Elaasar估计，穆巴拉克家族的总资产多达500亿—700亿美元。

4. 埃及穆巴拉克政权的特点

埃及政体是总统共和制，介于西方的总统制与议会制之间。1980年5月22日，经公民投票修改宪法，规定政治制度"建立在多党制基础上""总统可多次连选连任"，并增加了"建立协商会议"的条款。埃及1952年"七月革命"后，逐渐构建起在中东具有代表性的威权主义政治统治模式。威权主义政体是现代化进程中出现的介于极权政体和民主政体之间的较温和的专制政体。威权政体出现于20世纪二三十年代的西南欧国家。至五六十年代，包括东亚、拉美、中东等众多发展中国家大多走上了以威权主义推动现代化的发展道路，威权政治成为战后第三世界国家政治发展的主流趋势。由于这些政体与20世纪上半期的威权主义有明显差别，又被国际媒体称为"新威权主义"政体。穆罕默德·胡斯尼·穆巴拉克自1981年上任以来，历任4届埃及总统，执政近30年。

5. 穆巴拉克主要副手苏莱曼简介

奥马尔·苏莱曼（1936—2012），埃及政治家，原副总统。苏莱曼1936年7月2日出生于埃及南部城市基纳，1954年进入埃及军事院校学习。他参加过1962年的也门战争，以及1967年和1973年对以色列的战争。1986年之后为埃及情报系统主管，1993年担任埃及情报局局长。2011年1月29日，被穆巴拉克总统任命为埃及副总统，2月11日，苏莱曼宣布穆巴拉克退位，他本人停止担任副总统职位，权力转移到埃及军方手中。2012年7月19日，苏莱曼在美国病逝，终年76岁。

苏莱曼是穆巴拉克的亲信，是穆巴拉克政权的核心人物，深受穆巴拉克信任。1995年，穆巴拉克前往埃塞俄比亚的斯亚贝巴访问前一天，苏莱曼强制性地建议穆巴拉克改乘军用装甲车出访，外界不解。结果在那次出访途中，穆巴拉克险遭刺杀，装甲车司机遭枪击身亡，穆巴拉克安然无恙。此后，苏莱曼备受器重，他受命领导埃及国家情报总局与美国中央情报局等别国情报机构合作，展开跨国打击恐怖分子行动，在埃及国内和国外均有"斩获"。

在埃及政坛，苏莱曼是一位中间派人物，因反对宗教极端分子的恐怖主义行径而受到美国政府欢迎，被美国媒体喻为"埃及政府处理与美国、以色列关系的最佳人选"。苏莱曼在埃及外交和情报领域扮演了重要角色，由于出面主持巴以和谈、巴勒斯坦内部和解对话而为外界瞩目。维基解密网站曝光的美国国务院外交密电也证明，讲一口流利英语的苏莱曼受到美国驻埃及大使玛格丽特·斯科比的青睐。斯科比2007年曾向国内汇报称，苏莱曼在埃及的执政阶层和普通民众中都具有影响力，曾被穆巴拉克的儿子贾迈勒视为政敌。

6.主要反对者巴拉迪及其表现简介

穆罕默德·巴拉迪，埃及宪法党主席、"全国拯救阵线"代表、诺贝尔和平奖得主、清华大学名誉博士。巴拉迪1942年生于埃及，1962年获得开罗大学法律学士学位，1971年获得纽约大学国际法硕士学位，1974年获得纽约大学国际法博士学位。通晓阿拉伯语、英语和法语。有多个大学的各种荣誉学位，还获得过许多勋章，包括埃及国民最高勋章"尼罗河大金领勋章"，2005年获诺贝尔和平奖。

巴拉迪是埃及著名改革派。2011年1月埃及爆发大规模反政府示威后，当时身在维也纳的巴拉迪立即响应，于1月27日飞返开罗，参与反政府示威，要求总统穆巴拉克下台，并表示愿意协助过渡时期的政府。他主张埃及需要制定新宪法，加强保障人权和制衡权力，并有意角逐下届总统大选。

巴拉迪抵达开罗机场时表示："这是埃及历史上的重要时刻。我来加入埃及人民的行列。"他说："对改变的渴望必须获得尊重。这个政权绝不能对示威行动使用武力。"他同时呼吁示威者保持克制。他还表示，"穆巴拉克已为国效力30年，该是他退休的时候了"。

自从2010年回到埃及后，巴拉迪就成为穆巴拉克政府最大的挑战者之一，而且他在改革派中获得了大批支持，不过他仍坚称除非拥有操控选举权力的人下台且进行民主政治改革，否则自己不会参与总统选举。巴拉迪的返回，对于示威人群来说是莫大的鼓励，也可能导致抗议规模和局势加剧。巴拉迪的反对者则表示，巴拉迪离开埃及的时间太久，缺少对埃及社会彻底全面的认识，同时质疑其进行变革的承诺，以及能否真的实现。

7. "穆斯林兄弟会"

"穆斯林兄弟会"是穆斯林兄弟协会的简称，是一个以伊斯兰逊尼派传统为主而形成的宗教与政治团队。他们的目标在于让《古兰经》与圣行成为伊斯兰家庭与国家最主要的核心价值。"穆斯林兄弟会"于1929年正式成立，1933在开罗设立总部，在50个地区建立了分支机构，在叙利亚、苏丹、约旦、巴勒斯坦等地都有支部、学校、清真寺和商业公司。该组织以训导局为最高领导机构，其成员在埃及已达50万之多，遍布社会各个阶层。

穆罕默德·穆尔西是埃及"穆斯林兄弟会"的首脑人物之一，1951年8月20日生于埃及东部省，曾先后获得埃及开罗大学工程学学士学位、金属工程学硕士学位和美国南加州大学工程学博士学位。1985年，穆尔西结束在美国留学生活，返回埃及。他多次当选埃及人民议会议员，2005年成为"穆斯林兄弟会"最高决策机构指导局的成员。

8. "四月六日青年运动"组织

"四月六日青年运动"组织成立于2008年，是埃及的一个学生组织，其初衷是支持当时的一次工人罢工。该组织在青年特别是学生中具有一定的影响力，是这次埃及国内大规模示威的最初发起者，后来其作用被其他反对派势力替代。

(三) 埃及 1 月 25 日至 2 月 10 日事件一览

为了突出警察的腐败，埃及的抗议组织者选择在 1 月 25 日举行抗议活动，因为当天是埃及警察节，是埃及全国性的节日。有人在 25 日的抗议活动中死亡。

1 月 26 日凌晨，有示威者出现在首都开罗市中心的解放广场。警方随即使用催泪弹和高压水枪力图驱散示威人群。在埃及港口城市苏伊士，警察与示威民众发生冲突，造成两名示威者死亡。另有 1 名警察在开罗伤重不治。开罗警方为驱散示威人群，出动了 2 万—3 万警力。尽管如此，示威者还是成功冲破警方封锁，前往市中心的塔利尔广场。示威者手举埃及和突尼斯两国国旗，称要效仿后者将总统赶下台。

当天，埃及网络也出现故障。

埃及政府 26 日下令禁止游行集会。这是该国持续 3 天的数万人示威抗议之后，埃及政府最新的管制措施（26 日，埃及当局还否认关于封杀网站的说法）。之前政府已经禁止了 Twitter 等通信工具的使用。

阿拉伯联合酋长国报纸 *Akhbar al-Arab* 消息称，在埃及集会民众与警方发生冲突后，被认为是埃及总统"接班人"的贾迈勒·穆巴拉克或已携妻女外逃。

1 月 27 日深夜，埃及内政部发表声明，将采取"果断措施"对付异议分子。抗议人士计划在 28 日例行礼之后，发动大规模反政府示威。声明说，民运人士"传消息给民众，于周五祈祷时在各省各清真寺前集合"。当天，埃及的社交软件 Facebook 和 Twitter 无法登录，黑莓即时通信也不能使用。

27 日，居住在奥地利首都维也纳的埃及改革派代表、下届总统大选热门人物穆罕默德·巴拉迪回国参与示威，可能将鼓舞更多埃及民众走上街头。

27 日晚，美国总统奥巴马称穆巴拉克在很多关键性问题上都是美国的盟友，"但是我一直告诉他要确保不断推进政治改革和经济改革"。埃及民族民主党总书记谢里夫 27 日说，该党有信心与其他政党和青年进行对话，表示将支持扩大青年的政治参与。他同时否认了一些政府官员逃离埃及的传言。

1月28日凌晨，首都开罗的互联网服务和手机通信中断。

28日上午，首都开罗相对平静，各重要地点有持枪警察守卫。

28日晚，位于首都开罗的埃及执政党（民族民主党）总部大楼被抗议者纵火。埃及国家博物馆当天晚上遭到不明身份人员袭击抢劫。

此前态度暧昧的美国转向支持埃及民众的"合理诉求"。28日，美国总统奥巴马通过社交视频网站YouTube回答了公众提出的问题。他说埃及需要一种表达合理不满的体制。奥巴马说："人们都能看到街头出现的那些压抑之下爆发出来的强烈不满。现在我主要是希望不能用暴力解决这些问题，因此埃及政府必须小心，不要诉诸暴力，在街头抗议的人们也必须小心，不要诉诸暴力。"奥巴马还说："埃及在很多关键议题上都一直是我们的盟友。他们和以色列达成了和平。穆巴拉克总统在中东一系列艰难问题上都提供了很大的帮助。但我也一直对他说，应该保证在改革方面达成进步，政治改革、经济改革，这些都是埃及长治久安的关键。"美国国务卿希拉里28日表示，埃及应当容许和平的示威游行者，控制保安部队并恢复与民众之间的交流。她敦促埃及政府允许和平抗议："我们深信，埃及政府此刻面临推进政治、经济和社会改革的重大机遇，以响应埃及人民的合法要求和利益。"她还指出："对于埃及警方及保安部队针对反对者所采取的暴力措施，我们深表担忧，我们呼吁埃及政府采取一切措施控制保安部队，同时反对者也不应当采取暴力措施，而是以和平的方式表达观点。"她同时要求埃及政府不要屏蔽社交网站，而Twitter和Facebook等社交网站是抗议者使用的主要沟通渠道。美国国防部部长罗伯特·盖茨说，美国对埃及、也门以及突尼斯政府一直明确表示进行政治改革的必要性。他说："人权和民众的政治权利是基本权利，中东以及其他地区很多国家民众面临的经济挑战等等都是很重要的议题。"白宫发言人吉布斯在例行记者会上说，穆巴拉克政府是稳固的，美国在这场抗争中不会选择站在哪一边。但是他说埃及的政治改革不能再等待了。吉布斯说："这是穆巴拉克总统和埃及政府的一次机会，可以展现其聆听自己民众声音的意愿。"

1月29日凌晨，埃及总统穆巴拉克发表电视讲话，要求以纳齐夫为总理的政府辞职。穆巴拉克说，埃及是一个法治国家，人民应该保卫埃及在过去十几年中取得的成果，应该通过对话和努力实现自己的理想。"我们的目标是解决失业、提高医疗和教育服务水平，我一直都很关心穷人的生活，未来也会继续关心。"穆巴拉克还表示，他将继续已经开始的改革之路。没有迹象表明穆巴拉克将辞职或离开该国。

美国总统奥巴马宣布，在埃及总统演说不久后，他们进行了交谈。

29日，埃及首都开罗爆发全面游行，老人、儿童、妇女都纷纷走上街头，游行人数不断增加。在开罗解放广场，聚集了数万名群众高喊口号参加游行，要求总统穆巴拉克辞职。埃及卫生部发言人阿卜杜－拉赫曼当天下午说，过去4天以来的抗议和骚乱已经导致至少51人死亡，1100人受伤。

穆巴拉克当晚在召集有政府高级成员参加的紧急会议之后，宣布任命埃及民航部部长艾哈迈德·沙菲克为新政府总理，同时任命埃及情报局局长奥马尔·苏莱曼担任副总统。这也是穆巴拉克执政近30年来首次设立副总统。

1月31日，大批民众上街示威，并计划稍后发起一百万人大游行，迫使总统穆巴拉克下台。

穆巴拉克早些时候前往军队指挥部，会见了高级军事指挥官。与此同时，埃及政府宣布禁止阿拉伯语半岛电视台在埃及的报道活动。当局的直升机31日早上继续在首都开罗的上空盘旋监视，民众向直升机喝倒彩。而军方的坦克，除了在市中心周围布防外，也在市区的主要马路驻守。一度离开岗位的警察恢复执勤，在市面指挥交通。

埃及重要的政治反对派"穆斯林兄弟会"表示支持巴拉迪出面与当局展开谈判。巴拉迪是联合国国际原子能机构前总干事，也是诺贝尔和平奖获得者。

经过连日的冲突及抢掠，市内不少建筑物留下被破坏的痕迹。不少居民为免遭暴徒抢掠，自发组织起来，以棍棒为武器，在路口设置路障，检查来往的可疑车辆。民众继续在市中心的解放广场周围集结，响应百万人大示威和全国大罢工的号召，希望进一步向总统穆巴拉克施压，迫使他下台。

2月1日，军方发表声明，表明不会使用武力对付示威者，又说公民用和平方法表达意见的自由得到保障，派驻在街上的士兵是要保障人民的安全，但绝不容许抢掠及破坏的非法行为。这次是军方首次表态不会向示威民众动武。

穆巴拉克1日晚发表电视讲话，说自己无意竞选下届总统，将在本届剩余任期里努力保证政权平稳过渡，并敦促议会修改宪法中有关总统竞选人条件和任期的条款。埃及将在2011年下半年举行总统选举。根据埃及宪法，总统任期6年，可连选连任。

2月2日，军方发言人2日发表电视讲话，呼吁民众结束示威游行，尽快使社会生活恢复正常。

埃及国防部一名发言人在电视讲话中对示威者说："你们的信息已经传达，你们的要求也已被知晓。"他同时呼吁示威者继续为建设国家效力。这名发言人表示，军队和人民有能力渡过现在的困难时期，无论存在什么样的挑战，埃及军方将一如既往地保卫埃及。

截至2月2日，埃及抗议活动造成100多人死亡，上千人受伤。

2月3日，穆巴拉克在开罗总统府表示，他已"厌倦"总统职位，愿意现在就辞职。但由于担心国家陷入混乱，他不能现在辞去总统职务。

穆巴拉克在接受美国全国广播公司记者采访时，他的儿子贾迈勒在场。穆巴拉克表示，他从未打算让儿子接任总统。穆巴拉克重申："我永远不会逃离。我要死在埃及这片土地上。"

同日，埃及副总统苏莱曼表示，不论是总统穆巴拉克还是他儿子贾迈勒，都不会参加2011年8月或9月的总统选举。这是埃及首次宣布贾迈勒不参选。2011年总统选举前将完成关于总统选举候选人和总统任期的宪法修改，并将付诸全民公决。

美国总统奥巴马1日发表讲话说，埃及政权的"有序过渡必须是有意义的、和平的,并且必须从现在开始"。当被问及对此作何反应时,穆巴拉克说,他会告诉奥巴马,"你不了解埃及文化以及我现在辞职将会发生什么事"。

当天,穆巴拉克的支持者再度与反对派发生冲突,一些人还用棍棒和拳头殴打外国记者。

2月4日,要求民主改革的示威者潮水般地涌入开罗解放广场,反政府民众的领导人称今天是"下台日",这是示威者要求总统侯赛因·穆巴拉克交出权力的最后期限。

巴拉迪对记者说,穆巴拉克应该听到人们清晰无误的呼声,有尊严地辞职。据美联社报道,他称这"事关信任,而如今信任已荡然无存"。

一个罕见的举动就是,埃及的国防部长侯赛因·坦塔维和其他高级将领在天亮后巡视了解放广场,这表明今天的示威活动是军方许可的。埃及军队这些天起着调和示威者和政府支持者的作用,可能是保持中立、不介入冲突。据《卫报》报道,成百上千的抗议者齐声唱诵、祈祷,还一齐唱埃及国歌。然后他们把一个坐在轮椅里的人连同轮椅抬起,他在涌动的人群上头振臂挥拳。志愿者开设了临时医疗站和安检点,穆巴拉克的支持者不能进入。

美国的外交官们正在讨论穆巴拉克立即辞职并把权力交给副总统奥马尔·苏莱曼的可能性。欧洲的外交官们当天也在布鲁塞尔开会,试图制定政策支持埃及的民主运动,这是埃及危机以来他们第一次召开会议。

2月5日,穆巴拉克召集政府总理及一些部长在总统府就埃及经济形势召开会议,着重讨论抗议活动对经济造成的影响和确保民众基本生活等议题。

"穆斯林兄弟会"说不会指派候选人参加埃及新总统大选。"穆斯林兄弟会"是此次反政府抗议活动的主要组织者之一,此前一直被埃及政府认定是非法组织,其坚持与政府对话的条件是穆巴拉克总统必须立即离职。该组织官员6日表示,尽管同意加入对话,但这一要求没有改变。美联社援引"穆斯林兄弟会"一份声明的内容报道,这一组织代表将参加与苏莱曼的对话,要求后者实现本方"合法和公正的要求"。一名不愿公开姓名的"穆斯林兄弟会"成员告诉法新社,之所以同意与政府对话,是因为"我们希望看看他们准备接受多少民众的要求"。他认为,反对派与政府对话可以阻止"外国或地区势力插手我们的事务"。

埃及执政党民族民主党执行委员会5日集体辞职,其成员包括总书记谢里夫和穆巴拉克之子贾迈勒。民族民主党成员胡萨姆·巴德拉维被任命为该党新任总书记和政策委员会书记。

中东问题有关四方——联合国、美国、欧盟和俄罗斯5日在德国慕尼黑举行会谈,就中东问题和埃及最近局势进行了磋商。联合国秘书长潘基文、美国国务卿希拉里、俄罗斯外长拉夫罗夫参加了此次在慕尼黑安全政策会议期间举行的会谈。有关四方会后发表书面声明说:"有关四方注意到最近在埃及和该地区其他国家局势的发展变化。四方成员考虑到这些事件对阿拉伯和以色列和平的含义,同意在下一步会谈中作为首要关注事务进一步加以讨论。"

埃及各银行关门一周后于周日重新营业,雇员们陆续上班,顾客排起长队等待处理业务。银行家们在交易室忙着处理混乱的业务,海外投资和当地商人则纷纷抛出埃及镑。街头示威行动已导致埃及相当部分经济陷入瘫痪,同时失去重要的外汇来源。

军方装甲车在街头路口驻防,士兵们垒起沙包掩体,很多大型国有银行的雇员搭乘公交车上班。

2月6日,埃及最大的反对派组织——"穆斯林兄弟会"派出代表,首次参加埃及政府与各反对派之间的政治对话。这次对话决定设立一个由各方代表参加的宪法修改委员会,同时还决定成立另一个委员会,负责处理解除对媒体限制,以及视国家安全局势结束紧急状态等问题。

随着埃及政府与反对派开始正式的对话,埃及局势以和平收场的可能又再增加。

副总统奥马尔·苏莱曼6日与"穆斯林兄弟会"等反对派团队的代表对话,商讨如何结束国内政治危机,两名"穆斯林兄弟会"领导层官员参加了对话。会议决定设立一个由各方代表参加的宪法修改委员会,以确定穆巴拉克总统承诺的宪法改革的具体方案。

虽然示威仍在继续,但埃及街头局势正在缓和。埃及首都开罗多家银行从昨天开始恢复营业,不少民众到银行取钱,试图回归正常生活。

2月10日,穆巴拉克发表电视讲话,宣布根据宪法会将部分权力移交给副总统苏莱曼,但他本人不会辞去总统一职。

七、参考文献

(一)中文文献

1. 李景龙:《情报分析:理论、方法与案例》,时事出版社2017年版。
2. 高庆德:《军事情报分析模型建构》,军事科学出版社2010年版。

(二)外文文献

1. Fisk, Charles E., "The Sino-Soviet Border Dispute: A Comparison of the Conventional and Bayesian Methods for Intelligence Warning", in *Studies in Intelligence,* Vol.16, No.2, Spring 1972.

2. Gannon, Michael W., *Cruise Missile Proliferation: An Application of Bayesian Analysis to Intelligence Forecasting*, Master's Thesis of Science in National Security Affairs, from the Naval Postgraduate School, September 1992.

3. Heuer, Richards Jr., *Quantitative Approaches to Political Intelligence: The CIA Experience* (CO: Westview Press, 1978).

(案例编写人:李景龙)

[第12章]

距离阻止"9·11"恐怖劫机也许只差两步

一、编写说明

(一)编写目的

社会网络分析是将社会关系结构视为一种网络,对网络中的社会行动者间的关系及其属性进行分析的一套规范和方法。使用社会网络分析方法对恐怖组织及其活动进行网络分析,有助于解构和分析恐怖组织网络,发现恐怖组织成员体系、结构特征与行动目标,洞悉恐怖组织计划实施的阴谋活动,实现对恐怖活动的有效预警和打击。本案例回溯了美国情报机构在"9·11"恐怖袭击前对可疑人员的跟踪监控及分析研判情况,旨在使情报分析人员通过使用社会网络分析方法挖掘"9·11"恐怖袭击网络,体验从节点到网络的分析过程,掌握社会网络分析方法的使用技巧,深入思考社会网络分析在反恐预警情报分析中的作用,探索通过社会网络分析改进反恐预警情报分析的途径与方法。

(二)使用方式

本案例教学采取老师布置、学员学习并补充查阅相关资料、独立作业、分组讨论、全班交流、老师点评总结的流程组织实施。

案例具体使用步骤如下:第一步,根据老师的任务布置,认真阅读消化案例材料,补充查阅相关资料,形成对案例和社会网络分析方法的初步完整认识。第二步,对照关键问题,深入思考,独立完成作业,达成对案例和社会网络分析方法更为深入的认识。第三步,分组讨论。假设美国情报部门在早期发现恐怖袭击嫌疑分子及其相关活动时就运用社会网络分析法，美国情报部门应尽可能地掌握哪些素材，才能将恐怖分子隐蔽的组织网络和秘密的关联模式挖掘出来，对其未来可能的威胁活动作出预测。第四步，全班交流，各抒己见，在思维碰撞中深化对社会网络分析流程及其在反恐预警中的应用价值的认识。第五步，老师点评总结。

二、内容摘要

2001年9月11日，本·拉登领导的"基地"组织对美国发动了震惊世界的恐怖袭击。4架民航客机被劫持，其中2架撞击位于纽约曼哈顿的摩天大楼世界贸易中心，1架袭击了首都华盛顿附近的国防部所在地五角大楼。第四架被劫持的飞机在宾夕法尼亚州坠毁。袭击造成近3000人丧生，对美国以及世界经济、安全格局都产生了重要影响。由于未能及时提供准确的情报预警，美国情报界遭到广泛指责。各界也对情报预警失误的原因进行了深入反思。美国参议院情报委员会副主席约翰·洛克菲勒、美国情报预警理论的奠基者辛西娅·克莱博等均指出，情报部门对"9·11"事件预警失败的一个重要原因在于未能"联结节点"。美国学者瓦尔季斯·克雷布斯对"联结节点"的方法进行了探索，他明确提出："社会网络分析是用于'联结节点'的一种数学方法，我们能够运用网络分析法对复杂的有时甚至是隐蔽的群体和组织进行绘图和测量。""9·11"事件后不久，他根据相关部门发布的公开信息，利用社会网络分析方法对参与"9·11"恐怖袭击的所有恐怖分子以及恐怖分子之间的交往信息进行了整理分析，构建出了"9·11"恐怖袭击的恐怖分子网络。尽管有马后炮之嫌，但从他的分析研究中可以看出，如果美国情报部门在事件发生前能够紧紧抓住纳瓦夫和哈立德这两个最先发现的嫌疑人，通力协作，对其人际网络实现不间断、全方位的监控与分析，就有可能在确定了初始嫌疑人的基础上挖掘出更多嫌疑人，并将他们联结起来，成功构建出其恐怖分子网络，及时发现其袭击阴谋。

在全球化与信息化的大背景下，恐怖组织及其活动越来越呈现网络化趋势，形成一种隐蔽化网络。运用社会网络分析法对恐怖组织的隐蔽网络进行分析，可以在找出相关人员节点的基础上，追踪分析人员之间的关系，通过"联结节点"构建出局部乃至整体关系网络，在关系网络的基础上研判其可能的威胁活动，提前发现恐怖组织计划实施的阴谋活动，及时发出预警。分析人员应认真研究和学习社会网络分析方法的基本内涵与应用价值，熟练掌握社会网络分析法的具体步骤和使用规则，严格依据规范化的操作程序完成分析，积累社会网络分析方法的使用经验。

三、关键问题

（一）假设你是美国情报机构负责反恐预警的分析人员，在"9·11"恐怖袭击前发现嫌疑人员的线索后，你将负责组织人员开展社会网络分析，如何设计分析过程，如何分配任务，如何协调资源，如何确保成效？

（二）有关恐怖袭击嫌疑人员的信息非常有限，如何获取、整理更多的可用资料，从中挖掘出有助于开展社会网络分析的有用素材？情报共享对社会网络分析有何重要意义？

（三）确定初始节点后，应如何尽可能准确、全面地扩增直接与间接节点？

（四）恐怖组织网络测量分析是社会网络分析的重要内容，主要包括节点核心度分析、网络松散度分析、网络结构分析。从预警的角度看，对恐怖组织的测量分析不仅有利于集中情报资源对关键、高影响力成员展开持续监控和分析，准确研判其威胁意图与行动，还有利于在了解恐怖组织内部结构，尤其是担负不同任务团伙的基础上及时把握恐怖组织网络的动态变化，预测其未来发展方向。以对"9·11"恐怖袭击网络的社会网络分析为例，节点核心度分析、网络松散度分析、网络结构分析在情报预警价值上有何不同？

（五）社会网络分析方法应用于反恐预警情报分析存在哪些缺陷？

四、案例正文

1999年末，美国国家安全局对中东一处可疑的恐怖主义设施的有关通信进行了分析，发现几名"行动骨干"计划于2000年1月初赶赴吉隆坡。最初国家安全局只知道这3个人的名而不知道姓，分别是纳瓦夫、萨利姆和

[第12章] 距离阻止"9·11"恐怖劫机也许只差两步

哈立德。国家安全局分析人员准确地推断出，萨利姆就是纳瓦夫的弟弟。这些人不仅与"基地"组织有联系，还与1998年的美国大使馆爆炸案有关，中央情报局的一位官员据此推测说，"恐怖分子正在策划更邪恶的行动"[1]。

中央情报局很快就掌握了哈立德的签证信息，确定哈立德的全名是哈立德·米德哈尔，并发现他离开也门后于2000年1月5日到达吉隆坡。当时，中央情报局暂不清楚其余人员的身份，但当他们与哈立德在吉隆坡会合后，中央情报局对这3人也进行了监视。当时，中央情报局对其余人员的身份暂不清楚，但当他们与哈立德在吉隆坡会合后，中央情报局对3人进行了监视。1月8日，监视小组报告称，这3名阿拉伯人突然离开吉隆坡，搭乘短途航班前往曼谷。他们认出其中一人就是哈立德·米德哈尔。监视小组后来得知，与哈立德·米德哈尔同行的人中有个叫阿尔·哈兹米的人，但当时并不清楚此人就是纳瓦夫。2000年3月初，曼谷的中央情报局人员查明阿尔·哈兹米就是纳瓦夫·阿尔·哈兹米且持有美国签证，已于1月15日飞往洛杉矶。尽管哈立德·米德哈尔与纳瓦夫·阿尔·哈兹米搭乘同一架飞往洛杉矶的航班，但他却没有留下曼谷出境记录。中央情报局两次都没有把哈立德·米德哈尔或纳瓦夫·阿尔·哈兹米的信息输入国务院的"线报"监控名单中，第一次是在1月份中央情报局获悉哈立德·米德哈尔持有美国签证，第二次是3月份中央情报局得知纳瓦夫·阿尔·哈兹米持有美国签证并买了一张飞往洛杉矶的机票。在发现哈立德·米德哈尔拥有有效的美国签证时，中央情报局也没有通报联邦调查局。关于纳瓦夫·阿尔·哈兹米的相关信息，中央情报局同样没有通报联邦调查局。联邦调查局对哈立德·米德哈尔持有美国签证和纳瓦夫·阿尔·哈兹米已飞赴美国的情况毫不知情。

2001年1月，中央情报局得知，有线人发现2000年10月美国海军"科尔"号驱逐舰爆炸案的重要人物卡莱德（又名陶菲克·本·阿塔希），与哈立

---

[1] National Commission on Terrorist Attacks Upon the United States, *The 9/11 Commission Report: Final Report of the National Commission on Terrorist Attacks Upon the United States* (New York: W.W. Norton & Co., 2004), p. 181.

德·米德哈尔在吉隆坡进行了会面。2001年5月，中央情报局的一位官员在收到大量的威胁报告后，再次查阅分析了所有相关记录，发现了哈立德·米德哈尔持有美国签证、纳瓦夫·阿尔·哈兹米已经飞往美国以及卡莱德参加了吉隆坡会面等情况。上述情况，中央情报局都没有告知联邦调查局。2001年6月，在6月11日的会议上，中央情报局与联邦调查局的官员们没有将和吉隆坡会面有关的所有消息都告知"科尔"号驱逐舰爆炸案的调查人员。[1]

2001年夏，联邦调查局内部3个不同的部门也获得了可疑恐怖分子在美国活动的线索：一是凤凰城办公室在一份备忘录中认为本·拉登可能派恐怖分子到美国飞行学校，建议开展调查；二是明尼阿波利斯市的联邦调查局官员怀疑该市一个宗教激进成员可能与一劫机案有关，于是逮捕了他；此外，纽约办公室怀疑哈立德·米德哈尔和纳瓦夫·阿尔·哈兹米为恐怖分子。但上述3个部门都没有共享这些情报。即使在联邦调查局的高层，代理局长汤姆·皮卡德也是在"9·11"事件发生后才获知这些重要情报。2001年8月，联邦调查局没有意识到与哈立德·米德哈尔和纳瓦夫·阿尔·哈兹米抵达美国有关的信息的重要性，因而没有采取相应的措施共享这一信息和分配资源，也没有给予搜查工作足够的重视。

此后，美国情报机构也再没有搜寻纳瓦夫·阿尔·哈兹米、萨利姆和哈立德·米德哈尔等三人的下落。[2]2001年8月，中央情报局没有将哈立德·米德哈尔、纳瓦夫·阿尔·哈兹米和穆萨维的情况和反映恐怖分子即将发动袭击的威胁报告联系起来。[3]事实上，纳瓦夫·阿尔·哈兹米与哈立

---

[1] National Commission on Terrorist Attacks Upon the United States, *The 9/11 Commission Report: Final Report of the National Commission on Terrorist Attacks Upon the United States* (New York: W.W. Norton & Co., 2004), pp. 355–356.

[2] 以上关于美国情报机构从发现纳瓦夫与哈立德可疑，到对其进行监控，再到最后丢失这一重要线索的叙述，参见 National Commission on Terrorist Attacks Upon the United States, *The 9/11 Commission Report: Final Report of the National Commission on Terrorist Attacks Upon the United States* (New York: W.W. Norton & Co., 2004), pp. 181–182。

[3] National Commission on Terrorist Attacks Upon the United States, *The 9/11 Commission Report: Final Report of the National Commission on Terrorist Attacks Upon the United States* (New York: W.W. Norton & Co., 2004), p. 356.

德·米德哈尔正是"9·11"恐怖袭击中撞击美国五角大楼的美洲航空公司77号航班的劫机恐怖分子。此二人尤其是纳瓦夫·阿尔·哈兹米还是整个恐怖袭击组织网络中的关键成员。

五、分析思路

（一）分析人员要尽可能全面地获取相关素材，从有关"基地"组织的海量信息中敏锐地捕捉到可疑事件、发现可疑人员，并将可疑人员作为初始节点进行进一步的跟踪监控和分析，以发现更多的节点，将所有节点联结起来。

（二）将搜集到的恐怖分子各种关系数据转化成矩阵形式，运用网络分析软件予以分析研究，将恐怖分子隐蔽的组织网络和秘密的关联模式视觉化为网络关系图。

（三）通过节点核心度测量分析，挖掘出恐怖组织网络中的关键、高影响力成员，找出核心人物，从而为反恐预警工作确定重点方向，并根据核心人物获取其他可疑恐怖分子的线索。

（四）通过密度测量、凝聚子群分析等探究恐怖组织成员间的联系强度并捕捉其行为特性，帮助发现恐怖组织中的内部团伙，从而在发现单个节点（恐怖分子）的基础上实现节点的联结，及时洞悉恐怖组织的当前活动及其运作模式，并对其未来可能的威胁活动做出预测。

（五）以案例为基础，探讨改进社会网络分析的途径方法。

六、附录：社会网络分析及其在反恐预警中的应用价值[1]

在全球化与信息化的大背景下，恐怖组织及其活动越来越呈现网络化趋势，形成一种隐蔽化网络。运用社会网络分析法对恐怖组织隐蔽网络进行分析，可以在找出相关人员节点的基础上，追踪分析人员之间的关系，通过"联结节点"构建出局部乃至整体关系网络，在关系网络的基础上研判其可能的威胁活动，提前发现恐怖组织计划实施的阴谋活动，及时发出

---

[1] 汪明敏：《反恐预警分析研究》，军事科学出版社2016年版，第271—305页。

预警。正如台湾学者汪毓玮所言:"社会网络组织分析是能强化预警情报分析的有用方法之一,其目的是要加强预测之能力,经由正确的诠释社会网络组织,以协助在社会网络组织内对个人或组织之行为及决策之预测……换言之,社会网络组织分析是联结节点之数学分析方法,若能有效联结多组节点就能浮现出整个组织之网络架构;而一旦有了网络组织图,就可使用社会网络组织母体来找出整个网络或部分路线及判断出可能之行动,亦即会比较容易地提出恐怖分子将攻击之人、地、时、目标与方法等之战术预警情报。且透过此种方法及所建立之'关系资料库',经由长期之累积与修正,将能建立与不断更新恐怖分子之'预警名单',则其所能发挥之预警功能也会逐渐提升而能强化长期对恐怖活动监控与预先防阻之效。"[1]

(一)社会网络分析的内涵

社会网络分析是在研究人际关系的过程中,运用数学、统计学、社会学、人类学等多学科成果与理论所形成的知识体系,在其发展初期主要是作为一种研究方法或研究工具被用来进行相关社会学、人类学研究,但随着社会网络分析方法的不断拓展,"社会网络分析不仅是一种社会研究的具体方法,更是一种研究社会结构关系的新观点。社会网络是人类关系特征的突出表现形式,它集中体现了社会的结构属性。而且,社会网络分析并不限于微观的个体互动层面,它也可用于分析宏观的社会现象,如组织结构、社会关系甚至国际关系等"[2]。

加拿大社会网络分析学者巴里·韦尔曼指出:"网络分析探究的是深层结构——隐藏在复杂的社会系统表面之下的一定的网络模式。"[3]从形式上看,社会网络都可以定义为一组已经或有可能(直接或间接)连接的点,这些点的特征和它们之间关系的全体。其中,点可以是社会分析的任何单位,如个人、群体、组织和社区等,点的特征指的是这些单位本身的特征。点之间的连接表示点之间的某种关系。关系具有一定的内容,这一

---

[1] 汪毓玮:《从预警情报分析探讨社会网络分析法之运用——以恐怖主义活动为案例》,载《通识教育教学及研究方法学术研讨会论文集》(台湾),第 123 页。

[2] 林聚任:《社会网络分析:理论、方法与应用》,北京师范大学出版社 2009 年版,第 2 页。

[3] Barry Wellman, Network Analysis: Some Basic Principles, *Sociological Theory*, 1983, No. 1, p. 157.

内容就是关系的实质。社会网络分析就是包括测量与调查社会系统中各部分("点")的特征与相互之间的关系("连接"),将其用网络的形式表示出来,然后分析其关系的模式与特征这一全过程的一套理论、方法和技术。[1] 根据社会规律,不同的个体在不同的客观环境影响下,会形成不同的社会网络。个体情况是可以通过其所处的社会网络和与社会网络关系得出的。换句话说,通过分析个人的社会网络,可以得出个人在其社会网络中的特征,又因为同一类人会在同一类社会网络关系中表现出类似的特征,所以通过对类似的特征加以经验分析,也能推测出个体以及其所属的社会网络的类型。[2]

社会网络分析的最重要的特征是,其分析对象是行动者之间的关系,而不是行动者的属性。以往的地位结构观关注的是行动者或不同类别群体的属性,即其不同的类别特征、态度、状态等。但是社会网络分析关注的不是单个行动者的特征,而是行动者之间的关系结构。也就是说,网络结构观认为,相关联的行动者之间的关系具有特别的重要性。因此,行动者之间相互联结而形成的关系是社会网络分析的基础。这也是社会网络分析区别于其他分析方法的重要方面。[3]

(二)恐怖组织的网络特性

恐怖组织网络是一种特殊的社会网络,它的基本构成要素是恐怖分子及恐怖分子间的关系,主要功能是为恐怖分子和恐怖组织的生存、发展以及恐怖活动的组织实施提供各种支持。这种网络(主要是指 20 世纪 90 年代以来的恐怖组织网络)具有结构松散、组织灵活等典型特征,且没有明确的中心和等级结构,因而有利于恐怖分子根据自身需要和环境的变化采取相应措施,对于他们保持隐蔽性和灵活性起到了关键作用。社会网络的基本要素在恐怖组织分析中具体指:可疑恐怖分子、可疑恐怖分子之间确定或者不确定的恐怖活动关系和恐怖活动关系网。

---

[1] 汤汇道:《社会网络分析法述评》,载《学术界》2009 年第 3 期。
[2] 黄熙捷、刘倩好:《社会网络分析在打击有组织犯罪中的运用》,载《湖北警官学院学报》2012 年第 2 期。
[3] 林聚任:《论社会网络分析的结构观》,载《山东大学学报》(哲学社会科学版)2008 年第 5 期。

1. 恐怖组织结构的网络化

传统的恐怖组织采用金字塔型的等级制结构，即组织内部自上而下有森严的上下级等级关系，组织内部的职权从最高层向最底层垂直分布，上级对下级有领导指挥和控制权，下级必须严格服从上级的命令和管理。等级制组织具有垂直、明确的指挥、控制和职责链，信息和命令在这些垂直链渠道内上传下达，相关资源也通过这一渠道配置、流动。组织领导层位于金字塔顶端，负责指挥控制和发布命令。领导层下面一般设有若干分支机构，这些分支机构间各有分工，与组织领导层保持直接联系。在组织和实施恐怖袭击时，多个分支机构相互配合，有的负责情报侦察，有的负责后勤保障，有的负责实施袭击等。这种等级制组织结构有利于恐怖组织开展协调一致的整体行动，对组织成员也能进行很好的管理和控制，对保持恐怖组织的凝聚力有积极作用。但另一方面，正如反政府运动分子路易·毕姆指出的那样，"传统等级式的金字塔型组织对于从事反政府斗争的参与者们是十分危险的，因为它的指挥链很容易暴露"[1]。在传统的等级制组织结构下，恐怖活动需要经过多方的协调、配合，效率较低，而且由于指挥链较长，谋划实施恐怖活动的恐怖分子暴露的风险高，一旦指挥链暴露，很容易被一网打尽。

20世纪八九十年代以来，越来越多的恐怖组织认识到，如果他们没有可以被摧毁的中央机构，也没有个体之间的明确连接，成员之间不进行或只进行最低限度的联络，那么它就不容易被发现和摧毁。分散化、网络化的组织在界限上具有模糊性，有助于它们保持隐蔽。在信息技术尤其是网络技术、通信技术快速发展进步的基础上，越来越多的恐怖组织采用了非中心的、少等级、灵活和松散的网络结构。如本·拉登的组织网络，就是由一些彼此松散联系和半独立的小组所组成，没有统一的等级制指挥机构。"基地"组织的核心层并不直接指挥、策划所有的恐怖行动，也不直接指挥下属所有的恐怖分子，更多的是起着一种协调、资助的作用。兰德公司的研究员认为，恐怖

---

[1] 陶文昭：《网络化生存的恐怖组织及其应对》，载《探索》2008年第1期。

主义正在朝着网络战[1]的方向发展，即利用网络的组织形式及其相关的适应于信息时代的理论、战略和战术开展活动。其典型特点是：越来越多的恐怖组织正在采用网络式组织结构和依靠信息技术来支持这种结构；较新的组织（成立于20世纪80年代和90年代）网络化程度高于传统组织；组织的活跃程度与它采用网络化结构的程度成正比。[2]恐怖组织采用网络化结构安排，从一个方面反映出一个更大的动向，即他们从国家资助的等级层次分明的组织，转变为由私人提供资金的、松散的网络，其中的个人和小组可能接受一定的战略指导，但享有战术上的独立。

2. 恐怖组织的人际网络

恐怖组织网络本身是一种人际网络，恐怖组织的存在与恐怖活动的开展都依赖于这个人际网络。恐怖组织网络主要是通过人与人之间的亲缘关系、熟悉关系及其他关系建立起来的，亲属关系、同乡关系、同学关系、邻居关系、同民族关系、同胞关系、同宗教信仰关系等都可以成为恐怖组织网络的基础。为确保组织的凝聚力和隐蔽性，大多数恐怖组织只从较为熟悉且关系非常紧密的圈子里招募可信赖度高的成员，例如，从所在大家庭或同一宗族中招募，并由此来保证成员对组织的绝对忠诚。罗翰·古那拉特纳研究发现，从1968年以来出现在中东和亚洲的所有恐怖组织和游击队基本上都是单一族裔构成，如"基地"组织，主要从他们的家庭、朋友和同族中招募成员。[3]恐怖组织人际网络的这一特点与小世界网络[4]的特性非常相符。在网络理论中，小世界网络是一类特殊的复杂网络。这种网络中的大部分节点彼此并不直接相连，但绝大部分节点只需经过少数几步就

---

[1] 这里的网络战是指正在出现的社会层次上的一种冲突和犯罪形式，不包括传统的战争。
[2] 〔美〕伊恩·莱塞等：《反新恐怖主义》（程克雄译），新华出版社2002年版，第96页。
[3] Rohan Gunaratna, *Inside Al Qaeda*, New York: Columbia University Press, 2002, p. 82.转引自马方：《犯罪网络分析：社会网络分析在有组织犯罪研究中的应用》，载《西南政法大学学报》2012年第2期。
[4] 在日常生活中，有时我们会发现，某些我们觉得相隔很远的人，其实很近。小世界网络就是对这种现象（也称为小世界现象）的数学描述。用数学中图论的语言来说，小世界网络就是一个由大量顶点构成的图，其中任意两点之间的平均路径长度比顶点数量小得多。除了社会人际网络以外，小世界网络的例子在生物学、物理学、计算机科学等领域也有出现。许多经验中的图可以由小世界网络来作为模型。万维网、公路交通网、脑神经网络和基因网络都呈现小世界网络的特征。

可到达另一个节点。在人际网络方面，小世界网络是指社会中人与人之间存在普遍联系，任何两个陌生人之间的间隔不会超过6个人。[5] 由于恐怖分子是基于共同的政治诉求、宗教信仰、价值体系等聚集起来，为实现同一个目的而共同活动，因而他们之间的小世界网络特性更加明显，相互之间总会有某种直接或间接的联系。例如，实施"9·11"恐怖袭击的19名恐怖分子就是这样一个小世界网络，当他们在阿富汗接受恐怖活动训练时，这个网络就形成了。在这19名恐怖分子中，很多人在多年前是校园密友，有的人曾经在一起生活了好几年，其他人则是亲属关系。高度的信任纽带将这个从外面看很难识别的恐怖网络连接起来。[6]

恐怖组织人际网络还表现出无标度网络的特性。无标度网络又称无尺度网络。在无标度网络中，大部分节点只和很少的节点连接，而其中又有极少的关键节点与非常多的节点连接。这类关键节点被称为"枢纽"或"集散节点"，集散节点的存在赋予了无标度网络强大的意外故障承受能力，但同时也使得无标度网络难以有效应对协同性攻击。现实中的许多网络都具有无标度网络的特性，例如，以路由器为关键节点的因特网、以金融机构为关键节点的金融系统网络、以中间人为关键节点的社会人际网络，等等。在恐怖组织中，也有一些人扮演关键联系人、中间人的角色，他们不一定是恐怖组织的领导者，却拥有大量联系人，负责传递信息、命令和配送武器、资金、工具等。在伦敦"7·7"地铁爆炸案的恐怖组织网络中，与此次爆炸袭击有关的恐怖分子多达近50人，但实际上与多数恐怖分子联系的关键人物只有侯赛因、奥瑟特、克汉、萨义德等4人，其他人之间很少有直接联系，而都主要通过这4个人发生联系。

此外，恐怖组织还具有小群体网络的特性。小群体网络由许多小的节

---

[5] 20世纪60年代，美国哈佛大学社会心理学家斯坦利·米尔格拉姆做了一个连锁信实验。他将一些信件交给自愿参加者，要求他们通过熟人将信传到相应的收信人手里。他发现，294封信件中有64封最终送到了目标人物手中。而在成功传递的信件中，平均只需要5次转发，就能够到达目标。也就是说，在社会网络中，任意两个人之间的"距离"是6。这就是所谓的"六度分隔"理论。尽管他的实验有不少缺陷，但这个现象还是引起了学界的关注。

[6] Valdis E. Krebs, Mapping Networks of Terrorist Cells, *Connections*, Vol. 24, No. 3, 2002, p. 44.

点群（或称为单元）组成，这些节点群松散地联系在一起，或与网络中心的一个节点或节点群联系在一起。节点群内部联系密切，但节点群内的大多数节点与节点群之外的联系较少。恐怖组织内部有若干恐怖分子小群体（团伙），这些小群体一般是指两人以上、数目不定但又不太多的一种恐怖分子的组合。他们因为担负某个共同的任务如目标侦察、资金筹集或武器保障等聚集在一起。这些小群体内部成员之间互动频繁，形成了所谓的小圈子、小团伙。出于安全性的考虑，小群体内的大多数成员与外界联系较少，一般只由该群体内的核心成员负责与外界联络。例如"基地"组织的操作手册上写明，如果准备发动攻击……成员要一起住在安全的房屋里，只有在完成侦察或补给任务才能外出，与外界的接触很少或完全没有接触。行动的指挥者是唯一一个掌握联络信息并知道如何向更大一些的组织联络补给的人——这样，一旦有人（多是年轻的缺乏训练的人）被抓，也能使暴露的风险降到最低。[1] 伦敦"7·7"地铁爆炸案的恐怖组织网络由4个主要的小群体网络组成（这4个小群体的关键人物分别是侯赛因、奥瑟特、克汉、萨义德），每个小群体网络内的恐怖分子联系较多，而小群体网络之间联系较少。

综上所述，从社会网络的视角来看，恐怖组织及其活动网络具有以下特征：第一，网络中的节点代表（可疑）恐怖分子，节点间的边表示恐怖分子之间的联系，例如传递情报、聚集密谋、转移资金以及共同参与某项活动等。第二，各节点在网络中的地位与作用基本不同，核心成员（关键节点）往往掌握恐怖组织和恐怖活动的重要信息和资源，属于网络中的少数。第三，具有一定规模的恐怖组织网络一般由几个单元网络（节点群）组成，各节点群在整个网络中起着不同的功能作用。第四，恐怖组织节点群并不是孤立隔绝的，节点群之间存在一些交互和联系。

---

[1] 参见 *The Al Qaeda Manual*, http://www.fas.org/irp/world/para/manualpart1.pdf. 转引自〔美〕马克西姆·茨韦特瓦、亚历山大·库兹涅佐夫：《社会网络分析：方法与实践》（王薇薇、王成军等译），机械工业出版社2013年版，第15页。

(三) 社会网络分析在反恐情报预警中的应用价值

构成恐怖组织的最基本要素是恐怖分子之间的关系，而随着恐怖组织结构的网络化，恐怖分子之间的关系越来越具有网络性。或者说，如今多数恐怖组织的一个主要属性就是其网络特性。这不仅是从其存在形式上而言，也是从其内容上说的。由此来看，恐怖分子的任何行动都不是孤立的，而是相互关联的。他们之间所形成的关系纽带是信息和资源传递的渠道，网络关系结构也决定着他们的行动机会及行动结果。因此，从情报预警的角度看，对可疑恐怖分子形成的组织网络进行分析，在发现节点的基础上联结节点，构建完整的关系纽带，有助于从信息和资源通过关系纽带传递的方向分析研判可能的威胁活动，并对其行动机会与后果做出评估。

在实施反恐预警的过程中，"最大之困难是如何能够事先比较具体地发掘恐怖分子欲进行攻击之人、地、时与方法等之问题，亦即必须事先找出恐怖分子个别与群体间之关联与如何进行互动之模式，才有可能进行事先预警免于攻击之发生，而社会网络分析应是可加以运用之方法。该法聚焦于如何发掘未揭露之人员互动之模式，是假定社会结构可以经由运动与接触来明显地加以说明，且这些互动不是随机任意的，而是有固定模式的。因为，我们可以经由极小的节点观察，然后可以发现这些节点不是随机任意的互动，有的是经常接触、有的是偶尔接触，且有的是从未接触。且相信一个人如何行动，是与更大之社会网连接网相互联结的"。[1] 可以说，社会网络分析法为认识恐怖组织的形成和运作提供了非常有用的工具，尤其是它能够使隐蔽、不透明的网络结构和关系变得可见。[2] 社会网络分析法有助于通过确定网络内成员间的联系、资金流动以及信息传递，打击恐怖组织的适应性，提升预警的指向性和效率。

具体而言，社会网络分析是一种以结构变量为对象的计量学方法，一个社会网络通常用节点表示其成员，成员之间的连线来表示他们之间的关

---

[1] 汪毓玮：《从预警情报分析探讨社会网络分析法之运用——以恐怖主义活动为案例》，《通识教育教学及研究方法学术研讨会论文集》（台湾），第130页。
[2] Mark Lauchs, Robyn L. Keast, Vy Le, *Social Network Analysis of Terrorist Networks: Can It Add Value*? p. 13, http://epub s.scu.edu.au/cgi/viewcontent.cgi?article=3829&context=tourismpubs.

系。这种网络计量方法侧重于位置和关系取向，采用的关联数据更是恐怖分子在实施恐怖活动中往往有迹可循的，因而在应用上潜力巨大，使用社会网络分析方法，可以以网络追踪的方式追踪和发现恐怖网络成员，定位网络核心成员，挖掘出网络内部的重要子群组，并分析其结构和运作演变特点。[1]概言之，从社会网络分析的视角来监控和分析恐怖组织，不但具有社会解释学上的优势，更具有网络追踪、情报挖掘、准确预警的现实应用意义。研究表明，社会网络分析方法在恐怖组织隐蔽网络和秘密活动分析中的应用具有传统个体属性统计分析方法所没有的优势，恐怖分子的社会关系及其在实施恐怖活动时产生的关联数据隐藏着可用于分析发现其组织活动或预测其恐怖活动趋势的信息。具体来说，通过将搜集到的恐怖分子各种关系数据转化成矩阵形式，运用网络分析软件予以分析研究，可以将恐怖分子隐蔽的组织网络和秘密的关联模式视觉化为网络关系图，通过节点核心度测量分析可以挖掘出恐怖组织网络中的关键、高影响力成员，找出核心人物后，反恐预警工作就有了一些重点方向，可以根据他们获取其他可疑恐怖分子的线索；通过密度测量、凝聚子群分析等可探究恐怖组织成员间的联系强度并捕捉其行为特性，帮助发现恐怖组织中的内部团伙，从而在发现单个节点（恐怖分子）的基础上实现节点的联结，及时洞悉恐怖组织当前活动及其运作模式，并对其未来可能的威胁活动做出预测。

七、参考文献

（一）中文文献

1. 林聚任：《社会网络分析：理论、方法与应用》，北京师范大学出版社 2009 年版。

2. 张海：《基于社会网络理论的恐怖组织隐蔽网络研究》，国防科技大学硕士学位论文，2010 年。

3. 黄熙捷、刘倩妤：《社会网络分析在打击有组织犯罪中的运用》，载

---

[1] 张海：《基于社会网络理论的恐怖组织隐蔽网络研究》，国防科技大学硕士论文，2010 年 11 月，第 2 页。

《湖北警官学院学报》2012 年第 2 期。

4. 马方：《犯罪网络分析：社会网络分析在有组织犯罪研究中的应用》，载《西南政法大学学报》2012 年第 2 期。

5.〔美〕美国"9·11"调查委员会：《"9·11"委员会报告：美国遭受恐怖袭击国家委员会最终报告》（赵秉志等译），中国人民公安大学出版社 2004 年版。

6.〔美〕马克西姆·茨韦特瓦、亚历山大·库兹涅佐夫：《社会网络分析：方法与实践》（王薇薇、王成军等译），机械工业出版社 2013 年版。

7.〔美〕伊恩·莱塞等：《反新恐怖主义》（程克雄译），新华出版社 2002 年版。

（二）外文文献

1. Mark Lauchs, Robyn L. Keast, Vy Le, *Social Network Analysis of Terrorist Networks: Can It Add Value?* http://epubs.scu.edu.au/cgi/ viewcontent. cgi? article=3829&context=tourismpubs.

2. Nasrullah Memon, Henrik Legind Larsen, David L. Hicks, et al., *Detecting Hidden Hierarchy in Terrorist Networks: Some Case Studies*, Berling:Springer-Verlag,2008, http://www.researchgate.net/profile/Nasrullah_Memon/Publication/221247043_Detecting_Hidden_Hierarchy_in_Terrorist_Networks_Some_Case_Studies/file/60b7d526005eb3fb98.pdf.

3. Valdis E. Krebs, "Mapping Networks of Terrorist Cells", *Connections*, Vol. 24, No. 3, 2002.

（案例编写人：汪明敏）

[第13章]

鲁思·本尼迪克特的解题之道

——确定美国结束对日战争方式的情报分析方法

一、编写说明

（一）编写目的

本案例主要复模美国文化人类学家鲁思·本尼迪克特在第二次世界大战后期对太平洋战场上日军的可能表现所作的战略情报评估与预测过程，剖析鲁思·本尼迪克特所采用的分析方法，帮助学员体会社会科学理论与方法在情报分析中的价值，拓展对情报分析方法广度的理解。

（二）使用方式

本案例教学可以采取老师布置、学员学习阅读相关书籍、增补相关资料、独立作业、分小组讨论、全班交流、老师引导的形式组织实施。因为本案例的撰写主要建立在鲁思·本尼迪克特《菊与刀：日本文化诸模式》（以下简称《菊与刀》）和《文化模式》两本专著的基础上，可以提前引导学员预留足够的时间阅读两本书，再结合太平洋战争的历史记录展开本案例的研究。

二、内容摘要

第二次世界大战太平洋战争最后阶段，日本人仍然在竭尽全力进行抵抗。美国军方迫切想知道："日本人下一步将采取什么行动？能否不进攻日本本土而使其投降？我们是否应该直接轰炸皇宫？从日军战俘身上，我们可以期望得到什么？在对日本军队及日本本土进行宣传时，我们将宣传些什么才能拯救美国人的生命,并削弱日本人那种顽抗到最后一个人的意志?……如果和平降临,为了维持秩序,日本人需要永远实行军事管制吗?我军是否要准备在日本深山老林的要塞中与那些疯狂的顽抗分子进行战斗?在世界和平有可能到来之前,日本会不会发生一次法国或俄国式的革命?谁将领导这次革命?或者,日本民族只有灭亡?"面对这些问题,没有任何现成的"文件情报"可以获取,需要进行全面的分析。任务布置给了当时在美国战时信息办公室工作的人类学家鲁思·本尼迪克特。本尼迪克特在破解了军方的焦虑后,确定了需要研究的核心问题,依据人类学理论,灵活采用人类学研究方法,成功解答了上述问题。当时的报告在战后公开出版,定名为《菊与刀》。

三、关键问题

(一)鲁思·本尼迪克特是谁?学术研究方向是什么?主要研究成果有什么?

(二)第二次世界大战中,鲁思·本尼迪克特与美国战时信息办公室建立了什么样的关系?

(三)在战争最后阶段,鲁思·本尼迪克特从美国战时信息办公室领受了什么任务?

(四)鲁思·本尼迪克特如何解读所领受的任务?

(五)鲁思·本尼迪克特解题的理论依据是什么?

(六)鲁思·本尼迪克特运用了哪些方法完成这项战略情报评估?

(七)鲁思·本尼迪克特的结论是什么?对美国结束对日战争和战后治理是否产生了影响?如果是,具体是什么?

(八)情报分析方法的本质是什么?

(九)特定研究领域中已经形成的理论是不是可以作为情报分析方法?为什么?

(十)特定研究领域中的研究方法是不是可以成为情报分析方法?

四、案例正文

1944年6月,当第二次世界大战进入最后阶段时,美国著名文化人类学家鲁思·本尼迪克特从美国战时信息办公室领受了一项重大任务——研究日本民族。此时,太平洋战场上,美军仍在与日军鏖战。美国人迫切想知道:"日本人下一步将采取什么行动?能否不进攻日本本土而使其投降?我们是否应该直接轰炸皇宫?从日军战俘身上,我们可以期望得到什么?在对日本军队及日本本土进行宣传时,我们将宣传些什么才能拯救美国人的生命,并削弱日本人那种顽抗到最后一个人的意志?……如果和平降临,为了维持秩序,日本人需要永远实行军事管制吗?我军是否要准备在日本深山老林的要塞中与那些疯狂的顽抗分子进行战斗?在世界和平有可能到来之前,日本会不会发生一次法国或俄国式的革命?谁将领导这次革命呢?或者,日本民族只有灭亡?"[1]

摆在本尼迪克特面前的这些问题,可以概括为四个大问题:第一,战争中的日本人还能做什么?第二,应该如何结束对日战争?第三,如何管理战后日本?第四,战后的日本会选择什么样的政治道路?美国决策者需要知道所有这些重大战略问题的答案。但是,日本人的文件柜里没有也不会有现成的文件能够直接回答这些复杂问题,所以美国情报机关自然也就无"文件情报"可以窃取。回答这些问题的唯一路径就是分析与研究。

研究的方法多种多样,本尼迪克特选择以她所擅长的文化人类学理论为引导,运用文化人类学的方法进行研究。

(一)本尼迪克特对任务的理解

如同所有战略情报分析一样,在这项任务中,决策者也只提出了需要了解的问题。至于如何回答这些问题,也就是对任务进行转换与分解,则是情报人员的责任。所以,在领受任务后,本尼迪克特首先开始思考如何理解这项任务,如何完成这项任务。

---

[1] 〔美〕鲁思·本尼迪克特:《菊与刀:日本文化诸模式》(吕万和、熊达云、王智新译),商务印书馆2017年版,第3—4页。

1. 解决问题的理论依据

在本尼迪克特看来，她所投身的学科——文化人类学，是从文化的角度研究人类种种行为的学科，它研究人类文化的起源、发展变迁的过程、世界上各民族各地区文化的差异，试图探索人类文化的性质及演变规律。人类学研究的目的就是以全面的方式理解人这个个体。但更深层而言，这种研究不仅仅在于人的躯体构造之理解，而是人类所有思维与想法的可能性。换句话说，人类如何行动、如何认知自己的行动、行动的结果又如何影响人的思考以及人与其他群体、象征的互动即是人类学最根本想解答的问题。[1]

依据自己多年从事文化人类学研究所得，本尼迪克特认为，任何人看待世界的眼光都不会是质朴原始的，都不可避免地要被特定的习俗、风俗和思想方式所影响。之所以如此，是因为在个体生活的发展过程中，首先要做的就是去适应来自他所属的那个社群的模式和准则。从他呱呱落地起，社群的习俗就影响着他的经验和行为。到他开始学说话时，他自身已带有明显的所属文化的特点，而到他长大成人并能参加该文化的活动时，社群的习惯就转化为他的习惯，社群的信仰业已成为他的信仰，社群的戒律同时也就是他的戒律。[2]

所以，要理解一个人的行为，需要去认识他归属的族群文化。而一种文化的形成和延续是有一定形式的。一种文化就仿佛是一个人，其思想和行为或多或少地贯穿其中。在每一种文化中都存在一种独特的意图，并非所有社会形态都具备这种意图。当与这些意图相一致时，每一个部族的经验都得到了加深。为了适应驱动力的紧迫性，行为中不同方面的外形也越来越和谐一致。由于那些极不协调的行为被整合得很好的文化接受了，也常常因为那些最不靠谱的变态所具有的个性，要解释这些行为所取的形式，就只能首先对那个社会的情感上的和理智上的主要动机加以理解。[3]

想理解一种文化，则需要透过简单的文化事实构建文化的结构。"我们

---

[1] 孙绍武主编：《本尼迪克特文选》，远方出版社2010年版，第355页。
[2] 孙绍武主编：《本尼迪克特文选》，远方出版社2010年版，第163页。
[3] 孙绍武主编：《本尼迪克特文选》，远方出版社2010年版，第190页。

可以将下列观点作为研究原始民族的一种哲学理由，此观点认为可以借助简单的文化事实来表现出那些很难理解而又不能轻易证明的社会事件。这一点最适用的对象是基本而有特色的文化结构问题；这些文化结构使得生活模式化，并限制参与这些文化的个人思想与情感。"[1]

2.对任务的理解

面对需要回答的问题，本尼迪克特首先意识到，"在美国全力以赴与之战斗的敌人中，日本人是最琢磨不透的。这个主要对手，其行动和思维习惯与我们如此迥然不同，以致我们必须认真对待，这种情况在其他战争中是没有的。……西方国家所公认的那些基于人性的战争惯例，对日本人显然不存在。这就使得太平洋上的战争不仅是一系列岛屿登陆作战和困难卓绝的后勤工作问题，从而使了解'敌人的性格'成为一个主要问题。为了与之对抗，我们就必须了解他们的行为"[2]。"因而，到了1944年6月，我们对有关我们的敌人——日本的许多疑问急需做出解答。这些疑问，不管是军事上的还是外交上的，也不管是出自最高决策的要求，还是为了在日军前线散布宣传小册子的需要，都必须提出真知灼见。在日本发动的总体战中，我们必须了解的，不仅是东京当权者们的动机和目的，不仅是日本的漫长历史，也不仅是经济、军事上的统计资料。我们必须弄清楚的是，日本政府对日本人民能指望些什么？我们必须了解日本人的思维和感情的习惯，以及这些习惯所形成的模式。还必须弄清这些行为、意志背后的制约力。"[3]归结为一句话就是，要从人类学的角度探知，日本人的行为到底遵循什么样的内在逻辑。

（二）本尼迪克特的研究方法

在清楚地界定所要完成的任务后，另一个困扰本尼迪克特的问题就是运用什么样的研究方法开展研究。在方法选择上，必须依据战时实际情况。经过思考，她决定采用以下4种方法。

---

[1] 孙绍武主编：《本尼迪克特文选》，远方出版社2010年版，第195页。
[2] 〔美〕鲁思·本尼迪克特：《菊与刀：日本文化诸模式》（吕万和、熊达云、王智新译），商务印书馆2017年版，第2页。
[3] 〔美〕鲁思·本尼迪克特：《菊与刀：日本文化诸模式》（吕万和、熊达云、王智新译），商务印书馆2017年版，第5—6页。

1. 灵活运用田野调查法

文化人类学最重要的研究方法就是田野调查法，也被称为实地参与观察法。文化人类学家深入要研究的民族中间，通过参与他们的活动、与他们交谈和观察他们的活动来了解其社会和文化。"它是一种观察法，其资料来自现实的广阔天地。这种研究法使得文化人类学家可以既作为参与者又作为观察者的身份深入到一种文化的内部去观察这种文化和使用这种文化。实地观察可以使文化人类学家把目光集中在对其文化有意义的行为模式上，他会去寻找那些有规律的行为特征的先后次序，注意其在不同情况下的变化。"[1] 但是，当时本尼迪克特没有办法进入敌国日本，所以她变通了田野调查法，因应环境开展了研究。变通后的田野调查法是：

（1）对人的调查

无法到日本进行实地调查，那么本尼迪克特就采取了间接路线，转而调查以下三类人：在日本长大但当时在美国居住的日本人；对日本问题进行研究的社会科学家；曾在日本生活过的外国人。

（2）对文献资料的调查

大量阅读有关日本的文献。本尼迪克特曾说："我在研究日本的过程中却有许多学者的遗产可以继承，文献中有许多对现实生活细节详尽的描述：西方学者详细生动地记载了他们的生活经历，日本人自己也写了不少自身不寻常的心路历程的书。与其他东方民族不同，日本人有强烈描写、剖析自我的冲动，他们既写日常的生活琐事，也写他们宏伟的全球侵略计划，其露骨程度实在让人惊讶。"[2] "我还看了不少在日本拍摄的影片资料：包括宣传片、历史片以及描写东京及农村现代生活的影片等。看过后，我也和看过这些片子的日本人进行交流。与我不同，他们都是以日本人独特的眼光来看待电影中的男女主角及反面角色的。当我被一些情节搞得迷惑不解时，但是他们却不会这样。……他们对规范日本人日常生活的价值观的态度却是十分一致的，无论他们对这种价值观所表现出的态度是加以排斥还

---

[1] 孙绍武主编：《本尼迪克特文选》，远方出版社2010年版，第340页。
[2] 孙绍武主编：《本尼迪克特文选》，远方出版社2010年版，第5页。

是欣然接受。"[1]

2. 充分运用比较研究法

本尼迪克特认为,比较法在文化人类学的研究中无时无刻不在使用。例如,当一位文化人类学家在印度的某一村落中研究其社会结构时,他了解了村民是怎样自己组织起来的,然后通过对比村落里各个不同的群体,来确认他们之间的异同。比较法可以运用在所有水平上的分析之中。[2]

为此,在研究日本民族文化时,本尼迪克特就将其与亚洲其他民族文化进行比较。

首先,是与自己曾经亲自做过研究的民族文化进行比较。"我对亚洲大陆的暹罗、中国和缅甸文化也或多或少地有一些了解,亚洲博大精深的文化正是被这些民族所创造,因此在研究过程中,我也时常将这些民族的文化拿来同日本的文化进行比较。"在比较研究中,本尼迪克特确立了自己的研究重点。她注意到,在关于原始民族的研究之中,人类学家也经常不断强调这种文化的重大意义和价值。"在一个部落中,可能会有90%的正式习俗是与其邻近部落相同的,但却或许有一小部分与任何的民族都彻底不尽相同,但是,却恰恰正是这一小部分差异最能真切地将他们独特的价值观念以及生活方式淋漓尽致地体现出来,也正好就是这一小部分差异最终决定了这个民族未来的发展方向,虽然他们在整体生活中所占据的比例是如此之微小。对于人类学家而言,研究这种在整体上具有共性民族之间的差异是非常有必要也是极其重要的。"[3]

其次,是将日本文化与母国文化的对比研究。"每个人都意识到美国与日本之间根深蒂固的文化差异。……人类学家更多地将这种文化差异当成有价值的资料加以研究。"[4]

3. 注重对日常琐事的研究

本尼迪克特认为,"在研究过程中,人类学研究者不应只考虑少数几个

---

[1] 孙绍武主编:《本尼迪克特文选》,远方出版社2010年版,第6页。
[2] 孙绍武主编:《本尼迪克特文选》,远方出版社2010年版,第341页。
[3] 孙绍武主编:《本尼迪克特文选》,远方出版社2010年版,第7页。
[4] 孙绍武主编:《本尼迪克特文选》,远方出版社2010年版,第7页。

挑选出来的例子，而应关注与之相关的每件事情。在对西方各民族研究的过程中，没有经过比较文化研究训练的人往往会忽略其民族的整体行为。他们总是视太多事情为理所当然，而对于日常生活的细小习惯以及那些人们普遍接受的所有关于家庭琐事的固有的看法不甚关注。他们不明白正是这些日常细小的生活习惯和固有的看法已经较多地注入这个民族的民族性当中，并且更多地影响到这个民族的未来，其作用远远超过了外交官所签订的各种条约。在任何一个原始部落或任何一个处于文明最前列的民族中，其人民的行为都是从日常生活中学会的。不管他的行为和观点是多么离奇，一个人的感觉和思维方式总是同他的经验有些关系的。因此，当我对某种行为越是感到迷惑不解时，我就愈加认为在日本人生活的某个方向存在着导致这种怪异现象的制约因素。"[1]

4. 注重整体研究

本尼迪克特说："我作为一个人类学家，还确信这样的前提，即最孤立的细小行为，彼此之间也有某些系统性的联系。我十分重视数以百计的单项行为如何构成一个总体模式。一个人类社会总必须为它自身的生活进行某种设计。它对某些情况的处理方式及评价方式表示赞可，那个社会中的人就把这些结论视为全世界的基本结论。无论有多大困难，他们都把这些结论融成一体。人们既然接受了赖以生活的价值体系，就不可能同时在其生活的另一部分按照相反的价值体系来思考和行动，否则就势必陷于混乱和不便。他们将力求更加和谐一致。他们为自己准备了种种共同的理由和共同的动机。一定程度的和谐一致是必不可少的，否则整个体系就将瓦解。"[2] 因而，经济活动、家庭行为、宗教仪式以及政治目标就像齿轮一样都相互啮合在一起。所以她对日本宗教、经济生活、政治或家庭行为进行研究，通过描述日本人的活动来揭示他们表露自我的一些动机和设想，从而了解日本人的生活方式，也就是了解日本何以成为日本民族。

---

[1] 孙绍武主编：《本尼迪克特文选》，远方出版社2010年版，第8页。

[2] 孙绍武主编：《本尼迪克特文选》，远方出版社2010年版，第8页。

(三) 本尼迪克特的研究成果

本尼迪克特的研究成果首先以报告的形式上报给了决策层，其后于1946年以《菊与刀》之名公开出版。此时，美国已经设计了一套完全不同于德国和意大利战后处理方案的日本占领区管理方案，所采用的措施与《菊与刀》中的描述有诸多暗合之处。这是一位人类学家运用系统的理论与科学的研究方法回答重大战略情报问题、服务决策与行动的典范。战后，本尼迪克特在1946年秋天当选为美国人类学学会主席。

五、分析思路

(一) 情报分析所要解决的问题

本尼迪克特必须要回答的军事政治问题是："日本人下一步将采取什么行动？能否不进攻日本本土而使其投降？我们是否应该直接轰炸皇宫？从日军战俘身上，我们可以期望得到什么？在对日本军队及日本本土进行宣传时，我们将宣传些什么才能拯救美国人的生命，并削弱日本人那种顽抗到最后一个人的意志？……如果和平降临，为了维持秩序，日本人需要永远实行军事管制吗？我军是否要准备在日本深山老林的要塞中与那些疯狂的顽抗分子进行战斗？在世界和平有可能到来之前，日本会不会发生一次法国或俄国式的革命？谁将领导这次革命呢？或者,日本民族只有灭亡？"[1]

(二) 情报部门回答上述问题通常采用的角度

情报机关通常会将这些问题作为政治军事问题进行解读、分析和预测。

(三) 选择本尼迪克特完成此次情报分析的原因

选择以研究"文化模式"而在人类学界声名显赫的本尼迪克特对日本民族特有的文化模式进行整体研究，意味着美国军方在力图回答这些问题时，没有停留在这些问题的表面，而是深入这些问题的本质，把它们作为文化情报问题进行探讨。他们知道，战争是由具体的人来实施的，在现代社会中，人都是社会人，人的思想和行为深受其所生长的社会文化影响，

---

[1]〔美〕鲁思·本尼迪克特：《菊与刀：日本文化诸模式》（吕万和、熊达云、王智新译），商务印书馆2017年版，第3—4页。

甚至是由其所在文化塑造的。所以，深入理解日本民族的文化特征，再解析日本文化孕育和熏染出来的日本政治、军事精英和一般民众会如何来看待这些问题，这样才是以"日本通"的方式解读日本人可能采取的行动，正确率会大大提升。

（四）本尼迪克特的分析思路和分析方法

本尼迪克特依据她的文化人类学理论基础，将问题进行了具体的解读，最终她力图寻找"日本人的行为到底遵循什么样的内在逻辑"。即便如此，这仍是一个大问题，在没有受过专业训练的人来看，基本无从下手，或者只能停留在"感觉"层面。而对于本尼迪克特来说，却有法可循。文化人类学，就是从文化的角度研究人类种种行为的学科。它已经取得的理论研究成果都是本尼迪克特认识日本民族纷繁复杂表征的理论基础，而她本人对文化模式的研究，则为从宏观的角度把握某个民族的文化提供了具体的理论框架，也就是说，面对"日本人的行为到底遵循什么样的内在逻辑"这样的大问题，本尼迪克特依据自己的理论基础，可以把它破解成诸多子问题，此后又可综合子问题的研究结果，建立起对日本民族"文化模式"的理解。人类学理论帮助本尼迪克特破了题。钮先钟在《战略研究》一书中曾经说过，理论不是教我们怎么做，而是教我们怎么想。本尼迪克特对日本民族的战略情报分析生动形象地印证了钮先钟的见解。

在具体方法上，本尼迪克特结合战时条件，灵活运用人类学研究方法，对日本民族进行了深入细致的研究。田野调查法、比较研究法、对细节和整体的双重关注等，这些方法既是人类学专业研究方法，也可以上升为社会科学的一般研究方法，同样可以为情报分析活动提供助益。情报分析的本质是一种分析活动，所以无论自然科学还是社会科学中所创造出来的分析方法，都可以为情报分析活动所使用，只要在使用过程中充分注意情报活动领域的特征。所以，情报分析方法可以有一个恢宏的体系。

六、附录

(一) 理论的内涵与作用

1. 陈嘉映:哲学视野下的"理论"[1]

我们叫作"理论"的东西,首先是一般的东西、普遍的东西、抽象的东西,是和具体情况相对的。

理论的另一个含义是对世界的整体解释。

为了真正解释反常的事情,为了在看似矛盾的事情中有所取舍,我们不能停留在常识上,需要把常识提供的道理加以贯通,形成一个道理系统,为事物提供整体的解释。这个道理系统,我们称之为理论。

哲学—科学理论意在为世界提供整体解释。哲学—科学秉持理性态度,反对超自然的世界解释。他们一方面注重经验,尊重常识,广集见闻,通过系统观察和一些实验拓展知识,另一方面审思常识所包含的道理,尤其是包含在概念中的道理。他们把这些道理重新安排,营建起自圆其说的理论,为世界提供统一解释,使我们对世界的理解在一个更深的层面上协调,连贯而成一个整体。

2. 文军:社会学视野下的"理论"[2]

从功能主义的观点来看,理论实际上就是力求解释社会进程的过程和因果关系的一种体系或架构,在这一框架中,各种陈述都会由逻辑的关系连接起来,而逻辑必然性依靠的又是一套内部相关一致的定义和规则。所以,理论也可以看作是对事物的合理解释或事先预测,是对客观事物本质及运动规律的一种科学认识。

瑞泽尔指出:"社会学理论较为正式的定义是:一组相互关联的观念,能对社会世界的知识加以系统化,能解释社会世界,并能预测社会世界的未来。"

描述性理论重点在于详细描述一个事物或现象的形状性质;解释性理论

---

[1] 陈嘉映:《哲学·科学·常识》,中信出版社2018年版,第58—60页。
[2] 文军:《西方社会学理论》,上海人民出版社2006年版,第4—5页。

则注重各因素间的相互关系并加以说明一个事物或现象存在或变迁的原因。

3. 倪世雄等：国际关系学视野下的"理论"[1]

詹姆斯·多尔蒂和罗伯特·法尔兹格拉夫劝告国际关系学领域的学生不应被"理论"一词所吓住，他俩认为，"理论只是对现象系统的反映，旨在说明这些现象，并显示它们是如何相互密切联系的"。

在西方国际关系理论领域，关于"什么是理论"有以下几种常见的表述：

——理论代表"取向"，是"概念框架"，甚至涵盖"分析技巧"。

——理论是一种思维的"象征性构建"，包括"一系列相互关联的假设、定义、法则、观点和原理"。

——理论是"组合事实的框架"，"认可和遴选事实的模式"，"加工知识原料的手段"；是对客观事物的"一种思维抽象"，呈现出"选择、分类、排列、简化、推理、归纳、概括或综合的过程"。

安纳托尔·拉普波特在研究"理论"时，特意指出其四层含义：（1）在特定条件下，研究并证实关于现实世界的原理、定理或法则；（2）提炼直观概念，以形成对事物的客观认识；（3）在社会科学领域，应依据历史政治事件理解人们的行为、社会文化和政治制度；（4）在规范意义上，政治理论的应用往往倾向于研究"应该如何"。

戴维·辛格认为，理论是一个内部相互联系的、实证概括的分析整体，它拥有描述、解释和预测的功能。罗伯特·利珀等也指出理论的这三大功能：

第一，描述。理论必须确切地描述现实世界发生的事件。

第二，解释。理论应对说明这些事件发生的因果，说明"行为规律"和进行"评估分析"。在一个特定的体系里，理论解释事物的"连续性、反复性和规律性"。

第三，预测。理论还应对事件的未来发展做出预测。针对在这个问题上"易产生的误解"，利珀指出，一般来说，是预测"事物发展和结果发生的模式或总趋势，是事物的未来的发展，而不是具体事件的发生。如果要

---

[1] 倪世雄等：《当代西方国际关系理论》，复旦大学出版社2001年版，第2—4页。

求理论能预测所有具体事件的发生，就会造成不可克服的理论上的混乱和困难"。

（二）文化情报：知彼的深层需要[1]

"知彼知己，百战不殆"，这句中外共知的名言虽然被无数次提起和实践，但"知"的广度和深度却始终是一个无止境的追求。情报作为"知"的载体，随着军事斗争实践的发展，也承载着越来越丰富的内容。现代侦察监视技术已经使战场接近透明，战斗空间感知几乎不成问题。然而，技术虽然能发现敌人的战略战役目标，却无法理解敌人怎样行动以及为什么这样行动。正如一位在2003年参加了"伊拉克自由行动"的指挥官所说，"我知道每一辆敌军坦克陷在了塔列尔郊外的什么位置。唯一的问题是，我的士兵们不得不和狂热的徒步成群的手持AK-47扫射和火箭炮的人战斗。我有完美的战场位置感知，但我缺少文化感知。尖端的技术情报找不到敌人"[2]。美军陆军退役少将罗伯特·H.斯凯尔斯创造性地提出了"文化中心战"这一新概念，他指出，文化是影响战争胜负的深层次因素，面对非传统敌人使用非对称力量进行的非传统战争，了解敌方的动机、意图、方法和文化比武器精度、速度和带宽的增加更为重要。[3] 文化情报就是为解决这一问题而产生的。

1. 历史上美军因忽视文化情报而造成的深刻教训

（1）朝鲜战争对华战争哲学的无知

朝鲜战争初期，美国对中国是否参战和参战意图做出了错误的评估。其情报失误的一大原因就是忽视有关中国人民志愿军的文化情报，特别是志愿军的主导战略思想——毛泽东军事思想。这导致美军在战役行动中也无法正确判断志愿军的行动规律和意图。1950年11月6日，志愿军给联合

---

[1] 任珊珊：《文化情报：知彼的深层需要》，载《军事情报研究》2009年第4期。

[2] Robert H. Scales, Jr., Major General U.S. Army, "Culture-Centric Warfare", *Proceedings*, September 2004. [2009-01-20]. http://www.military.com/NewContent/0,13190,NI_1004_Culture-P1,00.html.

[3] Robert H. Scales, Jr., Major General U.S. Army, "Culture-Centric Warfare", *Proceedings*, September 2004. [2009-01-20]. http://www.military.com/NewContent/0,13190,NI_1004_Culture-P1,00.html.

国军以有力的打击之后，考虑到自身的困难和捕捉战机等因素，主动后撤、诱敌深入，美军"由于完全不了解'诱敌深入'这一战略思想对志愿军的深刻影响，难以看透撤军的深刻含义"，误判了志愿军的意图。数十年后，美国学者严厉批评"如果美国的情报部门更为注意中国革命的策略的话，那么对中国人的这种突然消失就能够做出更为准确的解释。……《论持久战》这本书的用词对在朝鲜的联合国军来说是具有预言性的：'我们历来主张诱敌深入，就是因为这是战略防御中弱军对强军作战的最有效的军事政策。'……美国军方和情报界对毛的哲学知之甚少，1954年之前在美国甚至很难找到毛的著作"[1]。

（2）越南战争对本土文化的忽视

越南战争是没有将文化作为战争要素加以考虑的最典型例证。国防部前部长麦克纳马拉回忆说："我从来没去过印度支那，也不知道或理解它的历史、语言、文化或价值观。在不同程度上，肯尼迪总统、国务卿拉斯克、国家安全顾问班迪，军事顾问马科斯韦尔·泰勒还有许多人都是如此。我们发现自己在对一个不确知的地区制定政策。更糟糕的是，我们的政府缺乏可以咨询的专家，来弥补我们对东南亚的无知。"[2]

越南战争中，美国的行动是基于"美国的战争方式"，使用超级火力、技术和军事技巧（对于赢得传统战争至关重要的要素）对付一个被认为不如自己的、装备不全的敌人。有些战役战斗确实是传统的，但这些大规模战役只是阶段性的，与之相伴的是持续不断的非传统战争（游击战），并且使战争拖延下来。最终，美国因为面对伤亡、费用和战争的持久性超出了美国的容忍限度而被迫撤退。

总的来看，美国在战术上打败了北越军队，但在大战略上是有缺陷的，总体胜利的目标和美国的付出、政治意愿以及指导政策是不平衡的。这种

---

[1] 〔美〕约瑟夫·格登：《朝鲜战争：未透露的隐情》，解放军出版社1990年版，第371—372页。有关朝鲜战争美国对华情报失误的研究参见崔鹏：《朝鲜战争初期美国对华情报失误研究》，解放军外国语学院硕士学位论文，2008年。

[2] Robert S. McNamara, In Retrospect, *Newsweek*, April 17, 1995, p. 46. 转引自 Major B.C. Lindberg, United States Marine Corps, *Culture...A Neglected Aspect of War*, CSC 1996。

失败与美国对当地文化的忽视有着直接的关系。

（3）"伊拉克自由行动"结束后对"文化鸿沟"的反思

由于缺乏对伊拉克当地文化的深刻理解，美军在"伊拉克自由行动"中，曾屡屡侵犯伊拉克宗教文化的敏感地带，由此引发的示威游行和抗议复仇源源不断，并将更多的伊拉克民众推到反美武装分子一边。

而且伊拉克战争后，美军再度陷入战争泥潭。频繁发生的恐怖袭击使美军在战后的伤亡甚至超出"伊拉克自由行动"基本军事行动中的数量。在维持地区稳定的阶段，美军在与当地人打交道的过程中屡屡受挫，美军所需要的不再仅仅是战斗空间情报，更重要的是对象国的文化情报。一位海军陆战队指挥官讲到，由于美国人和阿拉伯人之间存在根本的文化差异，所以海军陆战队员在和伊拉克民众打交道的过程中经常有种挫败感，他们无法理解伊拉克人民的反应和行为。这种理解障碍甚至可以用"海军陆战队来自火星，伊拉克人来自金星"[1]来概括。

2. 美国理论界对文化情报的探讨

（1）美国理论界对"文化情报"重要性的认识

历史上，美军在战争和作战中因忽视对手文化方面的情况而造成的深刻教训已经使很多学者在研究反思中多次加以批判和警示。美海军陆战队更是早在1940年颁发的《小规模作战手册》中就特别强调了美军在反暴乱、维护社会秩序方面应该重视文化感知和语言能力。随着美国反恐战争的展开和伊拉克战争泥潭的经验教训总结，美国理论界对文化情报的重视和研究不断深入。

曾于2004年获得美国参谋长联席会议奖战略论文竞赛并列第一名的文章《跨越文化情报的鸿沟》，以历史的眼光和文化情报的独特视角分析了美军深陷伊拉克泥潭的原因和解决方法。1808年，拿破仑速战速决地占领了西班牙，但决定性的军事胜利之后，却发生了"抵抗溃疡症"，西班牙民众发动了对外国占领者强劲的抵抗游击战。美国在"伊拉克自由行动"胜

---

[1] Major Ben Connable, USMC. 1st Marine Division, May 2004, *Marines Are from Mars, Iraqis Are from Venus.* [2009-01-20]. http://www.smallwarsjournal.com.

利结束之后，也遇到了类似的情形。作者通过对比拿破仑在西班牙遭遇的当地民众的抵抗和美军领导的多国部队在伊拉克遇到的问题，认为战场情报准备不应仅仅是地理空间上的，更应是文化上的，后者比前者甚至更加重要。由于在战役计划中只考虑作战空间情报准备，没有考虑大规模交战结束与维持稳定行动之间这一重大战略性阶段，军事行动的胜利却不能带来最终的和平。这和拿破仑战争得到的教训几乎是一样的："直接的军事目标或多或少实现了，但是为赢得民众对新政权支持的长期目标却无可奈何实现不了。其教训需要全世界去吸取：军事征服本身不能带来政治上的胜利。"[1]作者认为，跨越这一鸿沟的方式就是文化情报准备。"要想获得这种通向持久性解决方案（即大战略终极状态）的手段，就必须把对历史与文化的细致理解纳入全面性计划工作。"[2]总之，美国仅以狭隘的眼光进行作战空间情报准备不能满足新的要求，情报工作的重点必须从物质领域转到文化认知领域，必须减少对高科技硬件的依赖，理解联合部队所要打交道的民众的历史与文化。

美国海军副司令约翰·P.科尔斯也多次撰文指出，美军联合条令中忽视了文化情报这一重要方面，应把文化情报纳入联合条令中去。他是对文化情报的概念、美军当时联合条令中的缺陷进行深入剖析的重要人物。作者还提出了十分具体的建议，对后来美军联合条令的完善发挥了重大的启发性作用。

（2）美国理论界对"文化情报"概念的探讨

从本质上讲，文化情报并不是什么新概念，无论是情报理论家还是作战指挥官，大多会谈到对对手文化方面的情报获悉，只是这种认识比较粗浅，相对于大量的战场侦察情报工作而言，文化方面经常被忽视。不过，美国战略情报之父——谢尔曼·肯特对文化情报方面还是较为重视的。

谢尔曼·肯特将情报分为三大类：基本描述性情报、动态报告性情报、

---

[1] Major Ben Connable, USMC. 1st Marine Division, May 2004, *Marines Are from Mars, Iraqis Are from Venus*. [2009-01-20]. http://www.smallwarsjournal.com.

[2] Major Ben Connable, USMC. 1st Marine Division, May 2004, *Marines Are from Mars, Iraqis Are from Venus*. [2009-01-20]. http://www.smallwarsjournal.com.

预测评估性情报。其中,基本描述性情报中就有很大比例是文化情报。比如"人民——人数多少,怎样定居和分布;人民的艺术,科学和技术的地位(包括武装部队的地位);他们的政治系统、经济、社会群体、道德观念的特点,以及这些部分之间普遍的动态联系"[1]。在对"民众"的分析中,包括"最新的人口评估——根据年龄、性别、消费群体、宗教分布等分类。……社会结构和社会态度的研究,对社会群体的分析——种族群体、少数群体、宗教群体、俱乐部、会社、秘密协会等,以及这些群体和他们的成员对上帝、教育、孝心、净身、资本主义、爱情、荣誉和陌生人的态度"[2]。肯特指出,要发现敌人制造战争和维持社会运转的脆弱之处就必须知道大量有关敌人整体的生活方式和整体的发动战争的方式[3]。但这里提到的文化方面的情报只是基本描述性情报的一部分,而且动态报告性情报也包含对基本描述性情报中文化情报内容的更新[4],所以不能将文化情报等同于基本描述性情报。

但是,目前尚没有美国官方文件专门对文化情报下定义。这在很大程度上是因为"文化"是一个不难理解却很难界定的术语。有关文化的定义就有一二百种,研究对象、研究重点的不同是文化概念纷繁多样的主要原因。大声疾呼将文化情报纳入美军联合条令的美海军副司令约翰·科尔斯将文化情报定义为,"文化情报是经过分析的社会、政治、经济和其他人口统计信息,以供理解一个民族或国家的历史、社会规范、心理、信仰(如宗教)和行为方式。它帮助我们理解一个民族为什么那么做以及他们在想些什么。文化情报为教育和设计成功的战略来和外国民族(不论他们是盟友、中立方、被占领国土的民族还是敌人)交往提供了基线。"[5] "文化不仅仅是语言、民间传说、食物和艺术。它是人们认识并赋予世界意义的透镜,文化决定了崇拜什么,

---

[1] Sherman Kent, *Strategic Intelligence for American World Policy* (Princeton University Press, 1949), p. 6.

[2] Sherman Kent, *Strategic Intelligence for American World Policy* (Princeton University Press, 1949), p. 13.

[3] Sherman Kent, *Strategic Intelligence for American World Policy* (Princeton University Press, 1949), p. 18.

[4] Sherman Kent, *Strategic Intelligence for American World Policy* (Princeton University Press, 1949), pp. 32–36.

[5] John P. Coles, *Incorporating Cultural Intelligence Into Joint Doctrine*. [2009-01-20]. http://www.au.af.mil/info-ops/iosphere/iosphere-spring06-coles.pdf.

鄙视什么，什么使生命变得有意义，什么值得用舍弃生命来追求。"[1]

文化情报还不同于文化信息和文化感知。"文化信息只是关于文化的新闻、事实或知识。但文化情报是理解和学习文化信息的能力，以及根据推理形成的文化判断和观点。文化情报是一个需要获得文化信息来得出合理推断的分析过程。"[2] 文化信息是最低层次，根据文化信息可以获得文化感知，文化感知也不是文化情报，情报是根据各种信息加以分析、评估之后形成的。正如美军联合情报条令所指出的，情报与信息的区别主要在两点：一是包含对未来事态和形势的预知或预测；二是能说明各种行动方案的不同以辅助决策。[3] 文化情报与文化信息的区别也是如此，决策者根据文化情报所提供的内容可以预测局势，预知事态的发展，并选择最优方案。

（3）美国理论界对"文化情报"实践方案的探索

美国海军研究生院的硕士论文《建立一个虚拟文化情报界》中对"文化情报"的实践落实进行了前瞻性的探索。作者基于对文化情报特点的考虑，为文化情报研究提出了大胆的创新方案，即建立一个虚拟的文化情报体系。文章指出："尽管需要文化情报，但没有必要额外建立一个'物理的'情报机构专门负责文化情报。情报界的各部门已经在有限可用的合格分析人员方面竞争激烈。而且传统的情报机构会在一定的保密层级下工作，需要安全验证。安全验证人为地限制了能够参与文化情报工作的人员。而另一方面，大多数文化情报分析需要且可获得的信息都是公开来源情报"。所以，可以利用现代网络技术建立一个虚拟的文化情报界。这样的文化情报系统不是用传统的官僚体制来组织人力资源，而是建立在一定的局域网内，外界专家也可以进入，形成类似维基百科的情报百科。这不失为文化情报工作提供了一种可行性较强的新思路。

---

[1] [2009-01-20]. http://www.au.af.mil/au/awc/awcgate/awc-intel.htm#culturalintel.
[2] Matthew A. Zahn & Wayne R. Lacey, *Building a Virtual Cultural Intelligence Community*, Master of Science in Defense Analysis, Thesis, from Naval Postgraduate School, June, 2007.
[3] U.S. Joint Chiefs of Staff, Joint Publication 2-0, *Joint Intelligence*. Washington, D.C.: GPO, 22 June 2007, p. I -1.

3. 美国官方对文化情报概念的吸纳

美国人值得我们学习之处还在于及时吸取教训，吸收有益的意见建议。美国海军副司令约翰·科尔斯曾分析指出当时美军联合条令中忽视了文化情报这一重要方面。《跨越文化情报的鸿沟》一文也提出，应在联合条令中增加有关文化方面的要求。"当前着眼于民众的联合情报工作条令并非一无所获，但是对有关民族历史与文化的情报工作细致程度的要求很低，这反映了当前情报准备工作中的不平衡。"[1]2009年6月美军出版的《作战环境联合情报准备》就对文化情报的概念进行了吸纳。它回避了对"文化情报"这一难以清晰界定的概念加以定义，而是用情报准备中充分考虑"社会文化因素"的方式，强调了对文化情报的重视。

更新后的《作战环境联合情报准备》条令第四章"特别考虑"部分增加了"社会文化因素"，这也是新版和先前的情报准备条令的主要区别之一。它指出社会文化因素在稳定行动和信息战中作用突出，并将其分解为社会、社会结构、文化、权力和权威、利益五大要素。[2]其中，对文化要素的阐述所占篇幅最大。条令指出，作战环境联合情报准备应努力确定和分析该社会的整体文化和各主要群体的文化。文化是社会成员与世界和人与人相互之间交流而共同拥有的信仰、价值观、风俗、行为习惯和历史传统。文化是习惯性的，在社会内部被视为理所当然。文化决定了个体行为和思想的可选择范围，影响人们判断什么是对，什么是错，什么是重要的，什么是不重要的，规定了社会成员怎样看待和适应变化了的环境。一个社会的社会结构说明了社会中各群体的相互关系，文化则解释了社会结构在社会中的含义。文化分析包括六个部分：身份、信仰、价值观、态度和感知力、信仰系统、文化形式。文化形式包括语言、仪式（世俗的和宗教的）、文化符号、礼仪、

---

[1] 《先发制人与美国的战争方式——美国参联会主席奖战略论文竞赛获奖作品精选》（徐斌译，金一南、王保存、彭光谦等点评），解放军出版社2008年版，第275页。

[2] U.S. Joint Chiefs of Staff, Joint Publication 2-01-3, *Joint Intelligence Preparation of Operational Environment*. Washington, D.C.: GPO, 16 June 2009, pp. IV-2-IV-8.

神话、叙述方式。[1]

《作战环境联合情报准备》对另外四大要素也进行了具体解释，提出了相应要求。社会是指社会整体与作战地域的联系及对整个作战环境的影响。社会结构是社会内部各群体之间的关系、组成社会的各部分的安排、各社会地位的组织机构以及各社会群体在这些机构中的分布。权力和权威是要分析强制力、社会资本、经济力量、权威，发现真正的掌权者，评估他们的动机和战略等。利益则主要指社会成员对利益的关心内容，包括生命安全、基本生活保证、经济利益、参政利益。

美军已经认识到"缺乏详细具体的（社会文化因素）分析将带来新的或反复出现的紧张和暴力危险，从而损害任何建设安全稳定的环境或持久性机构的努力"[2]。

4. 启示

（1）文化情报的重点是了解敌人本身作为行为个体的特点

对敌人了解得越深入详细，对胜利的把握也越大。文化情报不能忽视，它是战前评估和计划中必须要考虑的重要方面。因为战争不仅是要把敌人的阵地打掉或轰炸敌人的战略战役目标，更重要的还是要与对手——人——打交道。制订计划的是人，设计战略战术的是人，如果能深入敌人的头脑中去，对其哲学信仰、行为方式、性格习惯掌握得一清二楚，对己方该如何行动、应对或挑战敌人胸有成竹，那么就做到了"胜兵先胜而后求战"。美国内战中南方军队统帅罗伯特·李将军之所以能在战争初期屡战屡胜，不是因为北方联邦军的装备比南方差或是补给不足，恰恰相反，北军在战争初期的军事实力远超出南方，而是因为李将军已经牢牢掌握了北军统帅麦克莱伦的行为规律。他们两人是西点军校的同学，分别以第一名和第二名的成绩毕业。李对

---

[1] "个体所拥有的身份、信仰、价值观、态度和感知力的总和以及对它们重要性的排序组成一个人的信仰系统。信仰系统是个人处理和适应新信息的过滤器。" U.S. Joint Chiefs of Staff, Joint Publication 2-01-3, *Joint Intelligence Preparation of Operational Environment.* Washington, D.C.: GPO, 16 June 2009, p. IV-3.

[2] U.S. Joint Chiefs of Staff, Joint Publication 2-01-3, *Joint Intelligence Preparation of Operational Environment.* Washington, D.C.: GPO, 16 June 2009, p. IV-3.

麦克莱伦的性格一清二楚。所以后来林肯把麦克莱伦换下时,李还感到很惋惜,虽然麦克莱伦也是一位劲敌,但至少李对他十分熟悉。[1]

拉尔夫·彼得斯指出:"我们将面临一种危险的诱惑,即试图对人们行为方面的挑战作出纯技术上的反应……我们要不断强调(把技术和人的因素)保持平衡。"[2] 美军在伊拉克遇到的最致命的武器之一是叛乱分子的自制炸弹,阻止叛乱分子对自制炸弹的使用十分关键但极有难度。当美国国防科学和技术部门都把焦点集中在研发应对自制炸弹威胁的技术解决方案上时,美国国防部专门针对自制炸弹的联合特遣部队总司令约瑟夫·沃特尔告诫,指挥官们应把注意力更多地放在炸弹制造者而非炸弹本身。如果理解了自制炸弹发明、制造和使用的社会背景,就开辟了消除其威胁的另一条道路。所以要将焦点从自制炸弹的技术转向炸弹制造者发明、制造、分发和使用的社会环境。[3]

(2)打击恐怖主义、完成多样化军事任务更需要文化情报

"要想赢得全球反恐战争的胜利,就要跨越文化的差异。这一观点常被人们忽略,因为大家往往觉得该新建一个军事基地或国家坦克训练中心。"[4] 在打击恐怖主义问题上,美国已经越来越重视对恐怖主义滋生地区的文化、宗教研究。《全球反恐战争:全面赢得穆斯林世界的心》一文指出,任何应对全球恐怖主义威胁的战略措施都应把重点放在通过发展进步的伊拉兰文化和教义来全面赢得全球穆斯林的心。"像癌细胞生长一样,恐怖主义从主流伊斯兰体内获得营养并汲取力量。要治疗该病,医生必须对癌症患者进行全面体检,了解其病史和背景方可对症下药。"[5] 反恐要标本兼治,就必须

---

[1] 〔美〕保罗·布鲁尔:《美国内战》(图说世界战争系列)(张帆译),青岛出版社2003年版。
[2] Ralph Peters, *Fighting for the Future: Will America Triumph?*, Mechanicsburg, PA: Stackpole Books, 1999, p. 58.
[3] Dr. Montgomery McFate, Iraq: The Social Context of IEDs, *Military Review* Article, May-June 2005,[2009-01-20]. http://www.smallwarsjournal.com.
[4] Anne Scott Tyson, "A General of Nuance and Candor; Abizaid Brings New Tenor to Mideast Post", *Christian Science Monitor* (March 5, 2004), p. 1.
[5] 李林伟:《全球反恐战争:全面赢得穆斯林世界的心》,选自《先发制人与美国的战争方式——美国参联会主席奖战略论文竞赛获奖作品精选》(徐斌译,金一南、王保存、彭光谦等点评),解放军出版社2008年版,第170—186页。

掌握有关恐怖分子、恐怖势力的文化情报。既要搞清楚恐怖头目的身份背景、成长经历、基本世界观人生观和价值观，又要掌握恐怖势力滋生的社会文化大环境，分析当地政党、教派和民众的基本态度立场。比如，美军就曾研究恐怖分子经常使用的残忍的"斩首"谋杀方式，分析"斩首"的文化和战略意义，谋杀仪式的历史、动机、目的等。[1]

美军对文化情报的重视主要集中在海军陆战队这一军种内，很多有关文化情报的文章都是海军陆战队军官撰写的。这和海军陆战队的任务使命有直接关系。美国海军陆战队是执行美国远征作战任务的直接和主要力量。由于其前沿部署、快速行动和自我维持能力，历史上它就承担着各种非传统任务，像人道主义救援、小型战争，以及美国一度称为"非战争军事行动"的任务。随着当今世界各种非传统威胁的出现，美国海军陆战队的经验教训就非常值得借鉴。海军陆战队认为文化感知是成功不可或缺的一个要素。海军陆战队大量的行动后报告也强调文化感知训练对于陆战队完成未来任务的必要性和重要意义。"今天和未来，海军陆战队面临的复杂任务要求更多的'文化感知'才能成功实现最小伤亡和最低的物质代价。"[2]

七、参考文献

1. 孙绍武主编：《本尼迪克特文选》，远方出版社 2010 年版。

2. 倪世雄等：《当代西方国际关系理论》，复旦大学出版社 2001 年版。

3. 李景龙：《美国情报分析理论发展研究》，军事科学出版社 2014 年版。

4. 陈嘉映：《哲学·科学·常识》，中信出版社 2018 年版。

5. 文军：《西方社会学理论》，上海人民出版社 2006 年版。

6. 〔美〕鲁思·本尼迪克特：《菊与刀：日本文化诸模式》（吕万和、熊达云、王智新译），商务印书馆 2017 年版。

---

[1] Ronald Jones, *Terrorist Beheadings: Cultural and Strategic Implications*, US Army Strategic Studies Institute Report, June 2005. [2009-01-20]. http://www.smallwarsjournal.com.

[2] Robert S. McNamara, "In Retrospect", Newsweek, April 17, 1995, p.46.

7.〔美〕鲁思·本尼迪克特：《文化模式》，生活·读书·新知三联书店1988年版。

8.〔美〕小乔治·史密斯：《跨越文化情报的鸿沟》，选自《先发制人与美国的战争方式——美国参联会主席奖战略论文竞赛获奖作品精选》（徐斌译，金一南、王保存、彭光谦等点评），解放军出版社2008年版。

（案例编写人：彭亚平）

[第14章]
谁会成为沙希科特山谷之战的真正胜利者

一、编写说明

（一）编写目的

本案例以 2002 年 3 月美国中央司令部主导下的联军特遣部队在阿富汗东南部帕克提亚省沙希科特山谷所开展的"蟒蛇"行动作为主要背景，还原了美军在开展战前情报评估时的重点关注领域，解构了阿富汗民兵部队在发起联合作战行动前的分析研判思路，剖析了塔利班及"基地"组织残余势力在进行作战筹划时的关键判别依据，再现了这三方势力在临战准备过程中的主要思维导向，旨在帮助学员深入了解愿望思维及认知失调等错误知觉在情报分析工作中的具体表现，重点探究文化感知能力在情报分析人员综合素养构成中的独特作用，从而为其优化情报分析意识、拓展情报分析视野、提升情报分析能力提供新的视角与借鉴。

（二）使用方式

本案例教学主要依托"战情分析想定双向同步推演"的方式组织实施，通过角色扮演、战情想定、情境分析、模拟推演、复盘比对五个核心环节，灵活运用问题牵引、战情模拟、连环叩问等多种方式，帮助学员分别从"蟒蛇"行动作战双方的视角，对临战情报准备中的诸要素加以同步审视并逐一展开分析研判，从而帮助学员尽可能地融入较为逼真的实战氛围与战场环境，在案例推演过程中实现文化感知素养、研判甄别意识、情报分析技巧以及实战应用能力的同步提升。

完成本案例推演大致需要 10 个学时，其组织实施流程主要包括以下五个核心环节。

1. 角色扮演

在本环节中,将所有学员划分为A、B两个推演方,每个推演方以6—9人为宜,A推演方扮演"蟒蛇"行动发起前的联军联合特遣部队指挥部,B推演方扮演"基地"组织和塔利班残余力量。其中,A推演方内部进一步划分为三个小组:第一小组扮演美国中央司令部,第二小组扮演"大山"联军联合特遣部队指挥部,第三小组扮演齐亚·洛丁所属的阿富汗民兵部队。B推演方则进一步划分为两个小组:第一小组扮演"基地"组织残余力量,第二小组扮演塔利班残余力量。在本环节中,学员应根据自身能力素质、编配数量基本均衡的原则,自主完成人员编组搭配工作;老师主要负责阐释划分依据、明确划分原则、统一划分标准等工作。完成本环节大致需要1个学时。

2. 战情想定

在本环节中,A、B两个推演方同时领受推演任务,以"持久自由"行动的全面展开及深入推进为预设作战背景,以2002年2月中旬至2002年3月中旬为预设作战时间,以阿富汗帕克提亚省沙希科特山谷为预设作战地域,双方分别预设本方作战想定、统筹本方作战力量、提出本方作战方案,在想定过程中彼此间不做交流,重点以情报分析视角切入,充分发挥双方情报分析力量在本环节中的想定辅助作用。在本环节中,学员应借助各种可能方式积极查阅相关资料,自主完成本环节所有具体想定;老师主要负责发布想定任务、把握想定标准、辅助指导说明、拓展资料来源等工作。完成本环节大致需要3个学时。

3. 情境分析

在本环节中,A、B两个推演方在明确战情想定的基础上,分别根据自己所扮演的角色以及搜集掌握的相关信息,适时进行情报研判、全面开展情境分析、逐步提出可行构想,并在分析研判过程中尽可能较为全面地考虑所有获情手段、涵盖不同情报品类,从而各自独立生成既合乎逻辑判断,又契合双方特点,还切实具备现实可操作性的多种评估方案。在本环节中,学员应协作开展情况分析汇总、信息甄别使用、情报价值研判等各项工作；老师主要负责思维引导、资料补充、背景澄清等工作，并可适时解答学员在分析研判过程中产生的相关困惑。完成本环节大致需要 2 个学时。

4. 模拟推演

在本环节中，A、B 两个推演方所有成员按照既定组别划分，共同开展实战化模拟推演活动。在推演过程中，双方各小组应汇集一处，逐一列出本方在情境分析环节生成的所有评估方案，详细阐释其信息来源、研判依据、实施条件、分析要点等各项要素，重点说明评估方案对双方生成作战方案的影响层级、影响范围及影响效能，并在此基础上开展作战想定的逐步推演。在本环节中，学员的发言应综合采用个人酝酿、分组研讨、集体评议等多种方式，可灵活运用批判性思维方法；老师主要负责组织协调、进程把控、现场质询等工作，并应确保学员在规定时限内做到言之有物且言之有据。完成本环节大致需要 2 个学时。

5. 复盘比对

在本环节中，A、B 两个推演方在老师引导下，共同将模拟推演环节中生成的各类评估方案以及由此产生的推演结果同"蟒蛇"行动中的真实情境逐一加以复盘比对，细致剖析真实战场环境下交战双方对战前情报评估的验证方式与运用特点，逐一辨明影响或制约双方战前情报评估效能的主观因素与客观局限，重点关注双方在实战过程中对情报评估加以进一步补充优化的重点方向与重点领域，并在此基础上总结归纳各自在战情想定、情境分析、模拟推演等环节中的主要得失与经验教训。在本环节中，学员应重点围绕双方战前情报评估工作中的搜集处理、识别研判、分析研究等环节开展深入思考，可选取不同切入角度开展总结评述；老师主要负责启发引导、观点汇总、标准把关等工作。完成本环节大致需要 2 个学时。

在完成上述五个核心环节推演工作的基础上，老师可针对每名学员在本次案例推演过程中的综合表现进行逐一点评，给予其相应分数，并可组织全体学员以无记名投票的方式，共同评选出优秀个人及优秀合作团队。同时，老师还可根据相应课程中案例教学的学时配比及实际需要，视情继

[第14章] 谁会成为沙希科特山谷之战的真正胜利者

续组织扮演 A、B 两个推演方的所有学员开展角色互换，从而帮助学员转变固有分析视角，鼓励学员打破既有思维方阵，引导学员掌握科学分析方法，学习掌握以对方立场重新审视己方分析流程的思维方式与研究路径，从而切实发挥实战化情报分析案例推演的最大效用。

二、内容摘要

2001年10月7日"持久自由"行动正式展开以后，美国主导下的反恐联军在阿富汗"反塔联盟"武装的密切配合之下，仅用了不足两个半月的时间便轻取马扎里沙里夫，抢攻喀布尔，强占昆都士，逼降坎大哈，以摧枯拉朽之势结束了塔利班政权在阿富汗的统治，顺利完成了"持久自由"行动第一阶段的主要作战目标。虽然"基地"组织和塔利班已被完全驱逐出了各大中城市，但其核心战斗力并未出现重大损失，其残余势力纷纷遁入阿富汗东南部广袤的崇山峻岭之中，并迅速采取化整为零、各自为战的基本战法，凭借与当地居民高度趋同的文化背景，依托当地星罗棋布的天然洞穴与错综复杂的人工坑道，继续同反恐联军开展武装对抗。在此背景下，反恐联军的主要作战方式也开始由城市攻坚转向山地清剿，逐步进入了"持久自由"行动的第二阶段。2002年初，美国中央司令部从不同情报渠道获悉，"基地"组织和塔利班的主要残余势力正在阿富汗东南部帕克提亚省的沙希科特山谷秘密集结，计划在此地休养越冬后，于当年春季针对美军及其盟军再度发起新的大规模袭击活动。鉴于此，美国中央司令部决定先发制人，精心策划一场代号为"蟒蛇"的联合作战行动，力求在沙希科特山谷一举歼灭"基地"组织和塔利班残余势力。为此，美军专门从其精锐的第10山地师及第101空降师各自抽调一部，共同组建起一支旅级规模的联合特遣部队，并由第10山地师长富兰克林·哈根贝克师长亲自指挥，计划在发起攻击后的72小时之内即彻底肃清盘踞于此的所有顽敌。但事实上，"蟒蛇"行动整整持续了17天时间，并被美军称作"一场自'持久自由'行动展开以来最为艰苦的战斗"。美军联合特遣部队非但未能如同巨蟒出击一般轻易绞杀自己的猎物，反而付出了8人阵亡、80人受伤的惨重代价。尽管中央司令部司令汤米·弗兰克斯上将迅速对外宣称,"蟒蛇"行动对美军而言绝对是一场酣畅淋漓的大胜,但美、阿两国的政府官员、专家学者及新闻媒体却对此屡屡提出质疑,其复盘调查结果同官方宣传口径之间也形成了较为鲜明的差异。人们不禁要问:美军联合特遣部队是否真的以泰山压顶之势一击制胜?为什么外界会对此次行动的战果持有诸多异议?究竟谁才是沙希科特山谷之战的真正胜利者呢?

三、关键问题

(一)本案例中,美军在开展"蟒蛇"行动之前所进行的情报评估究竟有何优长与不足?

(二)本案例中,美军相关部门所生成的战前情报评估结论是否存在较为明显的疏漏与盲点?

(三)本案例中,美军相关部门组织开展战前情报评估的方式集中体现了怎样的视角与思维特点?

(四)本案例中,在面对复杂的战场环境、陌生的作战对手以及多变的战场态势时,美军相关部门是如何尽量解决战前情报评估中的"不确定性"问题的?

(五)本案例中,美军相关部门生成的战前情报评估结论会对其后续作战行动产生哪些直接影响,作战部队又是否会因此而产生重大误判?

(六)本案例中,美军的主要作战对手采取了何种策略、实施了哪些手段,是如何充分利用各种有利条件与美军开展情报对抗的?他们在战前是否即已充分达成了隐真示假、引"蛇"出洞的理想效果?

(七)从本案例研究视角出发,文化感知因素在联合作战行动战前情报评估中是如何体现其重要地位的?面向战场、面向部队、面向未来的情报分析人员应当如何不断强化自身的文化感知能力?

(八)从本案例研究视角出发,联合特遣部队指挥官在协调跨国别、跨军种武装力量共同遂行联合作战任务时,到底需要情报部门提供什么样的战前情报评估产品?此类产品又应重点涵盖哪些领域、涉及哪些手段、关

[第14章] 谁会成为沙希科特山谷之战的真正胜利者

注哪些问题?

（九）从本案例研究视角出发，在联合作战行动中，情报部门应如何切实强化与作战力量的体系融合，方能真正实现全时服务、全维覆盖、全谱保障？当前影响或制约其效能发挥的主要因素又有哪些？

（十）从本案例研究视角出发，美军在"蟒蛇"行动前的情报评估工作能够为我深化理解未来一体化联合作战背景下文化情报的保障模式、主要特点、内在规律及发展趋势提供哪些启示与借鉴？

四、案例正文

阿富汗，一个在美国人看来僻处中亚、西亚与南亚结合地带的蕞尔小国，一个国土面积尚不及美国的一个得克萨斯州大，总人口数量仅为美国的 1/10 略强，国内生产总值不足美国 1/655 的时常被美国人遗忘的小国，因"9·11"恐怖袭击事件的发生，成为世人瞩目的焦点。随着小布什总统在 2001 年 10 月 7 日对阿富汗塔利班政权及"基地组织"正式宣战，美国及其盟国在阿富汗发起的"持久自由"行动也正式拉开了帷幕。美军在多国盟军的紧密配合之下，借助阿富汗"反塔联盟"的大力支持，仅花费了不足两个半月的时间，便轻取马扎里沙里夫，抢攻喀布尔，强占昆都士，逼降坎大哈，并于 12 月 9 日拿下了塔利班政权控制下的最后一个省份——阿富汗东南部的查布尔省。在一般人看来，美军完全是以摧枯拉朽之势终结了塔利班政权在阿富汗的统治，并将塔利班和"基地"组织的残余势力完全驱逐出了各大中城市，顺利完成了"持久自由"行动第一阶段的作战目标。特别是进入 2002 年以来，曾一度扬言要对美军发动大规模武装报复行动的塔利班和"基地"组织残余势力，似乎也失去了往日的心劲，既不再借助各类网络平台公然跳出来与美军叫板，也很少在阿富汗的正面战场上现身，看起来已全盘溃散，很难再对美军构成现实的挑战与威胁。当然，这一切都离不开同时身兼美国中央司令部司令以及驻阿富汗联军最高指挥官这两大要职的汤米·弗兰克斯上将的运筹帷幄与调度有方，就连一向对美军挑剔苛刻，喜欢"鸡蛋里面挑骨头"的新闻媒体也为这位美军名将奉上了不少溢美之词，各主流报章均积极跟进美军在阿富汗的最新进展，并连篇累牍地刊载了许多发自一线的战地报道。但大多数人都不了解的是，这位已从军三十四载的越战老兵，此刻不但没有沉浸在速战速胜所带来的轻松之中，反而正面临着不少的困扰。

(一) 饱受困扰的弗兰克斯上将

作为一名曾亲身经历过越南战争的惨烈，因表现卓异先后荣获过三枚紫心勋章及四枚铜星奖章，任职经历异常丰富的沙场老将，弗兰克斯上将并没有像新闻媒体一样，只是一味地关注"持久自由"行动第一阶段所取得的辉煌战果。恰恰相反，他此时瞩目的焦点已开始由城市攻坚转向山地清剿，关注的重心也已经开始由正面对峙作战过渡到反叛乱作战。那么，令他心绪不宁的困扰到底由何而来呢？其实，在他看来，美军及其主导下的反恐联军在阿富汗还远远称不上马到成功。

首先，尽管塔利班政权已土崩瓦解，但其与"基地"组织的残余势力却并未随之灰飞烟灭，他们在阿富汗国内的影响力仍然不容小觑，并且有可能死灰复燃。他们并不愚蠢，绝不会在明知无法与美军开展正面对抗的情况下，还去以卵击石，继续以大规模集结的方式同美军进行硬碰硬的常规作战。更何况根据"持久自由"行动第一阶段的战况显示，塔利班和"基地"组织看起来更像是主动从各大中城市提前撤离的，其根本目的就是以化整为零的方式保存有生力量，之后静待战机、企图再起。

其次，反恐战争并不是凭借高技术尖端武器对恐怖分子狂轰滥炸一番，然后将他们赶进山林和洞穴就算大功告成。部分新闻媒体认为向阿富汗空投几颗炸弹，再派几支特种部队去充充场面就能彻底肃清恐怖主义的逻辑实在是过于简单。美军在"持久自由"行动第一阶段的主要战果无异于将一个大石块砸碎成了更多的小石块，虽然看似有效，但实际上反而增加了下一阶段彻底消灭敌军有生力量的难度。从长远角度来看，恐怕并未完全实现自己在策划这场作战行动时的本意与初衷。此外，尽管美军一直对乌萨马·本·拉登以及毛拉·穆罕默德·奥马尔等"匪首元凶"穷追不舍，但他们至今依然杳无音信，反恐战争依然缺乏一个标志性的重大节点，自己又该如何向小布什总统进行交代？

再次，尽管美军在阿富汗战场上不断投入新型侦察平台，广泛使用了各类先进的技术侦察手段，将现代高科技在反恐情报工作中所能发挥的效用推进到了一个前所未有的高度。但"长曲棍球"雷达成像卫星、"锁眼"光学成像卫星、"大酒瓶"电子侦察卫星、"全球鹰""捕食者"无人机、"变色龙"地面遥控式传感监视设备这些令人眼花缭乱的现代高科技侦察手段，难以针对那些或骑着毛驴或徒步穿行于崇山峻岭之中，依靠最原始的方式对情报口耳相传的塔利班和"基地"组织残余力量发挥出应有的侦察效能。由于严重缺乏直接获取一手反恐情报的渠道，美军只能依靠所谓"反恐盟友"的帮助获取大量二手信息，这就常常使得美军的作战行动陷入事倍而功半的尴尬局面。甚至时常还会出现莫名其妙的风声走漏，恐怖分子总能赶在美军抵达之前逃之夭夭。

另外还有阿富汗国内大小军阀林立、军火与毒品走私泛滥、临时过渡政府软弱无力，这一系列的烦心事纷至沓来，实在让人身心俱疲、不胜其烦。但情报部门在2002年1月中旬提供的一条重要线索令弗兰克斯上将精神为之一振，他将目光聚焦到了阿富汗东南部的霍斯特－加德兹地区附近。

（二）备受关注的沙希科特山谷

霍斯特－加德兹地区得名于阿富汗东南部两个相互邻近的省份——霍斯特省和帕克提亚省。其中，霍斯特省的省会为霍斯特市，帕克提亚省的省会为加德兹市。这两个省份毗邻巴基斯坦与阿富汗交界处的"联邦直辖部落区"，在历史上一直属于普什图族的传统势力范围。早在20世纪80年代，当苏联军队占领阿富汗之后，当时的阿富汗反苏游击队就曾充分利用该地区崇山峻岭遍布、沟壑小径纵横、天然洞穴密集的地理条件优势，同苏军开展过旷日持久的游击作战。

自1月初以来，美军情报部门一反常态地摒弃了平日工作中时常使用的模糊性字眼，明确提出该地区很有可能再度成为塔利班和"基地"组织残余势力的重要盘踞地点，其分析研判依据集中体现在以下三个方面。

第一，从地图上来看，霍斯特－加德兹地区简直就是为塔利班和"基地"组织残余势力天造地设的理想集结地点。在地图上，霍斯特省东端的突出部分恰好向东往巴基斯坦方向突入了近80千米，宛如一个伸入巴基斯坦境内的陆上半岛。而从该省省会霍斯特市出发，周围的地势相对较为平坦，共有三条陆上通道通往巴基斯坦边境的主要市镇，此外还有一条水路也可通往巴基斯坦境内。而加德兹市的东南部又紧邻霍斯特省，两地间通过公路往来极为便利。更为重要的是，在加德兹市以南约24千米处的崇山峻岭中，还隐藏着一座平均海拔接近7500英尺（约合2286米），名为沙希科特的山谷，其地质结构特点尤其适合塔利班和"基地"组织残余势力藏匿其中。

第二，塔利班和"基地"组织残余势力在化整为零之后，特别喜欢潜入巴基斯坦与阿富汗两国交界处的普什图族部落地区。这一方面是因为他们能够有效地融入当地的社会环境，充分利用自己同当地居民在语言文化、宗教信仰、生活习俗等方面的共性特征，不断开展隐蔽活动与融合渗透。另一方面则是由于巴、阿两国对其边境地区的管控能力均较为薄弱，能够在客观上为塔利班和"基地"组织残余势力营造出一片自由往来、自如通行的广阔空间。究其原因，阿富汗自1979年陷入战乱后已有20余年，国力本就贫弱不堪，自顾尚且不暇，根本无力对其边境地区实施有效管控；而巴基斯坦则受制于"联邦直辖部落区"的特殊历史地位及管理规定，不愿过多插手当地事务，担心引发普什图部落民众的反感，所以便导致该地区长期陷入无人管控也无法管控的混乱状态，为恐怖主义势力的滋生与蔓延提供了理想的温床。

第三，美军早在2001年底即已向沙希科特山谷及其周边地区派出了多支特种作战特遣部队，并对该地区的地形地貌、敌情动态、兵力变化等情况进行了全面搜集与细致梳理。截至2002年1月中旬，在该地区活动的美军特种作战特遣部队行动小队至少仍保持在6支以上。根据这些深入前沿的一线情报搜集人员报告，大部分塔利班和"基地"组织残余势力新选定的藏匿地点，很可能就位于沙希科特山谷。[1] 这里群山耸峙、洞穴密布、补

---

[1] Headquaters Unite Stated Air Force, *Operation Anaconda: An Air Power Perspective*, February 7, 2005, p. 15.

[第14章] 谁会成为沙希科特山谷之战的真正胜利者

给便利,且当地原住民普遍对塔利班和"基地"组织抱以同情态度,是一个在冬季休养生息的理想场所。此前就有传闻说,塔利班在撤离大中城市时,就曾把相当一部分家眷安置在了这片山区;而近来更有传闻说,自1月初开始,当地还出现了一些全副武装的不明身份人员,他们戒心极重,根本无法靠近。通过种种迹象判断,沙希科特山谷可能成为塔利班和"基地"组织残余势力重新集结的地点,理应引起美军的高度重视。

鉴于此,弗兰克斯上将计划调集精兵强将,在沙希科特山谷精心筹划一场联合作战行动,力求一举肃清盘踞于此的塔利班和"基地"组织残余势力。蛇无头不行,对于由谁来担任此次作战行动的指挥官,弗兰克斯上将心中早就有了一个默定的最佳人选。

(三) 重任在肩的哈根贝克师长

弗兰克斯上将心中默定的这个最佳人选,正是时任美军第10山地师长的富兰克林·哈根贝克。他出身军人世家,毕业于西点军校,手握美国佛罗里达州立大学与长岛大学授予的双硕士学位,是从陆军连级部队主官一路奋斗、逐级晋升为美军唯一一个山地师最高指挥官的实力派人物。由于长期在各作战部队轮转任职,他实战丰富、指挥风格灵活,被同事们戏称为"小鬼",在陆军一线作战部队中具有很高的声望,确实是担纲指挥此次行动的理想人选。

此前,哈根贝克师长本来同其师部所属的大部分参谋人员一起驻扎在乌兹别克斯坦的汉纳巴德空军基地,主要负责该基地的警戒任务,却突然接到了中央司令部要其尽快前往阿富汗全权指挥此次联合作战行动的命令,不得不赶在2月中旬匆匆动身,带着自己的部分参谋班底一同前往巴格拉姆空军基地领受新的任务。

在哈根贝克师长看来,这次自己所面临的压力可谓是前所未见。在不到10天的时间里,就要有效组建起一支代号为"大山"的联军联合特遣部队,全盘筹划在沙希科特山谷开展的所有作战方案,并力争实现中央司令部一举聚歼塔利班和"基地"组织残余势力的主要作战目标,这实非易事。眼下最紧迫的任务是他必须首先摸清敌情底数,准确开展情报评估,才能

243

为整个作战计划的拟制与修订奠定坚实的基础。所以他刚一到任,就责令"大山"联军联合特遣部队所属情报人员尽快提供有关沙希科特山谷及周边地区的敌情动态,而他最感兴趣的要算敌军的兵力部署、火力配系、作战方式及军心士气这四大关键要素。

在中央情报局、特种作战特遣部队以及阿富汗友军的配合之下,"大山"联军联合特遣部队所属情报人员很快就汇总梳理了有关沙希科特山谷的大量零散情报,并根据哈根贝克师长的要求对其进行了初步筛选与整合。

第一,关于敌军的兵力部署,"大山"联军联合特遣部队所属情报人员给出了敌军数量很有可能在100人至1000人之间这样一个大致区间。按照他们的说法,沙希科特山谷底部共有四个小村庄,分别为马尔扎克村、巴布尔凯尔村、泽尔基卡勒村以及赛尔汗凯尔村。这四个村庄原住民的总人数在800人至1000人左右,当塔利班和"基地"组织残余势力流窜至该地区后,往往同当地村民混杂一处,很难区分清楚到底谁是恐怖分子,谁又是本地村民。[1] 而结合美军此前在阿富汗战场的实战经验来看,美军情报部门时常存在高估敌军数量的问题。美军第20空中支援作战中心的指挥官就曾经总结道:"我们习惯于称其为'塔利班数学',因为这些(预判的)数字对于计划来说全无价值。"他进一步解释说,假设作战行动发起前我们预估的敌军人数在200人至2000人之间,等到了真正作战的时候,敌军数量很可能压根连200人都不到。[2] 如果非要给出一个具体的数字,情报人员认为盘踞在沙希科特山谷的敌军数量应当不足200人,这个数字应该是比较准确的。

第二,关于敌军的火力配系,"大山"联军联合特遣部队所属情报人员倒是给出了一个较为明确的研判结果。他们认为,绝大多数逃窜至沙希科特山谷的塔利班和"基地"组织残余势力正如同丧家之犬,他们为了一路躲避美军的空中打击,在逃亡途中不太可能携带有太多的重型武器。所以,聚集在此地的恐怖分子应该只随身携带了各式轻型武器,不大可能配备有

---

[1] National Defense University, Center for Technology and Natinal Security Policy, *Operation Anaconda in Afghanistan: A Case Study of Adaption in Battle*, 2007, p. 6.

[2] Headquaters Unite Stated Air Force, *Operation Anaconda: An Air Power Perspective*, February 7, 2005, p. 23.

重机枪、迫击炮、火箭弹等重型武器。[1]

第三，关于敌军的作战方式，"大山"联军联合特遣部队所属情报人员认为，由于沙希科特山谷的地形较为狭窄，仅9公里长、5公里宽，除了密布于山谷两侧的洞穴之外，隐匿于此的塔利班和"基地"组织残余势力没有更多的藏身之所，而每个洞穴能够容纳的人数又相对较为有限，所以恐怖分子采取的主要作战方式应当是白天分散隐藏在不同洞穴之中，趁夜晚出来开展小规模的破坏行动。考虑到该地区崇山峻岭密布的具体地貌特点，恐怖分子开展集结的反应速度应该也不会特别迅速。

第四，关于敌军的军心士气，"大山"联军联合特遣部队所属情报人员认为，塔利班和"基地"组织残余势力中的确不乏自愿献身宗教信仰、在作战中顽抗到底的死硬分子。但困守沙希科特山谷的大多数恐怖分子，应该都会在遭到美军攻击时首选逃跑，如果实在无路可逃，也会尽量选择以和谈的方式来投降求生。"一旦战斗真的打响，'基地'组织的大部分成员都会拼命逃窜，甚至是以任何可能的方式来四处逃窜。"[2] 情报人员相信，即便有部分恐怖分子利用洞穴、坑道和阵地组织防御，其主要目的还是拖延时间并转移美军的注意力，从而掩护其主要头目相机逃窜。[3]

出于谨慎考虑，在接获"大山"联军联合特遣部队所属情报人员提交的报告后，哈根贝克师长还专门会同联军部队地面部队司令部及联军部队空中部队司令部的相关指挥及参谋人员举行了多次会商，并结合当地的天气情况变化，初步决定于2002年的2月底至3月初期间，在沙希科特山谷正式发起一场代号为"蟒蛇"行动的联合作战行动。

（四）蓄势待发的昂然"巨蟒"

"大山"联军联合特遣部队之所以为此次行动冠以"蟒蛇"这样一个

---

[1] National Defense University, Center for Technology and Natinal Security Policy, *Operation Anaconda in Afghanistan: A Case Study of Adaption in Battle*, 2007, p. 6.

[2] Headquaters Unite Stated Air Force, *Operation Anaconda: An Air Power Perspective*, February 7, 2005, p. 31.

[3] Headquaters Unite Stated Air Force, *Operation Anaconda: An Air Power Perspective*, February 7, 2005, p. 32.

代号，主要是取巨蟒善于悄无声息地包围猎物，进而突然出击实施绞杀之意。[1] 根据情报人员有关敌军兵力部署、火力配系、作战方式及军心士气的评估结果，哈根贝克师长决定在此次针对塔利班和"基地"组织残余势力的联合作战行动中，充分运用好自己手中的两支核心作战力量，采用美军在常规战中最为经典的"铁锤与铁砧"战术来克敌制胜。

哈根贝克师长所倚重的第一支作战力量由美军第 10 山地师所属的一个轻型步兵营（下辖两个连）和美军第 101 空降师第 3 旅所属的两个步兵营（也分别下辖两个连）共同构成，总兵力约 6 个步兵连。该作战力量在"蟒蛇"行动中被称作"拉卡山"特遣部队，主要充当"铁锤与铁砧"战术中"铁砧"的角色，负责在"蟒蛇"行动发起前搭乘"支奴干"直升机，通过机降方式迅速抢占沙希科特山谷东侧山脊，并按照由北向南的顺序在东侧山脊分别建立"艾米""贝蒂""辛迪""戴安""伊芙""金吉尔"以及"希瑟"等 7 个阻击点，阻断山谷中恐怖分子的外逃路径，防止被"铁锤"特遣部队驱赶出藏身地点的恐怖分子从沙希科特山谷的东侧逃窜出去。其中，"伊芙""金吉尔"和"希瑟"这三个阻击点由第 10 山地师所属的那个轻型步兵营负责守卫，而"艾米""贝蒂""辛迪"和"戴安"四个阻击点则由第 101 空降师第 3 旅的一个营负责守卫，该旅的另一个营则从山谷南端"芬格尔"山脊与东侧山脊之间由南向北推进，配合"铁锤"特遣部队驱赶恐怖分子。[2]

哈根贝克师长所倚重的第二支作战力量则由美军特种部队（代号"第 11 特遣部队"）与帕克提亚省当地普什图族武装头领齐亚·洛丁将军手下的民兵部队混编而成，总兵力约 500 人。该作战力量在"蟒蛇"行动中被称作"铁锤"特遣部队，主要充当"铁锤与铁砧"战术中"铁锤"的角色，会在"蟒蛇"行动发起前由帕克提亚省的祖尔马特乘坐皮卡和卡车出发，沿公路从沙希科特山谷西侧的"鲸鱼"山脊向南绕行，之后从"鲸鱼"山脊

---

[1] National Defense University, Center for Technology and Natinal Security Policy, *Operation Anaconda in Afghanistan: A Case Study of Adaption in Battle*, 2007, p. 12.

[2] National Defense University, Center for Technology and Natinal Security Policy, *Operation Anaconda in Afghanistan: A Case Study of Adaption in Battle*, 2007, p. 12.

[第14章] 谁会成为沙希科特山谷之战的真正胜利者

与"芬格尔"山脊之间的空隙由南向北推进,逐一清剿并占领山谷谷底的四个村庄,将藏匿其中的恐怖分子全部驱赶出来并坚决予以消灭,从而与"拉卡山"特遣部队形成相互呼应。而另有部分美军特种部队成员还负责在发起作战行动前提前占领沙希科特山谷南北两端的部分高地,迅速建立临时观测阵地,并为美军战机针对此前所选定的 13 个重点目标开展空中打击提供必要的指引与帮助。[1]

此外,还有几支分别属于加拿大、澳大利亚、德国、法国、丹麦等其他国家的特种部队,主要负责在整个沙希科特山谷的外围布设环状包围圈,从而防止塔利班和"基地"组织残余势力浑水摸鱼,趁乱从山谷中向外溃逃。[2]

在哈根贝克师长看来,由于塔利班和"基地组织"残余势力已率先抢占了沙希科特山谷"地利"的先机,那么联军发起的"蟒蛇"行动能否取得成功,则主要取决于"天时"与"人和"这两大因素。所谓"天时",是指联军联合特遣部队必须充分考虑当地天气状况的变化,在最合适的时机发起攻击。尽管弗兰克斯上将早在 2 月 17 日就已批准了哈根贝克师长提交的作战方案,并将发起行动的时期确定在 2 月 25 日,但由于天气状况突然恶化,"蟒蛇"行动的发起时间又被推迟到了 2 月 28 日。此后,由于雨雪交加的天气并未出现好转,哈根贝克师长为稳妥起见,最终又将发起行动的日期选定在了 3 月 2 日,确实是为占"天时"之利费尽了思量。而所谓"人和",则是指充当"铁锤"与"铁砧"的相关部队必须紧密配合,既要按照预定计划同步发起攻击,又要在作战过程中保持协调同步,切不可畏难避战、致使友军陷入险境。说实话,哈根贝克师长对于美军第 10 山地师、第 101 空降师以及特种部队的作战素养与战斗意志并不担心,唯独对此次承担"铁锤"重任的当地普什图族民兵武装不大放心。要不是因为中央司令部不愿扩大驻阿美军的数量规模,明确要求各类驻阿美军总人数保

---

[1] National Defense University, Center for Technology and Natinal Security Policy, *Operation Anaconda in Afghanistan: A Case Study of Adaption in Battle*, 2007, p. 12.

[2] Headquaters Unite Stated Air Force, *Operation Anaconda: An Air Power Perspective*, February 7, 2005, p. 33.

持在1万人以下，[1] 极大地限制了驻阿美军作战部队的总体员额，他才不愿意将如此重要的作战任务赋予齐亚·洛丁手下的这帮民兵。洛丁将军的部队太过缺乏开展大规模联合作战的实战经验，其组织纪律性也相当涣散，虽然也接受过美军特种部队教官的特训，但其受训时间太过短暂，从头至尾也才不过一个来月。真不知道在关键时刻，他手下的这些民兵到底能派上关键用场吗？毕竟他们也是同塔利班同宗同文的普什图族人。但眼下箭在弦上，已经无暇去多想。

（五）精于算计的洛丁将军

洛丁将军此时的心境也并不轻松，甚至还有些纠结。近一周以来，围绕到底要不要和美军共同出兵沙希科特山谷，以及要不要在自己的势力范围内真的对塔利班和"基地"组织动武的问题，部下已经快要吵翻天了。有相当一部分人坚持认为：自己既然身为普什图人，此时就绝不应该和美军站在同一阵线。虽然民兵武装与塔利班的政治及宗教主张不同，但帮着美国人一起对付和自己同宗同文的普什图族兄弟，很容易丧尽民心，根本就是得不偿失。还有一部分人考虑更多的则是硬实力问题，就凭己方目前的作战实力，如果真的同塔利班和"基地"组织真刀真枪地打起来，恐怕还真不是他们的对手，在战场上得吃大亏。另外一部分人则支持自己与美军共同出兵，如果美军真的成了自己的靠山，则己方进可攻、退可守，今后非但不用担心塔利班和"基地"组织会卷土重来，而且还有可能在与美军的紧密合作中捞上它一笔。虽然洛丁将军已经做出了与美军共同出兵的最终决断，但他心里的小算盘却不便完全向自己的手下言明。

在他看来，与美国人结盟的好处可远不止手下人能够想到的这一点。

首先，自己虽然自封了一个将军的名头，但手下这些民兵满打满算也才不过五六百号人，充其量也就是一个营的水平[2]，塔利班根本就没把自己放在眼里，它们从大城市撤离后频频来到自己的势力范围跟自己捣乱，一

---

[1] National Defense University, Center for Technology and Natinal Security Policy, *Operation Anaconda in Afghanistan: A Case Study of Adaption in Battle*, 2007, p. 9.

[2] National Defense University, Center for Technology and Natinal Security Policy, *Operation Anaconda in Afghanistan: A Case Study of Adaption in Battle*, 2007, p. 11.

[第14章] 谁会成为沙希科特山谷之战的真正胜利者

定得想法除了它们。但单凭自己这点人马就想把塔利班和"基地"组织彻底从沙希科特山谷赶出去无异于痴人说梦,更别提把它们全歼于此了。所以,要想去除这两大威胁,就得先借势。向谁借势?美军!

其次,自己眼下在"东部联盟"中的领导地位并不十分稳固,竞争者众多,亟需美国人为自己撑腰站台。塔利班政权垮台以后,自己好不容易聚拢了几派普什图族民兵武装,成立了这个"东部联盟"。本指望像"北方联盟"一样,在阿富汗东部地区也打响自己的招牌,形成一支重要的政治势力。但这个组织实在太过松散,各派武装力量之间又不存在统属关系,离自己创建它的初衷相去甚远。特别是近一个月以来,扎希姆·汗和卡马尔·汗这两个无利不起早的军阀和美军走得很近。听说他们还分别打算统领一支200人左右的民兵部队,直接配合美军在沙希科特山谷参与阻击作战,可不能让他们抢占了这个先机。此外,还有消息说帕克提亚省的前省长帕德沙·汗最近也完全倒向了美军这边,不断向美军提供有关沙希科特山谷的最新情报,甚至还玩弄起了"借刀杀人"的鬼把戏,想借美军这把刀顺便把跟他作对的其他民兵武装都除掉,自己切不可着了他的道。[1]

再次,从种种迹象来看,美军为打赢这一仗真算是没少下功夫,也拿出了实实在在的诚意。远的不说,近一个月之前,美军就给自己手下的民兵全部换发了M-16自动步枪,并且为开展战术训练专门派遣了来自特种部队的教官。尽管美军运来的M-16自动步枪多数是老旧、淘汰下来的家伙,有的甚至还可能是仿制品,看上去十分可疑,但对于一支民兵武装来说,这已经算是破天荒了。此外,美国人还允诺,要把自己的参战部队划编为一个营,并按照这一编制来提供其他的装备和给养,仅凭这一点自己也得好好掂量掂量。

总之,和美军共同出兵所带来的好处是显而易见的,但麻烦也不会少。洛丁将军一想到这个就又有点举棋不定,困扰他的同样有三个问题。

第一,敌我双方的战斗力对比不容乐观。虽说美国人仅用了不到两个

---

[1] Adam Geibel, "Operation Anaconda, Shah-i-Kot Valley, Afghanistan, 2-10 March 2002", *Military Review* (May to June, 2002), p. 76.

半月时间就把塔利班政权打垮了，但塔利班和"基地"组织的残余势力依然具有很强的战斗力。自己手下的民兵虽然也都是勇武坚强的普什图族小伙子，但他们中的绝大多数人文化素养低下且缺乏常规作战经验，对敌方的战术战法根本就不了解。何况他们接受美军特种部队教官训练的时间还不到一个月，在训练过程中又饱受语言不通的困扰，在大多数情况下美军教官只能使用身体语言和自己的手下进行交流。所以有相当多的人目前甚至连最基本的战术协同与穿插还都不会，他们能在美军的"铁锤与铁砧"战术中发挥重要作用吗？

第二，自己承受不起输光家底的惨重代价。过去几十年来，阿富汗国内几乎天天都在打仗。各民族集团、各武装派别、各政治势力你方唱罢我登台，打得是天昏地暗、不亦乐乎，但同时也打出了一条令大家一致信服的道理：只要你有人、有枪、有地盘，你就能成为称霸一方的草头王。自己在帕克提亚省安身立命的家底就是这五六百号人马，而美军要求自己在发起联合作战行动时调派一支至少450人的精干力量，同美军特种部队一道乘坐卡车及皮卡进入沙希科特山谷充当"铁锤"特遣部队，执行最危险的打击与剿灭任务。万一自己的这点家底都拼光了怎么办？

第三，普什图族文化传统的力量不容轻视。阿富汗不同于一般国家，如果没有本地普什图族人的支持，不管是英国人，还是苏联人，包括今天的美国人，谁都别想真正在这个国家站稳脚跟。自己之所以能够在阿富汗东部地区打响旗号，靠的就是民族感情、文化传统与军事实力这几张王牌。虽说塔利班的构成主体也是普什图族，但他们的发家地点在南部的坎大哈省。从严格意义上来说，他们和东南部帕克提亚省的普什图族并不是一回事。此前，自己同美军开展的合作主要集中在情报互通、信息共享等领域，并不十分引人瞩目，但这次直接出兵参与美军的联合作战行动，会不会真的被视为普什图族的"罪人"呢？

洛丁将军转念一想，虽说现在只能按照美军的计划配合发起行动，但手下这支民兵武装归根结底只听自己的话。所以，这场仗到底应该怎么打、怎么打才对自己最为有利、打到什么程度即可鸣金收兵，自己还真得好好

[第14章] 谁会成为沙希科特山谷之战的真正胜利者

琢磨一番。美国人总喜欢自作聪明，但自己也不傻，谁才是这场行动的最终胜利者还不一定。要想取得"螳螂捕蝉，黄雀在后"的理想效果，眼下除了了解美军的作战计划之外，要是还能探察到塔利班和"基地"组织的真实想法就更好了。

（六）严阵以待的曼苏尔指挥官

差不多与此同时，一位头缠普什图族传统黑色"德尔班"头巾、身着深灰色长衫的中年男子，正忙着在沙希科特山谷东侧山脊上的各处洞穴间来回巡察探视。这个人就是塔利班武装在霍斯特和帕克提亚两省的最高军事指挥官萨义夫·乌尔·拉赫曼·曼苏尔。

与一般人眼中塔利班成员通常虬髯戟张、怒目圆睁、粗声大嗓的刻板形象不同，曼苏尔总是留着一部修剪整齐的络腮胡须，习惯戴一副厚底金边近视眼镜，并喜欢以一种较为平稳而缓慢的语调与人交谈。在许多人看来，他更像是一位饱读经书的学者，或是一名宗教学校的老师，而不是塔利班武装的高层指挥官。自2001年12月中旬塔利班武装化整为零之后，曼苏尔就仿佛突然从人间蒸发，无论是美军，还是阿富汗临时过渡政府，都再未准确掌握过他的任何行踪信息。虽然外界有关他的传闻一直不绝于耳、众说纷纭，有人说他死在了和美军的激烈战斗之中，有人说他已经秘密逃亡到了海湾国家，还有人说他和奥马尔在一起躲藏在巴基斯坦的"联邦直辖部落区"，正准备遥控指挥阿富汗国内的塔利班残余势力。但是谁都没有料到，仅仅一个来月之后，曼苏尔便又准备在沙希科特山谷卷土重来。

事实上，曼苏尔是在2002年1月中旬秘密潜入沙希科特山谷的。[1] 之所以选择这里作为自己重返阿富汗的落脚点，绝不是他一时头脑发热的仓促决定，这可是他经过反复推敲与周密计划之后才做出的慎重选择。

首先，从经验传承来看，自己在沙希科特山谷具备与敌周旋的必要积淀。早在20世纪80年代，苏联军队为彻底剿灭活跃在阿富汗东南部山区的游击队武装，曾先后两次在沙希科特山谷专门开展过大规模山地清剿作

---

[1] Adam Geibel, "Operation Anaconda, Shah-i-Kot Valley, Afghanistan, 2-10 March 2002", *Military Review* (May to June, 2002), p. 73.

战行动。苏联人在作战时也出动了精锐作战力量，投入了武装直升机、坦克以及火炮等重型装备，并调集了大批阿富汗政府军部队开展配合，声势一次比一次造得大。可实际结果怎么样呢？苏联人大费周折地在沙希科特山谷折腾了半天，不但一直无法锁定并聚歼游击队的主力，而且屡屡遭到化整为零的游击队员偷袭，在不断缠斗中徒然损耗兵力、吃尽苦头，直至陷入举步维艰的尴尬境地，最终不得不灰溜溜地彻底撤出了这一地区。而自己的父亲纳斯鲁拉·曼苏尔，就是当年大名鼎鼎的沙希科特山谷游击队的主要领导人之一。从孩提时代起，自己不但在父辈身上真切感受到了普什图族人不畏强敌、敢打硬仗、抗争到底的性格特点，而且从他们那里耳濡目染地学习到了如何充分利用山地环境同强敌巧妙周旋的过硬本领。自己至今还记得父亲口中当年与苏军苦战于此的种种事迹，而父亲之所以给自己取名"萨义夫"，就是希望自己有朝一日能够成为一把真正的"勇者之剑"，在战场上传承一个普什图族人的荣誉。

其次，从地形特征来看，自己在沙希科特山谷具备易守难攻的"地利"优势。沙希科特山谷四周群峰耸峙、山脊洞穴密布、谷口狭窄逼仄，只要先行占据各处制高点，并辅以必要的重火力预设阵地，就完全能够最大限度地发挥其"地利"优势。沙希科特山谷的平均海拔在2600米左右，四周环绕的山峰则普遍在3500米以上，由于雪线较低，在山谷四周只有部分朝阳的山坡上，才零星生长着一些刺柏等低矮的灌木，无论敌军从哪个方向靠近，都缺乏必要的遮蔽与掩护。同时，山谷四周的山脊上散布着大大小小的山体裂缝、天然洞穴与人工坑道，已形成了一个纵横交错的洞网体系，特别适合20人以下的战斗小组分别藏匿其中。我方遭强敌火力压制时可以退而固守，待敌攻势减弱时则可进而反攻，彼此间既可相互呼应，又可独立作战。[1]说来好笑的是，沙希科特山谷的大部分山体裂缝与天然洞穴虽然古已有之，但不少人工坑道却是由当年抗击苏军入侵的阿富汗游击队员在美国中央情报局特工"专业"指导下挖掘修建的。恐怕美国人当年做梦也

---

[1] Adam Geibel, "Operation Anaconda, Shah-i-Kot Valley, Afghanistan, 2-10 March 2002", *Military Review* (May to June, 2002), p. 73.

[第14章] 谁会成为沙希科特山谷之战的真正胜利者

不会想到，这些设计精巧、构筑合理的人工坑道，如今反倒会被用来反戈一击，给他们自己带来一堆新的麻烦。

再次，从民心向背来看，自己在沙希科特山谷具备民众拥护的坚实基础。沙希科特山谷底部的马尔扎克、巴布尔凯尔、泽尔基卡勒和赛尔汗凯尔这四个村庄的原住民都是普什图族人，而且他们中的绝大多数都是世代居住于此的本地山民。自古以来，阿富汗这个山地之国虽曾经历过马其顿人、波斯人、阿拉伯人、蒙古人、英国人和俄国人等外来者难以计数的入侵，但普什图族人始终顽强不屈，从未被外来者真正征服过。究其根本，有很大一部分原因就在于阿富汗的山民们在日常生活中严格恪守普什图族不成文的传统习惯法——"普什图瓦里"，并以此作为自己的行为准则和精神指引。而普什图族人最重要的信念之一便是庇护向自己的客人与朋友，毛拉·穆罕默德·奥马尔正是因为恪守了这一信念，才宁可与美国人殊死一战，也决不肯轻易交出乌萨马·本·拉登。早在自己刚刚重返沙希科特山谷之时，就已经派手下明明白白地告诉村民们，一旦美军发现了自己的行踪，一定会在此地大动干戈，所以村民们去留与否悉听尊便。有愿意走的，自己可以给他们发一笔现金权当路费；有愿意留的，自己也可以送他们几只羊作为补偿。据手下人报告，最后钱没有发出去多少，羊倒是送出去了700多只。[1] 此外，进入2月份以来，就不断有村民向自己提供小道消息，说美国大兵正在加德兹对大约500名本地民兵实施强化训练，似乎近期要搞出点什么"大动作"，叮嘱自己切不可掉以轻心。[2] 自己完全能够理解这些村民的想法，他们不但担心美国大兵的到来会对自己的传统生活方式形成冲击，而且更担心一旦"北方联盟"的部队也搅和进来，很可能会把与塔利班武装之间的积怨一股脑地发泄到他们头上。

最后，从军心士气来看，自己在沙希科特山谷具备一决高下的充足"本钱"。这次和自己一起回到沙希科特山谷的并不仅仅只有塔利班武装中

---

[1] Adam Geibel, "Operation Anaconda, Shah-i-Kot Valley, Afghanistan, 2-10 March 2002", *Military Review* (May to June, 2002), p. 73.

[2] Adam Geibel, "Operation Anaconda, Shah-i-Kot Valley, Afghanistan, 2-10 March 2002", *Military Review* (May to June, 2002), p. 76.

自己的旧部,还有"基地"组织中的不少骨干成员。别看这些人当中既有部分阿拉伯人,又有一些乌兹别克人,甚至还有一帮车臣人,似乎和向来以勇武善战而闻名的普什图族人没什么直接关系。但他们可都是些真正久经战场摔打、实战经验丰富的"老兵",其信念之坚定、斗志之顽强、作风之悍勇,自己可都是亲自经见过的,他们绝对能够在战场上好好助自己一臂之力。而且"基地"组织的首脑人物也已亲口答应自己,近期还打算在周边国家再招募一支近千人规模的武装力量,进一步扩张声势,加大对自己的支持与配合力度。[1]与此同时,自己为了提振士气还想出了一个妙招——把自己部下的家眷也安置在沙希科特山谷的这四座小村庄里。这样一来,自己手下这帮人保住沙希科特山谷也就意味着保住了他们的家人和他们自己,哪还用担心他们在作战时敢不尽全力、效死命?

有了上述这四点作为托底,曼苏尔脸上不但没显现出几分大战将至的紧张与不安,反倒是多了一股从容与笃定。在沙希科特山谷这个地方,自己眼下是进可攻、退可守:如果美军不来,那自己就积蓄力量、休养生息、伺机再起;如果美军真的敢来,那他们就别想轻易从这儿再走出去。

沙希科特山谷上空持续不断的雨雪与乌云终于开始慢慢消散了,远在佛罗里达州坦帕的弗兰克斯上将,身处巴格拉姆空军基地的哈根贝克师长、人在祖尔马特的洛丁将军以及正藏身于山洞深处的曼苏尔指挥官,似乎都不约而同地将目光投向了这片薄雾笼罩下的寂静山岭。他们似乎都想尽力穿透战争的迷雾,瞧得更真,看得更远。但每个人心里又似乎始终萦绕着一个难解的谜团——究竟谁会成为沙希科特山谷之战的真正胜利者呢?

五、分析思路

(一)本案例使用人员应当通过多种途径搜集补充相关背景资料,并对其加以梳理整合与分析提炼,在此过程中应重点剖析以下三个核心问题:第一,美军发起"持久自由"行动的根本动因是什么,是否仅仅是因为

---

[1] Todd Marzano, *Criticisms Associated with Operation Anaconda: Can Long Distance Leadership Be Effective*, Newport, Rhode Island: Naval War College, October 2006, p. 3.

[第14章] 谁会成为沙希科特山谷之战的真正胜利者

"9·11"恐怖袭击事件这一直接诱因;第二,美军在筹划"持久自由"行动时曾生成过哪些重要的战略考量,是否充分考虑到了阿富汗错综复杂的历史及现实因素;第三,美军在开展"持久自由"行动时可大致划分为几个主要阶段,在每个阶段所须达成的主要作战目标又是什么。

(二)本案例使用人员在全面梳理剖析"持久自由"行动相关背景的基础上,还应当围绕"蟒蛇"行动在整个"持久自由"行动中到底居于何种地位、究竟具有何种意义、可能产生何种影响等三个问题展开深入思考,同时重点针对美军发起"蟒蛇"行动的时间节点、地域选择、使命任务以及形势预判等四大要素进行全面分析考察,特别注意探究美国中央司令部在筹划这一作战行动之前是否获取了足够数量的情报保障,其情报来源及情报手段又是否足够可靠等重要问题。

(三)本案例使用人员在以美军视角聚焦"蟒蛇"行动临战情报准备工作时,应当在所获资料允许的范围内全面关注当面之敌的兵力部署、战斗编成、作战企图、武器装备、火力配系、工事构筑、交通运输、后勤补给、军心士气等九项要素,并重点剖析以下三个问题:第一,美军情报部门在进行"蟒蛇"行动临战情报准备时是否完全涵盖了上述所有要素;第二,美军情报部门在"蟒蛇"行动发起前可能会受到哪些主客观原因的作用与影响,导致其临战情报准备工作未能及时、准确、全面地涵盖上述所有要素;第三,在所有这些主客观原因中,最有可能导致美军情报部门出现临战评估失误的关键因素到底是什么,这种失误在行动发起前是否还存在及时加以匡正的可能。

(四)本案例使用人员在以美军视角全面考察"蟒蛇"行动临战情报准备工作时,还应当分别针对美国中央司令部、"大山"联军联合特遣部队指挥部以及联军一线作战部队等三个不同层级情报用户的具体需求加以进一步细化区分,逐一辨明不同情报来源、关注重点、获取手段、转化策略等要素对上述情报用户各自生成情报需求的影响范围与作用方式,并在此基础上细致剖析美军情报部门及作战指挥机构在开展临战情报准备的过程中,是否存在愿望思维及认知失调等错误知觉,导致这些错误知觉出现的先决条件是什么,而这些错误知觉又会对美军将要拟制的作战计划产生何种影响。

（五）本案例使用人员在逐步厘清"蟒蛇"行动临战情报准备各项考察要素及覆盖层级之后，应当从如何有效遂行联合作战情报支援任务的视角出发，重点思考以下三个问题：第一，美军在发起"蟒蛇"行动之前，是否充分调动并合理利用了联军内部的所有情报资源，其情报力量是否还存在难以覆盖的"盲区"和"死角"；第二，美军根据其临战情报评估结果所制定的战术构想是否与"蟒蛇"行动的作战目标及作战特点紧密契合，该战术构想在沙希科特山谷这一特殊环境下如何才能顺利付诸实现；第三，一旦战场态势并未按照美军发起行动前的作战构想发展推进的话，情报部门还应立即采取哪些应变措施，为联合特遣部队摆脱困境提供直接支援。

（六）本案例使用人员在以塔利班和"基地"组织残余力量视角应对美军可能发起的作战行动时，首先应当梳理剖析己方可以充分利用的各种有利条件，例如对地形地貌的熟识、对当地社情的掌握、对技术手段的反制、对宗教信仰的利用、对敌方盟友的渗透等，然后逐一举出己方可能选择的情报搜集手段与情报获取方式，并在此基础上尽量判明敌方可能发起攻击的准确时间、可能选择进军的主要路线、可能展开行动的基本方式、可能实施突破的重点方向等诸要素，进而提出与之相对应的情报评估方案与作战规划。但需要特别注意在分析梳理的过程中不要从"后见之明"的角度出发，更不要试图以"上帝视角"来审视塔利班和"基地"组织残余力量可能采取的相应举措及应对思路。

（七）本案例使用人员在完成上述所有分析研判步骤之后，还应当围绕"蟒蛇"行动相关参与方临战情报准备的得失成败，逐项开展解析复盘与比对反思，并在此基础上重点围绕以下三个问题开展后续思考：第一，特定背景下的联合作战行动到底需要其情报部门提供什么样的临战情报评估产品，此类评估产品应当重点关注哪些核心问题；第二，一体化联合作战作为现代战争的基本作战形式，对情报支援工作提出了哪些新的要求，特别是为情报分析工作又带来了哪些新的挑战；第三，在未来的一体化联合作战情报支援工作中，先进的情报、监视与侦察手段与独到的文化感知因素将分别发挥什么作用，二者如何才能更加紧密地融为一体，从而为情报分析工作整体效能的发展跃升提供新的助力。

六、附录：导致美军"持久自由"行动情报困境的阿富汗文化因素解析

阿富汗地处伊朗高原的东北部，位于欧亚大陆的腹心地带，自古以来就是多种文明的交会之处。它北邻中亚的土库曼斯坦、乌兹别克斯坦与塔吉克斯坦三国，西南部与伊朗接壤，东南部与巴基斯坦毗邻，东北部通过狭长的"瓦罕走廊"与中国相连。阿富汗历来有"控制欧亚大陆的钥匙"之称，即哈尔福德·麦金德所称的"世界岛"。[1] 而前美国总统国家安全事务助理布热津斯基则认为：阿富汗处于"欧亚大棋局"南部的弧形地带，和其他8个国家共同构成了"欧亚大陆的巴尔干"。

由于其独特的地理位置，阿富汗自古以来就处于强大邻国的不断争夺之中，时常受到东西方各种文化的交替影响。"在阿富汗，时而是波斯人伊朗文化的火炬在照耀，时而是希腊罗马文化的阳光在普射，时而是印度文化的星光在闪烁，这中间还夹杂着中华文化的余晖。"[2] 从古波斯帝国到马其顿亚历山大帝国，从巴克特里亚王国到贵霜王国，从莫卧儿帝国到大英帝国，人类历史上不少显赫一时的古老王国或帝国都曾在阿富汗的土地上留下过难以抹去的文化印迹。阿富汗曾经是游牧文化、波斯文化、希腊文化、印度文化、中国文化、近代西方文化的交汇融合之地，也曾经是祆教、佛教、印度教与伊斯兰教辐射传播的中心地带。

阿富汗绵延千年的独特文化传统对于今天阿富汗民族特性的形成具有至关重要的影响作用，同美军在"持久自由"行动中所面对的情报困境也具有密不可分的内在联系。这种内在联系在阿富汗的民族构成、语言文字、宗教信仰与传统习俗等四个方面体现得尤为明显。要想正确认识美军在"持久自由"行动中的情报困境，就绝不能忽视阿富汗独特文化因素的重要影响。

---

[1] 王淑梅：《四场战争与美国新军事战备》，军事科学出版社2007年版，第114页。
[2] 彭树智、黄杨文：《中东国家通史·阿富汗卷》，商务印书馆2000年版，第19页。

(一) 导致美军情报困境的阿富汗民族构成因素

作为一个在历史上频繁出现政权变迁的多民族国家,阿富汗的民族构成异常错综复杂。由于美军在发起"持久自由"行动之前始终没有对阿富汗的民族构成问题给予足够的重视,认真对其开展研究,所以导致美军在阿富汗选择情报合作伙伴、确立反恐盟友等方面往往"事倍而功半",常常收到虚假情报,并为不同的民族所利用,成为他们彼此间消灭异己的工具。而这也成为导致美军在"持久自由"行动中陷入情报困境的核心因素。

对于美军来说,自他们踏上阿富汗土地的第一天起,他们就来到了一个具有与美国文化传统特性截然不同的陌生国家。在此之前,他们不知道谁是普什图人,谁是塔吉克人,或者谁是乌兹别克人。他们也不清楚究竟该同谁开展情报合作,这些人中谁才是值得信赖的情报合作伙伴。特别是在塔利班与"基地"组织的残余势力在阿富汗采取化整为零、散入民间的新战术之后,美军在"持久自由"行动中仅仅依靠自身的技术与人力情报侦察手段,已经难以及时获得有关恐怖分子动向的准确情报。为此,美军必须同控制各地的阿富汗民族武装势力开展情报合作以弥补自己情报能力的严重不足。但如何才能在这些民族中做出正确的选择其实大有学问。

1. 阿富汗民族多,美军难觅情报合作伙伴

今天阿富汗国内共有30余个主要民族,其中人数最多的要数普什图族、塔吉克族、哈扎拉族和乌兹别克族。这四大主体民族占据了阿富汗总人口的近90%。其中数量最多的是普什图族,约占全国总人口的44%;塔吉克族次之,约占25%;哈扎拉族与乌兹别克族则分别占10%、8%。土库曼族、吉尔吉斯族、俾路支族、帕拉契族、努里斯坦族等其他二十多个民族加起来仅占人口总数的13%左右。[1]

自"持久自由"行动展开以来,美军始终没有明确决定究竟应当同阿富汗的哪一个民族建立长期、稳定的情报合作关系。在"持久自由"行动展开之初,由于塔吉克、乌兹别克以及哈扎拉等民族所属的武装力量曾经是美军打击塔利班政权的主要合作伙伴,因此他们也同美军开展了广泛的

---

[1] Jane's Sentinel Country Risk Assessment, *South Asia Issue*, No. 20, 2007, p. 30.

[第14章] 谁会成为沙希科特山谷之战的真正胜利者

情报合作，并在摧毁塔利班政权的过程中发挥了重要的情报保障作用。但随着塔利班和"基地"组织残余分子逃往阿富汗与巴基斯坦交界处的普什图族部落地区，美军转而放弃了同塔吉克族和乌兹别克族的情报合作关系，将普什图人作为了自己新的情报合作伙伴。但这种合作伙伴关系也并没有维持太长时间，由于目前塔利班的许多成员本身就来自普什图族，美军对与之同宗同族的普什图人又开始若即若离，担心与其开展情报合作存在"与虎谋皮"的巨大风险。可是阿富汗的其他少数民族人口数量实在太少，即使美军与其开展合作也难以取得理想的合作效果。因此，美军又转而想同塔吉克族和乌兹别克族重新建立情报合作关系。这种反复无常的做法使美军在同阿富汗国内各民族开展情报合作时常常陷入举棋不定的困境。

时至今日，阿富汗国内的四大主体民族均曾先后与美军开展过情报合作关系，但这种情报合作关系所维系的时间都不长久。美军在选择情报合作伙伴时这种举棋不定的做法，同其对阿富汗各民族缺乏根本性认识具有密不可分的关系。美军往往以自己对这些民族的主观臆断来代替理性思考，凭空对其立场、愿望进行揣测，在反复无常中逐步失去了塔吉克族、乌兹别克族、哈扎拉族和普什图族武装力量对美军的信任，难以同其构建长期有效的情报合作关系。

2. 阿富汗民族矛盾复杂，美军饱受虚假情报之害

阿富汗是一个民族矛盾异常复杂的国家，其民族矛盾主要体现在长期居于统治地位的普什图族人同其他主要民族的矛盾方面。

在漫长的历史长河中，普什图族长期把持着阿富汗政治、经济、军事等社会生活中的核心领域，从而逐渐形成了相对阿富汗国内其他民族的主导地位。在其最强盛时，普什图族人口数量曾一度占阿富汗全国总人口的60%以上。但随着1979年12月苏联军队的入侵以及随之而来的长期动乱，共有近五百万普什图族民众分别逃往伊朗与巴基斯坦等邻国。大量难民的迁徙使得普什图族在阿富汗总人口中所占的比例迅速下滑，其他民族集团不断涌入普什图人的传统势力范围，普什图族开始逐渐丧失作为阿富汗统治民族的有利地位。但随着塔利班政权的垮台，近年来普什图族难民

开始不断回归，阿富汗国内各民族之间的矛盾开始再度激化。例如，虽然阿富汗前总统哈米德·卡尔扎伊以及责任总统穆罕默德·阿什拉夫·加尼均为普什图族，但他们都是在外国势力的大力扶持之下才成为名义上的国家元首的，其领导下的中央政府远没有实力去完全控制乃至根本肃清盘踞在阿富汗北部、中部和西部地区的塔吉克族、乌兹别克族及哈扎拉族割据势力。而阿富汗前副总统卡里姆·哈利利、前副总统兼国防部部长穆罕默德·法西姆、现任副总统阿卜杜勒·拉希德·杜斯塔姆则分别代表了哈扎拉族、塔吉克族以及乌兹别克族的割据势力。他们在事实上割据一方，自行其是，并不完全听命于阿富汗中央政府，逐渐形成了势力庞大的地方武装割据集团。

在"持久自由"行动中，这些地方武装割据集团看准了美军在打击塔利班与"基地"组织残余势力的军事行动中亟须情报支援的焦急心态，纷纷以向美军提供反恐情报为名，将那些与自己素有嫌隙的其他民族充作恐怖分子提供给美军进行打击。随着"持久自由"行动的不断深入推进，美军逐渐发现自己获得的反恐情报似乎并不那么可靠。美军发现，阿富汗当地的一些部落首领时常利用美军急于获得敌人情报的心理，将自己的竞争对手指认为塔利班和"基地"组织成员，希望借美军之手来消灭自己的敌人。为了达到这种"借刀杀人"的阴险目的，或是为了领取美军提供的巨额奖金，阿富汗各派地方武装中敢于向美军提供虚假情报的大有人在。如此一来，美军不仅要面临自身情报匮乏的窘境，而且要对来自反恐盟友的所谓"情报"再度进行仔细甄别，情报工作的效率与质量往往都会大受影响。

经过近 40 年的战火洗礼，阿富汗的各派地方武装早已成为熟练运用"合纵"与"连横"策略的行家里手，他们往往并不在乎谁才是真正的恐怖分子，只关心自己是否能够从美军开展的"持久自由"行动中谋求更大的利益。而由于阿富汗国内各民族间本就具有较为尖锐的民族矛盾，美军在同他们开展情报合作时会经常面临如何在各民族间寻求平衡的微妙问题。尽管美军通常无意插手阿富汗内部错综复杂的民族矛盾问题，但在其开展情报合作时孰先孰后、孰轻孰重、孰可孰不可都是美军必须认真考虑的棘手问题。如果不能妥善处理同阿富汗各民族间的关系，置身于其民族矛盾之外，美军就难以同各派地方武装建立起行之有效的情报合作关系。

（二）导致美军情报困境的阿富汗语言文字因素

由于阿富汗国内民族众多，他们所使用的语言文字也呈现出复杂多样、交叉汇集的基本特点。目前阿富汗政府主要使用两种官方语言，分别为普什图语和达利语（阿富汗波斯语的变种）。除此之外，该国各地大小民族所使用的各种方言还有数十种之多。如此复杂的语言文字因素同美军在"持久自由"行动中的文化困境具有无法割裂的内在联系。

1. 阿富汗语言文字种类繁多，美军缺乏相关语言人才

阿富汗各主要民族所使用的语言基本上分属于两大语系，普什图语、达利语和塔吉克语属于印欧语系，而乌兹别克语、土库曼语、吉尔吉斯语则属于突厥语系。阿富汗境内还有个别人数极少的民族仍在使用达罗毗荼语（印度次大陆南部的一种古老方言）、闪米特语（源于西亚的一种古代语言）和希伯来语。其中，使用普什图语的人数约占全国总人口的一半以上，而使用达利语的人数则占全国总人口的近三分之一。虽然使用其他语言的人在全国总人口中所占的比例并不算高，但这一简单的数字中包含了近30种不同的语言，其分布地域之广泛也远远超乎一般人的想象。

尽管并不是所有的少数民族语言同美军在"持久自由"行动中的情报困境都具有直接联系，但仅阿富汗四大主体民族所使用的语言文字就分属于不同语系，彼此间存在着明显的差异，仅仅分辨这些语言就需要大量不同专业的语言情报人才。更何况藏匿于阿富汗与巴基斯坦交界处的"基地"组织成员更是来自不同的国家、不同的民族，其中包括有沙特阿拉伯人、埃及人、也门人、车臣人、巴基斯坦人等[1]，如此众多的语言种类进一步加大了美军情报人员在开展工作时的语言障碍。连恐怖分子究竟在使用何种语言进行交谈都不一定能分辨得出来的语言情报人员，又怎能进一步开展反恐情报工作呢？而更为重要的是，美军在"持久自由"行动中需要的不

---

[1] 〔美〕美国"9·11"调查委员会：《"9·11"委员会报告：美国遭受恐怖袭击国家委员会最终报告》（赵秉志等译），中国人民公安大学出版社2004年版，第60页。

仅是能够简单区分出恐怖分子在使用何种语言交谈的情报人员，它更需要能够听得懂恐怖分子交谈内容、判明其行动意图的高水平外语人才。可这种外语人才却又恰恰是美军目前所最为紧缺的。

2. 普什图语言文字尤其艰深，美军难以迅速掌握

在阿富汗的所有语言中，普什图语堪称其中最为重要的一种，不仅使用这种语言的人口数量最多，而且使用这种语言的人口覆盖面积也占到阿富汗总面积的70%以上。"阿富汗历届政府的一切正式文件、法律、法令、条约、协议均以普什科语版本为准。据20世纪80年代阿富汗发生战乱之前的统计表明，阿富汗中央和地方有二十几种报纸杂志以普什图语为主，达利语为辅。还有近十种报纸和地方学术刊物完全用普什图语刊印。"[1] 与此同时，曾经在阿富汗建立过政权的塔利班即主要由普什图族组成，如今他们频繁穿梭往来的巴基斯坦"联邦直辖部落区"更是普什图族传统的势力范围。若要从语言文化的角度来解读美军在阿富汗战场上的情报困境，那么普什图语无疑就是打开这一困境大门最好的一把钥匙。但普什图语又是一门极其难以掌握的语言，美军很难在短期内培养出大量精通这门语言的专业人才。造成这一困境的主要原因有以下三点。

第一，普什图语语法结构异常烦琐，极难掌握。普什图语虽然被称作波斯语的姊妹语，但普什图语的语法结构却远比波斯语要复杂得多。仅普什图语中的动词就分别有不定式、陈述式、命令式、可能式、假定式、被动式等六种语式区别，而每种语式内又按照不同时态的要求还会有五至六种具体变化。而普什图语的性、数、格变化则更是层出不穷，有大量不规范的特例存在，必须通过持久而深入的专业学习才能有效掌握。

第二，作为一种部落语言，普什图语由多种方言共同构成，而各种方言之间又存在较为明显的区别与差异。具体而言，普什图语在其发展过程中主要形成了两大方言系统，即西部方言系统与东部方言系统。其西部方言系统主要包括坎大哈方言、卡卡尔方言、瓦吉尔方言及哈塔克方言等；而东部方言系统则主要包括白沙瓦－姆曼德方言、优素福扎伊方言和吉尔

---

[1] 张敏、车洪才编著：《普什图语教程》，北京广播学院出版社2003年版，第1页。

扎伊方言等。而普什图语依照各个部落习惯用法的不同，在单词发音、单词拼写、句法变换等方面均存在着一定差异，外来学习者如果不经过深入、系统的训练就很难触类旁通地自行弄懂各种方言间的主要差别，更无从借助其开展行之有效的情报工作。

第三，作为一门由跨国民族使用的重要语言，普什图语分别受到阿富汗东、西方向的两大邻国——巴基斯坦与伊朗当地语言的影响。在靠近上述两个国家的地区里，当地人使用的普什图语分别受到乌尔都语与波斯语的广泛影响，许多用词都发生了较大的变化。

美军在开展"持久自由"行动之后，虽然也在大力培养语言类情报人才，但从实际工作的角度来加以检验的话，美军在此类情报人才的培养方面只能算是差强人意。或许美军现在已不再为整个国防部内找不到一名会说普什图语的翻译而感到发愁，但诚如前美国家情报委员会主席葛里高利·特勒沃顿所言："你需要的是具有语言功底并了解对象国的宗教及文化的观察家，他们有能力理解他们在做些什么。"[1]但美军在"持久自由"行动中所倚仗的情报人员是否具有了足够的语言功底？他们又是否有能力完全理解自己在做些什么呢？从美军的作战实效来看，这些问题的答案应该是否定的。作为一名情报人员，仅基本掌握普什图语的一门方言就需要花费两至三年的时间[2]，而这也仅仅是其中的一门方言而已。在各个部落交错杂居的阿富汗与巴基斯坦边境地区，只凭借这样的语言功底肯定是难以胜任艰巨的反恐情报支援任务的。

（三）导致美军情报困境的阿富汗宗教信仰因素

自公元7世纪阿拉伯人入侵阿富汗之后，像大多数伊斯兰国家一样，阿富汗国内的宗教信仰也逐渐呈现出高度单一化的特点。超过总人口99%的阿富汗人都信仰伊斯兰教，只有不足1%的民众信仰祆教、锡克教及印

---

[1] 〔美〕葛里高利·特勒沃顿：《重塑造信息时代的国家情报系统》（中国现代国际关系研究所译），时事出版社2004年版，第298页。
[2] 根据巴基斯坦国立现代语言大学的学位设置规定，学习普什图语至少应当满两年才能获得学士学位证书，至少满三年才能获得硕士学位证书，一个完全陌生的初学者从头学习普什图语至少需要两至三年时间才能较为熟练地掌握这门语言的听、说、读、写、译等各项综合技能。

度教等其他宗教。而在所有穆斯林中，又有近90%的人是逊尼派教徒，其中主要包括普什图族、塔吉克族、乌兹别克族、土库曼族、努里斯坦族等；而另外10%的人则信奉什叶派，其主要信徒为哈扎拉族和普什图族的图里部落。[1]

无论信仰何种教派，阿富汗人的宗教观念都极为强烈，普通民众对宗教的信仰也极为虔诚，在日常生活中能够严格恪守伊斯兰教的教义规定。根据"持久自由"行动展开后的初步统计，在阿富汗全境有15000多所清真寺，25万余名穆斯林学者与神职人员，此外，还有难以计数的伊斯兰宗教学校。[2] 由于国内战乱频仍，阿富汗国内大多数的适龄儿童均无法得到接受正规教育的机会，他们只能就读于免费的伊斯兰宗教学校，并且在那里接受最基本的宗教及文化教育，他们也因此被称作"塔利卜"，即普什图语中的"宗教学校学生"。这些学生中的不少人在毕业后会专职从事宗教活动，成为宗教神职人员并被冠以"毛拉"的头衔，成为伊斯兰宗教及社会生活中不可或缺的参与人与见证者。而那些宗教学养深厚的毛拉还可以继续晋升成为高级宗教学者，再被冠以"乌莱玛"的头衔，在社会生活中继续发挥更大的影响力。

在阿富汗的历史上，宗教在对外战争中发挥凝心聚力、鼓动团结作用的先例不胜枚举，宗教早已在该国演化成为一种重要的民族号召力量。而进入近代以来，伊斯兰教更是时常在阿富汗人民抵御外敌入侵的斗争中积极发挥鼓舞士气、凝聚人心的积极作用，从19世纪中后期发生的阿富汗抗英斗争到1979年苏联军队入侵阿富汗，再到"9·11"事件后美军在阿富汗开展"持久自由"行动皆是如此。特别是在塔利班政权执政期间，阿富汗国内的伊斯兰教团体深受瓦哈比教派的影响。[3] 塔利班正是在瓦哈比教派思想的指引下，打着"铲除军阀、恢复和平、重建家园"以及"把阿富汗

---

[1] *Jane's Sentinel Country Risk Assessment*, South Asia Issue, No. 20, 2007, p. 29.
[2] 彭树智、黄杨文：《中东国家通史·阿富汗卷》，商务印书馆2000年版，第16页。
[3] 瓦哈比教派得名于其创始人阿布德·瓦哈布，主张穆斯林的所有行为都应回归《古兰经》的指引，积极破除被视为异端的信仰和行为，恢复严格的伊斯兰宗教信仰，常被视为宗教激进主义的典型代表。

[第14章] 谁会成为沙希科特山谷之战的真正胜利者

建设成一个统一与繁荣的伊斯兰国家"这两面旗帜，在不到两年的时间里就异军突起，迅速控制了阿富汗近90%的国土面积。塔利班在其统一阿富汗国土的斗争过程中，非常重视凭借极富号召力的政治与宗教口号，时常打着积极履行宗教义务的旗号为自己争取广大普通民众的拥护与支持。时至今日，塔利班政权虽然已经倒台，但其思想主张在阿富汗国内仍然具有相当大的辐射范围与影响作用，特别在阿富汗南部的农村地区更是如此。

客观而论，在美军开展"持久自由"行动之后，战争带给阿富汗普通民众的并不是其热切期盼的繁荣与和平，而是倍加动荡的政治局势、永无休止的恐怖袭击、耀武扬威的外国驻军和支离破碎的社会生活，有相当数量的阿富汗普通民众甚至开始怀念起塔利班执政时期国内的短暂安定局面。在此背景下，塔利班与"基地"组织残余势力又开始继续号召阿富汗民众加入反美斗争的行列中来，宗教激进主义思想再次成为阿富汗国内各派武装力量同美军在战场内外实施对抗的一张王牌。在极端主义思想的渲染下，在阿富汗有相当一部分民众坚持将美军及其西方反恐盟友视为外来侵略者，而塔利班与"基地"组织成员则是带领他们开展抗争的斗士。在他们看来，同美军及其反恐盟友开展任何形式的合作都意味着背叛，都会成为外来侵略者的帮凶与走狗，既丧失了作为一个阿富汗人的基本人格，又背叛了自己所应恪守的重要准则，还会为自己的家族与亲人带来无法承受的奇耻大辱，理应受到最残酷的惩罚与报复。此外，塔利班与"基地"组织不但在阿富汗国内大肆宣扬宗教激进主义思想，还在其邻国巴基斯坦境内掀起了宗教极端主义泛滥的高潮。他们公然宣称：无论是谁，只要被发现同美军开展合作就会面临绑架、斩首、爆炸、暗杀等一系列报复行为。塔利班与"基地"组织已开始转变斗争策略，逐步走上了游击战、心理战、恐袭战与宗教战结合并重的武装斗争道路，力求在与美军的全面抗衡中最大限度地打好宗教牌，而宗教激进主义思想的全面复兴也已经成为美军在阿富汗开展情报工作的巨大障碍。

（四）导致美军情报困境的阿富汗传统习俗因素

在构成阿富汗文化的诸多复杂因素中，阿富汗人在历史上逐渐形成的特有的传统习俗也绝对不容忽视。而这种传统习俗在阿富汗人心目中的崇高地位更可以从侧面帮助我们理解美军在"持久自由"行动中所面临的情报困境。具体而言，阿富汗独特的传统习俗与美军在"持久自由"行动中情报困境的形成具有两方面的密切关联。

首先，普什图人对部落及部族文化的高度认同不利于美军在阿富汗开展人力情报侦察工作。在美军看来，为躲避正面战场的打击，塔利班与"基地"组织残余势力主要躲藏在阿富汗与巴基斯坦交界处的普什图族部落地区。由于他们具有与当地普什图族相同或相似的文化与宗教背景，总是能够较为顺畅地融入当地的部落文化氛围之中，进而在两国交界处的崇山峻岭和洞穴隧道中找到自己的容身之处。

从某种意义上来说，阿富汗这个国家也可以被视为一个由大大小小、形形色色的部落汇集而成的社会，部落对阿富汗的影响全面渗透了整个社会的各个角落。每一个部落就相当于一个最基本的社会单元，也具备几乎所有的社会功能。就阿富汗的主体民族普什图族而言，部落通常由"马立克""支尔格"与"库尔"这三大要素共同构成。其中，"马立克"又被称为"汗"[1]，可以被理解为酋长，他通常作为一个部落的主要领导者出现，主要负责本部落大小事务的日常决策、与其他部落间的往来交流、同中央及地方政府间的沟通协调等具体事宜，享有较大的自主权，能够对一个部落的政治、经济、行政、作战等事务产生重要的影响。"支尔格"则可以被理解为部落代表议事大会，通常由各部落中德高望重的男性长者作为代表出席，主要负责对涉及本部落重大利益（如划分土地、对外开战、司法仲裁等）的关键事务进行会商探讨，具有向"马立克"提供建议的重要职能。而"库尔"可以被视为构成普什图族部落最基本的单位，类似于家庭或家族，是日常生活中最基础的社会单元与运行主体。这三者之间交相融合，既有明确分工，又有交叉协作，共同构成了普什图族的社会运行体系。

---

[1] 在普什图语中，"Khan"原本是用来称呼王公贵族的专用称呼，现在也被用来称呼部落的领袖，并时常出现在阿富汗男性的姓名中。

[第14章] 谁会成为沙希科特山谷之战的真正胜利者

"普什图族最大的两支部落是杜兰尼人和吉尔查伊人,人口都在 150 万人左右。前者以坎大哈为基地,后者分布在喀布尔和坎大哈之间。杜兰尼人又分为济拉克人和潘季色人,而吉尔查伊人又分为图朗人和布朗人。除此之外,其他规模较大的普什图族部落还有瓦尔达基人和萨菲人。"[1]

事实上,阿富汗与巴基斯坦两国交界处的普什图族部落地区长期以来确实处于一种"失控"状态。在两国边界的阿富汗一侧,真正控制那里的是普什图族的巴拉克查伊、阿尔科查伊以及阿察克查伊等部落,而不是有名无实的阿富汗中央政府。而在巴基斯坦一侧,根据该国政府与"联邦直辖部落区"达成的协议,巴基斯坦政府军虽然可以在阿、巴边境地区设立哨所,但却无权在该地区大量驻军,更无权在未经当地部落同意的情况下直接在当地用兵。在这些由普什图族部落武装实际控制的地区,美军情报人员由于缺乏相应的文化背景,很难凭借一己之力直接对其进行渗透。即便美军也拥有在语言、文化、宗教等方面都与普什图族相近的反恐盟友——阿富汗和巴基斯坦的政府军,但普什图族对部落的认同远高于其对国家的认同,根本不允许政府军进入本部落的势力范围。所以在"持久自由"行动中,普什图族部落地区已经渐渐形成了美军情报侦察工作的一个重要盲区。

其次,普什图族严格遵循的传统习惯法对美军情报工作的开展也形成了极为不利的影响。既然美军情报人员无法凭借自己或其反恐盟友的帮助对普什图族部落地区进行直接渗透,那么通过金钱收买等手段获取情报就成为其考虑的另一个重点。或许有人认为,使用金钱进行收买是在阿富汗最行之有效的情报获取手段之一,但这一做法在普什图族部落地区却很难奏效。千百年来,尽管普什图族逐渐演变出了不同的部落,操持着不尽相同的语言,并创造出了不同的生产生活方式,但他们却共同秉承了"普什图瓦里"[2]这一传统。"普什图瓦里"的核心精神主要体现在以下三个方面。

---

[1] 彭树智、黄杨文:《中东国家通史·阿富汗卷》,商务印书馆2000年版,第8页。
[2] "普什图瓦里"是普什图族千百年来口耳相传所形成的一种不成文习惯法,是普什图族历史文化凝练形成并长期流传的基本产物,主要对普什图族的基本价值观、社会习俗、宗教信仰及文化传统等做出规范,能够集中展现普什图民族精神的核心内涵与重要精髓。

第一,强调血亲复仇。根据"普什图瓦里"的基本精神,每一个普什图人均负有保护家人与朋友的义务,在自己的家人或朋友受到伤害与侮辱时均应遵循"以牙还牙、以眼还眼"的原则做出回应。特别是在自己的直系亲属受到伤害时,普什图族成年男子必须针对这一行为展开复仇,其复仇行为应被视为替整个家族挽回声誉的光荣行为,而不必过多考虑法律层面的局限。

第二,强调自由与荣誉。根据"普什图瓦里"的基本精神,自由与荣誉才是一个普什图人最应当加以珍视的宝贵财富。崇尚自由既是普什图族的历史传统,也是普什图族的文化精髓,在任何时候外来者都无权干预或限制普什图族对自由的捍卫与追求。而崇尚荣誉则是普什图族成年男子必须具备的基本品质,它不仅关系到一个普什图人实现自身价值的途径,而且关系到其整个家族的安身立命之本,失去荣誉的普什图人或普什图家族也就丧失了自身存在的意义,赢得荣誉应被视为一种比维系生命更为重要的价值体现方式。

第三,强调好客与庇护。根据"普什图瓦里"的基本精神,无论其贫富贵贱,普什图家族或部落天生就具有热情招待宾客,并向自己的客人提供安全庇护所的义务。这既是普什图族在其长期发展演变过程中对抗恶劣生存环境的一种优良传统,又是普什图族热情好客精神的集中体现方式。一个普什图家族的客人也是整个普什图族部落的客人,每一名部落成员都应当竭尽全力地保护那些主动寻求庇护的人,为其提供食物与庇护所,并在其遭遇危险时倾尽全力向其提供各种帮助,即便是为此付出生命代价也不足惜。

塔利班与"基地"组织残余势力之所以选择普什图族部落地区作为其与美军开展对抗的核心根据地,有着复杂而深刻的历史与现实原因。但其中至关重要的一个原因即在于普什图族长期传承下来的"普什图瓦里"习惯法有效地维护了本民族忠诚、勇敢的特性,普什图族部落地区所崇尚的文化与精神更强调对荣誉与朋友的重视,而非对金钱的渴望。这一点与美军在伊拉克悬赏捉拿萨达姆·侯赛因的情形有着较为显著的区别,这也正是普什图族独特的文化传统仍在现代社会中发挥作用的有力证明。但这种文化传统却可能使美军在阿富汗与巴基斯坦边境地区开展的情报活动陷入"有钱难使鬼推磨"的奇特困境。

七、参考文献

(一)中文文献

1. 彭树智、黄杨文:《中东国家通史·阿富汗卷》,商务印书馆 2000 年版。
2. 王淑梅:《四场战争与美国新军事战备》,军事科学出版社 2007 年版。
3. 张敏、车洪才编著:《普什图语教程》,北京广播学院出版社 2003 年版。
4. 〔美〕美国"9·11"调查委员会:《"9·11"委员会报告:美国遭受恐怖袭击国家委员会最终报告》(赵秉志等译),中国人民公安大学出版社 2004 年版。
5. 〔美〕葛里高利·特勒沃顿:《重塑造信息时代的国家情报系统》(中国现代国际关系研究所译),时事出版社 2004 年版。
6. 〔美〕兹比格纽·布热津斯基:《大棋局:美国的首要地位及其地缘战略》(中国国际问题研究所译),上海人民出版社 1998 年版。

(二)外文文献

1. Adam Geibel, "Operation Anaconda, Shah-i-Kot Valley, Afghanistan, 2-10 March 2002", *Military Review* (May to June, 2002).

2. Anthony H. Cordesman, *The Lessons of Afghanistan: War Fighting, Intelligence, and Force Transformation* (Washington, D. C.: The CSIS Press, 2002).

3. Benjamin Lambeth, *Airpower against Terror: America's Conduct of Operation Enduring Freedom* (Santa Monica, CA: RAND, 2005).

4. Donald J. Anderson, *Cultural Intelligence, Meeting Today's Demands*. Newport, Rhode Island: Naval War College, May 2004.

5. Fawzya Khosti and M. Yasin Khosti, "Afghanistan: The Downfall of an Educational System and Its Cultural Impact", *Military Intelligence Professional Bulletin*, Vol. 37, No. 1(2011).

6. Gregory J. Ford, "Lessons Learned from Afghanistan: A Battalion S2's Perspective", *Military Intelligence Professional Bulletin*, Vol. 30, No. 1(2004).

7. Headquaters Unite Stated Air Force, *Operation Anaconda: An Air Power Perspective*, February 7, 2005.

8. Hy S. Rothstein, *Afghanistan and the Troubled Future of Unconventional Warfare* (Annapolis: Naval Institute Press, 2006).

9. L. R. Fatheree, "Intelligence Support to Marine Corps Combat Operations in Afghanistan", *Military Intelligence Professional Bulletin*, Vol. 30, No. 3(2004).

10. Michael Delong and Noah Luckman, *Inside Centcom: The Unvarnished Truce about the Wars in Afghanistan and Iraq* (Washington, D.C.: Regnery Publishing, 2004).

11. National Defense University, Center for Technology and Natinal Security Policy, *Operation Anaconda in Afghanistan: A Case Study of Adaption in Battle*, 2007.

12. Sean M. Maloney, *Enduring the Freedom: A Rogue History in Afghanistan* (Washington, D.C.: Potomac Books, Inc., 2005).

13. Todd Marzano, *Criticisms Associated with Operation Anaconda: Can Long Distance Leadership Be Effective*, Newport, Rhode Island: Naval War College, October 2006.

（案例编写人：汪涛）

[第15章]
美国X-37B无人空天飞机的作战用途之谜

一、编写说明

(一) 编写目的

组建分析团队,通过综合使用"头脑风暴""A队B队"等团队分析方法研判美X-37B无人空天飞机的作战用途,体验团队分析的组织和实施过程,掌握各种具体团队分析方法的使用技巧,体验和理解运用不同团队分析方法的优点和不足,探索改进信息共享与合作分析的流程与方法。

(二) 使用方式

召集6—10名具有不同专业知识背景的训练人员参与训练,根据选取团队分析方法的不同灵活组成若干分析团队,对不同类型的团队分析方法进行演练。例如,使用"头脑风暴"方法时,可以由1—2人充当"头脑风暴"分析的组织者,负责制定规则,引导团队开展讨论,依据规则管控分析进度;由6—8人充当"头脑风暴"分析的参与者,负责补充搜集相关素材,参与"头脑风暴"分析时提出观点,发散思考;由1人专门负责记录"头脑风暴"分析中产生的设想和观点,配合分析组织者整合评估结论。使用"A队B队"分析方法时,可以根据个人判断的倾向将参与者分成人数大体相同的两组(每组4—5人),由1—2人作为中立方和组织者协调两个小组展开竞争性分析,综合使用"背靠背"准备、辩论交锋、相互驳斥、汇集观点、生成可选择的不同结论等方式完成分析过程,最终既可以由两组独立报告结论,也可以由组织者综合结论做出报告。

二、内容摘要

美国 X-37B 无人空天飞机是美国空军和太空总署联合研制的无人空天飞机,已经公开的资料反映其具有在轨时间超长、飞行速度超高、机动能力超强的基本特点,目前已经成功完成 6 次轨道飞行实验。X-37B 无人空天飞机单次最长任务飞行时间达到 780 天(OTV-5),其已经完成的在轨飞行任务的总天数达到了 2865 天。未来 X-37B 无人空天飞机定型量产之后,一定会加入美军全力打造的空天作战体系。然而,到目前为止,除了在实验试飞过程中披露的部分基本外形参数外,美国军方对 X-37B 无人空天飞机的详细情况守口如瓶,尤其是对其可能的作战用途严格保密。这种新型空天武器平台预计将会成为美军保持"高边疆"战略领先能力的利器,抵消竞争对手在军事航天和远程打击领域的既有能力,对其他国家的战略利益和军事安全造成新的严重威胁。因此,综合分析各种可获得的权威资料,对美国 X-37B 无人空天飞机的可能作战用途进行客观、科学的评估预测,掌握其研制目的、试飞进展情况以及未来可能的运用方式,是研制反制装备,制定应对措施和做好其他相关准备的必要基础。因为核心情报素材无法获取,目前只能依据已经披露的媒体报道和科技情报素材对 X-37B 无人空天飞机的技术参数、实验情况、作战能力进行全面分析,在此基础上研判其作战用途。为避免个体分析人员的知识结构缺陷,以及不良先入之见对分析过程的影响,招集多名来自不同专业的分析人员组建分析团队,灵活使用"头脑风暴""A 队 B 队"等团队分析方法是完成这项分析任务的合理选择。分析团队应认真学习团队分析方法的基本内容与特点,熟悉掌握各种团队分析方法的具体步骤和使用规则,严格依据规范化的操作程序完成分析,积累团队分析方法的使用经验。

三、关键问题

(一)如果你的角色是团队分析的组织者,你将如何理解任务需求;如何设计团队分析组织的过程和提出具体要求;如何确定人员分组、保障条件;如何根据不同团队分析方法的特点调控进度和确保效率;如何将不同团队的分析观点或结论合理汇总并上报？

（二）如果你的角色是某一分组的负责人，你应如何理解任务需求；如何根据组员的特长分配任务；如何依据分析方法的规则指导组员完成分析过程？

（三）有关 X-37B 空天无人战机的公开信息非常有限，如何搜集掌握尽可能多、尽可能好的可用资料，从中整理、挖掘出有助于开展团队分析的素材资料？

（四）在实施团队分析的过程中，可以采用哪些机制和方法保证分析方法的基本规则能既被参与者遵守，又不影响到参与者思维和表达的质量？

（五）如何规避可能出现的棘手状况，比如参与者提出的观点过于发散，分歧巨大而无法整合，或者参与者提出的观点过于集中，高度一致而没有创意？如果真的发生了这种情况，将如何处理？

（六）团队分析过程中，如何更好地规避"集团思维"倾向，如何在发挥团队分析方法的优点同时改进其不足之处，比如提高团队分析的效率？

四、案例正文

2017 年 9 月 7 日，美国太空探索技术公司的"猎鹰 9 号"火箭在美国太空总署（NASA）的肯尼迪航天中心把空军项目支持的 X-37B 无人空天飞机成功送入太空，开始执行第 5 次在轨飞行实验任务，也创造了美国在航天发射领域官方与民间商业公司进行"军民融合"的典范。此次飞行任务（OTV-5）长达 780 天，使 X-37B 无人空天飞机在轨飞行的总天数达到了 2865 天。美国空军对 X-37B 无人空天飞机前 3 次的实验飞行任务高度保密，完全避谈任何细节，从第 4 次实验飞行任务开始，逐渐主动披露一些任务信息，包括测试实验性载荷和新型推进器、完成空军研究实验室的实验、释放小型卫星等。作为世界研制和实验进度领先的无人空天飞机，X-37B 无人空天飞机具有低轨道驻留时间超长（数百天）、超高变轨机动性能和超高飞行速度（十几马赫）的梦幻能力，媒体热炒的"一小时打遍全球""第一代无人空天战机""卫星捕手""太空鹰眼""反导新利器"等描述更加突显了其神秘性。毫无疑问的是，这种新型空天武器平台一旦定型生产，并融入美军现有的空天攻防体系，必将成为美军保持"高边疆"战略领先能力的利器，进一步拉大在太空作战领域与竞争对手的差距，抵消其他国家在军事航天和远程打击领域的既有能力，很可能对其他国家的战略利益和军事安全造成新的严重威胁。

2020年5月17日，美国"联合发射联盟"于美国东部时间上午9时14分从佛罗里达州卡纳维拉尔角空军基地成功发射了搭载了美国空军X-37B无人空天飞机的"阿特拉斯-5"号运载火箭，这是该机第六次执行空间飞行任务。近年来，美军对待X-37B无人空天飞机的态度发生了明显转变，从遮遮掩掩到愿意主动透露部分相关信息。这些做法似乎表明，X-37B无人空天飞机离最终完成全部实验并开始定型生产又进了一大步。然而，当前其他国家对于美国X-37B无人空天飞机可能的作战用途似乎还没有得出客观、可信的评估结论。这种已知必将面对严重新威胁却又不知何种威胁的感觉实在是太糟糕了。美军对于核心内幕的保密工作可以说做得非常出色，以至于一名参与X-37B无人空天飞机研制的科学家在接受媒体采访时得意地说："要让中国人想破脑子也猜不出来。"的确，如果不能尽早对X-37B无人空天飞机的可能作战用途做出较为准确的评估，很难提前做好相应准备。高精尖领域的竞争，在战略上一旦落后，想要追回来则将会非常困难。如何破解X-37B无人空天飞机的作战用途之谜，就成为一项非常紧迫又棘手的研究课题，需要集思广益、集智攻关，争取有所突破。

五、分析思路

（一）团队分析的基本要求之一是确保分析参与者能够无差别地掌握所有获得的公共基础素材，分析组织者应鼓励他们在分析开始前分享自己独有的素材，比如专门知识、重要线索以及研究数据。

（二）团队分析方法往往需要借助一定的外部条件实施，比如传统"头脑风暴"方法是使用黑板、白板的手写呈现方式，但是时效性不高，呈现效果也有局限。如果能够预先使用一定的技术软件改进呈现的方式，而又不改变"头脑风暴"分析的基本原则，则应该做好相关准备。这么做的主要目的是提高效率,也便于多名参与者更好地接收信息,并梳理大量涌现的观点。这种改进思路和举措对于使用其他团队分析方法同样适用。

(三)团队分析的组织者可以基于分析参与者的专业背景,对他们的观点进行分类整合,因为专业背景可能会影响思考和表达的倾向,从而导致简单重复的现象,将已有观点分类并呈现出来,低水平重复描述观点的情况会显著降低。

(四)"头脑风暴"方法的效果好坏往往取决于前期讨论的铺垫是否足够充分,最好的想法往往都是在最平庸的观点枯竭之后才会出现,但是很多时候,平庸的观点也会影响分析人员的思路,使之陷入一种从现成观点中挑选相对较好的观点的倾向。如何避免这种情形发生,以及如果这种情形不可避免地发生了,有什么处置的办法,都是分析组织者需要提前设计好的。在这种情况下,"头脑风暴"的某些原则甚至可以被暂时打破,但最好由组织者来做而非参与者,以便达到激化僵局,又能够控制局面的效果。

(五)"A队B队"方法是一种典型的以竞争促合作的团队分析方法,其目的一定不是增加分歧,而是要减少分歧。所以,除了精心准备己方的观点和论证,也要认真倾听对方的意见和依据,进行充分的换位思考。

(六)除了已经列举的典型团队分析方法,还可以综合使用哪些团队分析方法?

六、附录

本模拟案例所使用的素材来源包括中国、美国、俄罗斯公开媒体报道资料以及互联网相关知识资料。

(一)X-37B无人空天飞机研制和实验进程回顾

1996年,美国太空总署(NASA)提出了Future-X计划。这个计划被拆成两个子计划,其中规模较小的"探险者",就是X-37计划。这是因为X-33计划在1994年一度被冻结,影响到好几个关键技术的研究进度。为了让几个致力于太空运输方面的研究机构可以继续把他们的实验结果送上太空做高超音速的飞行验证,从1998年底到1999年7月,波音与NASA签署了4年合作协议,建造一系列验证机中的第一架。依照计划,X-37将成为第1架同时具备在地球卫星轨道上飞行和具备再入大气层能力的飞行器,而机上的自动操作系统将在NASA所致力的"降低进入太空的负载成本"上扮演关键性的角色。在原计划中,X-37可以由航天飞机携带进入太空,但是在有报告指出使用航天飞机携带X-37进入太空不合乎经济效益后,就改由"三角洲4"或是相似的火箭负责这个任务了。在太空中,X-37可以经由本身配备的火箭引擎推动,得到25倍音速的飞行速度,直到重入大气层前,X-37有21天的时间在太空中进行相关的实验,然后重返地球,降落在传统的跑道上。2010年4月22日,美国空军花费10年研制的全新"空天战机"X-37B首次试飞。这种外形和功能都酷似小型航天飞机的战机将通过火箭送入轨道环绕地球飞行,然后再以滑翔方式返回地面。

在初始阶段,X-37B共进行了3个架次的飞行:第一架X-37B从美国佛罗里达州卡纳维拉尔角空军基地发射升空,同年12月降落加州范登堡,任务编号OTV-1;2011年3月5日,第二架X-37B(OTV-2)升空,发射工位仍然位于卡纳维拉尔角,在轨运行时间469天,2012年6月返回,降落地点为加州范登堡;第三架X-37B(OTV-3)在2012年12月升空,现在已经完成了轨道任务。

2010年X-37B战斗机由"阿特拉斯5号"火箭发射升空2010年4月23日7点52分(美国东部时间4月22日19点52分),X-37B从佛罗里达州卡纳维拉尔角空军基地SLC-41发射台成功发射升空,"阿特拉斯5号"火箭执行了此次发射任务。据称,X-37B在战时,有能力对敌国卫星和其他航天器进行军事行动,包括控制、捕获和摧毁敌国航天器,对敌国进行军事侦察,等等。

X-37B发射后进入地球卫星轨道并在太空遨游,X-37B在设计上能够执行最长为期270天的太空任务。结束太空之旅后,X-37B将进入自动驾驶模式返回地球,最后在加州范登堡空军基地或者附近备用基地——爱德华兹空军基地(VAFB)着陆。这架X-37B无人驾驶太空飞机在当地时间2010年12月3日凌晨1时16分降落在美国加州范登堡空军基地。但是,美国空军没有透露飞机的具体用途，也没有说明这次飞行所携带的物品。这次X-37B安全着陆是太空飞机首次自主重返大气层，创下了新的纪录。对美国太空计划的发展具有重要意义。

2011年3月5日美国东部时间下午5时46分，美国佛罗里达州卡纳维拉尔角空军基地成功发射第二架由一枚"宇宙神-5"运载火箭搭载的X-37B轨道试验飞行器，计划飞行时间9个月，期满后延长6个月，于2012年6月16日成功返回地球。

2012年12月11日从卡纳维拉尔角空军基地成功发射。执行本次任务的X-37B与2010时发射的为同一架。这架X-37B的发射，使用的运载工具为阿特拉斯5型火箭，累计轨道飞行时间671天，打破了前一架次X-37B所保持的纪录。

2014年10月14日，X-37B（OTV-3）轨道飞行时间671天，美国空军"绝密级"X-37B迷你航天飞机可能返回，并降落在美国加州范登堡空军基地，空军的官员已经在范登堡空军基地准备迎接X-37B的降落。

2014年10月17日，美国军方宣布，2012年12月从佛罗里达州卡纳维拉尔角发射升空的X-37B于当地时间当天上午9时24分（北京时间18日0时24分）在加利福尼亚州范登堡空军基地着陆。这是该飞行器执行的第3次试飞测试任务，也是迄今耗时最长的一次"秘密任务"。

从第4次实验飞行任务开始，X-37B的测试和研制开始偏向实际应用层面。

2015年5月20日，一枚"宇宙神-5"型火箭将从佛罗里达州卡纳维拉尔角把X-37B送入太空，执行第4次（OTV-4）在轨飞行任务。与此前3次任务高度保密、完全避谈细节不同的是，美国空军此次主动透露，将在飞行中测试一种可提高能效的新型推进器。美国空军快速反应能力办公室主任兰迪·沃尔登在一份声明中表示，此前3次飞行任务主要是验证飞行器，而此次任务的重点将转为对实验性载荷的测试。2017年5月，X-37B在轨飞行718天后降落。

2017年9月7日，美国太空探索技术公司的"猎鹰9号"火箭在美国太空总署的肯尼迪航天中心把空军项目支持的 X-37B 无人空天飞机成功送入太空，开始执行第 5 次（OTV-5）在轨飞行实验任务，也创造了美国在航天发射领域官方与民间商业公司进行"军民融合"的典范。据美国空军披露，此次任务上的一项实验是测试美国空军研究实验室的第二台先进的结构嵌入式热扩散器（ASETS-II）。该实验将测量轨道上的振荡热管的长期性能。具美国空军研究实验室说，摆动式热管的传热能力是铜的 45 倍以上，这也是美国空军正在测试以帮助推进航天器设计的众多技术之一。据称，在这次飞行任务中，X-37B 还在轨释放了多颗小卫星，具体细节情况不明。2018 年 8 月，差不多是 X-37B（OTV-5）在升空近 1 年后从荷兰莱顿市上空飞越时，被荷兰的卫星追踪器 Marco Langbroek 捕捉拍摄到，据估算当时该飞行器的巡航高度在 310—326 千米之间。

据美国太空新闻网站 2019 年 10 月 27 日报道，美国空军宣布 X-37B 空天飞机于美国当地时间 10 月 27 日上午 3 时 51 分成功降落在美国宇航局肯尼迪航天中心航天飞机着陆设施。X-37B 在执行本次任务期间飞行了 780 天，也就是在轨道上飞行了两年多，打破了自己之前创造的纪录。美国空军说，到今天为止，整个测试飞行器计划在轨飞行的总天数为 2865 天。美国空军重要领导纷纷对任务成功发表谈话，空军参谋长戴维德·戈德费恩将军（David L. Goldfein）在声明中说："这架航天器在打破自己的续航纪录后安全返回，这是政府和工业界创新合作的结果。天空已经不再是（美国）空军的限制，如果国会批准的话，现在也可以称作'美国太空军'。"空军部长芭芭拉·巴雷特（Barbara Barrett）在新闻稿中说："X-37B 继续证明了可重复使用的空天飞机的重要性。"空军快速能力办公室主任兰迪·瓦尔登说："通过今天的成功降落，X-37B 完成了迄今为止最长的飞行并成功完成了所有任务目标。"

据悉，美国空军计划在 2020 年从卡纳维拉尔角空军基地发射 X-37B，执行第六次任务，很有可能延续第五次发射的模式，继续使用太空探索技术公司的"猎鹰"系列商用火箭。

(二) 公开材料反映的 X-37B 的主要性能参数

X-37B 由波音公司旗下"幻影工厂"制造，重大约 5 吨，长约为 8.8 米，宽约 2.9 米，翼展大约 4.6 米，长度接近一辆加长型的劳斯莱斯幻影，因此 X-37B 的体积比一般的轨道卫星要大，但又小于航天飞机，由于其发射方式也使用了火箭，因此 X-37B 应该被列为迷你航天飞机，而不是空天飞机，毕竟 X-37B 无法实现水平起飞。

表15.1 X-37B主要已知参数

乘员	无
长度	约8.8米（29英尺3英寸）
翼展	约4.6米（14英尺11英寸）
高度	约2.9米（9英尺6英寸）
空重	3.5吨
载重	11000磅（4990公斤）
发动机	1×喷气发动机 AR2-3 火箭发动机，6600磅（29.3千牛）
电力	砷化镓太阳能电池、锂离子电池
有效载荷舱	2.1米×1.2米
轨道速度	28044千米每小时
轨道	近地轨道

1. 内置货舱

X-37B 的内置货舱能够转载货物、机械臂，那么 X-37B 在轨验证航天器的导航控制技术、热防护材料、发动机技术、空间对接以及载人能力等就是"隐性"任务，美军可以根据 X-37B 不同阶段来制定各种分级任务。

X-37B 的体积虽小，但功能齐全，有一个与航天飞机相似的背部载荷舱，尺寸与皮卡车的后货箱相当，这是 X-37B 的一个显著的亮点，载荷能力在 2 吨左右，内置货舱可以搭载小型机械臂，抵达轨道后可展开轨道作业，如抓取敌方在轨卫星、破坏航天器、释放小型载荷等。为了满足 X-37B 的在轨能源需求，其还携带了太阳能电池板，可提供不间断的电力供应。

2. 动力系统

X-37A 原先以高纯度的过氧化氢和 JP-8 煤油作为推进剂。但 X-37B 则改为了甲基肼和四氧化二氮的双组元自燃推进剂,虽然甲基肼有剧毒,然而技术上则更为成熟。X-37B 的在轨机动能力是美军测试的重点之一,由于 X-37B 需要对敌方航天器进行侦察、攻击,因此需要不断变轨,具备不同高度的轨道机动能力是非常重要的,有趣的是,X-37B 也需要不断变轨进行防御,因为轨道垃圾实在是太多了,稍不留神就有可能偷鸡不成蚀把米,被空间碎片击中而失效。

3. 武器配置(媒体猜测)

尽管 X-37B 属于低轨道航天器,其直接的太空作战能力有限,但军事专家认为,X-37B 可搭载导弹、激光发射器等先进武器实施远程精确打击,其作战潜力不可低估。

X-37B 升空后可迅速到达全球任何目标的"上空",利用自身携带的武器对敌国卫星和其他航天器采取控制、捕猎和摧毁等攻击,甚至向敌国地面目标发起攻击。由此可见,X-37B 完全有可能成为"轨道轰炸机"。

4. 侦察设备

截至 2014 年,美军的航天侦察能力主要由国家侦察局负责,但存在作战响应慢、费用昂贵等不足,因此,美国国防部决定发展空天飞机以弥补美军航天侦察能力的不足。

X-37B 能够搭载多种侦察设备,在高空对海陆空目标及外太空目标进行侦察,并将侦察信息实时传递给作战单位。如果这种无人空天飞机可靠的话,可以促使美军快速大量部署低轨道侦察卫星。

X-37B 由"阿特拉斯"火箭或"猎鹰"火箭送入轨道,并通过自身携带的太阳能电池板制造需要的电能。X-37B 可承担侦察、导航、控制、红外探测,并且在完成任务后自动返回地面。

(三)公开材料反映的 X-37B 的可能用途

根据美国空军公布的资料,可重复使用的 X-37B 的尺寸只有美国现役航天飞机的 1/4。X-37B 已经可以在轨道上运行数百天。在战时,该机有能

[第15章] 美国X-37B无人空天飞机的作战用途之谜

力对敌国卫星和其他航天器开展"军事行动",包括控制、捕获和摧毁敌国航天器,对敌国进行全方位军事侦察,等等。因此,X-37B很可能将是人类首架太空战斗机。X-37B最高速度能达到音速的25倍以上,常规军用雷达技术无法捕捉。

第一,能实施空天侦察监控。X-37B飞行轨道符合成像侦察载荷的特征,运行规律与成像侦察卫星的运行规律接近。与传统侦察卫星相比,X-37B机动侦察性能更强。不仅能按既定的设计侦察相关区域,而且能根据需要改变飞行轨迹,灵活机动至传统侦察卫星的覆盖盲区,增大侦察和监视的面积。还可以有针对性地飞临目标上空,实现对敏感地区的及时、重点侦察和监视。这种灵活的变轨机动能力,将使敌方很难发现其轨迹行踪,从而达到隐蔽生存的目的。

第二,可充当"太空预警机"。X-37B不仅可充当变轨型侦察卫星的角色,其自带的各种电子设备还能够完成大量信息处理,如飞行导航、通信指令传输、太空卫星监视和网络联结等。因此,它不仅是一只空天侦察之"眼",而且是一个空间信息枢纽,可充当"太空预警机"的指挥角色。利用这一功能,X-37B能与地面和空中其他装备互联互通,成为未来作战体系中极其重要的"神经中枢"。

第三,能有效充当太空运输工具。根据一份波音公司关于X-37B的建议报告,该公司将通过任务拓展使其具备执行低轨道货运和乘员运输的能力。一旦X-37B客运能力完善,就能有效充当"太空巴士",将宇航员及时送往空间站或其他在轨飞行器。X-37B体积虽小,但功能齐全,有一个与航天飞机相似的背部载荷舱,尺寸与皮卡车的货厢相当,载荷能力为2吨左右。为满足X-37B在轨能源需求,其还携带可提供电力的太阳能电池板。

第四,可轻易反制敌国卫星。与"侦打一体"无人机相比,X-37B借其空间机动能力,能进行天基反卫、天基反导任务。X-37B可接近敌国卫星,实施软硬攻击行动。在硬打击方面,可通过伸出机械臂或拦截网的方式,将卫星捕获;在软打击方面,可使用激光动能武器,将卫星的电子元件烧毁。还可通过电子干扰或无线接入等方式,扰乱篡改敌方卫星程序,达到控制和利用敌卫星的目的，实现"你的卫星，为我所用"的攻击效果。

第五，可全球快速天对地打击。X-37B可搭载导弹、激光发射器等先进武器，实施远程精确打击，其作战潜力不可低估。由于X-37B的高速度，其升空后1小时内能到达全球任何目标上方，然后利用自身携带的武器对敌国卫星、航天器或地面目标进行攻击。实际上，X-37B更像是一个轨道空间的作战平台。一旦该平台实验成功，美军完全可以根据需要，在其上搭载不同的模块，如卫星监控、地面侦察、近地攻击、导弹拦截、敌国卫星捕捉、侦察、卫星投放、太空工程、布雷等，从而实现不同的军事价值。由此可见，X-37B完全有可能成为"轨道轰炸机"。

第六，可快速部署各类卫星。X-37B具有灵活的载荷结构，具备运载小型卫星的能力。战事紧急的情况下，X-37B可短时间内多次往返天地之间，从而快速将卫星部署到作战轨道上去。大大节省了卫星发射和部署时间，可有效解决美军面临的卫星资源短缺问题。

第七，其他可能用途，比如搭载特定模块化方舱充当太空救生舱、太空运输舱等。

（四）X-37B相关图片资料

图15.1　X-37B在轨运行示意图

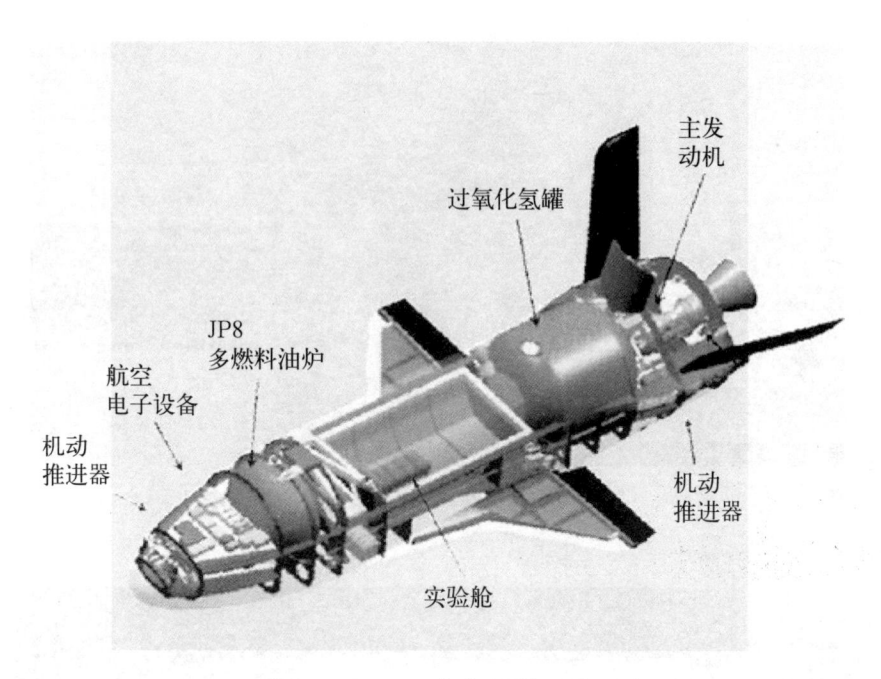

[第15章] 美国X-37B无人空天飞机的作战用途之谜

图15.2　X-37B内部结构示意图

图15.3　"猎鹰9号"火箭发射X-37B

图15.4　X-37B地面维护

图15.5　X-37B降落返回后

（五）典型团队分析方法资料

1."头脑风暴"法

（1）基本理念

经典的"头脑风暴"法是由现代创造学奠基人阿莱克斯·奥斯本在1939年提出。[1] 这种方法以提升集体研讨的创造力为主要目的，要求把全体

---

[1] Alex F. Osborn, *Applied Imagination: Principles and Procedures of Creative Problem Solving, 3rd Revised Edition* (New York: Charles Scribner's Sons, 1963), p. 1.

成员集合在一起,而每个人都要对问题无所顾忌地发表自己的观点,既不能怕别人的批评和反驳,也不用担心自己的观点是否准确和完善,努力形成能够激发所有成员灵感和创造力的研讨氛围,通过参与成员的相互启发、相互刺激和相互影响来诱发最理想的结论。[1] 完成这个过程还需要借助一定的技术手段与方法,比如把较大的问题拆分成较小的问题,逐一进行讨论;将讨论中产生的连锁性思路和观点全部记录下来,并让所有参与成员观察到研讨的全部过程,还要安排专人记录和整合结论。

"头脑风暴"法旨在最大限度提高思考过程中的创新性,促使分析人员走出其思维定式,终止他们对某类观点或方法所持有的良好感觉。同时,该方法还可以帮助分析人员看到一系列与主题相关的因素,审查出逻辑牵强、来源不可靠、未切中问题实质的观点,使思维更具开放性和创造性,尤其是能激发新观点,确保全面地分析某个问题,突破局限及避免在单一假设下得出不成熟的结论。

(2)使用时机

"头脑风暴"法是一种旨在产生新观点和概念的、无束缚的团队分析方法。"头脑风暴"法被广泛运用于激发新思考,同时该法基本上可以作为其他分析方法的辅助。分析人员在启动一项分析任务时可以运用头脑风暴,以便以最有效的方式得出问题的相关假设。

"头脑风暴"法包括一系列讨论某挑战的分析专家会议。在一次分析任务的关键点或起始阶段投入适当的时间使用该方法,可以利用不同的视角帮助解构问题。在"头脑风暴"法会议上,这种团队分析程序允许其他人在某个成员提出的初始观点上延伸思考。分析人员也可以独立运用"头脑风暴"法,甚至可以比一个团队得出更多、更广泛的观点,且不用关注他人的自我感受、观点或目标。但是,个人独立使用这一方法将不能利用他人视角使自己的观点更加完善。另外,若没有一个人员多样化的分析团队,个人可能很难摆脱自身的认知偏见。

---

[1] 〔美〕杰森·R.瑞奇:《头脑风暴》(黄蓓蓓、孟涛译),金城出版社2005年版,第3页。

（3）主要步骤

"头脑风暴"方法提供一个更加系统化的流程帮助分析人员打破思维定式，产生新的见解。这个流程包括两个阶段，一是产生和收集新观点的发散思考阶段，二是围绕核心概念汇聚观点的聚焦思考阶段。

①发散思考阶段

第一，根据需要组织合适数目的分析人员，一般小型问题需要 5—6 名分析人员，大型问题则需要 10—12 名分析人员，并给每人提供独立发表和展示意见的辅助工具。

第二，组织者提出核心问题，将其用一句话概括并展示在白板上。

第三，要求参与的分析人员各自独立用关键词写下对该问题的最初反应和基本思考。

第四，将所有分析人员的观点在白板或屏幕上展示给大家，注意提醒大家要平等对待每一观点，先不要发表意见。

第五，当原始的新观点不再出现时，说明分析团队已经基本穷尽其常规思考方式，鼓励参与者在随后努力做出新的、发散式的观点。

第六，重复上一步骤两三次后，则可以结束该阶段工作，将所有观点合并同类项，但不要否定任何分歧，也不要随意丢弃细节上的差异。

②聚焦思考阶段

第一，要求参与者作为一个整体依据其观点的共性或类似概念，重新排列组合白板或屏幕上的观点（这一过程中不允许相互之间进行讨论交流），随着观点逐步被归纳分类，部分观点可能会被移除，重复某些观点也是允许的，以便观点能够被包含在不同的组里。

第二，一旦所有的观点均被归纳完毕，为每个类别选定一个适当的描述词。

第三，确认所有不适宜划分至任何一类，考虑它们是无用的"噪音"式观点，还是需要进一步观察有意义的观点。

第四，评估哪些类别是需要进一步通过"头脑风暴"方法考察的新观点、新概念或新视角。

第五，组织参与者选择一个或多个需要进一步关注的类别，将其投票制成表格。

第六，基于参与者的投票整合阐释"头脑风暴"团队得出的结论，提供给全体成员考察，并决定分析人员的下一步工作以改进结论。

（4）使用技巧

"头脑风暴"法在应用时要遵守4个准则：一是重在提出思路或观点的数量，而不需过多考虑其质量；二是不批评别人和自己，只从正面表达观点；三是鼓励参与者大胆地想象并无拘束地表达不同的观点；四是要能够沿着他人提出的思路和观点进行外推、延伸和整合，不断改进观点。

为保证使用效果，最重要的是组织者的调度。通过组织者的努力，一定要确保任何人都不要否定其他人的任何观点，无论这一观点是多么的不符合常规，而且还要鼓励参与者找出是什么促发了这种观点，因为这可能暗含主题与未明确假设之间的重要联系。

组织者还要花费充足时间设定相关规则，使分析人员感觉可以自由自在地发表自己看法，穷尽分析问题的常规观点。只有这样，真正的创新观点才开始逐步涌现，而这些新观点才是最有价值的。

另外，在使用该方法时至少应该安排1名组织者以中立的"局外人"身份参与，他与分析团队大部分成员有着不一样的教育背景、文化、技术知识和思维方式，但又与需要分析的主题有相关联系，这对于整体的讨论过程非常有帮助。

（5）特点评价

在情报分析中应用"头脑风暴"法的确可以增强集体研讨的活力，并激发出创造性。从形式上看，相互启发可以帮助分析人员提出尽可能多数量的假设，并让偏于保守和偏于激进的观点形成碰撞，从而消除某些分析人员不愿表达不成熟观点的顾虑，避免个体思考存在的狭隘和偏见。但是，因为分析人员还是要进行面对面的交流与表达，他们之间仍有可能受到微妙而复杂的心理影响，比如在场人员职位的高低、相互熟悉的程度以及代表的部门利益等，都会干扰参与者的思考和表达。另外，在特别要求时效性的情报分析领域，只有得出明确的观点才算是最终完成任务，而过多地鼓励无拘束、发散性的思维必然会影响讨论的效率，而且这种方法对分歧观点的处理并没有提出非常好的解决办法。因此，"头脑风暴"法是否能够发挥有效作用，还要受到议题的复杂性、任务的时限、意见统一方式等更多因素的制约。

2."A队B队"方法

（1）基本理念

如果团队内部对所分析的问题存在较大争议，比如有两种（或以上）互相排斥的观点或互相竞争的假设，此时可以让支持不同观点或假设的分析人员组成团队，分别进行分析，最后再综合考察结论或者把结论同时报给决策人。如果说"故意唱反调"是为了挑战一种具有主导性的集体思维定式，那么"A队B队"方法就是为了挑战可能同时存在的两种（或几种）具有主导性的集体思维定式。

在一些重要政策议题上，不仅情报分析部门可能存在互相抵触的看法，可能政策制定者内部的意见也是针锋相对的，这时候应用"A队B队"方法来解决内部争议就成为非常公平和合理的做法。分析部门的管理者发现，当团队内部因为争论激烈而造成分析人员之间的关系出现摩擦或裂痕时，应用"A队B队"方法不仅不会加剧分歧，而且能够帮助分析人员更加认真、仔细地思考对方观点的价值和优点，最终减少摩擦甚至缩小异议。

（2）使用时机

"A队B队"主要是挑战单一的主导性思维方式。在分析团队或决策层对某问题出现两种竞争性观点时，分析人员宜使用"A队B队"方法。建立一个成熟的"A队B队"方法需要保证拥有一定分析时间和资源，所以应该考虑需要解决的问题是否值得如此关注。

分析人员可以使用"A队B队"方法的具体时机包括：一是对长期政策问题进行评估，现行分析存在比较严重的分歧，而双方均缺乏驳倒对方的明确证据或充足信心；二是需要依据情报做出具有深远影响的关键决定，如果面临"二选一"情形,则必须慎重做出结论;三是针对必须合作才能完成的议题,不同情报分析部门或人员对初步结论存在严重分歧,如果放任矛盾发展,将会阻碍情报分析机构间合作。

(3)主要步骤

①分析准备阶段

在一个重要问题上实施"A队B队"方法,首先要明确分歧的实质,在此基础上形成可辩论的观点,再并行展开分析,具体的使用步骤包括以下五个方面:第一,要确定两个或以上的竞争性假设或观点;第二,要形成不同的团队或个人,分别完成符合各自假设最优的论证分析;第三,检查所有相关证据信息,考察它们是否支持各自的观点,进行分类整理;第四,确认可以支持假设的缺失信息,考虑到哪里搜集进行弥补或采取其他应对办法;第五,构建论点,内容应包括明确的关键假设、关键证据、仔细论证的分析逻辑。

②相互讨论阶段

为了有益于其他分析人员,可以组织持有不同观点的分析团队展开口头陈述和分组辩论,具体的使用步骤包括以下四个方面:第一,留出时间组织实施各种备选结论的口头陈述,这可以是一次非正式的"头脑风暴"会议,或者一次正式的正反双方辩论;第二,任何人都可以对各方口头陈述的观点做出评论,并准备就假设、证据和逻辑等方面提问和质疑;第三,允许每组人员展示其分析成果,自由质疑对方结论和反驳对方的批评;第四,让一名公证人(通常为情报分析管理者或组织者)评判各方的强弱,并就进一步分析和搜集工作提出建议。

③结论上报阶段

结论的上报有三种形式可供选择:一是将"A队"和"B队"的结论与论证过程形成报告分别上报情报用户,不附带任何倾向性说明;二是将"A队"和"B队"的结论再次整合成一份分析报告后上报,对于重大、最终也无法调和的分歧在报告中以合适的形式注明,并汇报分析部门的选择倾向;三是选择"A队"和"B队"竞争之后明显获得分析团队内部大多数人认可的结论上报，但是将"二选一"的过程也同时汇报给情报用户。

（4）主要特点

从美国情报界实施"A队B队"方法的经验总结来看，当分析团队出现竞争性观点时，使用这种方法可帮助专家觉察到反对方分析视角的优点，如果相异立场已经形成，甚至可以将相异立场的分析人员互换位置，使其为之前不认可的观点辩护，可以使他们更加注意到自身的思维定式。实施该方法，表现上承认了分析过程中的竞争，最终却有助于减少分歧双方的摩擦和差异，至少它使持反对意见的分析人员感觉到他们的观点得到了同等的关注，从而对结果达成一致产生正面作用。

对情报用户或分析结论的最终决策者来说，这种方法采取不回避的方式，有意突出并暴露分析团队之间的分歧。相比较一个掩盖大量差异勉强去寻求一致性的结论，或者迫于压力"任性"地达成拥有低水平共识的分析结论，情报分析管理者可以通过权衡充分争论的相异观点中收获更多。通过使关键假设和信息更加清晰，情报用户也可以判断不同观点的价值，向分析人员提出疑惑，并基于最有说服力的观点上做出判断。另外，可选择性观点还能帮助情报搜集人员注意到，他们需要搜集可以证实或证伪一系列假设的新信息。

七、参考文献

（一）中文文献

1. 李景龙：《美国情报分析理论发展研究》，军事科学出版社 2014 年版。

2. 李景龙：《情报分析：理论、方法与案例》，时事出版社 2017 年版。

3.〔美〕杰森·R. 瑞奇：《头脑风暴》（黄蓓蓓、孟涛译），金城出版社 2005 年版。

（二）外文文献

1. Heuer, Richards Jr., Pherson, Randolph, *Structured Analytic Techniques for Intelligence Analysis* (Washington, D.C.: CQ Press, 2011）.

2. Heuer, Richards J., Jr., *Small Group Processes for Intelligence Analysis*, in http://www. pherson. org/Liberary/H11.pdf, 2008.

3. Janis, Irving, *Groupthink*: *Psychological Studies of Policy Decisions and Fiascoes*（Boston: Houghton Mifflin, 1982）.

（案例编写人：李景龙）

[第16章]

伊朗：未来如何

——普里马科夫主持的一次形势分析

一、编写说明

（一）编写目的

本案例以2003年7月叶夫根尼·普里马科夫领导俄罗斯专家对伊拉克战争爆发后伊朗国内政治局势发展情况进行的形势分析为例，介绍与剖析由普里马科夫创立、在苏联和俄联邦时期维护国家安全中均立下赫赫战功的形势分析法，主要回答形势分析法是什么、如何使用、形成什么样的最终产品、特点与长处是什么等问题，为情报分析活动提供一种具体的分析方法。

（二）使用方式

本案例教学可以采取老师布置、学员学习并补充查阅相关资料、独立作业、分小组讨论、全班模拟、老师引导的形式组织实施，重点在于对形势分析方法组织过程的复模。使用时，首先要求学员查找与阅读伊朗国内政治相关资料，尤其是2003年前后的资料；其次要求学员阅读有关形势分析方法程序与基本原则的资料，熟悉形势分析方法；最后，对2003年年中伊朗国内政治形势发展情况依据案例提供的文本进行模拟，组建案例分析领导小组，推选主持人和主要专家，制订分析方案，模拟专家分析环节。

二、内容摘要

形势分析法是由叶夫根尼·普里马科夫和他的同事在苏联时期创立的研

究方法，被广泛地运用于国家安全领域，包括情报分析领域。普里马科夫团队还曾因为运用该方法成功预测多个重大安全事件而荣获"苏联国家奖"。本案例是普里马科夫卸任俄联邦总理、重返学术圈后主持进行的一次形势分析，主要是对2003年3月伊拉克战争爆发后伊朗国内局势进行形势分析。在前期大量准备工作基础上，普里马科夫与来自不同机构的形势分析专家组成员齐聚一堂，进行了集体讨论，然后形成了形势分析产品——形势分析报告。依据本报告和附录提供的有关形势分析的背景知识，可基本还原此次形势分析过程，较为直观地感受到形势分析产品的主题拟制、所建构的子课题链条、具体讨论过程以及产品形式，为理解和学习掌握形势分析法提供助益。

三、关键问题

（一）此次形势分析的专家来自哪些单位？由谁担任主席？为什么选他担任主席？

（二）专家组对什么形势进行分析？

（三）根据正文，说出专家组在此次评估前设计的主要子课题。

（四）专家们是否提出特别需要讨论的子课题？

（五）专家们是否在所有问题上都达成了一致意见？如果没有，分歧是如何表达的？

（六）根据正文和附录材料思考，什么是"形势分析法"？

（七）根据正文和附录材料思考，"形势分析法"的基本程序是什么？能否组织同学对本案例进行还原模拟？

（八）"形势分析法"与其他专家分析法相比，优点与不足各是什么？

四、案例正文

2003年7月，在叶夫根尼·普里马科夫的领导下，来自俄罗斯多个政府机构和科学中心的专家齐聚一堂，就美国在波斯湾展开军事行动后该地区另一重要政治主体——伊朗国内形势发展情况进行形势分析。最终形成了以下报告。

伊朗：未来如何？形势分析[1]

主席　叶夫根尼·普里马科夫

美国在波斯湾的军事行动开始后，由叶夫根尼·普里马科夫领导，在《全球政治中的俄罗斯》编辑部内进行了一次关于伊朗国内局势的形势分析。伊朗国内政治形势的发展前景是一个非常重要的问题。第一，缘于伊朗在该地区的关键作用。第二，由于美国政府采取强硬立场，将德黑兰划入"邪恶轴心"，并威胁使用暴力行动对抗"阿亚图拉政权"。来自俄罗斯多个部门和科学中心的专家参加了讨论。

讨论甫一开始，专家们就修正了关于伊朗国内只存在两个力量中心的传统观念。这种观念认为，一个是围绕阿亚图拉精神领袖赛义德·阿里·哈梅内伊形成的，主要依靠教权主义保守派，另一个是围绕总统赛义德·穆罕默德·哈塔米形成的，领导着改革派阵营。大部分发言者认为，还应注意第三个中心——围绕前总统阿克巴尔·哈什米·拉夫桑贾尼形成的"务实派"。近期，伊朗国内政治舞台上又崛起了第四个中心，可相应地称之为"新改革派"。

总体而言，伊朗改革派力量（可以归为"传统立场"的哈塔米派和拉夫桑贾尼派）之间的互动非常复杂。他们对改革的内容和应该优先做什么均有着不同的理解。哈塔米派的改革口号是政治自由化，拉夫桑贾尼派主要希望加速进行国家的经济现代化和技术更新。如果说，对于哈塔米和他的支持者来说，制度的自由化是经济改革的必要前提，那么拉夫桑贾尼派则认为，伊朗当前的政治框架和意识形态框架为经济现代化提供了足够的空间。

保守派主要代表为哈梅内伊和库姆[2]正统神职人员。大部分与会人员

---

[1] 原文为 *Примаков Е. М.* Иран: что дальше? Ситуационныйанализ.// Россия в глобальной политике．[2003-07-16]. http://www.centrasia.ru/newsA.php?st=1058306220，由本案例编写者翻译。

[2] 库姆市于8世纪由阿里派信徒所建，是伊斯兰什叶派十二伊玛目著名圣地。建有库姆神学院，闻名伊斯兰世界。

在发言时都认为，哈梅内伊作为国家领导人，控制着整个国家的权力体系。即便是议会这个相对较民主的部门也都处于保守派权力支柱——宪法监护委员会的监督之下。宪法监护委员会负责裁定主要法律是否符合伊斯兰教义和宪法。另一机构——确定国家利益委员会有权更改宪法监护委员会的决定，由拉夫桑贾尼领导。因为拉夫桑贾尼对哈塔米的妒意更强，所以目前确定国家利益委员会很少对抗宪法监护委员会。哈梅内伊在与拉夫桑贾尼就原则性问题上达成一致后，无论哈塔米由于什么原因而打算开始对现政权进行实质性的解构，他都有能力更加有效地减弱哈塔米的影响。

与此同时，部分专家强调，伊朗的伊斯兰政权最终还是一个统一的神职人员团体。在某些问题上，高层分化成不同派别，但是他们都主张维护神权制度。这也适用于哈塔米派，他们只是要求在现有制度框架下进行自上而下的现代化。

并非所有与会人员都同意这一评估。有些人认为，现实已经严重分裂了哈塔米和哈梅内伊。2002年年中以来伊朗政治局势的恶化进一步加剧了这一点。但是，大部分专家还是认为，哈塔米派的激进色彩可信度很低。它更像是为了缓和对伊斯兰国家机构进行激进自由化改造的要求，从而巩固总统的权力。面对美国政府威胁推翻伊朗政权的压力，不想破坏与哈梅内伊的一致性，进一步强化了这一点。

与此同时，还是可以观察到客观上存在激进的形势。首先，公众对所宣布的自由化、经济和政治领域的发展均缺乏实际明显成效而不满。其次，哈塔米总统本人的权威正在下降，当前许多人认为他没有能力对抗更为强大的保守派，辜负了民众的期望。哈塔米遭遇的信任危机在2003年2月28日举行的议会选举中展现得淋漓尽致，当时保守派取得了胜利。

在这种情况下，呼吁进行激进改革的力量正在加强。专家们特别强调，引发这种形势的原因不仅是伊朗民众对"传统"改革者的失望，也有对霍梅尼领导的伊斯兰革命结果的失望。据估计，至少70%的民众表达了不满，证据是选民对地方权力机关选举表现冷漠。在生活水平低下、自由受到限制、封闭感强、国家与外部世界隔离的情况下，很难期待会出现其他情形。

但专家们特别强调，与宗教保守派保持距离并不等同于对宗教消极，后者感受很弱。同样重要的是，大部分伊朗民众与霍梅尼领导的伊斯兰革命保持距离是为了保护民族国家特性、文化认同和独立。

（一）改革的社会基础

分析会的参加者一致认为，哈塔米所领导的改革运动攻击力下降，政治舞台上出现了更为激进的新改革者，这些都为学生、知识分子和技术专家等三个社会群体日趋活跃创造了条件。但是，他们所拥有的新改革潜力却并不相同。由于环境的原因，目前他们还仅仅是"自在之物"，从程度上看，学生较弱，知识分子和技术专家则更强些。

20世纪90年代中期开始，学生运动的政治色彩加强。总体上看，它在政治舞台上的出现反映了伊朗人口形势的剧变。20%的人口在15—25岁。这是选民中最活跃的群体（16岁以上的公民拥有选举权，偶尔门槛会降低到15岁以下），他们成长于伊斯兰制度下，正成为社会政治生活中的调节杠杆。数以百万计的学生军聚集于大城市，特别是德黑兰，政治色彩浓厚。其中包括"莫沙克特"青年组织和最大的学生组织——"达夫塔尔·塔克姆·瓦达特"，后者实际上是政党。它的分部遍布所有大学，设立有中央委员会，每月集会一次。该组织能迅速动员学生，近年来已经成为罢工和动乱的发起者。

一些发言者认为，达夫塔尔·塔克姆·瓦达特组织宣传伊朗由伊斯兰统治转型为倡导民主自由的改革阵营一员，反映了伊朗社会整体观点的演变。很多伊朗人越来越清晰地看到，必须改变政权的性质，削弱伊斯兰成分，这些在宗教团体框架内不可能实现。哈塔米第一次当选总统后，支持他的学生阶层非常失望，希望进行更激进的改革。一些专家认为，对于他们来说，与其说想进行宪法框架内的改革，不如说更想实现制度的世俗化。

知识分子是一股强大的力量。140万伊朗人受过高等教育，3万伊朗人受过高等神学教育。在世俗知识分子中，教师和记者尤其活跃。在哈塔米的领导下，他们获得了相对的言论自由。他们希望，不仅要巩固这些成就，还要实现更激进的转变。

矛盾的是，宗教知识分子群体中也潜藏着巨大的改革潜力。他们具备政治工作经验，能够被联合成一个组织、一个政党以及不同的群体。宗教活动者传统上享有很高的声望，掌管着大量的金钱，宗教学校中的学生都是他们的追随者。

技术官僚，主要是指官僚体系中直接与公共行政、经济和新技术相关的那部分人。他们是最活跃的社会阶层之一。正是拉夫桑贾尼政府中的技术官僚群体积极倡导经济自由化，要求必须扩大政治自由，并创建了伊朗伊斯兰共和国第一个真正的世俗政党"卡尔戈赞"。正是该党支持哈塔米参加了1997年总统选举。"莫沙克特"党的技术官僚，坚持要求通过法律，扩大总统权力，否则，预算工作极难开展，税务和银行系统的改革也会停滞不前。部分国家官僚机构认为，政权需要改革。这些人是市场经济的坚定支持者，始终代表着一股不可忽视的力量。在某些情况下，他们可以越过对拉夫桑贾尼和哈塔米的支持，向更加激进的社会群体——学生和知识分子靠拢。

对伊朗国内政治局势有影响的政治力量还包括：

反对伊斯兰政权的左翼组织。专家们认为，目前他们对伊朗国内政治局势影响有限。首先，他们全部在海外活动。其次，他们既不团结，在伊朗国内也毫无威望。这些因素综合起来导致左派的边缘化。无论是左翼组织"圣战者组织"还是"伊朗人民圣战者组织"都已经完全失势。其中，后者一度被认为可以替代德黑兰掌权者，但是在两伊战争中它支持伊拉克的做法引起了伊朗社会对它的极大否定。2001年"9·11"事件后，美国将该党列为国际恐怖组织，导致该党政治活跃度大幅下降。

发言者认为，目前左翼伊斯兰主义者具有更大的改革能力和潜力，能够影响国内政治局势。它是一个彻底的神职人员团体，由战斗教士协会领导。"伊朗伊斯兰革命圣战组织"是其中一个组成部分。1997年，该组织支持哈塔米作为左翼伊斯兰力量候选人，积极主张宪法框架内的制度改革。该党成员认为必须将伊斯兰教教义作为改革的基础，这一点至关重要。它赞同在保留伊斯兰教名称的前提下对伊斯兰教进行改革。其领导人在哈塔米政府中担任部长职务，倡导赋予世俗权力特别是总统更多的权力。在某些情况下，左翼伊斯兰主义者可以向学生组织靠拢，但总的说来，他们的意识形态是相互矛盾的。

右翼现代派主要由富裕企业家组成的政党所代表。对于这些人来说，经济自由化不一定要求政治体系的世俗化。一定程度上，技术官僚组成的政党"卡尔戈赞"可以被视为右翼现代派组织，它的目标是促进企业自由、私有化、创造吸引人的投资环境。就其本身而言，右翼现代派不可能为改革提供新的动力。管理者和商人不一定要破坏宗教团体，因为理论上既可以做生意又可以保留神职人员的地位，实现权力和财富兼收并蓄。但是，一些发言者认为，在街头抗议情绪和不满情绪高涨的情况下，不排除右翼与左翼结盟的可能性。届时，将会出现一个广泛的政治大联盟，无论是哈梅内伊还是哈塔米都不能忽视。最重要的是，这些人有能力从宗教组织内部对他们形成影响。

参加形势分析的代表把阿亚图拉侯赛因·阿里·蒙塔泽里归为内部反对派，当前表现为"摩尔体制"的对立派。他们的想法颇有市场，特别是在年轻人中间。他们主张重新审议宪法，扩大哈塔米的权力，支持伊斯兰国家，但是要尝试在一定范围内实现伊斯兰教与人权的契合。虽然在老一代阿亚图拉对社会的影响程度到底如何问题上，与会专家意见不一，但是有人指出，反对哈梅内伊集权的宗教自由人士的出现本身已经表明，整个社会准备进行伊斯兰国家改革。

"非政治流亡者"对国内局势的影响非常有限。它是在1979年伊斯兰教徒胜利后产生的，包括许多被驱逐出伊朗的高层人士和受过良好教育的中产阶级的代表。许多伊朗人在国外或者在商界取得成功，或者从事一些颇有名望的高薪职业。尽管移民者的子女受到了很好的教育，并在很大程度上被同化，但伊朗流亡者通常不会放弃他们的伊朗身份。流亡者主要坚持新西方自由主义思想，大多是世俗主义者，如果他们与伊朗的联系直接而牢固，就有可能推动改革运动。目前，流亡者没有能力对国内的思潮发挥更大影响，但是他们正在建构"世界中的伊朗"的社会认知，这也是重要的。

（二）谁是保守派的依靠

专家们得出结论，赞成改革的各派力量日益活跃，导致宗教人士所依靠的各机构收紧了政策。作为政权最忠诚的依靠，伊斯兰革命卫队发挥越来越大的作用。有传言称，为了有效捍卫政权，伊朗伊斯兰卫队和其他情报部门正在避免伊朗发生混乱。这些传言流传广泛，推动了上述部门力量的增强。

在哈塔米要求更换情报部门领导层后（他要求清除最可恶之人），伊朗革命卫队的政策并未发生任何变化。以此来看，伊朗革命卫队是哈梅内伊手中的工具，而非整个政权的工具。伊朗革命卫队领导人直接隶属于他。哈梅内伊负责职务任命，决定拨款额度。发言者认为，正是基于这一点，伊朗革命卫队不同于军队。在形势发生剧变的情况下，从各方面来看，军队都不会参与事件，支持宗教人士。与伊朗革命卫队不同，军队的目标是应对外部威胁，而非内部威胁。

在反对改革者的工作中，伊朗主要情报部门情报部地位重要。在大量谍报机关和受控媒体的帮助下，该部正在实施分裂学生运动、迫害和俘获自由派人士的计划。总体来看，情报部门，包括民兵，同样支持保守派力量。在压制不同思想方面，司法机关也发挥着积极作用。

在与改革者的斗争中，教士们有效地利用了宪法监护委员会。该委员会在议会选举中以对伊斯兰体制不忠诚为由对议员候选人进行筛选。当前的《宪法》允许宪法监护委员会"过滤"议会通过的决议，这使得保守派能够阻止自由主义法案的通过。政府实际上没有抓手用来影响保守派组织。政府曾经提案，要求在2002—2003财年将伊朗革命卫队和伊斯兰基金会作为组织客体包括在预算范围内，议会通过了这一草案。但是，确定国家利益委员会却将其驳回，称这些问题仍然是哈梅内伊的特权。

发言者认为，总体来看，情报机关和宪法监护委员会在很大程度上确保了权力掌握在哈梅内伊及其支持者手中。

(三）经济形势与社会稳定

在一些专家的坚持下，单独讨论了伊朗国内局势对经济形势的影响。提出了三个最尖锐的问题——就业、私有化和吸引外资。正是这些问题成为宗教保守派和改革派之间的分水岭。

哈塔米政府延续拉夫桑贾尼经济自由化方针，计划让约550家企业实现私有化，其中包括伊斯兰基金会，当然只是一小部分实现私有化。私有化进展困难，新的所有者往往更愿意出售设备和土地，而不是进行生产。这一点被改革的反对派所利用，他们成功组织了抗议活动，反对总体上的私有化。

尽管为了发展经济必须吸引外资，这是显而易见的事情，但截至目前，尚未创造出有利于外资活动的环境。改革者努力改变对外国企业家的态度，以便创造新的工作职位。90%的议会议员确信，外国投资是解决失业问题的唯一途径。但是，这条道路仍然困难重重。

汇率和实际补贴问题也是阻碍改革的因素之一。1999年开始，已经实行了单一（浮动）市场汇率。但是，优惠进口政策与其并行（2002年汇率是8000里亚尔兑换1美元，进口汇率为1755里亚尔兑换1美元）。优惠汇率用于进口必需品，并维持其价格（面粉、儿童食品、药品）。伊斯兰基金会享有最大的采购优惠。事实上，它是一种外汇补贴，基金会通过这种补贴实现免税，也免于报税。他们为居民提供了帮助，但却是被掌权者用于维护自己的利益。这些补贴维持着面粉和电力的价格（高达10亿美元），也维持着亏损国企的生存（占总预算的60%）。在支付补贴时，保守派不仅将人民紧紧地团结在自己的周围，还可以指责总统和政府没有能力管理国家。这样的做法虽然有助于缓和社会局势，却也阻碍了经济的正常发展，不可避免地导致经济形势长期恶化。总的来说，发言者认为，尽管有"减震器"，但社会局势极有可能恶化，特别是随着失业率的增长，它将首先对最有活力和最年轻的居民产生影响。其中一位发言人认为，如果改革派无法完成这项任务，整个伊斯兰国家体系将被强硬反对派运动所摧毁。大部分专家的意见更谨慎，但是他们也认为，"伊斯兰经济"不大可能实现合法化。但是如果发生危机,首要目标将不是保守派,而是哈塔米和他的政府。

(四) 外部因素的影响

专家列举了对伊朗局势最有影响的外部力量。

俄罗斯。总的来说,俄伊关系不是伊朗国内政治主要争议议题,因为务实派政治家(包括改革派和保守派)毫不怀疑与俄联邦发展伙伴关系的必要性,其中经济关系尤其重要。在讨论该问题时,专家们特别提到了俄罗斯帮助伊朗建设布什尔核电站一事,此事还曾经被美国指责。与会者认为,该项建设处于国际原子能机构严格监督下,俄罗斯如果拒绝参与,可能会进一步刺激伊朗拥有核武器。俄罗斯的援助向伊朗表明可以和平利用原子能,从而遏制上述趋势。

专家们认为,发展与俄罗斯的关系客观上有助于加强务实派在伊朗国内政治舞台的地位。多个事例表明,莫斯科建立良好关系的愿望缓和了激进派伊斯兰主义者的态度。这适用于车臣,也适用于伊朗在塔吉克斯坦的维和行动,减弱真主党的活动强度(2002年春季),在巴以冲突高潮时防止开设"第二战线",等等。俄罗斯的外交活动促使伊朗开启与国际原子能机构的谈判,目标是签署《附加保障议定书》,旨在敦促伊朗核计划保持更高的开放性,便于国际监督。

欧盟。欧盟与伊朗之间就签署贸易与合作协定已经展开对话,协议的签署被与政治人道问题(人权、中东和平、恐怖主义、导弹与核扩散)的讨论紧密关联。该对话称之为"关键对话",已经取得了一定的成果。专家认为,欧盟的影响迫使伊朗政权在人权方面做出某些让步。因此,可能恢复检察院,将民事诉讼和刑事诉讼程序分开。司法部门同意派观察员进入监狱,并同意事实上暂停以乱石砸死人的做法。

美国。布什政府对伊朗的强硬路线促使宗教保守派进一步掌控权力。形势分析会的参加者认为,尽管美国的压力让亲西方力量能够感受到他们并不孤立,但是总体上适得其反,因为孤立主义力量已经增强。

分析会上特别强调了美国入侵伊拉克对伊朗国内局势业已形成的影响

和可能产生的影响。专家一致认为,未经联合国授权即对伊拉克采取军事行动这一事实本身显然有助于加强保守派在伊朗的地位。主要消极后果可能是刺激伊朗在美国"核遏制"政策框架内发展核武器。

今后可能会出现的影响伊朗局势的新因素。与会者重点讨论了在什叶派获得相当广泛的自治权后,伊拉克领土完整遭到破坏可能产生的后果。这种情况下,美国可能开始利用它们对抗伊朗伊斯兰主义者。长远来看,伊拉克的自由化如果能够实现,将有利于伊朗改革派。

伊朗局势另一个重要影响因素是油价的下跌。伊朗仍然是一个严重依赖世界石油市场的国家。石油收入获得的财富占国家预算的50%—60%。石油价格的下跌可能导致进口减少,工业生产下降,国内市场失衡,通货膨胀加剧,而石油价格的暴跌则可能导致政权不稳。但是,大部分发言者认为,在这种情况下,保守派很可能也会指责哈塔米及其政府导致经济失误,社会问题加剧。

表16.1 国内政治发展方案的可能性

	高	中	低
改革派近期获胜	12.5%	25%	62.5%
维持现状	50%	50%	0
哈塔米辞职,处于保守派监控之下	0	50%	50%
哈塔米辞职,发生大规模抗议,确保改革派的优势	12.5%	0	87.5%

为了评估伊朗国内局势的发展走向,向专家们发放了调查表。大部分专家认为,哈塔米不太可能采取激进立场,极有可能维持其逐步实现政权现代化的方针。同时,部分专家(43%)预计,保守派势力的影响将会增强。专家们认为,民众对经济政策的不满情绪居高不下(62.5%),但是大部分人认为社会形势激化的可能性不大(87.5%)。

因此,大部分专家认为,当前最现实的选择是在保守派主导下的妥协。但是,即便在完全保存宗教集团的情况下,也不排除会有某些世俗因素进入管理体系。

看来,尽管效率不高,但是哈塔米总统未来还是会对现政权实行渐进式转型。他的长期任职经历支持这种假设。可能只有在其个人利益和安全受到威胁时,他才会让自己的立场变得激进。然而,迫使哈塔米辞职尚未进入其右翼"朋友—对手"的计划之内。必须由他承担所有失误和问题责任时,这种情况并非不可能发生,但是他不会冒着激化国内政治局势的风险。如果哈塔米在一场正常发生的危机中公开宣布辞职,不排除保守派会采取果断措施镇压反对派运动的情况。

综上,哈塔米"挥霍"了革新老本或者接近于这样做。所以,可能会出现伊斯兰主义与自由主义(新改革派的)新的结合方案:可能会在保留伊斯兰形象和给高层教士保留某些特权的情况下将主要行政权力职能移交给民选机构。推行这一实质上为世俗主义的方案,主要难点在于社会和政治这两个必要组成部分太过薄弱。

如果外部因素不影响自然进程的话,尽管出现了新改革方向,但是伊朗当前的政治形势极有可能维持到2005年大选前。

五、分析思路

(一) 此时分析伊朗国内局势走向的原因

2003年3月20日,美英联军在未获得联合国安理会授权的情况下,悍然发动对伊拉克的军事打击。4月15日,宣布伊拉克战争主要军事行动结束。通过此次军事行动,美国推翻了萨达姆政权,建立起亲美政权,实现了"倒萨控伊"的战略目标。伊朗不仅是中东的大国,更是中东政治格局中的重要一极,作为伊斯兰什叶派大本营的伊朗,曾长期与伊斯兰逊尼派占主导地位的伊拉克相互对峙与冲突,双方及其背后力量的博弈构成了中东地缘政治活动的一条主线。而在伊拉克战争开始前,小布什政府于2002年已经将伊朗、伊拉克和朝鲜并称为三大"邪恶轴心国",欲去之而后快。这种情况下,伊朗国内政治走向是否会受到冲击?可能的走向如何?是走向"民主",还是回归保守,或者进行温和的改革?这都将决定伊朗在中东地缘政治中将发挥的作用，也会影响俄罗斯在该地区的地缘战略利益。所以，这个时间点上对其进行深入分析极有必要。

（二）**从不同机构邀请专家的原因**

为保证形势分析的专业性、全面性和深入性，形势分析专家组通常由四部分力量构成，分别是：地区问题专家或宏观问题专家、具体问题专家、与拟研究问题有本质联系的问题专家、全球问题专家。所以，这些专家往往分布在不同的机构。同时，从不同机构选取专家，也可以避免集团迷思。

（三）**专家们分析的具体问题及其背后的逻辑链条**

从本报告可以看出，专家们将"伊朗：未来怎样"这样一个主题细分为几个子课题：第一，伊朗国内政治力量构成如何？第二，改革的社会基础是什么？第三，保守派的支持力量有哪些？第四，来自国外的影响因素有哪些？此外，还特别讨论了"伊朗国内局势对经济形势的影响"，即探讨"经济形势与社会稳定"的关系。前四个问题实际上是对伊朗国内政治力量的组成进行讨论，第二、第三个问题是对伊朗国内政治力量中两个主要对立面——"保守力量"与"改革力量"进行讨论，分别探讨它们的支持力量各是什么；第四个问题则是回答对伊朗国内政局可能产生影响的外部支持力量是什么。至此，对伊朗国内政治走势的分析构建了一个链条：力量构成—各派力量的国内支持基础—各派力量的国外支持基础，在对各派力量立场、支持力量大小、道路选择等要素的对比中，基本把握了伊朗国内政治到底是走向保守还是走向"民主"的问题。最后，政治的基础是经济。伊朗各派力量的发展归根结底都有一个经济依赖的问题，所以特别讨论了"经济形势与社会稳定"子课题。

（四）**专家们的分歧情况**

在每一个问题上专家们都有分歧。

（五）**讨论最终形成一致结论的情况**

没有形成一致结论。这正是"形势分析法"的特点。

六、附录

（一）普里马科夫小传

叶夫根尼·马克西莫维奇·普里马科夫生于1929年。普里马科夫的人生经历非常丰富。在情报工作中留下浓墨重彩的一笔，是在"8·19"事件后，当俄罗斯整个国家都陷入混乱之时，他担当起了领导对外情报机关的职责，睿智地带领对外情报机关渡过了危机。在情报分析工作方面，学者出身的普里马科夫，一改对外情报机关的传统工作习惯，不仅在情报机关中确立起了"分析与侦察同等重要"的理念，甚至直接表明，他"把情报工作看作分析工作，像领导学术部门那样来领导"[1]，"情报工作的领导人主要是从事分析工作"[2]。

普里马科夫受过严格的学术训练，曾长期从事学术工作。他于1953年毕业于莫斯科东方学院阿拉伯语系阿拉伯国家区域地理学专业，1956年毕业于莫斯科大学经济系研究生班，获经济学副博士学位，1966年获经济学博士学位。长期从事阿拉伯问题研究，出版过多部阿拉伯问题专著。领导过俄罗斯科学院最重要的两个国际关系研究所——世界经济与国际关系研究所和东方研究所。他在研究所工作期间大力倡导俄罗斯政治学研究的实用导向，甚至还在西方政治学研究方法基础上创造了政治研究实用方法——形势分析法。普里马科夫的政治学研究取向和研究方法对俄罗斯政治学研究产生了深远的影响，目前"政治分析"等政治学研究的实用方向已经成为俄罗斯政治学研究的一个主要方向。

普里马科夫与情报机关的联系始于他早年从事记者工作时期，在领导科学院研究所工作期间得以继续。普里马科夫的挚友、曾任对外情报总局第一副局长的基尔比琴科在自己的书中曾谈及普里马科夫早年与克格勃的关系问题。他说，普里马科夫的确与克格勃有过联系，但不是正式的谍报人员。普里马科夫于1965年从《真理报》亚非国家部副主编职位上外派

---

[1] 〔俄〕姆列钦：《普里马科夫的仕宦生涯》（唐修哲等译），新华出版社1999年版，第151页。
[2] 〔俄〕姆列钦：《普里马科夫的仕宦生涯》（唐修哲等译），新华出版社1999年版，第187页。

中东，担任《真理报》驻近东记者，"根据当时的规定，《真理报》记者站……领导人不能被吸收为谍报人员。与此同时，记者站……的领导人会与克格勃外站的领导人保持密切的业务联系。他们之间定期交换政治情报。这是必要的，目的是为了避免在评估某种局势时出现错误"。当普里马科夫进入研究所工作后，"作为两个最重要的研究所——东方研究所和世界经济与国际关系研究所——所长、经济学博士，然后是院士，普里马科夫与克格勃保持着定期的工作联系，首先是与情报机关。普里马科夫是许多讨论会、联合形势分析会的首倡者，这些会议邀请多个部门代表参加。这一时期我们（情报机关与研究所）的常规业务联系和友谊都得以恢复"[1]。

普里马科夫真正进入情报机关工作是在"8·19"事件后。"8·19"事件前，普里马科夫已经开始了自己的从政生涯。他于1989年任苏联最高苏维埃联盟院主席，并成为苏联总统委员会和国家安全委员会成员。"8·19"事件中，他坚定地支持戈尔巴乔夫。事后，迅速被任命为克格勃第一总局（对外情报总局）局长兼任克格勃第一副主席。一个月后，也就是1991年9月30日，普里马科夫在叶利钦的首肯下继续担任从克格勃中剥离出来的中央情报局局长。苏联解体后，中央情报局更名为俄联邦对外情报总局，1991年12月26日普里马科夫被任命为该局局长，一直工作至1996年。

普里马科夫作为俄联邦首任对外情报总局局长，在俄联邦成立初期混乱的国际国内形势下，既保存住了对外情报机关的组织架构，也保留住了情报机关最大的财富——情报人员，更重要的是，为了使对外情报机关适应新的国际国内形势，有效维护国家安全，重新制定了国家情报工作政策，确立了它的目标、方向、工作方法，进行了深刻的改革，可以说是为俄联邦对外情报总局重新奠基。普里马科夫的具体举措有以下方面。

第一，将"国家利益"概念引入情报工作，明确了情报机关只服务于国家利益，不再为意识形态服务。普里马科夫认为，"苏联情报机构在自己全部历史上都是同永远的盟友一道反对永远的敌人"，但是以后则奉行英国

---

[1] *Кирпиченко Вадим Алексеевич*, Разведка: лица и личности.［2010-10-20］http://www.x-libri.ru/elib/krpch000/00000179.htm.

人的公式:"没有永远的敌人,也没有永远的朋友,只有永远的利益。"

第二,理性地确立苏联解体后俄联邦的国际地位,提出情报工作中也应贯彻"合理、足够"原则。普里马科夫任职后,充分认识到,在苏联存在的70多年历史中,对外情报总局在世界各条战线上与帝国主义做斗争。"这在实际上意味着对所有国家进行大量的间谍渗透,力图探听一切机密,不计费用",普里马科夫坚决反对这样的做法,提出不只是当时的俄军需要遵循"合理、足够"的原则,情报机关也应如此。

第三,对情报机关进行精简,改变情报机关的战略布局。根据所确立的基本原则,普里马科夫仅在上任后第一年进行了3次机构和人员裁减,情报机关精简的幅度在30%至40%之间。中央机关中撤掉了日本处,驻外站点共裁撤36个站,情报机关从整体上改变了战略布局。

第四,实现情报工作法治化,挽救情报机关的社会形象。为改善情报机关特别是克格勃在俄罗斯社会造成的不良影响,适应民主社会的发展,普里马科夫着手通过了俄罗斯历史上第一部情报机关立法——《对外情报机关法》,明确规定了情报机关在情报工作中的责、权、利。

第五,提升情报分析工作的地位,引领情报工作科学化发展。如同在美国常春藤名校中从事研究工作的谢尔曼·肯特把情报工作看作科学工作一样,学术造诣深厚的普里马科夫更愿意把情报工作看作分析工作。戈尔巴乔夫最重要的智囊雅科夫列夫曾这样评价:"普里马科夫把一种科学态度带到情报局里来,就是分析工作要科学化。他对业务工作懂得不多,但作为分析者,他对情报工作是称职的。"[1]

作为情报工作领导人,普里马科夫所取得的业绩使其得到了叶利钦的认可。1996年,普里马科夫被任命为俄联邦外交部部长,1998年被任命为俄联邦政府总理。后于1999年12月当选第三届国家杜马议员,任"祖国-全俄罗斯"党团主席。

虽然任职经历丰富,但是普里马科夫一直保持了一个学者的研究方向和创作能力。其著作非常丰富,主要有:《国际冲突》(1972)、《资本主义

---

[1] 〔俄〕姆列钦:《普里马科夫的仕宦生涯》(唐修哲等译),新华出版社1999年版,第152页。

世界的能源危机》(1975)、《阿拉伯国家和殖民主义》、《埃及:纳赛尔总统时代》、《纳赛尔总统》、《近东冲突剖析》(1978)、《殖民体系瓦解后的东方》(1982)、《阴谋史:70年代至80年代初美国的中东政策》、《可能不发生的战争》(1991)、《大政治年代》(1999)、《八个多月……》(中译名《临危受命》,2001)、《"9·11"和进攻伊拉克后的世界》(2003)、《十字路口的相会》(2004)、《秘不可宣:舞台上和幕后的近东》(2006)、《政治雷场》(2007)、《没有俄罗斯的世界?政治短视会导致什么》(2009)。

(二) 普里马科夫"形势分析法"解析[1]

普里马科夫是当代俄罗斯最重要的政治家之一,历任俄罗斯对外情报总局局长、俄罗斯外交部长和俄罗斯联邦政府总理,还曾经作为总统候选人角逐2000年大选;普里马科夫也是当代俄罗斯顶级的政治分析家和情报工作者,曾长期领导苏联科学院东方研究所和世界经济与国际关系研究所,塑造了俄罗斯对外情报总局"分析与侦察并重"的情报文化,退休后重返俄罗斯科学院领导形势分析中心。游走于决策与决策的智力支援之间,多年来,普里马科夫最为依赖的分析工具是"形势分析法"。自1970年创立以来,他始终坚持运用该方法为国家决策层提供形势分析报告,多次准确预测国际政治军事形势,并因此获得"苏联国家奖"的殊荣。[2] "形势分析法"的使用效益,使得该方法的应用范围和领域不断拓展,在当代俄罗斯已经发展成为重要的分析流派,影响更加深远。

1. "形势分析法"的创立

20世纪60年代,国际政治力量进入大动荡、大分化、大调整时期。东西方阵营内部力量频繁分化组合,苏美两国之间继续在全球范围内进行力量博弈。第二次柏林危机和古巴导弹危机中,苏联领导人对美国等西方国家的意志和实力均明显估计不足,导致敌对态势升级时缺乏足够准备。这使得苏联高层意识到,进行重大决策时,必须参考准确且及时的形势分析

---

[1] 彭亚平、范赛:《普里马科夫"形势分析法"解析》,载《情报学刊》2015年第2期。
[2] "苏联国家奖"是由苏共中央和苏联部长会议设立的国家高级奖励,旨在奖励在科学、技术、文学和建筑等领域中做出创造性贡献的苏联公民,在苏联时期仅次于"列宁奖"。

与预测，才能在风云诡谲的国际政治军事形势斗争中取得竞争优势。

苏联对国际形势研究预测的最早突破是由重要的决策智囊机构——苏联科学院世界经济与国际关系研究所实现的。当时，该研究所正在"为政治决策提供有效的分析依据"的宗旨牵引下加速发展，并迅速在经济、政治、战略基础研究与应用研究以及世界发展主要趋势预测等方面赢得了国内权威地位。[1]1961年，"形势分析法"在该所萌芽，形成了一些零散的原则。1970年，普里马科夫在担任该所副所长后着手完善"形势分析法"。普里马科夫将这项工作称为"研究'智力攻坚'方法的工作"。他根据自己作为《真理报》记者驻外期间所形成的对国际形势研究的深入理解，依靠自身良好的学术素养，借鉴西方类似分析方法的先进经验，在大量吸收研究所既有预测理论成果的基础上，于1974年4月与同事一起编写出长达50页的《国际关系形势分析细则》[2]，完成了"形势分析法"的创立工作。

在普里马科夫的主持下，他的团队运用"形势分析法"完成了一系列成功预测。他在自己的回忆录中自豪地说："在越南战争期间，我们提前4个月预测了美军对柬埔寨的轰炸；预测了埃及总统萨达特向西方的转向和他与苏联关系的逐渐疏离；还预测了伊朗伊斯兰革命后伊拉克与伊朗之间爆发战争的不可避免性，也就是在做完形势分析10个月后，两伊战争爆发了。"[3]1980年，由于普里马科夫所领导的形势分析工作非常出色，专家组获得了"苏联国家奖"。

2."形势分析法"与情报分析

"形势分析法"作为一种政治军事形势评估方法，在普里马科夫完善后，就被苏联情报机关纳入自己的情报分析活动之中。主要使用形式有两种。

一是苏联情报分析人员作为形势分析专家参与苏联科学院的形势分析

---

[1] История Института.［2015-05-10］.http://www.imemo.ru/index/php?page_id=509.

[2] *Примаков Е.М., Гантман В. И.*, Любченко В. И. Методика ситуационного анализа международных отношений. М.: ИМЭМО, 1974.

[3] 转引自〔俄〕叶·普里马科夫：《走过政治雷区》（周立群译审），世界知识出版社2008年版，第37页。作者依据原文对译文进行了部分调整。

活动。普里马科夫的挚友、俄罗斯对外情报总局顾问基尔普琴科曾说:"作为两个最重要研究所——东方研究所和世界经济与国际关系研究所——所长、经济学博士,然后是院士,普里马科夫与克格勃保持着定期的工作联系,首先是与情报机关。普里马科夫是许多讨论会、联合形势分析会的首倡者,这些会议邀请多个部门代表参加。这一时期我们(情报机关与研究所)的常规业务联系和友谊都得以恢复。"[1]

二是苏联情报机关独立运用"形势分析法"进行形势分析。"形势分析法"在世界经济与国际关系研究所提出后便被"其他国际问题研究所与实践机构(外交部、对外情报机构)所采用"[2]。20世纪90年代,普里马科夫担任俄罗斯对外情报总局局长后,曾指出对外情报机关每天都在进行形势分析。当时,为适度满足社会对情报机关公开化的要求,普里马科夫甚至决定在对外情报总局网站上定期公布对外情报总局所做的"形势分析报告"。对外情报总局网站上仍然保存着这些报告,分别是《后"冷战"时代的新挑战:大规模杀伤性武器的扩散》(1993)、《核不扩散条约:延期问题》(1995)、《禁止和销毁化学武器公约的批准问题》(1996)。[3]

3."形势分析法"的实施程序与主要原则

普里马科夫认为,"形势分析法用于研究和预测独立而具体的国际政治形势"[4]。它具有一整套严密的实施程序,主要涉及形势分析专家的挑选、讨论方案的制定、专家任务的部署、辩论规则的确立以及最终文件的拟定等诸多环节。在进行形势分析时,组织者和专家需要遵循一些特定的原则。

---

[1] *Кирпиченко Вадим Алексеевич*, Разведка: лица и личности.〔2010-10-20〕. http://www.x-libri.ru/elib/krpch000/00000179.htm. 转引自彭亚平:《俄罗斯对外情报分析力量发展研究》,军事科学出版社2014年版,第182页。

[2] *Черкасов П. П.* ИМЭМО. Портрет на фоне эпохи. Москва: ООО Издательство «Весь Мир», 2004. C. 415.

[3] http://www.svr.gov.ru.〔2015-12-02〕.

[4] *Примаков Е. М.* Методика и результаты ситуационных анализов. Москва: Издательство «МГИМО-Университет», 2006., C. 6.

(1)实施程序[1]

①准备工作阶段

在准备进行形势分析工作时,首先要确定形势分析的负责人。在形势分析中,负责人至关重要,负责组建专家团队,主持方案的制定,领导形势分析全过程,并主持最终文件的编写工作。

负责人进入角色后,应立即着手建立 20—25 人规模的专家团队。在遴选专家时,为确保讨论的深入性,必须从不同部门挑选不同类型的理论工作者和实践者。通常这些专家可以分为四类:第一类是某一地区问题专家或某一宏观问题专家;第二类是形势分析时所拟研究的具体问题的专家;第三类是与拟研究问题有本质联系的问题专家;第四类是全球问题专家。这些专家的职责是,一方面要对自己所负责的具体问题给出答案,另一方面要对其他专家的答案做出批判性分析。

负责人还要从专家团队中挑选出 3—5 人,组成一个高水平的专家小组。该专家负责明确形势分析的目标,构建形势分析方案,在对专家进行补充问询时制作书面调查表。该小组的成员在参与形势分析的集体讨论时,与其他专家保持平等身份,只是他们需要在讨论过程中帮助负责人进一步提出问题,引导讨论不断接近目标。

②第一阶段:根据形势构建分析方案

在该阶段,在负责人的领导下,专家小组首先在充分讨论的基础上,用精确的语言提出讨论主题及其分课题,确定形势分析的主要参与者和次要参与者,把握形势分析主题的内部结构和外部联系。

在此基础上,专家小组着手构建分析方案。方案应是一个一个完整而又动态的系统(内含多个子系统),充分反映形势的内部结构和外部联系。所以,在制定方案时,专家小组需要将所研究的课题分解为一系列的分课题,分课题又细化为一系列子课题。子课题之间绝对互不交叉重叠。方案最终呈现出由同一根部(起点级)生发出多个分支的大树形状。

---

[1] *Примаков Е. М., Хрусталев М.А.* Ситуационные анализы. Методика и проведения. Выпуск 1. Москва: Издательство «МГИМО-Университет», 2006, C. 6-9.

方案确定后,经专家小组同意,所有子课题被汇集起来,做成形势分析第二阶段调查表,以问题的形式分别提交给遴选出的专家。

③第二阶段:获取专家评估

在该阶段,承担任务的专家齐聚一室,分别就自己所领受的问题进行阐释。此时,专家均应了解分析方案。作为所领受问题的唯一报告人,通常专家的阐释时间为10分钟。在阐释过程中,专家需要指出自己在研究过程中所遇到的难题,在得到现场回答后,可以展开讨论,时长2分钟,并且每个问题只讨论1次。为保证工作效率,讨论过程中,如果专家偏离预先领受的问题时,负责人需要引导专家回归问题本身。在形势分析过程中,每位专家都可以就其他专家的发言进行讨论,但是这种讨论只有在他与专家有不同意见时才可展开。

这一阶段的总持续时间可根据课题的复杂性而定。一般持续1—2天不等。依据普里马科夫的经验,限定在一天以内工作效率最佳。总体来讲,这一阶段的目的在于获取大量的、全方位的、个人和集体性的专家评估,并不追求专家意见的集中统一。

④第三阶段:撰写最终报告

专家小组负责形成最终的分析性文件。最终文件的编写需要注意三个问题:第一,最终文件的编写应该遵循最初制定的分析方案,同时允许出现最初方案中未涉及的新问题;第二,最终文件要阐明多数专家的意见,同时反映其余专家的保留意见;第三,最终文件要构建多个版本,反映局势可能发生的不同变化。最终文件在形势分析负责人审核后可以上报。

(2)主要原则

为最大限度激发专家的创造力,确保形势分析的客观性、全面性和深入性,在形势分析过程中必须遵守一些基本原则。主要有:第一,专家观点的非官方性。参与形势分析的专家虽然出自不同单位,但是专家的观点并不代表单位的意见,仅是自己研究结果的展现。第二,最终文件中的匿名性。最终文件中,只呈现不同专家共同得出的一致意见和保留意见,并不与专家个体挂钩,不出现具体专家的身份。第三,分析评估的保密性。

专家在形势分析过程中的发言内容,以及进行形势分析的事实本身,都不会被以口头方式泄露或公开发布;集体评估过程中不允许与会人员做摘要或将调查表带出会场。[1]这些原则均会由形势分析的负责人在分析开始前以致开幕词的形式传达给与会专家。

4."形势分析法"的特点

(1)"形势分析法"的分析对象是形势

所谓形势,是指发生在一定时空条件下有着明确主客体的事件。[2]"形势分析法"将自己的分析对象明确界定为"形势",而非"原理""规律"或"趋势",在这一点上实现了与国际关系基础理论研究和趋势外推法的分野。

①与基础理论研究的分野

20世纪60年代以前,苏联的国际关系研究总体上更加重视以探寻国际关系基本规律为指向的基础研究。但是,普里马科夫在创立"形势分析法"时则有着强烈的服务于国家领导层现实决策的实用分析意识。这主要缘于两点。第一,苏联科学院世界经济与国际关系研究所本身"由于接近实践、接近制定政治路线的机关,所以它在各人文领域研究机构之中占据着特别的位置"[3]。第二,普里马科夫在进入该研究所前曾在《真理报》工作多年。"《真理报》是苏共机关报,其记者首先是对苏共中央、中央政治局负责。"[4]同时,在担任《真理报》驻中东记者期间,普里马科夫还作为秘密联系人,与埃及、以色列、巴勒斯坦等国家领导人进行了多次沟通交流。可以说,普里马科夫已经充分了解决策的需求,确立了研究服务于决策的理念。这一理念与世界经济与国际关系研究所的宗旨完全契合。由此,他在进入研究所后即主持"形势分析法"的创立工作。"形势分析法"被推广运用后,

---

[1] Сидельников Ю.В. Метод ситуационого анализа. [2015-10-06]. http://www.maib.ru/prognostication/methodsandmodels/methodsandmodels_15.html.

[2] Елена Ларина. Методика Евгения Максимовича Примакова. [2015-10-05]. http://hrazvedka.ru/handbook/metodika-evgeniya-maksimovicha-primakova.html.

[3] 〔俄〕叶·普里马科夫:《走过政治雷区》(周立群译审),世界知识出版社2008年版,第26页。

[4] 〔俄〕叶·普里马科夫:《走过政治雷区》(周立群译审),世界知识出版社2008年版,第22页。

引领了苏联和当代俄罗斯国际关系与政治研究的实用主义取向，当前"实用政治分析"已经成为俄罗斯政治学中的重要分支。

②与趋势外推法的分野

所谓趋势外推法，也称趋势分析法，首先假设"事物的发展在一定时期内按照某种规律发展"，然后据此，"在一定的条件下，我们则可按此规律延伸下去,用延伸的部分作为对未来的预测"[1]。普里马科夫认可这种方法的优点，同时也有自己的认识："在进行分析和预测时，所谓的趋势分析、发展预测以及德尔菲法等往往受到极大重视。所有这些非常好也很有必要，但是显然不够。趋势分析和预测应该由对事件的具体研究加以补充。因而，对此最好的工具应该是形势分析。"[2] 所以，"形势分析法"分析的是事件，而非大趋势。

（2）"形势分析法"遵循独特的分析程序

普里马科夫曾提到，"形势分析法吸纳了国外类似分析方法的诸多元素（头脑风暴、德尔菲法，与布鲁金斯学院的专家协同工作，等等）"[3]。但"形势分析法"正是在基本程序和原则设计中实现了与这些方法的区别。

同为专家调查法，德尔菲法与"形势分析法"在程序方面的不同主要体现在以下两点。

一是专家是否面对面工作问题。为避免专家会议易受"环境"影响的缺点，采取匿名的形式向专家进行咨询，专家之间互不接触、互不影响，以此确保专家意见的独立性。[4] 而"形势分析法"则是一种专家团队集体的面对面的工作方式，工作时大家将自己的想法以口头的形式呈现。这种方法既注重每位专家的独立工作过程，也就是每位专家负责一个问题的研究，同时也注重专家智慧之间的理性碰撞。在这一过程中，一方面帮助每位专

---

[1] 翟晓敏、杨寿青：《军事情报分析与预测》，国防大学出版社2000年版，第139页。

[2] Елена Ларина. Методика Евгения Максимовича Примакова．[2015-10-05]．http://hrazvedka.ru/handbook/metodika-evgeniya-maksimovicha-primakova.html

[3] Примаков Е. М., Хрусталев М. А. Ситуационные анализы. Методика и проведения. Выпуск 1. Москва: Издательство «МГИМО-Университет», 2006, С. 6.

[4] 翟晓敏、杨寿青：《军事情报分析与预测》，国防大学出版社2000年版，第137页。

家解决独立研究过程中所遇到的难题，另一方面通过碰撞形成新的子论题，增强形势分析的完整性和系统性，其结果是为分析团体"提供了一种积极挑选、评估和加工现有原始信息并生产出大量新鲜的二次信息（分析与预测）的能力"[1]。

二是对专家意见征询次数问题。德尔菲法往往需要进行多轮咨询，逐步凝聚专家意见，解决问题，咨询过程往往需要持续较长时间。而"形势分析法"则通常是在1—2天时间内，对专家意见进行一次性咨询，在一定程度上降低了分析的时间和人力成本，因而适用性更强，可实现更为快速有力的决策支持。

"形势分析法"与头脑风暴法的主要区别在于思想需不需要论证。"头脑风暴"法更注重鼓励参与专家尽可能多地提出各种见解。专家置身讨论现场，相互间进行思维的碰撞，不同专家之间不断相互刺激和启发，结果往往会产生意想不到的独特见解。头脑风暴法更注重见解的独到性，而无须经过严密而充分的论证。"形势分析法"则要求专家必须经过充分的研究，带着"良好的家庭作业"参与讨论。

（3）"形势分析法"并不追求专家意见的一致性

与德尔菲法不同，"形势分析法"虽然注重整合专家的意见，但并不追求专家们拥有统一的认识。"形势分析法"不仅会上报专家们的共同认知，同样会在最终文本中保留不同意见。为此，德尔菲法强调专家来源的多样性，维护专家在讨论中的平等身份等方式。因为，多样化的来源，实际上是从源头上控制分析群体的内聚力过强问题，保密原则与匿名原则又能极大地舒缓决策者给专家团队的压力并减轻社会意识形态背景对分析团体的影响，从而在很大程度上减轻"集团思维"对情报分析的负面影响。专家身份的平等性则从程序上克服了讨论成员将过多注意力集中于权威者意见上的问题，有效地减弱了内部权威思维的干扰。

---

[1] *Черкасов П. П.* ИМЭМО. Портрет на фоне эпохи. Москва: ООО Издательство «Весь Мир», 2004, С. 425.

（4）"形势分析法"具有特定的局限性

普里马科夫虽然在设计"形势分析法"时，努力博德尔菲法、头脑风暴法、趋势外推法等方法之长，克服已有专家调查法的不足，但是"形势分析法"仍然存在若干需要特别注意的地方。比如，由于专家小组构建的分析方案对后续的形势分析起着引领作用，因而形势分析的好坏直接取决于这些专家的观点，他们的偏见、自负和狭隘极有可能将形势分析引向歧途。故专家小组人员的选定以及方案的确定必须慎之又慎。再如，虽然形势分析强调以方案的"完整"和"动态"来适应形势发展的复杂性和不确定性，但是由于事物的无序性和随机性总是随着时间的推移而增长，长期性的预测挑战性极大，形势分析的研究程序更适合于进行中短期预测。

5."形势分析法"在当代俄罗斯的普及

"形势分析法"在初创阶段多与国家高层决策及情报机构情报分析活动紧密相关，敏感度高，秘密性强，以至于曾因出色地完成形势分析任务而获得"苏联国家奖"的普里马科夫团队领奖时也不得不以秘密方式进行。随着苏联解体后社会氛围的日渐宽松，"形势分析法"逐步揭开了其神秘面纱，在各个领域中不断普及，在实践上取得了更加令人瞩目的成果。

（1）运用"形势分析法"的机构和组织更加多元

据掌握的资料看，"形势分析法"在相当长一段时期内仅仅在世界经济和国际关系研究所、外交部和对外情报机构等少数单位使用，但即便如此小范围的使用，也很大程度上只是与普里马科夫个人的工作变动紧密联系。近年来，在社会氛围宽松的大背景下，经过从重要岗位退下来的普里马科夫的大力倡导，"形势分析法"开始遍地开花，为众多高校、科研院所、媒体、民间组织乃至国际机构所采用。比如，在莫斯科国际关系学院，运用"形势分析法"分析和预测问题已蔚然成风，而相应的教育训练已高度体系化。2013年成立的集体安全条约组织分析协会更是以正式文本形式将形势分析作为自身的重要职责，在频繁进行形势分析的同时培养出了非常成熟的专家团队。

(2) 形势分析专门机构的建立

最初的形势分析多是临时受领任务、临时邀请专家，应急色彩浓厚，虽亦能取得不俗的成果，但毕竟只能解燃眉之急。2011年，为保证"俄罗斯评估界在决策时间所剩不多之时仍能以最短时间对新情况进行评估"，并确保评估的"简洁""准确"和"指向性"，俄罗斯科学院专门成立了形势分析中心，由普里马科夫负责领导该中心的学术工作。该中心在其官网声称："……工作本身就是整合俄罗斯评估界力量的过程……可发现评估潜能上还有哪些不足,并相应地修正俄罗斯（分析）职业人员培养体系。"[1]形势分析中心这一专门平台的建立，为"形势分析法"的实践应用提供了强有力的组织和制度保障，对该方法自身发展及支持高层决策都具有非常重要的意义。

(3) 形势分析人才教育培训的专业化

由于俄罗斯情报界的保密传统，笔者目前并不能掌握更多俄对外情报机构在形势分析人才培养上的资料，但仍可透过同样有战略情报分析需求的莫斯科国际关系学院一窥形势分析专业化在俄罗斯的发展程度。当前，该学院在形势分析方向人才培养方面实力雄厚——设有长期致力于形势分析研究的教研室，拥有一大批善于运用"形势分析法"的骨干老师。这其中尤为引人注目的是形势分析教材的建设成就。据不完全统计，仅2006年至今，由该学院独自或与其他单位合编并出版的形势分析教材就达六本之多。这些教材内容涉及"形势分析法"的实施细则、典型局势的形势分析案例以及"形势分析法"的教学实施方案等。

七、参考文献

(一) 中文文献

1. 翟晓敏、杨寿青：《军事情报分析与预测》，国防大学出版社2000年版。

2.〔俄〕叶·普里马科夫：《走过政治雷区》（周立群译审），世界知识

---

[1] 俄罗斯科学院形势分析中心官网．[2015-10-05]．http://www.csa-ran.ru/index.php?id=1&lang=ru．

出版社 2008 年版。

（二）外文文献

1. *Примаков Е. М., Гантман В. И., Любченко В. И.* Методика ситуационного анализа международных отношений. М.: ИМЭМО, 1974.

2. *Примаков Е. М.* Методика и результаты ситуационных анализов. Москва: Издательство «МГИМО-Университет», 2006.

3. *Примаков Е. М., Хрусталев М. А.* Ситуационные анализы. Методика и проведения. Выпуск 1. Москва: Издательство «МГИМО-Университет», 2006.

（案例编写人：彭亚平）

[第17章]
谁能留任情报局国际部

一、编写说明

（一）编写目的

本案例以×国情报局国际部选留培训人员为主要内容，通过展现国际部主任伊万考察选拔人才的一系列举措，力求重现对新入职情报分析人员的选用标准，旨在帮助学员变换角度，站在用人单位视角审视情报分析人员应具备的职业素养，为学员客观评估自身优势特点、全方位查找自身短板弱项，以及科学设计和规划未来工作发展路径提供有益的参考借鉴。

（二）使用方式

本案例用于情报分析入门类课程相关板块的教学。在使用时，主要采取体验式教学法和视角变化分析法实现对案例的深入认知与解读。本案例教学可以采取老师布置、学员学习思考、分组模拟、全班交流、老师点评总结的流程组织实施。

在具体实施中，学员应按照情景模拟的方式，首先，将自己设定为情报局国际部主任伊万，模拟他的所思所想、所作所为，从情报单位管理者的视角来审视选人用人问题；其次，将自己设定为上帝视角，从细节入手去分析伊万所思所想、所作所为背后的原因与动机，并进行修订和完善；最后，回归到自身视角，通过上述两重视角的分析，总结思考如何才能成为被选中的情报分析人才。

案例具体使用步骤如下。第一步，根据老师的任务布置，认真阅读消化案例材料，完成对所有关键问题的回答，从而对案例进行更为深入的思考，形成更加深刻的认识。第二步，分组进行情景模拟，每组选出一名学员扮演伊万，其余人扮演培训人员，重点模拟两个情景，一是与培训人员见面聊天，二是对培训人员进行一对一考核意见反馈。第三步，全班讨论，交流未来职业发展构想。第四步，老师点评总结，并根据学员在案例学习中的个人表现评定出优、良、及格与不及格4个等级。

二、内容摘要

情报局国际部主任伊万深刻认识到人才对于情报工作的重要性，为了一改以往选人用人存在的问题与弊端，他开始着手从选人的源头进行把控，遴选优秀的大学生毕业进入情报局。在他的努力下，12名青年才俊来到他所负责的国际部报到，接受为期1个月的培训。这12名培训人员最终只有3人能够留任国际部，最多能再增加1个名额。为了优中选优，伊万有针对性地开展了一系列卓有成效的工作，如翻阅培训人员档案和简历、与培训人员见面聊天、暗中观察他们的工作生活表现、开展分组培训争优活动，以及最终业务能力考核等。那么，最终谁能够脱颖而出，有幸被伊万选中留任情报局国际部？

三、关键问题

（一）伊万制订的年度入职人员选拔与培养计划如何？这个计划是否还有需要补充完善的地方？除了传统上一直在招的情报学和国际政治学外，你认为还应招聘什么专业的人才，更有利于情报未来的发展？

（二）在与培训人员见面聊天前，伊万为什么提出了"务必真诚、真实"这一要求？伊万的聊天问题是随意设置，还是每个问题背后都有所要考察的目标？假设你是前来培训的人员，这些问题你是否都能回答出来？如果存在一时答不上来的情况，你该如何处理？

（三）伊万设置的聊天问题基本差不多，但为什么会出现聊天时间有长有短的情况？这背后反映了什么？

（三）伊万根据自己掌握的情况把12名培训人员分成了4组，你能否分析出他分组的具体依据是什么？关于分组工作，你有什么建设性的意见或建议？

（四）你认为每组负责人会根据什么对培训人员作出鉴定意见？大致包括哪几个方面？

（五）伊万为什么要评选最优培训小组，并作为该组负责人一项重要的年度工作业绩？伊万为什么不设置优秀培训个人奖项？你认为有没有必要设置该奖项？为什么？

（六）伊万对培训人员的暗中观察主要涉及哪些方面？如果你是伊万，还会观察什么？伊万专门组织部门迎新聚餐活动和文体活动，除了让新人更快、更好地融入集体外，有没有别的目的？

（七）每组推荐1名表现优秀的培训人员留任国际部，这一惯例是否有利于情报人才的选拔？伊万为什么要打破该惯例？伊万所谓"通盘考虑人才的选拔问题"中的"通盘"应做何理解？这一做法是否会遇到阻力？

（八）伊万为什么没有采取试卷命题的方式进行考核？通过生产情报产品来考核培训人员的业务能力，伊万的用意是什么？

（九）伊万为什么要指定一个固定的情报主题让培训人员来展开竞技比赛？"超时者算延误情报，取消参赛成绩"，你认为这条规则是否过于严苛？为什么？

（十）为什么伊万不先看每位培训人员完成的情报产品，而是从标题入手进行评判？根据标题，伊万会对这12份情报产品做出怎样的分类？通过比对标题，伊万对这些培训人员的工作能力和潜力大致会做出怎样的分析判断？通过仔细浏览附录中的情报产品，你能否模拟伊万逐一进行分析点评？你认为哪3份情报产品质量最高？

（十一）你认为最终哪3名培训人员可能会被伊万选中？为什么？如果还有1名备选名额，你认为伊万可能会给谁？为什么？

（十二）在以上分析讨论的基础上，请完成以下3项模拟任务：1.出台一份更加科学完善的年度入职人员选拔与培养计划；2.拟定一份能够进一步全方位了解培训人员的聊天问题清单；3.结合12位培训人员的选题角度,对此次业务能力考核进行总体点评;结合每一份情报产品,对培训人员给出一对一的考核反馈意见。

(十三)通过此案例,你认为新入职情报分析人员在工作中应注意什么?应该从哪些方面提升自身的能力素质?能否为自己规划一个具有针对性的职业发展构想?

四、案例正文

情报局国际部一片热闹。十几个刚大学毕业的年轻人前来培训,一下子让国际部原本宽敞的办公环境变得有些局促。每个台位前至少围着一两名学生,观摩前辈们是如何生产情报产品。他们的加入,让整个部门呈现出了一幅欣欣向荣的景象。国际部主任伊万很享受这些年轻人带来的活力。看着这些前来培训的年轻人,仿佛看到了几十年前刚入职的自己。其实他心里最清楚,今天这样的局面实属来之不易。

(一)伊万心中的那盘棋

情报局是×国主要情报机构中唯一一个每周向总统直接汇报情报的责任机关。情报局的主要任务是搜集和综合国内外的政治、经济、文化和治安情报,加以分析、整理,每周就本国政府重大决策的国内外反应、国际上重要动态、国内形势、舆论导向等重要情报向政府秘书长做一次工作汇报,再由政府秘书长向总统汇报。如有重大情报,情报局局长可以随时直接向总统汇报。这样高级别的情报机构,自然成了很多人梦寐以求的供职单位,于是通过裙带关系进入情报局的人不在少数。伊万负责的国际部也难以幸免。他敏锐地觉察到,这一顽疾已经深深影响到了优秀人才的选拔和人力资源的合理调配,并进一步影响到了合理公平的升迁制度。在伊万看来,只有智者才能真正领会情报工作的要义,才有可能成长为情报分析领域的顶级专家。人才将是情报局最宝贵的不可替代性资源。于是,伊万暗下决心,一定要做出点改变,就从自己的国际部开始。

伊万根据部门需求,制订了年度入职人员选拔与培养计划。重点涉及三个方面:一是毕业生来源为×国的30多所名牌院校;二是所学专业不应局限于情报学和国际政治学；三是进入情报局的新入职人员统一进入国际部培训，随后根据其培训表现、个人优长以及岗位需求进行内部再分配。

现今看来，伊万的目标都已实现。虽然当时上报该计划方案时遇到了不少困难，但通过不懈努力，几经沟通与协调工作，最终还是得到了情报局局长的大力支持。想到这里，伊万的嘴角不由自主地浮现出一丝满足而又得意的微笑。可没过多久，这笑容便凝固了，因为还有一个问题他不得不面对，那就是这群年轻人最终的去留问题。按照国际部目前的编制，前来培训的12名学生最多能留下3人，如果再做做工作，最多也就只能再留1名。如何更好地发挥自己的优先选择权，真正做到优中选优，不仅关乎他能否拥有更多的得力干将，更关乎国际部未来的人才队伍建设与长远发展，丝毫容不得半点马虎。

（二）情报"老猎头"不动声色的观察

其实，在选人用人上，伊万一直都有一套。为此，他经常被别的部门的人戏称为情报"老猎头"。不过，这也恰恰从侧面反映了他的眼光老辣独到，活脱脱把情报分析的那一套理论和方法用在了部门选拔人才上。

这十几个年轻人还没踏入办公室时，伊万就早已审阅了他们的档案和简历，对他们每个人可以说了如指掌，以至于这些年轻人前来报到时，他甚至产生了恰似故人来的错觉。他以聊天的方式询问了每个人一连串的问题，但在这之前他也提出了一个要求，那就是务必真诚、真实，而不是为了刻意表现，为了给他留下个好印象。

伊万的问题很随意，有点像闲话家常，比如：专长是什么？有没有特别突出的才能？大学期间有没有一直坚持做的一件事情？有没有特别崇拜的人？为什么会崇拜他/她？有没有很多追求者？有没有谈过恋爱？如果有，当时选择他/她的原因是什么？对方现在的情况如何？有没有见过双方家长？觉得对方家长是否喜欢自己？今后两个人有没有进一步的规划？如果没有谈过恋爱，那当时的想法又是什么？平时刷手机或者上网最爱干什么？即便是喜欢打网游、网上购物之类的也无须隐晦不言，相反，可以谈谈为什么这些能够吸引你。最近的国际局势有没有关注？有没有什么看法可以谈谈？对情报工作以前有什么认识？为什么选择来情报局工作？（关于这一点，伊万再次强调他想听最真实的想法，而不是冠冕堂皇的那一套说辞）与其他11名一起前来的培训人员是否熟悉？有没有进行深入的交流？私下和谁关系比较好？对他们能否做出评价？第一次进入情报局办公大楼，第一次迈入国际部办公室，第一次来到他跟前报到，有没有发现有什么特别之处？或者有没有什么特别想表达的感受？即便是对伊万本人的第一印象也可以谈。总之，都是诸如此类的问题，和情报工作本身相关的反倒没有几个。伊万和每个人的交流时间有长有短，有的半小时就结束了，有的从上班一下子说到了开饭时间。通过这样的交流，伊万对这些年轻人有了更进一步的了解。

随后，伊万根据自己掌握的情况，把这12名培训人员分成了4组，每组指定1名负责人带领他们观摩实践，并要求负责人在任务结束后给出培训鉴定意见。此外，还要在这4组中评选出最优培训小组，作为该组负责人的年度工作业绩。在这样的激励措施下，培训工作如火如荼地开展，"老猎头"伊万也开始了他不动声色的暗中观察。谁每天来得比较早，谁主动打扫了卫生，谁主动承担一些不属于培训范围内的工作，谁晚上经常来办公室加班，谁喜欢提问题，谁乐于请教，谁和谁关系更亲近，等等，这些都是伊万密切关注的。培训期间，为了让这些年轻人更快、更好地融入国际部这个大集体，伊万还多次组织了部门迎新聚餐活动和文体活动。对此，大家一致反响很好。

（三）关乎去留的一场竞技比拼

很快，为期1个月的培训就要结束了。伊万召集各组负责人开会，想听一听他们的评价，毕竟他们和每一位培训人员朝夕相处的时间更长，了解也应该更为深入。各组负责人对培训组员逐一进行点评，不仅谈了优点，也不留情面地指出了问题与不足。伊万对各组负责人的工作甚是满意。

按照以往惯例，每组都会推荐1名表现优秀的培训人员留任国际部，但这次伊万想打破这一陈规，他想来一次真刀真枪的竞技比拼，通盘考虑人才的选拔问题。于是，他建议通过考核的方式来考察培训人员。起初，

[第 17 章] 谁能留任情报局国际部

各组负责人建议以试卷命题方式进行考核，每组出 25 分的题，满分 100 分。他们认为这样一来知识面涵盖比较全，二来对于各组也较为公平，且考察起来方便易行。这样的考核方式伊万不是没有想过，以成绩论英雄固然可行，但对于情报分析人才的选拔来说，却是弊大于利。这些孩子都是高才生，应付考试应该是他们的强项，但情报工作本身并不是死记硬背知识点就能够很好地完成，他要选拔的是未来有发展潜力的人，而不仅仅是记忆力好的人。几经斟酌，他最终决定以生产情报产品的方式来进行业务能力考察。

为便于比对，他为培训人员指定一个共同的主题，就是美国在韩国部署"萨德"导弹事件。培训人员上机操作，2017 年 2 月 1 日到 3 月 17 日这期间的开源情报资料库对他们全部开放，可以从中查找并调阅相关情报资料，限时 40 分钟完成。超时者算延误情报，取消参赛成绩；提前做完者，可将提前量作为一个附加参考，酌情予以加分。

这场关乎去留的竞技比拼仿佛是一个没有硝烟的战场。培训人员都很清楚，这次考核对于自己的未来影响巨大，都铆足了劲要一试身手。伊万的保密工作一直做得很好，培训人员直到坐到各自台位前，才知道今天比拼的主题是什么。他们飞快地浏览着各种相关资料，脑子高速运转，噼里啪啦的键盘敲击声不绝于耳，比赛的激烈程度可见一斑。40 分钟眨眼间过去了，所有人都在规定的时间内完成了此项考核，顺利提交了情报产品。剩下的就交给伊万来做评判了。

交上来的 12 份情报产品分别是：《韩国军方将与乐天易地在星州部署"萨德"系统》（爱莎）、《韩欲在总统大选前完成"萨德"部署》（迈克）、《韩国部署"萨德"遭抵制》（杰森）、《美韩确定"萨德"部署地点后韩国内现状不佳》（露西）、《韩加快部署"萨德"反导系统进程》（琳达）、《韩乐天集团与国防部签署有关部署"萨德"的易地协议》（杰克）、《"萨德"在韩部署进程及韩对中方应对措施的反应》（卡尔文）、《韩国执意尽快部署"萨德"引发"内忧外患"》（切莱姆）、《俄驻韩大使称俄拟对"萨德"采取反制措施》（姬玛）、《"萨德"换地协议引发强烈反响》（达西）、《韩国乐天集团与韩军方签署"萨德"部署换地协议》(卡达尼)、《"萨德"获韩国乐天集团同意供地引发外媒关注》(比伯)。12份情报产品正文见附录。

面对这12份情报产品,伊万并没有急着去一一仔细浏览,而是先根据标题进行了大体的分类。虽然有些标题在拟制中或多或少地存在问题,但依然能一目了然地看出针对的主题。伊万对每位培训人员的选题角度和工作潜力已大致心中有数。随后,他认真审阅了每份情报产品,逐一分析点评,大到角度的选取、结构的设计,小到标点符号的使用、字体的统一,都做了详细的批注。因为在他看来,这不仅是一场竞技比拼,更是对这些年轻人1个月培训工作的检测与总结。他希望这些年轻人拿到各自的情报产品反馈后,能够对自己有一个更加清醒、客观的认识。即便是名校毕业,以前有无数光环加身,但要成长为一名优秀的情报工作者还有很长的路要走。即便这次不能留任国际部,也希望通过这种一对一的反馈,帮助他们确立以后努力的方向,也算没白来国际部培训一场,彼此互不辜负。

当伊万审阅完所有情报产品,摘下眼镜,抬眼望窗外时,已是华灯初上。点点灯光照亮了那条几十年来他来回走过不知多少遍的道路。此时,他的心中已经很明确地知道了哪些年轻人将与他在这条熟悉的道路上并肩前行。

五、分析思路

(一)情报分析人才对于情报工作的重要性

早在冷兵器时代孙子就深刻认识到,情报力量建设的关键在于人才,并把对情报人才的素质要求上升到了战略层面。《用间篇》是这样论述的:"昔殷之兴也,伊挚(即伊尹)在夏;周之兴也,吕牙(即姜尚、姜太公)在殷。故明君贤将,能以上智为间者,必成大功。"孙子将伊尹、姜尚作为"上智为间"的典范,认为只有用超一流、最优秀的人才从事情报工作,把其作为情报力量建设的关键支撑点,才能"成大功"。时至今日,世界上众多国家的情报机构更加注重招聘和培养高素质情报人才,尤其是情报分析人才。西方情报机构在招募中一般都要求应聘者至少具有大学学历,因为高等教育可以为个人综合素质的培养打下良好基础，有利于今后的不断培训、深造和提高。2006年，美国国家情报主任办公室颁布的《美国情报界人力资本五年战略规划》声称，"情报界必须打赢人才争夺战……吸引和留住最优秀、最有潜力的人才加入"。

（二）情报人才队伍建设的科学设计

由于每位情报分析人员的知识结构、思维方式、工作经验以及立场、观点、价值取向等各不相同，即便是面对同一个情报问题，拥有相同的情报素材，他们也可能会从不同的角度对素材进行解读与取舍，然后运用自己最"得心应手"的分析方法完成情报产品的生产。此外，如果面对一项大型的情报分析工作，不仅会涉及诸多专业性极强的知识，还有可能聚焦多个领域，如社会学、经济学、政治学、物理学、化学和军事学等，专通结合的要求往往使单一领域的情报分析专家力不从心，因此，必须要培养多元化、复合型的情报人才队伍。对于这一点，西方情报界有清醒的认识。以美国中央情报局为例，即便是其建立早期，在情报人才队伍建设方面也没有把目光局限于情报学专业，而是从地方大学招了一批专业背景各异的人才，如威廉·格兰、谢尔曼·肯特、诺曼·布朗、科尼尔斯·李德、阿瑟·马德等学术界名人。现在，为了与情报任务多元化相适应，还增招了经济、电子、核物理等领域一批优秀人才从事情报分析工作。

（三）情报分析人员应具备的能力素质

第一，需要具备高度的政治觉悟，能够默默奉献、淡泊名利、吃苦耐劳、连续作战；第二，需要具备敏锐的情报意识和过硬的保密意识；第三，需要具备高超的理论政策水平，要能够站在决策高度，想用户之所想，急用户之所急，大事无漏报，小事不干扰；第四，需要具备精湛的专业技术和广博的知识，做到有问必答、有答必准；第五，要拥有实事求是、严谨缜密、好学深思、百折不挠的作风。

（四）情报产品的评判标准

关于情报产品的评判标准，可参考美军各版JP2-0联合出版物关于情报产品属性的规定。

表17.1 美军各版JP2-0联合出版物关于情报属性的规定

1995年	2000年	2007年	2013年
及时性	预测	预测	预测
客观性	及时	及时	及时
可用性	准确	准确	准确
准备性	可用	可用	可用
完整性	完整	完整	完整
准确性	相关	相关	相关
	客观	客观	客观
			可获

（五）入职后的职业发展构想

结合对情报分析工作的认知，以本案例的情景模拟为契机，思考毕业后如何能够更好、更快地融入工作单位，为自己全方位拟制一份入职后的职业发展构想。该构想必须立足于对自身的客观分析评估，具有针对性和实际可操作性。

六、附录

情报产品1：

韩国军方将与乐天易地在星州部署"萨德"系统

培训人员：爱莎

综合互联网消息，乐天集团董事会于27日通过了关于转让星州高球场供驻韩美军部署"萨德"反导系统的决议。并计划与韩国军方28日许签署易协议，"萨德"最早将于5月至7月落户韩国。

在前期谈判中，乐天未做决定是在考虑换地行为是否符合商法，其同意将地皮转让给军队部署"萨德"的立场是未有改变的。韩国国防部发言人文尚均表示，与乐天易地是与乐天磋商后经同意的结果，而非如部分媒体所言的将地皮强制"充军"。

情报产品2：

韩欲在总统大选前完成"萨德"部署

培训人员：迈克

综合互联网消息，韩美军方意图在5月9日的总统大选前造成"萨德"入韩的既成事实。

在2月28日韩国乐天集团同意向韩国国防部供地后，韩军方随即对即将部署"萨德"反导系统的庆尚北道星州高尔夫球场开启了现场环评。此前驻韩美军已多次进行实地考察，并已初步规划施工用地。韩国防部发言人文尚均透露，正在走施工商指定程序，暗示已着手开工事宜。

据韩联社3月16日报道，"萨德"反导系统AN/TPY-2火控雷达和发射架部分装备即将抵达于京畿道的乌山空军基地，火控雷达下月投入试运行。余下的装备也将于月内陆续抵韩。

分析认为，韩美突然加速"萨德"在韩国的部署，主要是为了在5月9日的总统选举之前完成"萨德"的部署，防止下届政府翻盘。此前，在近期民调中支持率最高的韩国总统参选人文在寅在电视辩论中指出，在韩部署"萨德"是现政府的错误决策，并对部署"萨德"进行了批判。他表示，关于"萨德"部署问题，应当推迟由下届政府决定

情报产品3：

韩国部署"萨德"遭抵制

培训人员：杰森

综合互联网消息，韩国乐天不顾中国警告，于2月27日与韩国国防部签署土地转让合同，为5月至7月部署"萨德"铺平道路。为表示反对，中国拒绝了韩国明星在中国的演出申请，并禁止上映有韩国明星出演的电影和电视节目，遭到打击的还有韩国的旅游业、汽车业和化妆品产业。自1月12日，天猫乐天旗舰店全面停业起，韩国乐天玛特便一直遭中国众多企业和群众抵制，在北京、安徽等地的多家乐天超市被查封。3月6日，乐天集团称"乐天集团会长辛东彬称中国人非常市侩，无骨气无血性"为假新

闻，并称乐天作为企业实际没有选择，并对中国始终怀有深深的情义。但似乎于事无补，对华依赖度极高的乐天集团销售额堪忧。

另外，韩国民众曾于3月2日在韩国首尔国防部门前对部署"萨德"表示抗议，有关专家也称部署"萨德"将会使韩国更不安全。但韩国依然步伐不停，并于3月7日称，韩美开始在韩部署"萨德"反导系统，发射架等部分装备已抵达韩国。

情报产品4：
美韩确定"萨德"部署地点后韩国内现状不佳
培训人员：露西

综合互联网消息，韩国乐天2月27日同意转让其一片土地给韩军方用于"萨德"的部署，随后韩国面临不佳现状。

一方面，乐天向军方提供"萨德"部署地点使其在中国的生意遭遇困难，乐天表示决定向韩国政府请求协助，还决定将向中国政府说明：提供"萨德"用地是出于国家安全的考虑，并不是独自主导的行为。另一方面，韩国内爱好和平的进步团体对乐天此举表示抗议。韩国共同民主党首席发言人尹官石强调，韩国现政府无视民意强推"萨德"是违宪的行为，也是滥用公权的行为。

朴槿惠确定下台之后，韩国防部放出消息称将在下次大选之前完成"萨德"部署，而且部分"萨德"装备已于3月6日抵达韩乌山空军基地，美韩两国已决定在4月中旬前运输剩余装备。俄媒证实该消息之后表示，韩国即使部署"萨德"，也不能减少自己遭到导弹打击的威胁。

情报产品5：
韩加快部署"萨德"反导系统进程
培训人员：琳达

综合互联网消息，韩国国防部27日表示，乐天集团当天召开董事会会议，决定把星州高尔夫球场地皮转让给国防部用于部署"萨德"反导系统。

[第17章] 谁能留任情报局国际部

据报道，若双方正式签约，会很快开始设计和施工，在5—7个月内即可完成部署，最早可能在6月底前完成。对此，朝鲜方面表示抗议，俄罗斯方面却并未做出明确表态。针对中俄的"萨德"系统实际上由美国人全面操控，这是美国构建所谓的战区导弹防御系统一个重要步骤。

近日韩国明显加快"萨德"导弹部署的进程，原因有以下几点：首先，之前不愿蒙受巨大经济损失的乐天集团受到政府的种种制裁，不得不妥协；其次，朝鲜最近部署的新型中远程弹道导弹对韩国构成威胁，这增加了韩国部署导弹的砝码；此外，极有可能担任下届总统的文在寅希望推迟"萨德"部署的观点与当前政府不一致，因此更要加快步伐。此外，韩国国内内政的混乱迹象也表明此事件或许会有转机。朴槿惠"亲信门"事件已经造成了韩国国内的分裂，韩国宪法法院2月27日下午进行了弹劾案的最终辩论，并将于3月13日前宣布审判结果。

情报产品6：
韩乐天集团与国防部签署有关部署"萨德"的易地协议

培训人员：杰克

综合互联网消息，韩美两国军方在韩国首尔发表联合声明称，由于"朝鲜的核武器及导弹威胁"，韩美决定在驻韩美军基地部署末段高空区域防御系统，即"萨德"系统。

2月27日，韩国国防部表示，乐天集团当天召开董事会会议，决定把星州高尔夫球场地皮转让给国防部用于部署"萨德"反导系统。28日，韩国国防部表示与乐天集团签署了有关确保部署"萨德"用地的易地协议。根据协议，乐天向国防部出让星州高球场，国防部将南杨州市军用地块转让给乐天。韩美则最早5月或最迟7月将在星州部署1套"萨德"反导系统。

3月7日上午，韩国国防部发布消息，"萨德"系统的部分装备，3月6日已经通过军用运输机运抵驻韩美军乌山空军基地，此次抵达韩国的"萨德"系统装备包括两台发射架。韩国防部表示将尽快经过相应程序陆续将"萨德"系统部署在星州基地。

韩国国内民众对韩美部署"萨德"反导系统的看法不一,由此爆发了大规模民众游行示威,对韩国国内社会和政局稳定产生一定影响。在韩国前总统朴槿惠被弹劾辞职后,韩国总统选举潜在竞选人呼吁取消在韩国部署"萨德"反导系统。

情报产品7:

"萨德"在韩部署进程及韩对中方应对措施的反应

培训人员:卡尔文

综合互联网消息,据韩联社报道,乐天集团董事会于2月27日通过了关于转让星州高尔夫球场供驻韩美军部署"萨德"反导系统的决议。2月28日,韩国防部与乐天集团签署了有关确保部署"萨德"用地的易地协议,乐天向国防部出让星州高尔夫球场。接下来,韩军将依据《驻韩美军地位协定》向美方提供该土地,随后韩美启动设计、环评、施工。韩联社报道称,美国将把部署在本土得克萨斯州布利斯堡陆军基地的4套"萨德"系统中的1套转移至星州。韩军有关人士表示,为了节约时间,向美军出让土地和"萨德"部署地设计作业将同时进行。韩方预计,"萨德"最早于5~7月落户韩国。

韩官方对中方应对措施的反应:(1)认为中方反对"萨德"入韩不利于两国关系发展;(2)认为中方应对"萨德"入韩措施可能违反世贸组织和韩中自贸协定的相关规定,韩方仍在严密注视中方措施,并表示将在必要时采取措施应对;(3)韩国政府坚持推进"萨德"在韩部署;(4)强调中方应保障在华韩国企业的权益。

情报产品8:

韩国执意尽快部署"萨德"引发"内忧外患"

培训人员:切莱姆

2月27日,乐天集团董事局决定,为部署"萨德"提供场地。2月28日韩国乐天集团与军方就"萨德"部署用地正式签署换地协议,并计划在

5—7个月内完成"萨德"部署，此行径导致次日韩国乐天集团股价暴跌。

韩国政府急于部署"萨德"的行为不仅没能向美国示好，反而引来美国在商业上对其施压，美国商务部对韩国钢铁征收关税超过8.43%的反倾销关税，并提出韩美自贸协定有必要重新考量。

俄罗斯驻韩国大使表示："如果美国方面执意在韩国部署萨德，俄方认为将是对俄罗斯国家安全的威胁，俄方将采取对应措施维护国家安全。"中国国防部也表示："反对萨德部署，中国军队不只是说说而已。"

韩国部署"萨德"不仅遭到了周边国家的反对，也引发国内政坛出现对立声音，韩国执政党和韩国自由党发表声明，即使遭到拒绝，也应当将部署"萨德"系统作为头等大事。共同民主党则认为韩国是否部署"萨德"应该交由下届政府决定。

情报产品9：
俄驻韩大使称俄拟对"萨德"采取反制措施

培训人员：姬玛

综合互联网消息，韩国国防部于2月27日表示乐天集团已同意与韩国国防部交换乐天高尔夫球场用地，以部署"萨德"反导系统，并在28日双方就"换地"事宜签约。俄罗斯驻韩大使亚历山大·季莫宁表示，俄方认为在韩部署"萨德"系统是美国全球导弹防御体系的一部分，俄方视其为"对俄罗斯国家安全的威胁"，俄罗斯将采取应对措施以保护俄罗斯国家安全。

季莫宁在俄使馆内举行的记者会上表示部署"萨德"可能给朝鲜半岛局势或地区和平带来危险影响，俄罗斯把它视为美国全球导弹防御计划的一部分，美国在俄罗斯周边部署导弹防御系统，对俄罗斯国家安全构成威胁，如果"萨德"真的部署，俄罗斯将采取某些反制措施捍卫国家安全。

俄罗斯希望下任韩国总统上台后能够放弃部署"萨德"的计划，并提出六方会谈仍是解决朝鲜半岛核问题"最有效、最具建设性"的途径，而不是通过部署对周边国家和地区造成安全威胁的反导系统。

情报产品10：
"萨德"换地协议引发强烈反响

培训人员：达西

新华社报道，2月27日，韩国乐天集团理事会做出决定，同意就"萨德"反导系统部署用地与韩国军方签署协议。"阻止'萨德'在韩部署全国行动"等多个市民团体随后在韩国国防部门前紧急举行联合记者会和抗议示威活动。2月3日俄罗斯驻韩国大使亚历山大·季莫宁3日在首尔表示，如果美国在韩国部署"萨德"反导系统，俄罗斯将采取应对措施以保护俄罗斯国家安全。朝鲜维护和平全国民族委员会发言人2月3日发表谈话称，面对美韩发动的核威胁，朝鲜为维护国家主权和民族生存权，不得已走上拥有核遏制力的道路。

情报产品11：
韩国乐天集团与韩军方签署"萨德"部署换地协议

培训人员：卡达尼

综合互联网消息，韩国乐天集团董事会于2月27日通过关于转让庆尚北道星州高尔夫球场供驻韩美军部署"萨德"反导系统的议案，28日韩国军方与乐天集团正式签署"萨德"系统部署用地的换地协议。星州高尔夫球场于28日起被划为军事设施保护区，陆军第50步兵师已开始在球场执行警戒任务，阻止外人进入，以避免军民冲突。韩军方将在协约签署后，依据《驻韩美军地位协定》向美方出让土地，进行设计、环境评估及建设施工等环节，计划于今年5月到7月间完成"萨德"系统的部署。

情报产品12：
"萨德"获韩国乐天集团同意供地引发外媒关注

培训人员：比伯

综合互联网消息，韩国国防部相关人士27日表示，乐天集团当天同意与国防部交换乐天高尔夫球场用地，以部署"萨德"反导系统。韩国国防部 26 日表示，"萨德"反导系统部署最早将在今年 6 月底前完成。韩国国内一些专家指出，美国在军事设施方面要求非常严格，可能会影响"萨德"部署的进程。此外，韩国国内民众和在野党对于该部署计划的强烈反对也是影响其部署进程的重要因素。韩国部分媒体认为，乐天集团为"萨德"部署提供用地，可能会引发中国民众不满，使其在华遭受巨大损失。韩方分析人士认为，中方虽然不会立即打破与韩国的整体经贸框架，但预计各种非关税壁垒、管制韩流文化等多项反制措施将更加得到强化。新加坡《海峡时报》27 日称，中国将韩国娱乐产品从在线商店下架，这被广泛认为是报复部署"萨德"行动的继续。日本《外交学者》的文章称，"萨德"将很可能成为中韩双边关系中一个重要刺激性因素。

七、参考文献

1. 张晓军主编：《军事情报学》，军事科学出版社 2001 年版。

2. 张晓军等：《美国军事情报理论研究》，军事科学出版社 2007 年版。

3. 张晓军主编：《美国军事情报理论著作评介》，时事出版社 2005 年版。

4. 张晓军主编：《美国军事情报理论著作评介》（第二辑），时事出版社 2010 年版。

5. 阎晋中：《军事情报学》，时事出版社 2003 年版。

6. 李际均：《军事战略思维》，军事科学出版社 1998 年版。

7. 戴步效主编：《军事思维方法概论》，国防工业出版社 2005 年版。

8. 毕文波、郭世贞主编：《军事思维学论纲》，解放军出版社 2003 年版。

（案例编写人：梁陶）

[第18章]

新上岗情报分析人员的"破茧成蝶"之路

一、编写说明

(一) 编写目的

本案例以×国情报局国际部新上岗人员切莱姆第一次独立工作为背景,展现他生产情报产品的全过程,力求重现新上岗情报分析人员的自我成长、自我蜕变之路,旨在帮助学员认识三个问题:一是理论学习与实践操作之间的差距如何填补;二是新上岗情报分析人员如何摆正和调整心态;三是优质的情报产品必须具备哪些标准和要求。对上述问题的思考与回答,有利于帮助学员毕业后更好、更快地融入现实情报生产工作。

(二) 使用方式

本案例用于情报分析入门类课程相关板块的教学。本案例教学可以采取老师布置、学员阅读思考、角色模拟、操作演练、情报产品展示、老师点评总结的流程组织实施。

在使用时,主要围绕以下四个方面展开具体的教学训练:第一,模拟国际部第二处处长对情报产品进行审阅把关工作,指出切莱姆第1稿到第3稿存在的主要问题,给出第4稿到第7稿的具体修改意见,以批注形式呈现。第二,对比切莱姆第1稿和第8稿,总结优质情报产品应具备的条件。第三,搜集美伊冲突升级的相关资料(时间限定为2019年5月),完成一份情报产品的生产,考察参训学员最终能否取得比切莱姆更好的业绩,要求学员对课堂上学到的知识与方法进行查漏补缺,认真体会知识转化为能力的过程,再次明确理论指引实践的重要意义。第四,老师点评总结,根据学员在案例学习中的个人表现以及最终完成的情报产品,评定出优、良、及格与不及格4个等级。

二、内容摘要

切莱姆与其他11名名牌大学毕业生一起,在情报局国际部经历了为期1个月的上岗培训,经过激烈的角逐,最终他成为留任国际部4人中的一员。切莱姆被分配到了国际部第二处工作,他深知自己是这4人中的最后一名,之所以能留下,运气起了决定性作用。本来只有3个名额,在主任伊万的争取下,才有了自己的一席之地。为了更好地证明自己,切莱姆决定克服自卑的性格,用积极的态度去迎接独立上岗后处理的第一份情报产品。然而,工作进展并没有他想象的那么顺利,从满怀期待而又忐忑地完成第1稿,到随后无休止地被处长要求返工修改,这中间,他经历了心理上的各种波动,直到最后完成第8稿,他才真正领悟了所谓的匠人匠心精神,实现了自我的蜕变与成长。

三、关键问题

(一)切莱姆作为留任国际部4人中的最后一名,是否真的如他自己所认为的那样,比其他3人不具备任何优势?如果你是他,如何看待这样的问题?

(二)切莱姆第一天上岗的心情是否很复杂?为什么?你在学习和工作中是否也有过类似的经历?你是如何处理的?

(三)切莱姆第一天上岗工作有哪些可取之处?

(四)切莱姆第1份情报产品为什么处长没有做任何的修改?

(五)切莱姆第2稿为什么让处长非常不满意?存在的主要问题是什么?

(六)处长在切莱姆第3稿中做了批注式的修改,而前面两稿却没有,为什么?如果你是处长,你会做出什么批注式的修改?

(七)切莱姆第4稿对比前三稿来说,是否取得了突飞猛进的进步?表现在哪些方面?这种进步得益于什么?如果你是处长,你会对第4稿做出什么批注式的修改?

(八)切莱姆从第5稿修改到第7稿时,为什么会产生情绪上的波动?你认为他这种情绪正常吗?切莱姆心中产生的一系列疑问,你如何为他解答?为什么处长直到切莱姆交上第7稿后才找他谈话?

(九)请阅读附录(一)。日本国宝级匠人、世界一流清洁大师新津春子的故事对你有何启发?处长送切莱姆《不烦不累扫一屋》这本书的用意何在?

(十)如果你是处长,你对切莱姆的第5稿、第6稿和第7稿分别会做出怎样的修改?

(十一)对比切莱姆第1稿和第8稿,你分析他在哪些方面取得了进步,实现了自我突破?

(十二)通过此案例,结合附录(二),你能否总结出生产情报产品需要注意哪些方面的问题?

(十三)通过此案例,结合附录(一)、附录(二),你能否总结出新入职情报分析人员在工作中应持有什么样的心态?

四、案例正文

(一)充满期待而又忐忑的上岗第一天

一轮冉冉升起的朝阳,仿佛积蓄了一晚上的能量,照得半边天都是红彤彤的。迎着朝阳,走在上班路上的切莱姆有种说不出的兴奋,准确来说应该是亢奋,因为他今天能够独立上岗生产情报产品了!这对于他而言,绝对是一个具有历史意义的时刻。想到自己的名字能够出现在情报产品上,想到自己的劳动成果能够得到情报用户的认可与使用,想到自己的满腔热忱都将在情报战场上肆意挥洒,难道还有比这更令人激动的事情吗?高涨的情绪让切莱姆不由自主地加快了步伐。

当走进国际部办公室的大门,坐到自己的台位前时,切莱姆发现自己竟然是第一个到的。望着周围空荡荡的桌椅,方才那股子亢奋劲儿一下子

[第18章] 新上岗情报分析人员的"破茧成蝶"之路

冷却了不少。回想这1个月的培训,自己确实付出了很大的努力,才得到了今天这来之不易的台位。曾经一起并肩战斗的11位同学,只有3人和自己一起留了下来,其余的学员不是被分配到别的部门,就是被派往情报局的外站。从这个意义上说,切莱姆是一个胜利者。但同时,切莱姆心里也很清楚,留在国际部的4名胜出者中,他并不是佼佼者。相反,只能说是一个幸运儿。本来只有3个名额,是在主任伊万的争取下,又多出了1个名额,所以才有今天能坐在国际部第二处办公的自己。从这个层面来看,与其他3人相比,自己并不具备任何优势。一股莫名的自卑感瞬间涌上心头。

切莱姆狠狠地摇了摇头,仿佛要将所有不快和丧气都摇走:切莱姆,你怎么可以上班第一天就如此泄气?说好的要好好努力证明给大家看的!切莱姆,加油!在对自己一通打气之后,切莱姆稳了稳心绪,打开电脑,决定要用实际行动为自己第一天上岗揭开崭新的序幕。

至于要生产什么情报产品,其实切莱姆早就提前做足了工作。最近,他一直利用培训的闲暇关注国际最新动向,天天下了班没事就各种网上冲浪,所以情报选题早已胸有成竹,美伊冲突升级成为他的首选。现在要做的就是查找并阅读情报素材进行情报生产。

由于是第一次独当一面,切莱姆还是非常慎重的,他想让自己出手的第一份情报产品能够得到一个比较好的反馈。当然,他也很清楚,问题肯定是会有的,要不然也用不着处长亲自审核把关。但把问题降至最低,让处长看到一名新员工的努力与水平,还是非常必要的,为此还需下一番功夫。

切莱姆计划用半天时间消化情报素材,再用半天时间撰写情报产品。时间尽量给自己留充裕,宁可效率低点,也要确保质量。自己选的这个主题本身也不是时效性要求特别强的,准确性应该摆在首位。所以,反复思考斟酌后,切莱姆才开始动笔。原本计划当天下午下班前结束战斗的,没想到晚上加班到10点多才总算完成。切莱姆不由暗暗感慨:要今后都这样的工作效率,那晚上也不用睡觉了。不过还好,功夫不负有心人,今天总算是完成了。

第1稿

美伊对峙升级致使霍尔木兹海峡形势恶化

半个月以来，就是否放弃核项目问题，美国与伊朗发生激烈冲突。在传出伊朗可能武力封锁霍尔木兹海峡的消息之后，美伊之间的冲突陡然升级。近日，美国继派出"林肯"号航母打击群和B-52战略轰炸机紧急赶赴波斯湾周边之后，于10日再次宣布，增派"爱国者"防空导弹连和1艘两栖战舰到中东地区。

伊朗总统鲁哈尼周六在德黑兰发表讲话时表示，伊朗正面临美国对该国实施制裁所导致的经济和政治等方面的"全面战争"。鲁哈尼已致函《伊核协议》签署国，将给予该协议各方60天的时间返回谈判桌，并确保伊朗国家利益得到保护，否则伊朗将恢复该协议禁止的铀浓缩活动。伊朗伊斯兰革命卫队空军指挥官表示，德黑兰保证，将对华盛顿的任何军事行动作出严肃回应，美国在波斯湾地区的军事存在已构成严重威胁，"不过现在这种威胁变成了一种机遇"。

美国总统特朗普曾表示，希望伊朗能够就伊朗核问题与美国进行对话，彻底放弃核项目，但他不排除对伊朗动武的选项。蓬佩奥形容"伊朗是中东地区破坏稳定的主要影响因素"，并表示"美国的目标是解决这个麻烦，改变伊朗领导层的行为"。

欧盟外交和安全政策高级代表同英国、法国、德国外长9日发表联合声明，强烈敦促伊朗一如既往地全面履行伊朗核协议。俄罗斯方面8日力挺伊朗核问题全面协议，并谴责美国施压导致伊朗中止履行《伊核协议》部分条款，呼吁欧洲签署方履行协议义务。

临点击提交键时，切莱姆还是不放心，从头到尾又检查了一遍。看着自己辛苦一天的劳动成果，切莱姆既满足又忐忑。满足的是，自己第一次独立完成了一份情报产品，开启了真正意义上的情报工作；忐忑的是，这份情报产品交上去后，不知道处长怎么看，会不会觉得很不理想，然后一顿狂轰滥炸般的批评？或者也许也没那么糟，毕竟自己这么用心，可能处长只会指出点小问题，让改改就可以提交给主任审阅了。想到这里，切莱姆又露出了兴奋而又得意的小表情。

（二）出乎意料的当头一棒

第二天一大早，切莱姆便早早守在了办公室，满怀期待而又忐忑地等待着处长的反馈意见，然而一直到快下班，才等来了反馈。处长写得还算很客气，但和切莱姆心中真正的预期却相差甚远。处长的批示如下："你最大的问题是很聪明，想法很多，有时候也很有创意，但落实到做事环节却和你该有的水平相差甚远。这个你真得好好想想问题到底出在哪里，这对你今后的职业发展大有裨益。至于这份情报产品，问题很多，缺少对事件的整体概括，逻辑性差，都是材料的堆砌和对一些无关紧要细节的描写。记得字数最好控制在500字以内。"

看着这样的批示，切莱姆陷入了沉思：看来还是高估了自己的能力和水平。处长指出的都是大问题，产品里面没做任何修改。切莱姆对照着自己的情报产品，不停地体会和琢磨着处长批示中的含义，反思自己存在的问题。自己在生产情报产品的过程中，感觉有很多观点和事实想表达，是不是这样一来就导致出现了处长指出的诸多问题？光想也没用，不如撸起袖子加油干，再来一稿。说干就干，把处长指出的问题都改了不就行了吗？！500字的东西，没有那么复杂。于是，切莱姆经过一番思想上的加油打气，并付诸行动，提交了修改后的第2稿。

第2稿

美伊对峙升级致使霍尔木兹海峡形势恶化

近日来，美伊就伊朗是否放弃核项目问题爆发新一轮冲突。在伊朗威胁封锁霍尔木兹海峡后，美国宣布加大对波斯湾地区的军力部署。美国相继派出"林肯"号航母打击群和B-52战略轰炸机紧急赶赴波斯湾周边后，并在5月10日宣布增派"爱国者"防空导弹连和1艘两栖战舰到中东地区。伊朗伊斯兰革命卫队空军指挥官表示，伊朗保证将对美国的任何军事行动作出严肃回应。

伊朗总统鲁哈尼在5月11日的演讲中表示，伊朗正面临美国在政治、经济方面对伊朗的全面战争，并已致函《伊核伊协议》签署国，敦促各方在60天内返回谈判桌，确保伊朗的国家利益受到保护，否则伊朗将恢复伊核协议所禁止的铀浓缩活动。

美国总统特朗普表示，希望伊朗能与美国就伊朗彻底放弃核项目展开对话，但不排除对伊朗动武的可能性。美国国务卿蓬佩奥表示，伊朗是中东地区破坏稳定的主要影响因素。

欧盟外交和安全政策高级代表同英国、法国、德国外长于5月9日发表联合声明，强烈敦促伊朗一如既往地全面履行伊朗核协议。俄罗斯方面于5月8日发表声明，力挺伊朗核问题全面协议，并谴责美国施压导致伊朗中止履行《伊核协议》部分条款，呼吁欧洲签署方履行协议义务。

这次收到的反馈更简洁，赫然的红色加粗大字刺得切莱姆有点不忍直视。处长的具体批示如下：

"没有来源，没有具体时间，没有导语！看了你开篇第一句话就不用看后面的了！！"

连着三个感叹号看得让切莱姆脊背发凉，仿佛当头一棒。显然，处长生气了。第1稿反馈处长还采取了先扬后抑的工作方式，这次的批示真是满满的杀气跃然屏上。切莱姆稳了稳慌乱的心神，他此时的想法只有一个，那就是抓紧时间火速补救，最起码证明自己的态度还是端正的，希望这能让处长早点消气。经过一番努力修改，第3稿总算赶在下班前提交了上去。

第3稿

美伊核冲突事态再度升级

据CNN报道，在伊朗威胁封锁霍尔木兹海峡后，美国宣布加大对波斯湾地区的军力部署。美国相继派出"林肯"号航母打击群和B-52战略轰炸机紧急赶赴波斯湾周边，并在5月10日宣布增派"爱国者"防空导弹连和1艘两栖战舰到中东地区。伊朗伊斯兰革命卫队空军指挥官表示，伊朗保证对美国的任何军事行动作出严肃回应。

伊朗总统鲁哈尼在5月11日的演讲中表示,伊朗正面临美国在政治、经济方面对伊朗的全面战争,并已致函《伊核协议》签署国,敦促各方在60天内返回谈判桌,确保伊朗的国家利益受到保护,否则伊朗将恢复《伊核协议》所禁止的铀浓缩活动。

美国总统特朗普表示,希望伊朗能与美国就伊朗彻底放弃核项目展开对话,但不排除对伊朗动武的可能性。美国国务卿蓬佩奥表示,伊朗是中东地区破坏稳定的主要影响因素。

欧盟外交和安全政策高级代表同英国、法国、德国外长于5月9日发表联合声明,强烈敦促伊朗一如既往地全面履行伊朗核协议。俄罗斯方面于5月8日发表声明,力挺伊朗核问题全面协议,并谴责美国施压导致伊朗中止履行《伊核协议》部分条款,呼吁欧洲签署方履行协议义务。

这次的反馈意见破天荒有了新突破,那就是处长在情报产品中做了批注式的修改,从细节上对这个产品进行了把握,但同时,还写了两句话:

"培训中讲过、强调过的问题你有注意吗?!这样的情报产品用户能用吗?"

这样的反馈让切莱姆愧疚难当,因为处长已经指出一次字体颜色的问题了,结果自己竟然没有改过来。同一个错误犯了两次,简直不能原谅。要是自己是处长的话,肯定会把这个员工叫到办公室劈头盖脸训斥一番,然而处长并没有这样做。对此,切莱姆真是心存感激。他决定利用这个周末,好好沉淀一下,收拾一下自己乱七八糟的心情,再接再厉,即便屡败他也要屡战到底!

(三)似乎打通了"任督二脉"

整个周末切莱姆都泡在了办公室。他查阅了前辈们以前的情报产品,细细体会其中的精髓与方法,又翻阅了自己培训时记录的笔记,对照着每一点、每一步来具体思考自己撰写过程中存在的问题。然后,又回过头把自己完成的3稿产品放在一起,结合着处长的批示与修改意见进行了比对分析。在这样不懈的思考与努力下,切莱姆完成了第4稿。至此,他仿佛打通了"任督二脉",找到了种"柳暗花明又一村"的感觉。

第4稿

美伊核协商破裂冲突再升级

据美国有线电视新闻网报道,在伊朗威胁封锁霍尔木兹海峡后,美国宣布加大对波斯湾地区的军力部署。美国相继派出"林肯"号航母打击群和B-52战略轰炸机紧急赶赴波斯湾周边,并在5月10日宣布增派"爱国者"防空导弹连和1艘两栖战舰到中东地区。

伊朗态度依旧强硬,坚持核心利益不退让。总统鲁哈尼在5月11日的演讲中表示,伊朗正面临美国在政治、经济方面对伊朗的全面战争,并已致函《伊核协议》签署国,敦促各方在60天内返回谈判桌,确保伊朗的国家利益受到保护,否则伊朗将恢复《伊核协议》所禁止的铀浓缩活动。

美国虽然保留协商的可能性,但态度十分坚决。总统特朗普表示,希望伊朗能与美国就伊朗彻底放弃核项目展开对话,但不排除对伊朗动武的可能性。国务卿蓬佩奥表示,伊朗是中东地区破坏稳定的主要影响因素。

欧盟与俄罗斯立场明确,分别支持各自阵营的盟友。欧盟外交和安全政策高级代表同英国、法国、德国外长于5月9日发表联合声明,强烈敦促伊朗一如既往地全面履行伊朗核协议。俄罗斯方面于5月8日发表声明,力挺伊朗核问题全面协议,并谴责美国施压导致伊朗中止履行《伊核协议》部分条款,呼吁欧洲签署方履行协议义务。

这次收到的处长反馈,没有再给出批示性的话语,取而代之的是以批注形式给出的修改意见。通过这些字里行间,切莱姆深切地感受到处长的态度已趋于平和。他知道,这份情报产品得到了处长的认可,自己的努力也得到了处长的承认。他长长地吁了一口气,然后又马不停蹄地按照处长的批注展开新一轮的修订工作。

(四)吹毛求疵,还是精益求精?

随后的修订工作看似简单,实则不易。情报产品中的大问题已基本解决,切莱姆面对的都是一系列琐碎的问题。他心里也逐渐萌生了一些异样的情绪，厌烦和抵触情绪也在心中翻腾，无名之火无处宣泄。有必要如此死抠细节吗？！情报用户又不是看不明白，有必要这么较真儿吗？！简直就是吹毛求疵！可面对着处长一次又一次的修改意见，切莱姆也只能硬着头皮、耐着性子从第5稿改到了第7稿。

第5稿

美伊核协商破裂冲突再升级

据美国有线电视新闻网报道，在伊朗威胁封锁霍尔木兹海峡后，美国宣布加大对波斯湾地区的军力部署。美国相继派出"林肯"号航母打击群和B-52战略轰炸机紧急赶赴波斯湾周边，并在5月10日宣布增派"爱国者"防空导弹连和1艘两栖战舰到中东地区。事件有关各方发表声明如下。态度如下：

面对来自美国的威胁，伊朗态度依旧强硬。总统鲁哈尼在5月11日的演讲中表示，伊朗正面临美国在政治、经济方面对伊朗的全面战争，并已致函《伊核协议》签署国，敦促各方在60天内返回谈判桌，确保伊朗的国家利益受到保护，否则伊朗将恢复《伊核协议》所禁止的铀浓缩活动。

美国虽然保留协商的可能性，但仍然准备应对极端事态的发生。总统特朗普表示，希望伊朗能与美国就伊朗彻底放弃核项目展开对话，但不排除对伊朗动武的可能性。国务卿蓬佩奥表示，伊朗是中东地区破坏稳定的主要影响因素。根据美国驻伊拉克大使馆官网上发布的一份简短声明，位于巴格达的美国大使馆及位于埃尔比勒的美国领事馆将暂停一般签证服务。声明还称，美国政府能向身在伊拉克的美国平民提供紧急服务的能力有限。欧盟与俄罗斯立场明确，分别支持各自阵营的盟友。欧盟外交和安全政策高级代表同英国、法国、德国外长于5月9日发表联合声明，强烈敦促伊朗要一如既往地全面履行《伊核协议》。俄罗斯方面于5月8日发表声明，力挺伊朗在核问题中的立场，并谴责美国施压导致伊朗中止履行《伊核协议》部分条款，呼吁欧洲签署方履行协议义务。

第6稿

美伊核协商破裂导致冲突再升级

据美国有线电视新闻网报道,在5月9日前伊朗威胁封锁霍尔木兹海峡后,美国宣布加大对波斯湾地区的军力部署。美国相继派出"林肯"号航母打击群和B-52战略轰炸机紧急赶赴波斯湾周边,并在5月10日宣布增派"爱国者"防空导弹连和1艘两栖战舰到中东地区。事件有关各方态度如下:

面对来自美国的威胁,伊朗态度依旧强硬。总统鲁哈尼在5月11日的演讲中表示,伊朗正面临美国在政治、经济方面对伊朗的全面战争,并他已致函《伊核协议》签署国,敦促各方在60天内返回谈判桌,确保伊朗的国家利益受到保护,否则伊朗将恢复《伊核协议》所禁止的铀浓缩活动。

美国虽保留协商的可能性,但仍对极端事态预有准备。总统特朗普表示,希望伊朗能与美国就伊朗彻底放弃核项目展开对话,但不排除对伊朗动武的可能性。国务卿蓬佩奥表示,伊朗则将伊朗定性为是中东地区破坏稳定的主要影响因素。根据美国驻伊拉克大使馆官网上发布的一份简短声明,位于巴格达的美国大使馆及位于埃尔比勒的美国领事馆将暂停一般签证服务。声明还称,美国政府能向身在伊拉克的美国平民提供紧急服务的能力有限。

欧盟与俄罗斯立场明确,分别支持各自阵营的盟友。欧盟外交和安全政策高级代表同英国、法国、德国外长于5月9日发表联合声明,强烈敦促伊朗要一如既往地全面履行《伊核协议》。俄罗斯方面于5月8日发表声明,力挺伊朗在核问题中的立场,并谴责美国施压导致伊朗中止履行《伊核协议》部分条款,呼吁欧洲签署方履行协议义务。

第7稿

美伊核协商破裂导致冲突再升级

据美国有线电视新闻网报道,在5月9日前伊朗威胁封锁霍尔木兹海峡后,美国宣布加大对波斯湾地区的军力部署。美国相继派出"林肯"号航母打击群和 B-52 战略轰炸机紧急赶赴波斯湾周边,并在 5 月 10 日宣布增派"爱国者"防空导弹连和 1 艘两栖战舰到中东地区。事件有关各方态度如下。

面对来自美国的威胁,伊朗态度依旧强硬。伊总统鲁哈尼在 5 月 11 日的演讲中表示,伊朗正面临美国在政治、经济方面对伊朗的全面战争,他已致函《伊核协议》签署国,敦促各方在 60 天内返回谈判桌,确保伊朗的国家利益受到保护,否则伊朗将恢复《伊核协议》所禁止的铀浓缩活动。

美国虽保留协商的可能性,但仍对极端事态预有准备。美总统特朗普表示,希望伊朗能与美国就伊朗彻底放弃核项目展开对话,但不排除对伊朗动武的可能性。国务卿蓬佩奥则将伊朗定性为是中东地区破坏稳定的主要影响因素。目前,位于巴格达的美国大使馆及位于埃尔比勒的美国领事馆已暂停一般签证服务。

欧盟与俄罗斯立场明确,分别支持各自阵营的盟友。欧盟外交和安全政策高级代表同英国、法国、德国外长于 5 月 9 日发表联合声明,强烈敦促伊朗要一如既往地全面履行《伊核协议》。俄罗斯方面于 5 月 8 日发表声明,力挺伊朗在核问题中的立场,并谴责美国施压导致伊朗中止履行《伊核协议》部分条款,呼吁欧洲签署方履行协议义务。

其实,切莱姆的小心思早已被处长看穿,只是处长觉得火候未到,因此默不作声。直到切莱姆交上第 7 稿后,处长才认为有必要和他进行一次面对面的谈话。

走进处长办公室的大门,切莱姆仿佛是一个做错了事被抓住现行的孩子,有些局促不安。然而,处长并没有批评他,反而说看到了他一路走来的付出与进步,夸他是一个对自我有要求、有上进心的好员工。这样的肯定有点出乎切莱姆的意料,原本紧张的心情一下子放松了许多。随后,处长将摆在办公桌上的一本书递给了他,让他闲暇之余翻一翻。切莱姆接过书,定睛一看,书名竟然是《不烦不累扫一屋》。他一度怀疑处长是不是把书给错了,但也不敢询问。处长似乎看出了他的疑惑,说:"没错,就是这本书,让你看看日本国宝级的匠人、世界一流清洁大师新津春子是如何做清洁的。希望你读完后再全力以赴完成第 7 稿的修改工作，别的也没有什么了。"

切莱姆如丈二和尚摸不着头脑般地离开了处长办公室。随后他也没急着去修改第 7 稿，而是按照处长的建议，怀着疑惑的心情开始阅读这本有关清洁的著作。读着读着，他似乎领会到了处长的良苦用心。有一个人为了自己的成长进步不厌其烦地修改了一稿又一稿，而作为当事人的自己却失去了耐心，忘记了初心，这是一件多么可悲而又讽刺的事情啊！久久为功而不改初衷，精益求精而臻于至善，情报分析同样离不开对匠心精神的不懈追求。切莱姆暗下决心，总有一天他也要实现"我心即匠心"的最高境界。在这样的自我觉悟与鞭策下，切莱姆开始了对第 7 稿的潜心修改。

（五）昨日踽踽独行，今日"破茧成蝶"

此时的切莱姆再无往昔的忐忑，也没有各种的厌烦和抵触之情，心中万分平静，物我两忘。除了想认真完成这份情报产品外，别无他想。至于能不能得到领导的肯定，这绝对不是想出来的，而是实打实做出来的。当他再次点击提交键时，如释重负，突然有种莫名的自信：这稿将会成为终稿。

第 8 稿

各方对美伊冲突再度升级进行表态

据美国有线电视新闻网报道，5 月 9 日伊朗威胁封锁霍尔木兹海峡后，美国宣布加大对波斯湾地区的军力部署。美国相继派出"林肯"号航母打击群和 B-52 战略轰炸机紧急赶赴波斯湾周边，并在 5 月 10 日宣布增派"爱国者"防空导弹连和 1 艘黄蜂级两栖突击舰到中东地区。事件有关各方表态如下：

一是面对来自美国的威胁，伊朗态度依旧强硬。伊总统鲁哈尼在 5 月 11 日的演讲中表示，伊朗正面临美国在政治、经济方面的全面战争，他已致函《伊核协议》签署国，敦促各方在 60 天内返回谈判桌，确保伊朗的国家利益受到保护，否则伊朗将恢复《伊核协议》所禁止的铀浓缩活动。

二是美国虽保留协商的可能性，但仍对极端事态预有准备。美总统特朗普表示，希望伊朗能与美就伊朗彻底放弃核项目展开对话，但不排除对伊朗武的可能性。国务卿蓬佩奥则将伊朗定性为是中东地区破坏稳定的主要影响因素。

三是欧盟与俄罗斯立场明确，分别支持各自阵营的盟友。欧盟外交和安全政策高级代表同英国、法国、德国外长于5月9日发表联合声明，强烈敦促伊朗要一如既往地全面履行《伊核协议》。俄罗斯方面于5月8日发表声明，力挺伊朗在核问题中的立场，并谴责美国施压导致伊朗中止履行《伊核协议》部分条款，呼吁欧洲签署方履行协议义务。

果不其然，等切莱姆再收到反馈时，产品上赫然写着八个字：通过验审，建议提交。

所有的付出此时得到了回报，万千滋味一时间全涌上了心头。切莱姆默默打开了第1稿，又看了看自己现今的这版终稿，感慨万千。回望这几天走过的路，对于切莱姆来说漫长而又艰辛。原本信誓旦旦计划一天就能完成工作，一下子拖了这么久。这期间有过期待，有过忐忑，有过彷徨，有过不解，甚至还有过抱怨，但这一切终究在他"破茧成蝶"的那一刻化作了浮云，变成了他人生中一笔宝贵的财富。

五、分析思路

（一）理论与实践的辩证关系

一是实践是理论的基础，实践对理论具有决定作用。二是理论对实践有反作用，科学的理论对实践具有积极的指导作用，错误的理论则有阻碍作用。三是理论和实践是相辅相成的，缺一不可，不能任意割裂两者的辩证关系，孤立地强调一个方面。实践是检验理论是否正确的唯一标准。

（二）情报分析中的三种人才类型

一是学术型人才。此类人才具有很强的情报分析专业知识，研究层次较高，但缺乏工作实践，其社会财富主要体现在思想层面。二是实践型人才。此类人才没有很专业的情报分析知识和理论，但却有丰富的工作实践经验，经验告诉他们遇到了什么情况应如何处理。三是"十字形"人才。此类人才既能熟练掌握专业知识，同时还能将知识应用于情报分析工作实践，并进一步使知识在运用中得以拓展和升级。

（三）情报产品的生产要求

一是迅速及时。情报产品生产速度的快慢，直接影响情报的时效。二是主题明确。情报产品必须能够满足情报用户的某项需求，生产意图清晰，观点明确。三是取材得当。要围绕主题科学选材，把那些最能反映当前状况的新材料、新观点、新发现、新情况选取出来。四是准确无误。情报产品在要素、文字表达等方面做到详细具体、清楚明确，避免出现歧义和误解，不允许有丝毫的错情。五是简明扼要。情报产品要文字精练，层次清晰，做到言简意赅，开门见山。

（四）评判情报产品优劣的角度

可以从主题选取、结构合理性、内容完整性、情况准确性、表达规范性、标题拟制、导语撰写等 7 个方面分别对情报产品的优劣进行评判。

（五）独立上岗工作后需要注意的问题

结合对情报分析工作的认知，以对本案例的学习与分析为契机，思考毕业独立上岗工作后需要注意哪些问题。这些问题需要结合自己的真实情况来谈，为今后独立生产情报产品奠定一定的基础。

六、附录

（一）日本"清洁大妈"新津春子写的一本书《不烦不累扫一屋》[1]

她是一名普普通通的"清洁大妈"，但知名的朝日新闻出版社却为她出了一本个人传记。

她更是被评为日本"国宝级匠人"：因为"打扫"这项技能而获此殊荣的人，史无前例。她就是新津春子，一名默默服务日本羽田机场 20 多年的保洁员。日本羽田机场，曾 4 年内 3 次被评为"世界最干净机场"，而新津春子正是这一殊荣最大的幕后功臣。

---

[1] http://m.sohu.com/a/163563011_226561.

[第18章] 新上岗情报分析人员的"破茧成蝶"之路

直到 2015 年,新津春子都不敢想象,作为保洁员的她,成功逆袭,成为日本家喻户晓的传奇人物。原来,就在 15 年,日本 NHK 电视台的《PROFESSIONAL 工作流派》为她做了专辑。纪录片一经播出,便引发了轰炸般的讨论,收视率破表。瞬间,全日本乃至全世界,都知道了这个"视保洁工作为归宿"的女人。世界各路知名媒体都专门奔赴日本,为她做专访。当红综艺节目《全世界最想上的课》也邀她做开课嘉宾。她获得了日本"国家建筑物清扫技能师"资格,成为受到全世界敬重的、公认的清扫专家。

新津能够对 80 多种清洁剂的使用方法倒背如流,也能够快速分析污渍产生的原因和组成成分。有一次,她应邀去一户家庭解决浴室地砖沟缝里一直都除不掉的灰色霉迹,她看后,当即将水与醋按照 3∶1 的比例兑好,放进喷雾瓶喷湿地面,然后铺上纸巾再喷一次,浸泡 10 分钟后,用硬刷配合市面上贩卖的浴室洗剂刷洗。最后,地砖和勾缝果然一起恢复了原色。

她将这些寻常人不知道的实用性清洁化成文字,迄今为止共出版了 5 本清洁类图书,4 本日文版,另外一本《不烦不累扫一屋》的中文版也在今年 3 月份上市。她的新书以幽默可爱的漫画和简单实用的清扫技巧风靡全日本,并成为畅销书作家。

"谁能想到做清洁工作的,能够成为一名受人尊重的传奇职人,太励志了。"日本网友的这句感慨,表达了许多人的心声。但其实,新津春子人生最励志的逆袭,并不只是事业上的成功。因为她的出生,实在非常坎坷。她是中日混血儿,而父亲是日军侵华时的"遗孤"。因为历史悲剧,年少时她被"中日两国都排挤",处于社会的底层。家庭、职业、学历,她的起点几乎让人绝望……

"难道我不是我自己吗?"

新津春子,出生在中国沈阳,她的父亲是二战遗孤,是个日本人,母亲则是中国人。从小学起,她就因为自己的特殊身份,而遭到同学们的欺负。"日本人,滚回去!"小小年纪的新津,在学校尝尽委屈。不仅没有小伙伴同她一起玩,甚至还有人直接朝她的身上扔石子。当时的新津甚至觉得,自己是不是一辈子都要被人这样欺负。

春子 17 岁时,举家决定迁往日本生活,那时的春子一句日语都听不懂。由于身份特殊,来到日本后,她依旧因为自己的出身,而被同学们排斥瞧不起:"在中国时说我是日本人,在日本时说我是中国人。我难道不是我自己吗?"春子总是被周围的人恶语相向,受尽欺负。刚到日本不懂日语也不会跟人交流,所以春子从高中开始就不得不做上了唯一肯雇用她的保洁工作。试想,有哪一个少女,愿意做这样在别人看来"低级"的工作呢?所有人见到她都避之不及,但为了生存,她只能硬着头皮,把这份工作继续做下去。所幸,年轻的新津有一个优点:想得比较简单。"既然做了,那就做好。"

与一般抱怨工作的年轻人不同,新津并没有因为这份工作在外人看来"低级",就自暴自弃。因为,某个角度来说,至少做保洁的时候,她能做"我自己"。于是,为了能更好地做好保洁工作,她进入了职业学校,进修相关技能。而恰恰是这样微小的改变,让她走上了不可思议的人生逆袭之旅。

"既然只能做保洁,那就把它做到极致"

在职业学校里,她遇到了人生的第一个贵人。这个贵人,或许在一般人看来,也不过尔尔。只是她在职业学校遇到的一个普通老师。

"清洁工作很轻松。"这位恩师告诉她,想要做好清洁,保持好心态很重要。就是这样平淡的话语,支撑了她挨过无数枯燥无味的清洁工作。更重要的是,这位恩师,给她带来了另一个契机,就是将她引荐给了羽田机场。

23 岁时,新津成了羽田机场的保洁员,并遇到了她逆袭人生中第二个必不可少的贵人,也就是她的上司:铃木优。铃木优精通污渍清理和清洗剂,是业界行家。在他的带领下,新津彻底热爱上了自己的工作。

"既然只有保洁这份工作了,那就把它做到极致吧。"就这样,新津为

[第18章] 新上岗情报分析人员的"破茧成蝶"之路

羽田机场的清洁,默默付出了 20 多年。现在,76 万平方米的羽田机场,就好似新津的家一般。

"保洁工作,正是我的归宿"

如今的她,是一个看到污渍,眼睛都会闪闪发光、开心得不得了的人。其实啊,仔细想想,能说出"保洁工作,正是我的归宿"这句话的人,注定是一个了不起的人物。所以,NHK 关于新津的纪录片的爆火,似乎也是那么顺理成章。多年的坚持,乐观的精神,一切都那么水到渠成。

全世界无数观众,通过纪录片都看到了她逆天的专业技能:

▲经常蹲在地上,借着亮光观察地板上有没有灰尘。看到不干净的地方,快步走过去,又要注意拖把不会碰到往来如织的行人。

▲打扫马桶时,除了擦干净表面,还会拿面小镜子,检查内侧是否有污垢。

▲用自己发明的小刷子清理水池的排水口。因为那里清洁困难,往往细菌滋生。她怕小孩子抵抗力不强,很容易生病。她不只在清扫,而且时刻在为别人着想。

▲小心翼翼地登上梯子擦天花板,俯下身子弯下腰把墙缝里一丝一毫的污渍擦掉。

▲能熟记 80 多种清洁剂的用法。看一眼污渍,就知道哪种清洁剂可以处理得很干净却不伤器具表面。23 年的清洁经验,让她有大师般胸有成竹的样子。

"当她做保洁时,她是笑着的"

她常说,做这些,不是为了获得别人的赞美,只要有人一进机场,觉得"哇!好舒服",就足矣。

也许,人生最大的逆袭,不是从没钱到有钱,从无名到有名,而是,无论经历了什么,最终逆袭成一个快乐的人。

(二) 季羡林关于如何做科学研究的心得体会[1]

我体会，一些报刊之所以要我写自传的原因，是想让我写点什么治学经验之类的东西，那么，在长达60年的学习和科研活动中，我究竟有些什么经验可谈呢，粗粗一想，好像很多，仔细考虑，无影无踪。总之是卑之无甚高论。不管好坏，鸳鸯我总算绣了一些，至于金针则确乎没有，至多是铜针、铁针而已。

我记得，鲁迅先生在一篇文章中讲了一个笑话：一个江湖郎中在市集上大声吆喝，叫卖治臭虫的妙方，有人出钱买了，一个纸卷，层层用纸严密裹住。打开一看，妙方只有两个字：勤捉。你说它不对吗？不行，它是完全对的，但是说了等于不说。我的经验压缩成两个字是勤奋，再多说两句就是：争分夺秒，念念不忘。灵感这东西不能说没有，但是，它不是从天上掉下来的，而是勤奋出灵感。

上面讲的是精神方面的东西，现在谈一点具体的东西。我认为，要想从事科学研究工作，应该在四个方面下功夫：一、理论；二、知识面；三、外语；四、汉语。唐代刘知风主张，治史学要有才、学、识。我现在勉强套用一下，理论属识，知识面属学，外语和汉文属才，我在下面分别谈一谈。

理论

现在一讲理论，我们往往想到马克思主义。这样想，不能说不正确。但是，必须注意几点。一、马克思主义随时代而发展，绝非僵化不变的教条。二、不要把马克思主义说得太神妙，令人望而生畏，对它可以批评，也可以反驳。我个人认为，马克思主义的精髓就是唯物主义和辩证法。唯物主义就是实事求是。把黄的说成黄的，是唯物主义。把黄的说成是黑的，是唯心主义。事情就是如此简单明了。哲学家们有权利去做深奥的阐述，我辈外行，大可不必。至于辩证法，也可以作如是观。看问题不要孤立，不要僵死，要注意多方面的联系，在事物运动中把握规律，如此而已。我

---

[1] 季羡林：《牛棚杂忆》，北京理工出版社2015年版。

[第18章] 新上岗情报分析人员的"破茧成蝶"之路

这种幼儿园水平的理解,也许更接近事实真相。

除了马克思主义以外,古今中外,一些所谓唯心主义哲学家的著作,他们的思维方式和推理方式,也要认真学习。我有一个奇怪的想法:百分之百的唯物主义哲学家和百分之百的唯心主义哲学家,都是没有的。这就是和真空一样,绝对的真空在地球上是没有的。中国古话说:"智者千虑,必有一失"就是这个意思。因此,所谓唯心主义哲学家也有不少东西值得我们学习的。我们千万不要像过去那样把十分复杂的问题简单化和教条化,把唯心主义的标签一贴,就"奥伏赫变"。

知识面

要求知识面广,大概没有人反对。因为,不管你探究的范围多么窄狭,多么专门,只有在知识广博的基础上,你的眼光才能放远,你的研究才能深入。这样说已经近于常识,不必再做过多的论证了。我想在这里强调一点,这就是,我们从事人文科学和社会科学研究的人,应该学一点科学技术知识,能够精通一门自然科学,那就更好。今天学术发展的总趋势是,学科界限越来越混同起来,边缘学科和交叉学科越来越多。再像过去那样,死守学科阵地,鸡犬之声相闻,老死不相往来,已经完全不合时宜了。此外,对西方当前流行的各种学术流派,不管你认为多么离奇荒诞,也必须加以研究,至少也应该了解其轮廓,不能简单地盲从或拒绝。

外语

外语的重要性,尽人皆知。若再详细论证,恐成蛇足。我在这时只想强调一点:从今天的世界情势来看,外语中最重要的是英语,它已经成为名副其实的世界语,这种语言,我们必须熟练掌握,不但要能读,能译,而且要能听,能说,能写。今天的学术论文,如只用汉语,则不能出国门一步,不能同世界各国的同行交流。如不能听说英语,则无法参加国际学术会议。情况就是如此地咄咄逼人,我们不能不认真严肃地加以考虑。

汉语

我在这里提出汉语来，也许有人认为是非常奇异可怪之论。"我还不能说汉语吗？""我还不能写汉文吗？"是的，你能说，也能写。然而仔细一观察，我们就不能不承认，我们今天的汉语水平是非常成问题的。每天出版的报章杂志，只要稍一注意，就能发现别字、病句。我现在越来越感到，真要想写一篇准确、鲜明、生动的文章，绝非轻而易举。要能做到这一步，还必须认真下点功夫，我甚至想到，汉语掌握到一定程度，想再前进一步，比学习外语还难。只有承认这一个事实，我们的汉语水平才能提高，别字、病句才能减少。

我在上面讲了四个方面的要求。其实这些话都属于老生常谈，都平淡无奇。然而真理不往往就寓于平淡无奇之中吗？看似平淡，实则最切实可行，而且立竿见影。我想到这样平凡的真理，不敢自秘，便写了出来，其意不过如野叟献曝而已。

我现在想谈一点关于进行科学研究指导方针的想法。六七十年前胡适先生提出来的"大胆的假设，小心的求证"，我认为是不刊之论，是放之四海而皆准的方针。古今中外，无论是社会科学，还是自然科学，概莫能外。在那一段教条主义猖獗、形而上学飞扬跋扈的时期内，这个方针曾受到多年连续不断的批判。我当时就百思不得其解，试问哪一个学者能离开假设与求证呢？所谓大胆，就是不为过去的先入之见所限，不为权威所囿，能够放开眼光，敞开胸怀，独具只眼，另辟蹊径，提出自己的假设。甚至胡思乱想，想入非非，亦无不可。如果连这一点胆量都不敢有，那只有循规蹈矩，墨守成法，鼠目寸光，拾人牙慧，个人决不会有创造，学术决不会有进步。这一点难道还不明白，还要进行烦琐的论证吗？

总之，我要说，一要假设，二要大胆，缺一不可。

但是，在提倡大胆的假设的同时，必须大力提倡小心的求证。一个人的假设，决不会一提出来就完全符合实际情况，有一个随时修改的过程。我们都有这样一个经验：在想到一个假设时，自己往往诧为"神来之笔"，是"天才火花"的闪烁，而狂欢不已。可是这一切都并不是完全可靠的。假设能不能成立,完全依靠求证。求证要小心,要客观,决不允许厌烦,更不允许马虎。要从多层次、多角度上来求证,从而考验自己的假设是否正确,或者正确到什么程度,哪一部分正确,哪一部分又不正确。所有这一切都必须实事求是,容不得丝毫私心杂念,一以证据为准。证据否定掉的,不管当时显得多么神奇,多么动人,都必须毫不吝惜地毅然加以扬弃。部分不正确的,扬弃部分。全部不正确的,扬弃全部。事关学术良心,决不能含糊。可惜到现在还有某一些人,为了维护自己"奇妙"的假设,不惜歪曲证据,剪裁证据。对自己的假设有用的材料,他就用,没有用的、不利的,他就视而不见,或者见而掩盖。这都是"缺德"(史德也)的行为,我期期以为不可。至于剽窃别人的看法或者资料,而不加以说明,那是小偷行为,斯下矣。

总之,我要说,一要求证,二要小心,缺一不可。

我刚才讲的"史德",是借用章学诚的说法。他把"史德"解释成"心术",我在这里讲的也与"心术"有关,但与章学诚的"心术"又略有不同,有点引申的意味。我的中心想法是不要骗自己,不要骗读者。做到这一步,是有德,否则就是缺德。写什么东西,自己首先要相信。自己不相信而写出来要读者相信,不是缺德又是什么呢?我这些话绝非无中生有,无的放矢。我都有事实根据,我以垂暮之年,写了出来,愿与青年学者们共勉之。

现在再谈一谈关于搜集资料的问题。进行科学研究,必须搜集资料,这是不易之理。但是,搜集资料并没有什么一定之规。最常见的办法是使用卡片,把自己认为有用的资料抄在上面,然后分门别类、加以排比。可这也不是唯一的办法。陈寅恪先生把有关资料用眉批的办法,今天写上一点,明天写上一点,积之既久,资料多到能够写成一篇了,就从眉批移到纸上,就是一篇完整的文章。比如,他对《高僧传·鸠摩罗什传》的眉批,竟比原文还要多几倍,是一个典型的例子。我自己既很少定卡片,也从来不用眉批,而是用比较大张的纸,把材料写上。有时候随便看书,忽然发现有用的材料,往往顺手拿一些手边能拿到的东西,比如通知、请柬、信封、小纸片之类，把材料写上，再分类保存。我看到别人也有这个情况，向达先生有时就把材料写在香烟盒上。用比较大张的纸有一个好处，能把有关的材料都写在上面，约略等于陈先生的眉批。卡片面积太小，这样做是办不到的。材料抄好以后，要十分认真细心地加以保存，最好分门别类装入纸夹或纸袋。否则，如果一时粗心大意丢上张把小纸片，上面记的可能是最关重要的材料，这样会影响你整篇文章的质量，不得不黾勉从事。至于搜集资料要巨细无遗，要有竭泽而渔的精神，这是不言自喻的。但是，要达到百分之百的完整的程度，那也是做不到的。不过我们千万要警惕，不能随便搜集到一点资料，就动手写长篇论文。这样写成的文章，其结论之不可靠是显而易见的。与此有联系的就是要注意文献目录。只要与你要写的文章有关的论文和专著的目录，你必须清楚。否则，人家已经有了结论，而你还在卖劲地论证，必然贻笑方家，不可不慎。

我想顺便谈一谈材料有用无用的问题。严格讲起来，天下没有无用的材料，问题是对谁来说，在什么时候说。就是对同一个人，也有个时机问题。大概我们都有这样的经验：只要你脑海里有某一个问题，一切资料，书本上的、考古发掘的、社会调查的等等，都能对你有用。搜集这样的资料也并不困难，有时候资料简直是自己跃入你的眼中。反之，如果你脑海里没有这个问题，则所有这样的资料对你都是无用的，但是，一个人脑海里思考什么问题，什么时候思考什么问题，有时候自己也掌握不了。一个人一生中不知要思考多少问题，当你思考甲问题时，乙问题的资料对你没有用。可是说不定什么时候你会思考起乙问题来，你可能回忆起以前看书时曾碰到过这方面的资料，现在再想去查找，可就"云深不知处"了。这样的经验我一生不知碰到多少次了，想别人也必然相同。

那么怎么办呢？最好脑海里思考问题，不要单打一，同时要思考几个，而且要念念不忘，永远不让自己的脑子停摆，永远在思考着什么。这样一来，你搜集面就会大得多，漏网之鱼也就少得多，材料当然也就积累得多。养兵千日，用兵一时；一旦用起来，你就左右逢源了。

最后还要谈一谈时间的利用问题。时间就是生命，这是大家都知道的

[第18章] 新上岗情报分析人员的"破茧成蝶"之路

道理。而且时间是一个常数,对谁都一样,谁每天也不会多出一秒半秒。对我们研究学问的人来说,时间尤其珍贵,更要争分夺秒。但是各人的处境不同,对某一些人来说就有一个怎样利用时间的"边角废料"的问题。这个怪名词是我杜撰出来的。时间摸不着看不见,但确实是一个整体,哪里会有什么"边角废料"呢?这只是一个形象的说法。平常我们做工作,如果一整天没有人和事来干扰,你可以从容濡笔,悠然怡然,再佐以龙井一杯,云烟三支,神情宛如神仙,整个时间都是你的,那就根本不存在什么"边角废料"问题。但是有多少人能有这种神仙福气呢?鲁钝如不佞者几十年来就做不到。建国以来,我搞了不知多少社会活动,参加了不知多少会,每天不知有多少人来找,心烦意乱,啼笑皆非。回想十年浩劫期间,我成了"不可接触者",除了蹲牛棚外,在家里也是门可罗雀。《罗摩衍那》译文八巨册就是那时候的产物。难道为了读书写文章就要变成"不可接触者"或者右派不行吗?浩劫一过,我又是门庭若市,而且参加各种各样的会,终日马不停蹄。我从前读过马雅可夫斯基的《开会迷》和张天翼的《华威先生》,觉得异常可笑。岂意自己现在就成了那一类人物,岂不大可哀哉?但是,人在无可奈何的情况下是能够想出办法来的。现在我既然没有完整的时间,就挖空心思利用时间的"边角废料"。在会前、会后,甚至在会中,构思或动笔写文章。有不少会,讲话空话废话居多,传递的信息量却不大,态度欠端,话风不正,哼哼哈哈,不知所云,又佐之以"这个"、"那个",间之以"嗯"、"啊",白白浪费精力,效果却是很少。在这时候,我往往只用一个耳朵或半个耳朵去听,就能兜住发言的全部信息量,而把剩下的一个耳朵或一个半耳朵全部关闭,把精力集中到脑海里,构思、写文章。当然,在飞机上,火车上,汽车上,甚至自行车上,特别是在步行的时候,我脑海里更是思考不停。这就是我所说的利用时间的"边角废料"。积之既久,养成"恶"习,只要在会场一坐,一闻会味,心花怒放,奇思妙想,联翩飞来;"天才火花",闪烁不停。此时文思如万斛泉涌,在鼓掌声中,一篇短文即可写成,还耽误不了鼓掌。倘多日不开会,则脑海活动,似将停止,"江郎"仿佛"才尽"。此时我反而期望开会了。这真叫作没有法子。

我在上面拉杂地写了自己70年的自传。总起来看，没有大激荡，没有大震动，是一个平凡人的平凡的经历。我谈的治学经验，也都属于"勤捉"之类，卑之无甚高论。比较有点价值的也许是那些近乎怪话的意见。古人云："修辞立其诚。"我没有说谎话，只有这一点是可以告慰自己，也算是对得起别人的。

七、参考文献

1. 翟晓敏、杨寿青：《军事情报分析与预测》，国防大学出版社2000年版。

2. 王鸿明、高建明：《军事情报整编研究》，军事谊文出版社1990年。

3. 陈力恒：《军事预测学》，军事科学出版社1993年版。

4. 卜延军：《军事预见研究》，国防大学出版社1999年版。

5. 宋楚瑜：《如何写学术论文》，北京大学出版社2014年版。

6. 季羡林：《读书治学写作》，浙江人民出版社2016年版。

（案例编写人：梁陶）

[第19章]
情报分析人员的高级进阶

一、编写说明

(一) 编写目的

本案例以 × 国情报局国际部切莱姆入选新岗位为背景,通过展现他在工作中脱颖而出,并得到主任伊万亲传亲授,从而掌握了生产分析研究类情报产品的精髓要义这一过程,力求重现情报分析人员的进阶之路,旨在帮助学员认识两个问题:一是如何实现自我成长和职业规划;二是如何提升情报分析研究能力。对上述问题的思考与回答,有利于学员工作后实现可持续发展,并向情报分析研究的高端方向迈进。

(二) 使用方式

本案例用于情报分析研究类课程相关板块的教学,要求学员具备一定的情报分析技能。本案例教学可以采取老师布置、学员阅读思考、查找资料、模拟训练、全班交流、老师点评总结的流程组织实施。

在案例具体使用时,主要围绕以下六个方面展开教学训练:第一,模拟切莱姆,对《中国驻南联盟大使馆遭北约五枚导弹袭击》这份情报产品进行点评。第二,模拟切莱姆,按照伊万提供的任务清单逐一完成,并最终生产出情报产品。第三,模拟伊万,对他人完成的情报产品进行审阅把关,并给出具体的点评修改意见。第四,总结分析研究类情报产品的特点与要求,并归纳工作思路与方法,进行全班交流。第五,联系前两个案例,思考并总结切莱姆的个人成长之路,以及伊万的训练模式和方法,对自己未来的情报分析工作有哪些启发与指导意义。第六,老师点评总结,根据学员在案例学习中的个人表现以及最终完成的情报产品，评定出优、良、及格与不及格4个等级。

二、内容摘要

切莱姆经过一年的不懈努力，已成长为情报局国际部第二处的主力。因表现优异，被国际部主任伊万选中，调入了第一处的分析研究组。随后，切莱姆有幸得到了伊万的真传。伊万为其量身打造的训练模式让切莱姆受益颇深：意识到了自己在原先工作中的成长进步；认识到了情报合作的局限性；领会到了情报分析研究工作的本质要义；掌握了情报分析研究的工作思路与方法。此时的切莱姆实现了自己情报工作生涯中的又一次自我超越，朝着更高层次的分析研究领域稳步迈进。

三、关键问题

（一）情报局国际部主任伊万为什么选切莱姆去第一处的分析研究组工作？

（二）切莱姆为什么认为撰写分析研究报告要比动态情报生产上了好几个台阶？

（三）伊万为什么产生了要亲自给切莱姆上课的想法？切莱姆为什么因为伊万主任给自己上课而无比兴奋？

（四）为什么切莱姆的上岗培训笔记中关于分析研究报告方面的内容并不多？

（五）切莱姆能够回答伊万关于美国轰炸中国驻南联盟大使馆的问题，说明情报人员需要具备怎样的素质？

（六）为什么伊万刚开始并没有指出《中国驻南联盟大使馆遭北约五枚导弹袭击》这份情报产品是自己的？他以这份情报产品作为上课的第一个环节，目的何在？

（七）如果你是切莱姆，如何点评这份情报产品？

（八）伊万下达的训练科目为什么会设置"回到1999年"的大背景？

如果有违这样的背景进行训练，切莱姆会在情报分析中出现什么问题？

（九）切莱姆寄希望于从情报合作对象美国找真相的想法，为什么在伊万看来是异想天开？

（十）为什么接受过相关培训的切莱姆还是回答不出来开展情报分析研究的工作思路？

（十一）伊万为什么逐条下发任务清单让切莱姆来完成，而不是一下子全部提供给他？

（十二）伊万提供的这套任务清单如何？是否还需要进一步补充完善？任务清单中的"进一步消化整理情报素材"具体是指什么？

（十三）切莱姆为什么对未来的工作已经心中有数了？切莱姆为何更加钦佩伊万主任？伊万主任的水平体现在何处？他的训练方法对日后从事情报分析研究工作有何启发和借鉴？

（十四）模拟切莱姆，逐条完成任务清单完，在此基础上进一步完成该情报产品的撰写工作，最后总结开展情报分析研究工作的思路与方法。

四、案例正文

（一）入选新岗位

经过一年的不懈努力，切莱姆再也不是以前那个情报"菜鸟"了，他已成长为情报局国际部第二处的主力。他出手的情报产品又快又准，多次得到处长的表扬，甚至还因一份情报产品专门去情报局局长那里做了工作汇报。因为工作业绩突出，切莱姆被评为年度"情报工作先进个人"。在成绩和荣誉面前，切莱姆并没有沾沾自喜、目空一切，而是保持一贯的谦虚、低调风格。这些全都被国际部主任伊万看在了眼里，觉得切莱姆这孩子是个可造之材。此时刚好国际部第一处的分析研究组缺编，于是他决定调切莱姆来此工作。

伊万征求了切莱姆的个人意见，切莱姆一口就答应了，没有丝毫犹豫，因为他深知这个岗位得之不易，只有具备分析研究能力的情报人员才能被选中，这比原来的动态情报生产上了好几个台阶。不过，切莱姆内心还是打鼓的，对自己的能力和水平并不是很自信，因为毕竟自己以前没有生产过分析研究类的情报产品。于是，他很诚实地把自己的担忧向主任做了汇报，同时，也表了决心，自己一定加倍努力，好好珍惜这来之不易的机会，不辜负领导的厚望。

伊万很看好眼前的这个小伙，觉得他诚实，而这份诚实源于敢于直视和承认自我不足的勇气。此外，他身上还有股不服输的倔劲儿，他表决心的眼神中充满着毋庸置疑的真诚与坚定，而不仅仅是走形式的空口许诺。伊万阅人无数，任何一个细微的表情都难逃他的火眼金睛，更何况这个孩子他也留意观察了很久。刚入职的时候，第二处处长就把切莱姆改了8稿的"光辉业绩"给伊万做了汇报，当时伊万还开玩笑地给他起了个外号叫"切莱姆八稿"，只不过切莱姆本人并不知道罢了。想到这里，伊万不由自主地笑了。

(二) 喜获高人指点

看着眼前这个纯朴、可爱又略带笨拙的"切莱姆八稿"，伊万产生了想亲自调教他一番的冲动。希望能帮助他快速适应新的工作岗位，可别又整个"十稿""十几稿"美名来，那肩负审稿验收之责的自己可真要吃不消了。于是，伊万问道："这周末有空吗？我给你教点新技能如何？"切莱姆一听，兴奋无比，能得到主任的真传简直就是撞大运了，高兴还来不及，怎么可能会拒绝呢！于是满心欢喜地答应了。

切莱姆周六一大早便守在办公室了。主任只是和他约了周六上午，具体时间并没有说。不过不要紧，自己早点到就行了，也没必要再问时间。学习的诚意和迫切感让切莱姆恨不得周五就夜宿办公室，哪里还会考虑周六早上的具体时间。其实一晚上他都没怎么睡着，因为太激动。趁主任还没到，切莱姆翻出了以前的上岗培训笔记，打算再复习复习，然而他突然发现这方面的内容并不多。聊胜于无吧，先看着，别一会儿在主任面前过于丢人。切莱姆也只能如此安慰自己了。

大概9点多的时候，主任到了办公室，切莱姆赶紧前去报到。伊万让他搬个椅子和他一起并排坐在办公桌前，双屏显示器一人一个。切莱姆摊开自己的笔记本，打算一边学习一边认真记录。然而，万万没想到的是，主任并没有耳提面命般地授课，而是问了他一个问题："你知道科索沃战争期间美国轰炸中国驻南联盟大使馆这件事吗？"切莱姆脑子飞速运转，暗自庆幸还好自己平时积累得够多，也很关注中国和美国。于是，很自信从容地回答道："嗯，知道，发生在 1999 年 5 月，是以美国为首的北约干的。事后美方一直声称是'误炸'，但中方并不这么认为，最终导致中美两国关系骤然恶化。"伊万很满意地点了点头，随后在电脑上打开了一份情报产品，让切莱姆点评一下。

中国驻南联盟大使馆遭北约五枚导弹袭击

综合互联网消息，5 月 7 日午夜，中国驻南联盟大使馆遭北约导弹袭击，中方 3 人死亡、20 余人负伤，使馆馆舍严重损毁。事发后，美国政府向中国表示道歉并称此次轰炸为"误炸"。美国防部部长科恩和中央情报局局长特尼特发表联合声明称，此次"误炸"是由于中情局情报分析家使用 1992 年的过期地图导致目标定位失误，其原目标为南联盟物资供应局。白宫发言人洛克哈特称，美政府将对轰炸中国驻南联盟大使馆事件进行进一步调查。

切莱姆迅速阅读完这份情报产品后，很快指出了多处问题。伊万非常欣慰，看来在第二处的工作锻炼卓有成效，切莱姆作为主力也确实名副其实。于是表扬道："说得非常好，这个其实就是你的日常工作，关注对象国地区的最新动向。你知道你刚纠正的是谁的问题吗？"切莱姆一脸茫然，摇了摇头。伊万笑着说："小子，你纠正的是我的错！厉害啦！"切莱姆听闻此言，脑子瞬间一片空白，惊得都不知道该说什么了。伊万接着说道："你看，你的主任最初也是'菜鸟'一枚。这是我入职没多久时候生产的情报产品，现在在你看来也是错漏百出吧。所以说，那时我其实也没比你刚开始强多少，咱们彼此彼此。反而现今的你更厉害，非常棒！"听完主任的一席表扬，切莱姆突然有些不好意思了，不自在地挠了挠头。伊万接着问道："如果你当时是在分析研究组，你该如何生产这份情报产品？如果你把这个问题想明白了、搞清楚了，你也就知道分析研究该怎么做了。"

（三）正式开展训练

伊万给切莱姆正式下达了训练科目：时间假定为1999年，切莱姆当时在国际部第一处的分析研究组工作，对以美国为首的北约轰炸中国驻南联盟大使馆这件事，进行分析研究。

切莱姆思考了一会儿答道："既然是分析研究，自然需要是把所有的相关情况都先搞明白了。据我所知，美国肯定不是'误炸'，因为……"切莱姆还想进一步谈自己的看法，就被伊万毫不留情地打断了。"切莱姆，你违规了！再次强调，我们现在身处于1999年，而不是今天！"切莱姆听后恍然大悟，自己确实在不经意间就犯了情报分析工作的大忌。随后，他开始修订自己的分析思路，说："那我认为所有问题的关键首先需要围绕一点来展开：这次到底是不是'误炸'。我觉得最可行也最便捷的途径就是询问咱们的情报合作对象美国，他做的自己肯定最清楚。这样一来，问题也就迎刃而解了。"

伊万望着这个如此天真的年轻人，觉得既可气又好笑，于是反问道："你觉得美国会给你提供真实情况吗？你觉得我们和美国之间的情报合作会如此亲密无间吗？那既然如此不分你我，干脆把我们的情报部门撤销了算了，就靠美国提供就行了，反正他们技术那么先进。"切莱姆被主任一股脑甩过来的问题砸得有点晕头转向，一下子有点不知所措。伊万看出了他的状态，缓了缓口气说："你还是工作经验不够，阅历太浅，所以才会异想天开。如果不能假借于美国，你又该怎么办？你能不能总结出开展分析研究的工作思路？"切莱姆拼命回忆以前上岗培训中关于这部分内容的内容，磕磕巴巴地说了出来，与其说是回答，不如说是背诵。伊万摇了摇头，说："看来你并没有真正思考过该如何进行这项工作。不过这也正常，毕竟是第一次。你后面跟着我的指引做一遍，看看最后能不能总结出属于自己的工作思路。"切莱姆不好意思地点了点头。

随后，伊万提供了一套任务清单，但在执行过程中，他是逐条下发给切莱姆让其完成的。任务清单具体如下。

1. 阅读情报素材（见附录），此事件的矛盾焦点是什么？
2. 中美双方的各执一词分别是什么？
3. 其他国家对此事件的观点、态度是什么？
4. 美国给出的"误炸"理由是什么？
5. 如果美国给出的"误炸"理由是真实的，有哪些论据能支撑其理由？如果美国给出的"误炸"理由是虚假的，有哪些论据能驳斥其理由？
6. 围绕上一条任务进一步消化整理情报素材，并确立自己的立论观点（假设），即到底是不是"误炸"。
7. 围绕自己的立论观点（假设），确立论证思路，并明确告知这背后的逻辑关系是什么。
8. 现有情报素材是否能够满足分析研究的需要？如果不能，还需要指导情报搜集单位提供哪些方面的情报素材？
9. 在以上工作的基础上得出结论，并完成情报产品的撰写。
10. 思考后续还能围绕这个主题生产哪些分析研究类情报产品，从而形成系列研究。

切莱姆按照伊万主任的任务指引，顺利完成了此次分析研究工作。虽然主任审阅后又指出了他存在的诸多问题，但切莱姆深深地意识到自己已经对未来的工作做到心中有数，不由自主地更加钦佩眼前这位主任导师了。

五、分析思路

（一）情报的三种类型

情报作为一种知识，其内容可以分为三大类：基本描述型、动态报告型、预测评估型。

基本描述型：提供有关目标国家的一切静态知识，更像是一部百科全书。这部分知识基本上可以通过公开搜集获得。

动态报告型：关于目标国的一切动态知识。因为国家的状况不是静止的，而是不断变化的。为了使所掌握的目标国家的描述型知识不过时，就必须经常监视目标国家的若干重要改变，从而了解目标国家的现有能力。

它更像是一座由基本描述型情报通往预测评估型情报的桥梁。

预测评估型：此类情报提供有关目标国家的一切可能潜在趋势的知识，以推测未来为目的，主要是设法了解对方的意图。这类情报是情报产品中最稀有的部分，无法通过搜集得到，只有国家中能力最强的学者才能生产出来。

（二）预测评估型情报的生产

预测评估型情报的生产依赖研究专家。他们能公正地对待新证据，创造性地发展研究技巧，具有想象力地提出假设，清晰地分析自己的偏好或偏见，并技巧性地展现自己的结论。

（三）情报分析工作中的科研性

科研性是情报分析工作的根本属性。情报分析就是将以各种方式搜集到的零碎信息转变成可供决策者和军队指挥官使用的情报的过程，其结果即为"情报产品"。无论所搜集到的信息多么好，都无法不言自明。也就是说，要使信息对决策者和军队指挥官有用，就必须对其进行分析研究，因为搜集到的信息绝大多数情况下都是支离破碎、模棱两可、容易引起歧见的。

分析研究主要体现在以下几个方面：第一，情报素材中虚假的成分被剔除了，那些重复的东西被删掉了，使情报得到了纯化；第二，情报素材中作用不大的杂质被剔除了，情报的密度提高了，使情报得到了浓化；第三，情报素材中的分散片段集中了，杂乱无章的信息条理化了，使情报得到了序化；第四，被现象掩盖的本质得到揭示，对事物的发展趋势做出了预测，使情报得到了深化。

（四）打造自身情报工作核心能力

结合对前两个案例的学习，并以本案例为牵引，思考如何进一步打造自身情报工作的核心能力。该思考需要把握三类情报产品的不同，并结合情报工作的实际，最终落脚于自身可持续发展的职业规划上，从而为今后在情报工作领域不断实现自我价值奠定良好的基础。

六、附录

材料1:【人民日报5月9日报道】

北约野蛮轰炸我驻南使馆

本报贝尔格莱德5月8日电 记者吕岩松报道:当地时间7日午夜(北京时间8日早5时45分),以美国为首的北约至少使用3枚导弹悍然袭击我驻南斯拉夫大使馆。到目前为止,至少造成3人死亡,1人失踪,20多人受伤,馆舍严重毁坏。

当地时间7日晚,北约对南斯拉夫首都贝尔格莱德市区,进行了空袭以来最为猛烈的一次轰炸。晚9时始,贝尔格莱德市区全部停电。子夜时分,至少3枚导弹从不同方位直接命中我使馆大楼。导弹从主楼五层楼顶一直穿入地下室,使馆内浓烟滚滚,主楼附近的大使官邸的房顶也被掀落。

当时,我大使馆内约有30名使馆工作人员和我驻南记者。新华社女记者邵云环、光明日报记者许杏虎和夫人朱颖不幸遇难。据悉,这是外国驻南外交机构第一次被炸。

爆炸发生后,中国驻南联盟大使潘占林一直在现场指挥抢救。许多华侨对使馆给予了极大帮助。潘大使在被炸毁的使馆废墟前,愤怒地指出:"这是对中华人民共和国的攻击。"

南联盟外长约万诺维奇说:"使馆是中华人民共和国的领土,北约炸弹是对外交的轰炸。"

当地时间8日下午,中国在贝尔格莱德的数百名华人举行抗议游行,数千南斯拉夫人参加了游行。

材料2:【人民日报5月9日报道】

最强烈抗议北约轰炸我驻南斯拉夫使馆 我国政府发表严正声明

新华社北京5月8日电 中华人民共和国政府今天发表声明,声明全文如下:5月7日午夜,以美国为首的北约悍然使用3枚导弹,从不同角度袭击了中华人民共和国驻南斯拉夫联盟共和国大使馆,造成馆舍严重毁坏,迄今为止已有2人死亡，2人失踪，20余人受伤。

以美国为首的北约对南斯拉夫40多天的狂轰滥炸，已经造成无辜平民大量伤亡，现在又居然轰炸中国大使馆。北约的这一行径是对中国主权的粗暴侵犯，也是对维也纳外交关系公约和国际关系基本准则的肆意践踏。这在外交史上是罕见的。

中国政府和人民对这一野蛮暴行表示极大愤慨和严厉谴责，并提出最强烈抗议。以美国为首的北约必须对此承担全部责任。中国政府保留采取进一步措施的权利。

材料3：【人民日报5月9日报道】

强烈谴责美国为首的北约的血腥罪行

当地时间5月7日午夜，以美国为首的北约悍然用导弹袭击中国驻南斯拉夫联盟大使馆，造成3人死亡，1人失踪，20多人受伤，使馆建筑被严重毁坏。消息传来，举国震惊。我国政府和人民无比愤慨，强烈抗议和谴责以美国为首的北约袭击我国使馆、杀害我国同胞的野蛮罪行。

众所周知，驻外使领馆是一个国家主权的象征，受国际法的保护。北约袭击我国使馆是对我国主权的野蛮侵犯，是对维也纳外交关系公约和国际关系基本准则的粗暴践踏，不能不激起全世界爱好和平国家的强烈反对，不能不激起中国政府和人民的强烈抗议。

事件发生后，以美国为首的北约辩解说，它"并非有意对准中国大使馆"。但是，巧舌诡辩掩盖不了血的事实。3颗导弹从不同角度袭击中国大使馆，完全暴露了侵略者的罪恶用心。这是北约对中国人民欠下的一笔血债。以美国为首的北约必须对此承担全部责任。中国政府已经声明，保留采取进一步措施的权利。

自3月24日以来，北约对南联盟的军事打击已持续了40多天。在此期间，北约从打击南联盟的军事目标发展到摧毁南联盟的医院、桥梁、电视台、炼油厂、电站、住宅等大量民用设施，现在又发展到袭击中国驻南使馆；它不但炸死炸伤大量无辜平民，而且还残害外国驻南外交人员和新闻记者。其野蛮行径惨无人道，令人发指。

科索沃危机发生后，中国政府和中国人民屡次表明自己的正义立场，提出在尊重南联盟的主权和领土完整、保障该地区各族人民合法权益的基础上，采用和平方式政治解决科索沃危机。中国的正义立场在国际上赢得了普遍的好评。中国一贯实行独立自主的和平外交政策，在国际事务中维护正义，主持公道。谁搞霸权主义，我们就反对谁；谁搞侵略，我们就谴责谁。中国的正义立场也符合世界爱好和平人民的愿望，不管面临什么样的威胁，中国是决不会改变自己的原则立场的。

以美国为首的北约袭击中国驻南大使馆，在国际上引起了强烈的反应。联合国秘书长对此表示"震惊"和"悲痛"。安理会立即为此举行紧急会议，讨论这一严重事件。我们呼吁国际社会共同努力，立即制止以美国为首的北约在南联盟极其野蛮的侵略行径。

材料4：【华盛顿邮报5月9日报道】

导弹击中中国大使馆

周五，盟军发动轰炸，北约导弹击中中国驻贝尔格莱德大使馆，同时还包括内政部和陆军总部，并再次使首都陷入黑暗。

《新华社》报道说，有两名工作人员被打死，两名失踪，二十多人受伤。

北约承认并表示遗憾的是，此次对大使馆的袭击似乎可能使西方对于外交解决科索沃冲突的工作复杂化，并且美中关系可能增加新压力。

星期五早些时候，北约集束炸弹袭击了南斯拉夫第三大城市尼斯的一个居民区和医院，炸死至少14名平民，炸伤30多人。北约随后表示，在对附近飞机场的一次袭击中，"武器很可能偏离而击中民用建筑"。

中国电视台在中午的新闻播报中对爆炸进行了广泛报道。播音员满含忧伤地宣读了一份正式声明，谴责"严重侵犯中国主权的行为"。声明说："以美国为首的北约袭击使用了来自不同方向的三枚导弹袭击了中国驻南斯拉夫大使馆。"

关于人员伤亡的报道不一致。中国政府的声明最初说，有20多人受伤。随着事件发展，驻贝尔格莱德的一名记者说，有7人受伤。

在布鲁塞尔的北约总部，联军官员说，尽管每个目标都是"精心计划的"，以最大限度地减少平民的生命损失，但他们承认对大使馆的袭击。

声明说："北约对使馆造成的任何损害或对中国外交人员的伤害感到遗憾。"

材料5：【美国有线电视新闻网5月9日报道】

抗议仍在继续，美国说"错误信息"导致中国大使馆爆炸

周日，强烈的反北约和反美的抗议活动仍在中国继续，许多非北约国家谴责了这次袭击。美国和北约官员再次对使馆遭受袭击表示歉意，称这是一个悲惨的错误。

在华盛顿，国防部长威廉·科恩和中央情报局局长乔治·特尼特发表联合声明，说北约相信该建筑物是南斯拉夫军事设施的所在地，而不是中国大使馆的所在地。"这既不是飞行员错误也不是机械错误的结果，"科恩和特尼特说，"很显然，错误的信息导致该设施最初的定位失误。此外，大量用于选择和验证目标的工作并未纠正此原始错误。"

中国电视台报道，袭击中3人丧生，20人受伤。周日，5名中国外交人员仍留在贝尔格莱德医院的重症监护室。

尽管美国总统克林顿为这一错误向中国人表示"深切哀悼"，但他说，北约仍需要采取行动，以制止南斯拉夫在科索沃对阿尔巴尼亚族的镇压。

国防部发言人肯·培根在华盛顿说："没有干净的战斗。我们拥有训练有素的部队，但是当使用武器解决本可以通过外交方式解决的问题时，没有办法避免附带损害或意外后果。"

材料6：【人民日报5月10日报道】

严厉谴责以美国为首的北约袭击中国大使馆

江泽民主席与叶利钦总统通电话

今天中午，俄罗斯总统叶利钦给国家主席江泽民打来热线电话，对以

美国为首的北约用导弹袭击中国驻南斯拉夫联盟共和国大使馆的野蛮暴行表示极大的愤怒。

他说，在获悉这一消息后，他立即就此事发表声明，予以最强烈的谴责。他强调说，俄对这一事件的立场与中方完全一致。

叶利钦还谴责北约绕开联合国对主权国家南联盟进行空中打击，要求北约立即停止轰炸，回到谈判桌前，通过谈判寻求科索沃问题的解决。科索沃问题的任何政治解决都只有在北约停止轰炸后才有可能。

江泽民在谈话中谴责北约袭击中国大使馆这件事是一种极其野蛮的行为，是对中国主权的粗暴侵犯，在外交史上是罕见的。他说，以美国为首的北约必须对这一事件承担全部责任，否则中国人民不会答应。

他指出，以美国为首的北约绕开联合国，对主权国家南联盟进行军事打击，这是彻头彻尾的炮舰政策，是一种十分危险的倾向，不能不引起各国政治家的警惕。

他说，中俄作为安理会常任理事国和在世界上有重要影响的大国，对主持正义、维护和平负有重要责任。在当前形势下，解决科索沃危机的前提是北约停止轰炸，在导弹狂轰滥炸的情况下安理会无法讨论任何解决方案，而且任何方案都应该得到当事国南联盟的同意。中俄在科索沃等重大国际问题上进行了良好的合作。他希望双方保持密切磋商，加强协作。

材料7：【纽约时报5月10日报道】

巴尔干半岛危机：人为失误

政府称，星期五晚上，从一架B-2轰炸机投下的卫星制导炸弹击中了中国驻贝尔格莱德大使馆。原因是中情局分析人员误认了该建筑，并且用于捕捉此类错误的军事数据库也并不清楚该使馆的地址。

预定的目标是南斯拉夫武器机构总部，之所以选择这个目标，是因为情报机构长期以来一直怀疑它帮助美国的竞争对手开发先进武器，并出售了武器以资助南斯拉夫军队。

谁参与了最初的目标锁定？为什么没有向贝尔格莱德的美国官员咨询？

为什么新使馆的位置不在军用计算机中？这两座建筑是如何混淆的？这些问题仍然没有得到答案。

北约军事规划人员通过贝尔格莱德市中心的空中侦察照片发现：中国大使馆和附近的南斯拉夫武器机构总部看起来非常相似，具有同样的大小，形状和高度。

但是就实地来看，没有人会将具有大理石结构、蓝色镜面玻璃，悬挂中国国旗的使馆误认为南斯拉夫军方的白色办公楼。

这两座建筑物位于同一条街道上，但该街道将列宁大道一分为二。中国大使馆位于列宁大道北部的樱花街；武器机构总部位于列宁大道南部的艺术大道。

一位官员说："我们运用了各种手段对目标在街上的位置进行了评估，但我们只是没有在右边匹配正确的街道地址。"

B-2携带多达16枚名为联合直接攻击弹药的卫星制导炸弹，执行了其预定任务，并用至少3枚炸弹击中了其指定建筑物。

材料8：【路透社联合国5月8日电】

美国驻联合国大使彼得·伯利在接受记者采访时说："我们将继续采取行动，直到米洛舍维奇接受北约提出的要求。"南斯拉夫驻联合国大使约万诺维奇说，伯利的言论表明，"侵略者们毫无悔意，并决意罪上加罪"。

材料9：【5月8日上午10时，人民日报网络版发表了吕岩松向国内发回的特写】

血的见证——中国驻南使馆被炸目击记

历史将记住这个血腥的日子。1999年5月7日，中国驻南联盟大使馆遭到以美国为首的北约野蛮轰炸，造成人员伤亡。

自3月24日北约对南空袭以后，为了安全起见，记者和妻子赵燕萍从记者站搬到了中国大使馆。光明日报驻南记者许杏虎、朱颖夫妇也随之住入使馆。因为大使馆有地下室，北约空袭时可以藏身。

[第19章] 情报分析人员的高级进阶

前不久，北约用导弹炸毁了南总统米洛舍维奇的总统官邸，而本报记者站的房子就与其仅一墙之隔。这段时间记者因搬到使馆而稍感安全。

中国驻南联盟使馆坐落在贝尔格莱德市区、萨瓦河左岸的诺维比奥格拉德新区。这是近年建成的一幢五层高的白色花岗岩建筑。

当地时间7日23时45分，记者刚从楼下回到大使馆三层的住处，由于停电，满屋漆黑。刚进屋，就听到一声巨响，屋顶上一块水泥板就在记者脚前十几厘米的地方落下。

听到第二声爆炸，看到大使馆火光冲天，同楼的人马上撤离，楼道内浓烟滚滚，人们相互搀扶着、捂着鼻子撤到楼下。当时楼梯已被炸塌，被困在二层、五层的人有的用床单系成绳子从窗户顺下。有一枚导弹从楼顶一直贯穿到地下室，引起贮藏在地下室的汽油和煤气罐起火，整个使馆燃起熊熊大火。大使官邸也被导弹击中，楼顶被掀掉。

记者亲眼看见两人满脸鲜血，其中一人已神志不清，被送进医院。馆内共有约30人，竟有20多人受伤。

今年3月赴任的新华社记者邵云环、光明日报驻南记者许杏虎和夫人朱颖不幸遇难。记者含着眼泪为三位遇难同行拍下了最后的照片，作为血的见证。

中国使馆潘占林大使一直在现场指挥抢救。轰炸发生半小时后，南联盟外长伊万诺维奇和塞尔维亚共和国总统及内务部长赶到大馆，对使馆人员表示慰问，强烈谴责北约的暴行。当地华侨也马上送来棉衣和食品。

击中大使馆的至少有三枚导弹，其中一个弹坑直径十几米。

据悉，这是驻南外交机构第一次被炸。

当地时间8日5时（北京时间11时），中国大使馆依然浓烟滚滚，中国大使馆前的中华人民共和国国旗仍在迎风飘扬。

今天下午，中国驻贝尔格莱德数百名华人举行抗议游行，南斯拉夫数千人参加，游行队伍高举中国国旗，打着"反对霸权，血债要用血来还""强烈抗议北约"等标语。

材料10：【5月9日，美国国防部长威廉·科恩和中央情报局局长乔治·特尼特发表的联合声明】

我们对于昨天中国驻南联盟使馆遭到轰炸所造成的人员伤亡深感遗憾。这次轰炸是一个错误。参与这些错误攻击的人认为被击中的是联邦军需供应与采购局。

北约到今天已经在空袭中攻击了数千个目标，其精确程度和专业水平在军事史上是前所未有的。我们对平民声明的损失和其他无意中造成的损失表示遗憾。但北约不会采取随意的军事行动。

我们在过去的数小时内对此错误进行了联合调查。这既不是飞行员的错误，也不是机械故障。显然，是错误的情报导致了对该设施的错误攻击。此外，负责选择和确定目标的部门在进一步的审查过程中也没有纠正这一错误。我们的调查使我们相信，这是一次意外，它不会再发生。因此，北约将继续并加强对南联盟的空袭行动。

材料11：中国驻南联盟大使馆位置概况

中华人民共和国驻南斯拉夫联盟共和国大使馆坐落于南联盟首都贝尔格莱德的新区——新贝尔格莱德的樱花大街3号，多瑙河与萨瓦河交汇处，远离闹市。

目前的使馆大楼于1991年动工兴建，1995年7月竣工并于同年启用。使馆大院占地约2000平方米。办公楼为五层建筑，银灰色大理石墙面。办公楼通过一个走廊与两层楼的大使官邸相接。

使馆大院周围开阔，绿地环绕。200米外才有其他建筑，其中主要为民宅。距离使馆350米，是南联盟军需供应与采购局；距离使馆500米，是南联盟政府大楼；距离使馆1500米，是社会党中央大楼。

材料12：【法新社5月10日报道】

美国驻中国大使尚慕杰对CBS说，由于愤怒的示威者包围了使馆，美国驻北京大使馆的工作人员在过去48小时实际上已经成为人质。

"我们是待在使馆的人质。他们打碎了所有玻璃窗。我们无法离开使馆。"

他说已经与美国国务卿奥尔布赖特讨论了问题,暗示暴力可能受到中国官方的支持:"有些受到政府支持的证据。"

"示威者中的一些是被大客车送到使馆附近的。"

他强调:"现在已经超出了政府的估计,形势随时有失控的危险。"

他补充说成都领事馆被"点燃焚毁",工作人员将自己封在一间房间里,直到中国军警冲过示威者才使得他们获救。

材料13:【英国《泰晤士报》5月10日报道】
中央情报局计划人员未用电话号码簿核对

轰炸中国驻贝尔格莱德大使馆事件发生后,北约昨天立即把这次事件归咎于情报有误。中央情报局负责人承认,确定目标的专家们把使馆地址同联盟物资供应局的地址弄混了。

美国国防部长威廉·科恩和中央情报局局长乔治·特尼特在一项联合声明中说,这一错误不是飞行员的过错。这次错误已迫使北约重新审查它的袭击目标,以便先确保其他地址准确然后再派轰炸机。

昨晚,北约明白表示,"这次侥幸逃过的那个目标"仍然可能受到袭击,尽管对马路对面的中国大使馆的精确制导袭击给该组织带来了极大的难堪。

在比利时蒙斯的北约欧洲盟军最高司令部的一位官员说:"通常,我们在击中目标之前是不谈论袭击的目标的。但这座建筑(即联盟物资供应局)被列入了袭击名单,而且仍在袭击名单上。"

尽管北约一再道歉,科恩和特尼特也表示对使馆的袭击是一种不大可能再度发生的"失常",但该联盟还是在极力解释它何以会犯这样的错误。

由于电话号码簿上和驻南联盟首都的所有使馆建筑的正式名单上都注明了中国大使馆的地址,所以,要说确定目标的情报人员把物资供应局安在了樱花大街(中国使馆也在这条大街上)错误的一侧,这有点令人难以置信。

根据北约的政策,选定的目标是应当反复核实的,把所有新情报都输入系统，使联盟的每一架轰炸机的电脑化数据库都能在发动空袭前补充最新数据。北约官员对情报方面的"糟糕"状况非常恼怒。

从中央情报局发表的声明和北约发言人杰米·谢伊发表的讲话中可以看出，物资供应局的地址从策划阶段一开始就是不正确的，但谁也没发现这个错误。这个错误在整个策划过程中——其中包括在克林顿和布莱尔等北约领导人批准袭击名单的那个阶段——通行无阻。布莱尔会得到一份名单副本，但目标的选定几乎全部是由美国人负责的。

材料14：【法新社5月8日报道】

此间的中国大使馆在北约的夜间空袭中被击中和毁坏，这是自北约6个星期前开始空袭以来首次殃及外交使团的事件。

在北约6个星期空中打击以来对这个城市进行的最为猛烈的轰炸中，中国驻贝尔格莱德大使馆被北约导弹击中，有消息说，至少3人死亡。其中一人是新华社记者邵云环。

南斯拉夫贝塔通讯社说："有两枚导弹直接命中这座建筑物，其中一枚命中主要建筑物的正面。有一枚落在这座建筑物和宿舍之间。"

北约今天表示，这个因无心而造成的政治上的大错不会导致北约改变其策略。

材料15：【新华社北京5月10日电】

我导弹专家分析指出北约袭击我使馆完全是预谋的

（记者徐殿龙、王晓东）中国航天工业总公司的导弹专家今天在这里指出，无论从哪个角度分析，以美国为首的北约对中国驻南斯拉夫大使馆的袭击完全是预谋的。

这些从事导弹研究的权威人士在接受新华社记者专访时从三个方面对以美国为首的北约的这次暴行作了分析。他们指出，首先，尽管目前还不能确定是巡航导弹还是空对地导弹，但有一点是明确的，即袭击中国使馆的导弹是一种精确制导武器。这种导弹命中精度极高，圆概率偏差是以米级计算的。

其次，这种高精度导弹在发射前需要将预先计算出的飞行轨迹以及军事卫星拍摄到的目标的地貌特征储存到导弹内部的制导计算机中，然后按规划好的航迹飞向预定攻击目标。或者在接近目标时，导弹本身携带的摄像机通过天线把目标特征传给后方或飞行员，由他们进一步修订坐标，确保导弹非常准确地命中目标。所以，几枚导弹从不同方向袭击目标，从精确制导武器本身来看，只能是预谋的。

最后，美国和北约一贯吹嘘其武器的高性能和精确度。以如此先进的武器攻击目标，怎么可能出现如此低级偏差？

专家们认为，以美国为首的北约在5月8日凌晨以多枚导弹从不同角度对中国驻南使馆的袭击，完全是有意的和经过严密策划的。

材料16：【新华社贝尔格莱德5月12日电】

北约向我驻南使馆共发射5枚导弹其中一枚未爆炸

据中国驻南联盟使馆留守人员12日证实，在他们清理被北约导弹袭击毁坏的馆舍时，发现了一枚没有爆炸的导弹。

这枚导弹是留守人员在清理被炸的大使官邸时，从废墟中发现的。尽管面临着导弹可能爆炸的危险，清理人员在中国驻南联盟大使潘占林的带领下，仍毫不畏惧地进行清理工作。

材料17：【美国《纽约时报》5月10日报道】

巴尔干：人为错误

周五晚上，一架B-2轰炸机的卫星制导炸弹袭击了中国驻贝尔格莱德大使馆，美国官员今晚表示，这是因为CIA的分析人员搞错了这座建筑，用来捕捉这类错误数据的军事数据库把大使馆的地址搞错了。

官员们表示，此次袭击的目标是一家南斯拉夫武器机构的总部，之所以选择这家机构，是因为情报机构一直怀疑它帮助美国的竞争对手开发先进武器，并出售武器为南斯拉夫军方提供资金。

材料18：【西班牙《世界报》5月9日文章】

智能炸弹，低能轰炸

北约空军袭击中国驻贝尔格莱德使馆，导致4人死亡、20多人受伤这一致命错误表明，北约为制服米洛舍维奇所采用的方式是荒谬、拙劣和不负责任的。

正当欧洲许多电视台正在播放一颗导弹在尼什市场炸死15个平民的令人恐惧的屠杀镜头之时，北约的智能炸弹毁灭了位于南斯拉夫首都一个住宅区的中国大使馆。

北约的这一失误将被载入战争错误吉尼斯纪录，这不仅是因为这是对一个中立国家的侵略和违反国际法最基本准则的行径，而且主要是由于中国是联合国安理会常任理事国，对该机构的任何决议都拥有否决权。

可悲的索拉纳出现在新闻媒介面前，对中国驻联合国大使在数小时前所称的应该受到惩罚的"战争罪行"请求原谅。同过去出现的多次情况一样，北约仅仅许诺进行调查。这一修辞方式意味着北约没有考虑采取任何措施以避免在其攻击中无辜人员伤亡事件的重演。

北约应该打垮的是米洛舍维奇。米洛舍维奇应该为其种族清洗付出代价。但是，这不能成为屠杀老年人和毁坏大使馆的免费通行证。索拉纳、克拉克和北约指挥人员是真正的大笨蛋。但任命他们的各国政府首脑应该对成为使用智能炸弹进行低能轰炸的同谋负重要责任。

材料19：【美国《国际先驱论坛报》5月10日文章】

为了联盟，怀疑朋友

对北约轰炸中国驻贝尔格莱德大使馆的强烈抗议暴露了北约战略的无条理。

北约无法说明这场冲突的截止日期，现在却在外交上陷入困地。为了转移人们对盟国急于通过高空袭击避免地面战争和避免盟国遭受军事损失的注意力，以美国为首的盟国上周制定了一个主要依靠俄罗斯和中国的善意和联合国机构结束这场危机的外交方案。但是在贝尔格莱德的轰炸错误使得在安理会具有否决权的中国成为殉难者，使俄罗斯获得了越来越大的操纵权，并使北约大部分领导人更为担心他们的选民能在多长时间忍受这场成问题的战争。

北约上周已正式使中国和俄罗斯发挥了重要作用。当时七个工业化国家和俄罗斯通过了实现和平的原则，并准备提交联合国安理会。俄罗斯将使中国表示赞同，以便这个计划能迅速得到安理会的支持。现在，得到那种赞同的代价是难以预料的。实际上，美国计划人员在近50天前空袭开始时认为是可以控制的对抗现在已恶化成为一场多边噩梦，削弱了美国直接控制和影响事件的能力，并使得最后获得明显胜利的可能性越来越小。

北约造成的局面导致俄罗斯和中国掌握了西方政策一些关键方面的实际控制权。

在北约战略引出的所有问题中，北约现在发现它要对付的是一个具有重要心理作用的概念问题。越来越依赖空袭增加了犯错误的可能性，并在实际上使北约及其领导人天天都听到要求道歉的呼声。北约9日把对中国大使馆的攻击说成是根据"错误情报"造成的"反常现象"。这不仅表明军事行动是"笨手笨脚的"，而且表明把战斗与外交联系在一起的战略是无条理的。

材料20：【法新社布鲁塞尔5月10日电】

北约今天重申，它不会要求任何个人对导致3人死亡的错误袭击中国驻贝尔格莱德大使馆事件负责。北约发言人谢伊说："这是某种系统的错误，不是个人的错误。最重要的是纠正系统，确保这种事不再发生。"

材料21：【日本《产经新闻》5月8日报道】
不合情理的"误炸"

（记者关厚夫发自贝尔格莱德）在南斯拉夫首都贝尔格莱德市内全部停电的7日深夜，位于市内的中国大使馆被卷入北大西洋公约组织军队的攻击。离中国大使馆很近的高级饭店"南斯拉夫"在此前后也两次被炸。中国大使馆在一个住宅区内，距离市中心约 3 公里左右。近来，北约方面几次解释说"误炸"，这有些不合情理。

中国大使馆是一座不太高的建筑，在其周围几十米内到处是碎玻璃。建筑的各层玻璃全部破碎，在探照灯的照射下，可以看见大使馆外壁被烧得焦黑。有的窗户还在向外冒烟。

许多外国大使馆都集中在市中心，那里离 7 日夜到 8 日凌晨遭到空袭的南斯拉夫总参谋部及联邦警察总部大楼很近。但是中国大使馆并不在市中心，而在萨瓦河畔的寂静的住宅区内，据中国大使馆人士说，其建筑"三次被导弹击中"。

在附近的饭店里，还住着一些正在采访的记者。那个饭店在约两小时内两次中弹，饭店的一部分已经起火。如果说这也算是"误炸"的话，那么它极大地背离了"要把对民间的波及受害控制在最小限度"的原则。

材料22：【法国《世界报》5月11日文章】

在确定攻击目标方面北约主要依靠美国

北约作为一个组织并不拥有自己的"情报部门"。它在情报方面要依靠北约各成员国。

在情报方面，北约主要依靠美国。其他的国家，如法国、德国和英国也可以帮助提供情报。负责选择攻击目标的是北约。每个参与空袭的国家在完成任务时使用的是自己的手段。轰炸的结果则仍要由北约进行评估。

在中国使馆被炸事件发生后，北约发言人借口防务机密不愿说明"错误"的原因。美国国防部长和中央情报局局长立即表示这是由于"原定目标错误"。这是暗示这种"错误"是美国造成的。

材料23：【新华社5月12日报道】

我国卫星专家指出所谓"情报错误"不能自圆其说

（记者杨民青、徐殿龙）我国卫星专家指出，以美国为首的北约关于"情报错误"导致误炸我驻南联盟大使馆的辩解完全不能自圆其说。

[第19章] 情报分析人员的高级进阶

日前,航天工业总公司卫星专家在接受记者采访时说,美国空间技术居国际领先地位,用于军事的卫星数量、类型、技术性能在全世界首屈一指。他们不仅有通信卫星、导航卫星,还有电子侦察卫星、照相侦察卫星、海洋监视卫星、导弹预警卫星及气象卫星。据统计,在海湾战争中,美国为战争服务的有十二个卫星系统,各种军事卫星至少三十多个。美国具有世界最先进、品类最齐全的军事侦察卫星,包括普查型和详查型;返回型和传输型。这些不同功能的侦察卫星视角覆盖全球,对其战略、战术目标实施全天候、全天时的实时侦察,其中,雷达成像卫星和可见光成像照相侦察卫星的分辨率约为零点一至零点三米,可分清坦克、吉普车、导弹运输车之类的目标,甚至可发现帐篷、人员的数量及车牌大的目标。美国先进的雷达成像卫星装有合成孔径雷达,向地面发射微波信号,接收地面反射的微弱信号,可透过云雾、暗夜、树林探测固定目标和机动目标。先进的数字图像传输型照相侦察卫星不用胶卷,而用电荷耦合器件摄像机,实时拍摄物场景,经数字化处理,传回指挥中心,输入计算机,以备轰炸时随时随地调用。

卫星专家说,美国有如此先进的侦察卫星,对全球的战略、战术目标的掌握不仅准确,而且实时,可时刻同步发现目标变化。我国驻南联盟大使馆建筑,是贝尔格莱德的重要建筑之一。何况大使馆院子有铁栅栏、门口有明显标牌,飘扬着鲜红的中华人民共和国国旗,美国各种侦察卫星对其掌握应该一清二楚,明明白白,甚至微小的变化,都在这些日夜不眨眼的侦察卫星监视之下。因此,美国及北约关于"情报错误",导致误炸我驻南联盟大使馆的辩解,不能自圆其说,这些辩解完全是徒劳的。

专家说,按美国为首的北约的说法,他们轰炸南联盟尽量避免民用设施,将战争损失减少到最小程度。如果这种说法成立,那么,确定轰炸目标前,北约部队就应清楚地标明不可以轰炸的目标。以美国为首的北约对我国驻南联盟大使馆的导弹袭击表明,他们所谓避免轰炸平民设施的说法,是荒谬的和欺世的。这进一步证明他们野蛮粗暴的侵略行径。

七、参考文献

1. 张勘、沈福来:《科学研究三部曲》,科学出版社 2018 年版。

2. 陈向明:《质的研究方法与社会科学研究》,教育科学出版社 2018 年版。

3. 王新力:《人文社科研究方法与技巧》,高等教育出版社 2018 年版。

4. 张晓军等:《美国军事情报理论研究》(第二版),军事科学出版社 2011 年版。

5. 梁陶:《构建以假设为核心的战略预测评估方法》,时事出版社 2017 年版。

6. 牛新春:《战略情报分析:方法与实践》,时事出版社 2016 年版。

7. 钱军:《情报分析的认知理论与方法》,深圳报业集团出版社 2009 年版。

8. 郎茂祥主编:《预测理论与方法》,清华大学出版社、北京交通大学出版社 2011 年版。

9. 阎耀军:《社会预测学基本原理》,社会科学文献出版社 2005 年版。

10. 肖显杜、王益民、刘继贤:《军事预测学》,国防大学出版社 1990 年版。

11. 王力、朱光潜等:《怎样写论文——十二位名教授学术写作纵横谈》,辽宁教育出版社 2011 年版。

12.〔美〕谢尔曼·肯特:《战略情报:为美国世界政策服务》(刘微、肖皓元译),金城出版社 2011 年版。

13.〔美〕小理查兹·霍耶尔:《情报分析心理学》(张魁等译),金城出版社 2015 年版。

14.〔美〕小理查兹·霍耶尔:《情报分析:结构化分析方法》(张魁等译),金城出版社 2018 年版。

(案例编写人:梁陶)

专有名词对照表

类别	中文	外文
人名	阿卜杜勒·拉希德·杜斯塔姆	Abdul Rashid Dostum
	阿瑟·马德	Arthur Marder
	巴里·韦尔曼	Barry Wellman
	道格·米勒	Doug Miller
	菲利普·伊万诺维奇·戈利科夫	Голиков Филипп Иванович
	富兰克林·哈根贝克	Franklin Hagenbeck
	葛里高利·特勒沃顿	Gregory Treverton
	哈尔福德·麦金德	Halford Mackinder
	哈立德·米德哈尔	Khalid al-Mihdhar
	哈米德·卡尔扎伊	Hamid Karzai
	侯赛因	H. M. Hussain
	卡里姆·哈利利	Karim Khalili
	卡马尔·汗	Kamal Khan
	科尼尔斯·李德	Conyers Leader
	罗伯特·H. 斯凯尔斯	Robert H. Scales
	罗翰·古那拉特纳	Rohan Gunaratna
	路易·毕姆	Louis Beam
	毛拉·穆罕默德·奥马尔	Mullah Mohammed Omar
	毛拉·穆罕默德·卡比尔	Mullah Mohammed Kabir
	穆罕默德·阿什拉夫·加尼	Mohammad Ashraf Ghani
	穆罕默德·法西姆	Mohammed Fahim
	纳斯鲁拉·曼苏尔	Nasrullah Mansoor
	纳瓦夫·阿尔·哈兹米	Nawaf al-Hazmi
	尼古拉·谢尔盖耶维奇·列昂诺夫	Николай Сергеевич Леонов
	诺曼·布朗	Norman Brown
	奥瑟特	H. R. Awsat

(续表)

类别	中文	外文
人名	乔治·特纳特	George Tenet
	乔治·沃克·布什	George W. Bush
	帕德沙·汗	Padshah Khan
	齐亚·洛丁	Zia Lodin
	萨达姆·侯赛因	Saddam Hussein
	萨义夫·乌尔·拉赫曼·曼苏尔	Saif-ur Rehman Mansoor
	萨义德	I. M. Said
	汤米·弗兰克斯	Tommy Franks
	汤姆·皮卡德	Tom Pickard
	汤姆·威尔希尔	Tom Wilshire
	瓦季姆·阿列克谢耶维奇·基尔普琴科	Вадим Алексеевич Кирпиченко
	威廉·兰格	William Langer
	乌萨马·本·拉登	Osama Bin Laden
	谢尔曼·肯特	Sherman Kent
	叶夫根尼·马克西莫维奇·普里马科夫	Евгений Максимович Примаков
	约翰·科尔斯	John P. Coles
	约翰·洛克菲勒	John Rockefeller
	扎希姆·汗	Zahim Khan
	兹比格纽·布热津斯基	Zbigniew Brzezinski
地名	阿富汗	Afghanistan
	巴格拉姆空军基地	Bagram Air Base
	巴基斯坦	Pakistan
	巴布尔凯尔村	Babulkhel
	查布尔省	Zabul Province
	佛罗里达州	Florida
	汉纳巴德空军基地	Karshi Khanabad Air Base
	霍斯特省	Khowst Province
	霍斯特·加德兹地区	Khowst-Gardez Region
	喀布尔市	Kabul
	卡尔加地区	Kargha District
	坎大哈省	Kandahar Province
	昆都士省	Kunduz Province
	联邦直辖部落区	Federally Administered Tribal Areas
	马尔扎克村	Marzak
	马扎里沙里夫	Mazari Sharif
	帕克提亚省	Paktia Province

(续表)

类别	中文	外文
地名	塞尔汗凯尔村	Serkhankhel
	沙希科特山谷	Shah-i-Kot Valley
	坦帕	Tampa
	乌兹别克斯坦	Uzbekistan
	泽尔基卡勒村	Zerki Kale
	祖尔马特	Zurmat
机构名	财政部反恐金融情报分析室	Office of Terrorism and Financial Intelligence, TFI
	第20空中支援作战中心	20th Air Support Operations Center
	第10山地师	10th Mountain Division
	第101空降师	101st Airborne Division
	海岸警卫队情报处	Coast Guard Intelligence, CGI
	海军情报室	Office of Naval Intelligence, ONI
	空军情报监侦署	Air Force Intelligence, Surveillance and Reconnaissance Agency, AFISR
	陆军情报署	Army Military Intelligence, AMI
	陆战队情报处	Marine Corps Intelligence Activity, MCIA
	国防情报局	Defense Intelligence Agency, DIA
	国家安全局	National Security Agency, NSA
	国家图像与测绘局	National Imagery and Mapping Agency, NIMA
	国家侦察局	National Reconnaissance Office, NRO
	国务院情报研究局	Bureau of Intelligence and Research, INR
	军事情报部	Aman
	联邦调查局	Federal Bureau of Investigation, FBI
	联军部队地面部队司令部	Combined Force Land Component Command
	联军部队空中部队司令部	Combined Force Air Component Command
	联军部队特种部队司令部	Combined Force Special Operations Component
	美国太空总署	NASA
	美国中央情报局	Central Intelligence Agency, CIA
	美国中央司令部	U.S. Central Command
	摩萨德	Mossad
	能源部情报和反情报局	Office of Intelligence and Counterintelligence, OICI
	司法部毒品管制局	Drug Enforcement Administration, DEA
	太空探索技术公司	SpaceX
	辛贝特	Shinbet
专有名词	阿富汗"塔利班"	Afghan Taliban
	"艾米"阻击点	Amy Blocking Position
	"贝蒂"阻击点	Betty Blocking Position

387

(续表)

类别	中文	外文
专有名词	"北方联盟"	Northern Alliance
	"持久自由"行动	Operation Enduring Freedom
	处理与加工	Processing and Exploitation
	达夫塔尔·塔克姆·瓦达特	Дафтаре Тахкиме вахдат
	"大山"联军联合特遣部队	Combined Joint Task Force Mountain
	"戴安"阻击点	Diane Blocking Position
	地面移动目标探测系统	Ground Moving Target Indications,GMTI
	"东部联盟"	Eastern Alliance
	东侧山脊	Eastern Ridge
	地区情报中心	Regional Intelligence Centers
	点	Nodes
	"芬格尔"山脊	Finger Ridge
	分析与生产	Analysis and Production
	凤凰城办公室	Phoenix Office
	轨道实验飞行器	OTV
	国家融合中心网络	National Network of Fusion Centers
	汗	Khan
	"恢复希望"行动	Operation Restore Hope
	"基地"组织	Al Qaeda
	"金吉尔"阻击点	Ginger Blocking Position
	"鲸鱼"山脊	Whale Ridge
	卡尔戈赞	Каргозаран
	库尔	Kur
	"拉卡山"特遣部队	Task Froce Rakkasans
	连接	Linkage
	联合综合优先搜集目标清单	Joint Integrated Prioritized Collection List, JIPCL
	联结节点	Connect the Dots
	马立克	Malik
	"蟒蛇"行动	Operation Anaconda
	毛拉	Mullah
	美国情报界人力资本五年战略规划	The US Intelligence Community's Five Year Strategy Human Capital Plan
	美国遭受恐怖袭击全国委员会	National Commission on Terrorist Attacks on the United States
	摩尔体制	мулл
	普什图瓦里	Pakhtunwali
	情报分析	анализ разведывательных сведений
	情报分析工作	информационно-аналитическая работа

(续表)

类别	中文	外文
专有名词	情报分析	Intelligence Analysis
	情报流程	Intelligence Process
	情报整编	обработка информаци; обработка данных
	全动态图像	Full Motion Video, FMV
	全球司法可拓展标记语言数据模型	Global Justice Extensible Markup Language Data Model
	任务合作伙伴	Mission Partners
	社会文化因素	Sociocultural Factors
	圣战者组织	Моджахедине хальк
	受控非涉密信息	Controlled Unclassified Information
	"塔库加尔"高地	Takur Ghar
	塔利卜	Talib
	特种作战特遣部队	SOF Task Force
	特种作战特遣部队行动小队	SOF Task Force Operational Detachment
	"铁锤"特遣部队	Task Froce Hammer
	"铁锤与铁砧"战术	"Hammer and Anvil" Tactic
	"铁砧"特遣部队	Task Froce Anvil
	"托拉博拉"行动	Operation Tora Bora
	文化感知	Cultural Awareness
	文化信息	Cultural Information
	乌莱玛	Ulema
	"希瑟"阻击点	Heather Blocking Position
	"辛迪"阻击点	Cindy Blocking Position
	信息共享环境	Information Sharing Environment
	行动后报告	After-action Report
	亚力克站	Alec Station
	"伊芙"阻击点	Eve Blocking Position
	1970年代苏联情报学说细则	Положения советской разведывательной доктрины в1970-е годы
	伊朗伊斯兰参与阵线	Мошарекят
	以色列特种作战部队"马特卡勒塞雷特"	Sayeret Matkal
	伊斯兰宗教学校	Madrassa
	优先情报需求	Priority Intelligence Requirement, PIR
	支尔格	Jirge
	指挥官关键信息需求	Commander's Critical Information Requirement, CCIR
	自制炸弹	Improvised Explosive Devices, IED

389